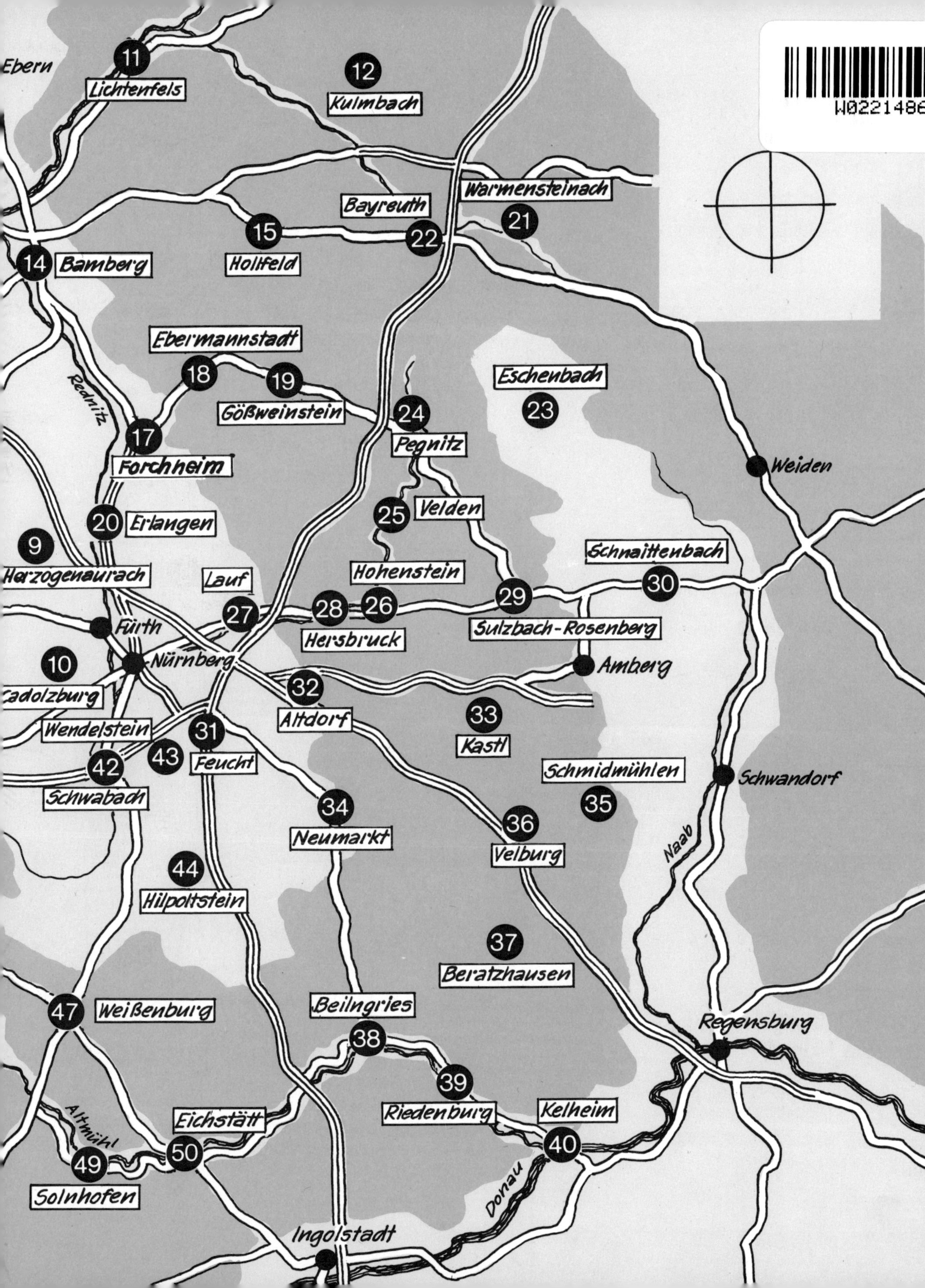
Ebern
11
Lichtenfels
12
Kulmbach
Warmensteinach
Bayreuth
21
15
22
14
Bamberg
Hollfeld
Ebermannstadt
18
19
Eschenbach
Rednitz
Gößweinstein
24
23
17
Pegnitz
Forchheim
Weiden
25
Velden
20
Erlangen
9
Schnaittenbach
Hohenstein
Herzogenaurach
Lauf
30
29
28
26
27
Fürth
Sulzbach-Rosenberg
Hersbruck
10
Nürnberg
Amberg
32
Cadolzburg
33
Altdorf
Wendelstein
31
Kastl
43
Feucht
42
Schmidmühlen
Schwandorf
Schwabach
35
34
36
Neumarkt
Velburg
Naab
44
Hilpoltstein
37
Beratzhausen
Beilngries
47
Weißenburg
Regensburg
38
39
Altmühl
Eichstätt
Riedenburg
Kelheim
40
49
50
Solnhofen
Donau
Ingolstadt

BLV Kombi-Bücher

Eckert	Das Schleswig-Holstein-Wanderbuch
Fleischmann	Das Eifel-Wanderbuch
Fleischmann	Das Franken-Wanderbuch
Fleischmann	Das neue Alpen-Wanderbuch
Fleischmann	Wanderbuch Bayerischer Wald – Oberpfälzer Wald
Fleischmann	Wanderbuch Salzburger Land – Salzkammergut
Heilmannseder	Das Alm-Wanderbuch
Klein	Wanderbuch für Spessart, Odenwald, Taunus und Vogelsberg
Kulmus/Heck	Das Allgäu-Wanderbuch
Schnürer	Bergsteigen in Südtirol Band 1: Zwischen Bozen und Sexten Band 2: Zwischen Bozen und Reschen
Schnürer	Klettersteige Dolomiten – Brenta
Steidle	Wildwassertouren in den Alpen

Konrad Fleischmann

Das Franken-Wanderbuch

Zwischen Main und Donau

Zweite, neubearbeitete Auflage

BLV Verlagsgesellschaft
München Wien Zürich

Erläuterung der Kartensymbole

- P Parkplatz
- Gasthaus
- Aussichtspunkt
- Aussichtsturm
- sehenswerte Kirche
- Burg, Schloß
- Ruine

Für meinen Vater,
der mir als Kind schon
vom Land unserer Vorfahren
zwischen Main und Donau erzählte.
Er liebte es sein Leben lang.

CIP-Kurztitelaufnahme der Deutschen Bibliothek

Fleischmann, Konrad:
Das Franken-Wanderbuch: zwischen Main u. Donau / Konrad Fleischmann. – 2., neubearb. Aufl. – München; Wien; Zürich: BLV Verlagsgesellschaft, 1981.
(BLV Kombi-Wanderbuch)
ISBN 3-405-12066-7

NE: GT

Zeichnungen: Hellmut Hoffmann, München
Satz und Druck: Passavia Passau
Bindung: Grimm & Bleicher, München
Printed in Germany · ISBN 3-405-12066-7

Bildnachweis

Titel (Schloß Sommersdorf im oberen Altmühltal): Raab
Seite 2/3 (Wassermühle in Pottenstein, Fränkische Schweiz): Nägele/Mauritius
Seite 7 (Nürnberg, Tor zur Kaiserburg mit Sinwellturm): Schneiders

A.K./Mauritius: S. 43
Bachies/Bavaria: S. 138
Bahnmüller: S. 38 (3), 39, 86, 96, 113, 121
Bahnmüller/Bavaria: S. 157
Bauer: S. 49, 51
Bauer/Bavaria: S. 18, 45, 63, 139, 155
Beck: S. 57
Beck/Mauritius: S. 40
Bildstelle Hauptamt für Hochbauwesen, Nürnberg: S. 101
Braun: S. 146, 147
Bruckner: S. 79, 81, 84, 87, 89, 93 (2)
Brüning: S. 103, 115
Chrile/Mauritius: S. 72
Dauner/Anthony: S. 25
Deininger: S. 144
eins & eins Werbestudio: S. 117
Eschenfelder/Mauritius: S. 73
Finzer/Mauritius: S. 17
Fischer: S. 151, 153 (2)
Fremdenverkehrsamt Schnaittenbach: S. 98, 99
Fremdenverkehrsamt Velburg: S. 115
Fuchs-Hauffen/Anthony: S. 71
Glanz: S. 149, 150 (2), 151
Glasow: S. 69
Grün: S. 59, 65 (2), 111
Hahn: S. 12
Herfort/Mauritius: S. 55
Herzig: S. 129
Hillegeist: S. 137 (2)
Holder/Bavaria: S. 120
Jeiter/Bavaria: S. 24, 156
Kneidinger: S. 123
Löbl-Schreyer: S. 35
Matz/Mauritius: S. 29
Pickl: S. 106, 107, 108
Raab: S. 132, 141
Raab/Anthony: S. 159
Rappl: S. 128
Raab/Mauritius: S. 125
Rauh: S. 76, 77, 78
Rein: S. 33, 105
Reinhard/Mauritius: S. 35, 48
Sin-Pfältzer/Mauritius: S. 14
Schmidt/Bavaria: S. 53, 58
Schmucker/Anthony: S. 74/75
Schneiders: S. 14, 15, 19, 23, 26, 27, 30, 31, 42, 50/51, 67, 83, 90, 95, 102, 114, 127, 131, 134, 135, 143
Schneiders/Bavaria: S. 36
Spitta: S. 96, 110, 117
Staudigl: S. 119
Stengel: S. 10
Tillig/Mauritius: S. 46/47, 54, 60, 62, 66
Wiedemann: S. 91

Inhalt

Über die Fränkische Alb und den Laaberjura von Nürnberg nach Regensburg

An Rezat und Altmühl entlang von Ansbach bis vor die Tore von Ingolstadt

Einführung

Wohlauf, die Luft geht frisch und rein!
Wer lange sitzt, muß rosten,
den allersonnigsten Sonnenschein
läßt uns der Himmel kosten.
Jetzt reicht mir Stab und Ordenskleid
der fahrenden Scholaren,
ich will zu guter Sommerszeit
ins Land der Franken fahren!

Vor beinahe 140 Jahren schrieb der dichtende Wandersmann Viktor von Scheffel hoch über dem jungen Main diese Nationalhymne Frankens. Der Staffelberg war es, der mit seiner weiten Fernsicht über die Höhen der nördlichen Frankenalb den Dichter beflügelte. Der Staffelberg ist es auch, auf den Sie einer der schönsten dieser über 200 Wandervorschläge zwischen Main und Donau führen wird. »Nur« 200 können es leider in diesem Buch aus Platzmangel sein. Mehr als 2000 ließen sich jedoch in diesem zauberhaften Land zusammenstellen.
Umkränzt und durchzogen wird es von fünf Mittelgebirgen. Im Westen laden die weichen Linien der Frankenhöhe, die Eichenhaine des Steigerwaldes und die stillen Buchenwaldungen der Haßberge den Wanderer ein, während im Nordosten bequeme Wandersteige durch dunkle Fichtenforste zum Urgesteinskamm des Fichtelgebirges auf über 1000 Meter hinaufführen.
Vom Main zur Donau und weiter bis ans Ries aber schwingt sich im großen Bogen der 200 Kilometer lange Gebirgszug der Fränkischen Alb nach Süden. In ihm reiht sich, mit dem Görauer Anger und Kordigast am Roten und Weismain beginnend, ein brillanter Aussichtsbalkon an den anderen. Der Ossinger und der Poppberg, Moritzberg und Dillberg. Und ganz unten im Südwesten, zwischen den Tälern der Altmühl und Wörnitz, der imposanteste und höchste aller fränkischen Inselberge, der Hesselberg. Diese eindrucksvolle Berglandschaft entstand aus den Keuper- und Jurakalkablagerungen der Urmeere. Die im Herbst goldgelben Wacholderheidegärten an den Steilhängen tiefer Talschluchten, die feenhaften Tropfsteinhöhlen und grotesken Dolomitnadeln bilden eine einzigartige, manchmal atemberaubende Häufung von Naturdenkmälern.
Um Nürnberg und Erlangen ist der Alb das Mittelfränkische Becken mit seinen tausend glitzernden Wasserspiegeln der Aischgründer Karpfenweiher und seinen duftenden Föhrenforsten vorgelagert. Nach Südwesten schließen sich die Hügel des Rangaus an. Schattige Pfade werden Sie hier durch unberührte, lichthelle Mischwälder in sanfte, offene Wiesentäler und zu uralten, mauer- und türmebewehrten Frankenstädtchen leiten. Nach Cadolzburg und Wolframseschenbach, nach Abenberg und Gunzenhausen ...
Ein Wanderparadies ganz besonderer Art aber tut sich unter den Westabhängen des Steigerwaldes auf. Es ist das Land des Bocksbeutels, das Land der fränkischen Weine, die hier um Volkach, Iphofen und Frickenhausen auf sonnendurchfluteten Muschelkalkterrassen reifen. Da werden Ihnen wohl manchmal am Abend, nach einem langen Wandertag, in den gemütlichen Weinstuben romantischer, mittelalterlicher Städte beim Vespern die wandermüden Beine noch schwerer werden.
Jetzt aber ist es Zeit, ein Geständnis zu machen. In Franken wird man mir sicher verzeihen, daß ich manchmal die politischen Grenzen des Landes – nur ein wenig – im Westen, Süden und Osten »überschritten« habe. Gerade in diesen Bereichen sind die Übergänge zu anderen Volksgruppen fließend, ein Unterschied in der Landschaft aber ist überhaupt nicht feststellbar. So bin ich von Rothenburg aus ins württembergische Creglingen »eingedrungen«, um anläßlich einer Wanderung zur Herrgottskirche eines der größten Werke fränkischer Kunst vorstellen zu können: Tilman Riemenschneiders Marienaltar. Westlich der mittleren Wörnitz steht der Wanderer auf den Kraterhöhen des schwäbischen Riestellers, und in der Südalb erlebt er um Eichstätt und Kelheim bis nach Altbayern hinein das Zauberland des Naturparks Altmühltal.
Ich hoffe auch, daß mir die Oberpfälzer nicht zu böse sein werden, weil ich ein Stück ihres Landes – den Ostteil der Frankenalb, den man Laaberjura und Oberpfälzer Jura nennt – bis zum Naabbergland für dieses Frankenbuch einfach »anektiert« habe. Ich bitte deshalb um Verzeihung. Aber die Versuchung war groß, denn nirgendwo ist die Alb so verbindend wie gerade hier. Und die Quellwasser eines der großen Oberpfälzer Flüsse, der Naab, entspringen dem oberfränkischen Fichtelgebirge.
Wandern heißt sich in der Natur bewegen. Es heißt aber doch wohl vor allem, die Schönheiten dieser Natur in ihrer jahreszeitlichen Unterschiedlichkeit mit wachem Sinn und offenem Herzen in sich aufzunehmen, um sich mit neuen Kräften für den Alltag aufzutanken.
Meines Erachtens aber bedeutet Wandern noch viel mehr: Land und Leute kennenlernen, ihr Brauchtum, ihre Sprache – und nicht zuletzt die leiblichen Genüsse aus Küche und Keller. Und ihre Geschichte und ihre Kunst. Auch dabei möchte Ihnen dieses Buch helfen.
Überwältigt vom Glanz und Reichtum ihrer Formen und Farben erlebten wir die grandiosen Kirchensäle der Dientzenhofer- und Asambrüder, der Neumann, Küchel, Gabrieli und die oft winzigen, doch köstlichen Rokokoräume der Dorfkirchen vieler, vieler anderer namenloser fränkischer Baumeister. In Banz, Gößweinstein und Vierzehnheiligen, in Ebrach, Michelfeld und Speinshart. Bewegt standen wir vor der Fülle von Bildwerken eines Tilman Riemenschneider oder Veit Stoß, Loy Hering oder Georg Brenck, und wie sie alle heißen.
Dazwischen wurden von den berühmtesten Architekten profane Glanzpunkte gesetzt. In lieblichen Flußtalungen werden Sie unterwegs prachtvollen, kostbar ausgestatteten Wasserschlössern begegnen, so in Thurnau, Ullstadt und Pommersfelden. Über zerklüfteten Felswänden recken sich majestätische Höhenburgen auf: die Giechburg bei Scheßlitz oder Burg Zwernitz und die kaum zu zählenden Burgen und Schlösser der Fränkischen Schweiz.
Die Urbanität kleiner und kleinster Stadtgemeinschaften brachte daneben von Dettelbach bis Kastl und von Lichtenfels bis Berching die herrlichsten Renaissance-Rathäuser, grazile Barock-Bürgerhausfassaden und malerische Fachwerkgäßchen hervor.
So viel Kunst verbindet sich mit der Vielfalt landschaftlicher Naturschönheiten in fränkischen Landen zu beglückender Einheit und gibt jeglichem Wandern, nach unserer Meinung, erst den rechten Sinn. Daher finden Sie bei jeder vierteiligen Wandergruppe in diesem Buch einige, wenn auch platzbedingt nur kurze kunstgeschichtliche Informationen. (Sie wurden zum größten Teil Reclams Kunstführer Deutschland I/Bayern entnommen.)

Besonders möchte ich auf die überall vorhandenen, manchmal äußerlich kleinen, doch inhaltlich umfangreichen Heimatmuseen hinweisen, die oft mit viel Liebe gestaltet wurden und gepflegt werden. Ihre prähistorischen und handwerklich-bäuerlichen Sammlungen lassen interessierten Wanderern Ursprung und Brauchtum der durchwanderten Landschaft mit ihren gigantischen Keltenfliehburgen, römischen Kastellen und Gräberfeldern aus der Hallstattzeit in anderem, neuem Licht erscheinen.
Diese kleinen Museen regten uns stets aufs neue zu weiteren Wanderstreifzügen an, denn – ich muß gestehen – wir sind nur dem Stamm, aber nicht der Geburt nach Franken. Aber anläßlich mehrerer längerer geschäftlicher Aufenthalte im Raum Nürnberg packte die ganze Familie so oft wie möglich ihre oberbayerischen Wanderstiefel ins Auto und startete dann zwischen Frankenwald und Hahnenkamm, Ochsenfurt und Amberg zu den nächsten Wanderrunden.
Diejenigen, die uns am besten gefielen, habe ich hier aufgezeichnet. Es handelt sich grundsätzlich um Halbtags- oder Tagesausflüge, die nach einer Gehzeit von 2–6 Stunden stets wieder zum Ausgangspunkt zurückführen. Sehr oft sind der Tourenbeschreibung Hinweise beigefügt, die es ermöglichen, die Wanderungen ganz nach Wunsch abzukürzen oder zu erweitern. Bei langen Wegen besteht immer eine Rückkehrmöglichkeit per Bus oder Bahn.
Besonderen Wert legten wir darauf, grundsätzlich keine Autostraßen als Wanderwege zu benutzen. Es sei denn – wenn es wirklich gar nicht anders ging – nur auf ganz kurzen Strecken. Mir erschien es meist besser zu sein (manchmal unter Inkaufnahme einer kleinen Orientierungsschwierigkeit), dann lieber wenige Minuten weglos, doch von Autos ungestört, zu marschieren.
Wenn es sich bei den Wanderungen auch nur um »harmlose« Flachland- oder Mittelgebirgstouren handelt, möchte ich Ihnen nachstehend doch einige praktische Hinweise und Ratschläge mit auf den Weg geben.
Da wäre zunächst einmal vom Wetter zu reden. Um zu vermeiden, daß es einem die ganze Tour vermasselt, ist es wichtig, die Vorboten von Wetterstürzen richtig zu deuten. Aufzug von »Schäfchenwolken« und »Schleierwolken«, ein Drehen des Windes von Ost oder Süd nach West können Anzeichen einer Veränderung der Großwetterlage sein. Und das kann schnell geschehen. Es wird dann immer gut sein, die Wanderung abzukürzen oder bei aufkommendem Nebel gar den Rückmarsch anzutreten. Noch besser ist es natürlich, die Tourenauswahl bereits am Morgen den Wetterverhältnissen entsprechend zu treffen. Daß Sie immer einen Regenschutz mit dabei haben, ist wohl eine Selbstverständlichkeit.
Überhaupt sollten Sie sich in punkto Ausrüstung und Bekleidung immer auf die schlechtestmöglichen Bedingungen einstellen. Ein Diktat für die optimale Wanderbekleidung möchte ich nicht aufstellen (ich persönlich trage am liebsten eine Kniebundhose aus Stoff und einen Anorak mit Kapuze). Feste Wanderschuhe, wasserdicht und über die Knöchel reichend, mit griffiger Profilsohle, sollten Sie jedoch auf alle Fälle haben. Praktisch, auch für kurze Touren, ist ein kleiner Rucksack mit eventueller Reservebekleidung, Heftpflaster und natürlich einer Vesper- oder Brotzeitstärkung sowie Tee, Schokolade und Traubenzukker. Nicht immer kann man sich darauf verlassen, daß angesteuerte Einzelwirtshäuser – die als einfache Landgasthöfe oft auf die Ausgabe von warmen Mahlzeiten gar nicht eingerichtet sind – auch geöffnet haben (Ruhetage, Betriebsferien, vor allem im Spätherbst).
Nun noch auf ein Wort bezüglich des Kartenmaterials: Sicher ist es möglich, ausschließlich nach den gezeichneten Übersichtsskizzen dieses Buches zu wandern. Die topographischen Karten ersetzen wollen und können diese nicht. Benutzen Sie daher bitte besonders auf unbekannten Wegen, die angegebenen amtlichen Karten 1:50000 des Bayerischen Landesvermessungsamtes. (Hinweise von Wanderfreunden und Gemeinden bezüglich Markierungsänderungen und Verlegungen von Wanderwegen infolge der noch nicht überall abgeschlossenen Flurbereinigung nehme ich mit Dank entgegen.) Und wenn Sie in großen Waldgebieten zusätzlich einen kleinen Kompaß mit sich tragen, kann dann überhaupt nichts mehr schiefgehen. Kinder werden am Kompaßwandern besondere Freude haben.
Bevor Sie aber nun endgültig losmarschieren, sollten Sie auch noch Ihre Kondition überprüfen, um eine Selbstüberforderung zu vermeiden. Wenn Sie noch nicht viel gewandert sind (oder nach einer längeren Winterpause) ist es gut, sich am Anfang nicht zu überfordern. Ein langsames »Hochtrainieren« mit kleineren 2–3-Stunden-Touren oder die Benützung von Abkürzungsmöglichkeiten – von denen Ihnen dieses Buch viele Vorschläge unterbreitet – ist besser, als eine lange Tagesrundtour zu unternehmen. Denn Kräfteverfall kann nach 4 und mehr Gehstunden ganz plötzlich eintreten. Und es ist dann recht unangenehm, sich eventuell noch 1 Stunde oder länger zum Auto oder Bus quälen zu müssen. Diese 1 Stunde kann Ihnen zukünftiges Wandern verleiden, der Erholungswert einer solchen Tour wird nicht nur gleich Null sein, sondern kann sogar gesundheitlichen Schaden bringen. Wichtig ist es auch, daß man die Kondition seiner Wanderbegleitung kennt.
Gewarnt sei insbesondere vor leichtsinnigem Verhalten beim Wandern auf der Fränkischen Alb, das stellenweise alpine Gefahren mit sich bringen kann. Höhlen reizen besonders Kinder und junge Leute immer aufs neue zum Hineinkrichen, bizarre Kalknadeln und pralle Felswände verführen zum Hinaufklettern. Im Frühling ist in solchem Gelände auch auf Steinschlag und im Winter auf Schneebretter zu achten.
Und hier noch eine Bitte: Sie bezieht sich auf etwas, das mir besonders am Herzen liegt: nämlich umweltbewußtes Wandern. Bitte, lassen Sie keine Vesperreste und leeren Flaschen neben Ruhebänken zurück. Und machen Sie auch keine Abschneider über saftige Wiesen oder gar durch ungemähte Kornfelder – etwas, wobei auch der freundlichste Bauer »ein Gesicht aufsetzt«. Und, und, und – Sie wissen schon!
Dank möchte ich nun abschließend an dieser Stelle noch den vielen unbekannten, doch immer freundlichen Menschen zwischen Main und Donau sagen, die unsere neugierigen Fragen stets mit Geduld und Liebenswürdigkeit beantworteten und uns mit Rat und Tat zur Seite standen, um für unsere Wandertouren immer wieder neue Wege zu entdecken. So lernten wir den größten Teil ihres schönen Frankenlandes mehr und mehr kennen – und vor allem lieben. Nochmals Dank ihnen allen. Wir werden bestimmt wiederkommen. Sicher werden wir so oft wie möglich nicht nur »zu guter Sommerszeit ins Land der Franken fahren«.

Konrad Fleischmann

1 Würzburg

Sicht- und Sonnenwege um die einstige fürstbischöfliche Residenzstadt

Wein und Wald bestimmen wie eh und je die Landschaftsbilder der Würzburger Umgebung; Gotik und Barock prägen seit Jahrhunderten das Stadtbild Würzburgs, immer noch – trotz jenes schrecklichen 16. März 1945, als viele großartige Bauten des alten Würzburg im Feuersturm des Bombenhagels versanken. Doch im neuerstandenen gotischen und vor allem barocken Glanz zeigt sich heute die mainfränkische Metropole wieder seinen Besuchern. Zauberhaft breitet sich die Stadt jenseits der Festung Marienberg ins Land berühmter fränkischer Rebsorten, umschlungen von den Schleifen des Flusses und von den Terrassen der Weinberge, umwunden von sonnenreichen Spazier- und Wanderwegen. Die schönsten Aussichtspunkte am Rande des Würzburger Stadtgebietes werden von diesen Wegen miteinander verbunden. Da sitzt man dann schon im Vorfrühling oder bis tief in den Spätherbst hinein auf sonnigen Rastbänken, an der Frankenwarte, vorm Käppele oder bei der »Molkenkur«, auf dem Marienberg oder am Bismarckturm, schaut hinunter zu den roten Ziegeldächern und schwarzen Schieferhauben der Stadt und träumt sich ein wenig in die Vergangenheit hinein. – Große Namen steigen dabei aus der Würzburger Geschichte und Kunstgeschichte auf: Julius Echter von Mespelbrunn, der tatkräftige Renaissance-Fürstbischof, der im Territorium des heiligen Kilian zahllose Kirchen, Rathäuser und Schlösser erbauen ließ; und die weitverzweigte Familie der Schönbornbischöfe, die das Land des Hochstifts zwischen Bamberg, Pommersfelden, Werneck und Veitshöch-

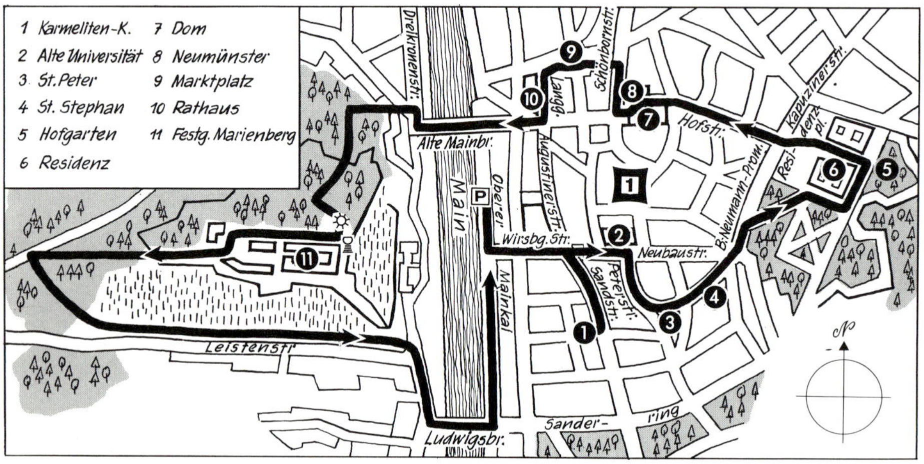

Die Festung Marienberg hoch über dem Main war einst Residenz der Würzburger Fürstbischöfe und ist heute noch das Wahrzeichen der Stadt.

heim mit Prunk regierte. Diese Schönborns waren es, die besonders ihre Residenzstadt Würzburg mit heute noch vielbewunderten Bauwerken schmückten. Zu diesem Zweck riefen sie die besten Künstler Europas an ihren Hof, Architekten, Baumeister, Maler, Stukkateure und Kunstschmiede: den Trientiner Petrini, Maximilian von Welsch aus Mainz und J.L. von Hildebrandt aus Wien. Und den großen Egerländer Balthasar Neumann, den Erbauer der Residenz und des Käppele. Neumanns Mitarbeiter am Bau der Residenz waren Legion, die berühmtesten jedoch sind Rudolf Byss, J.G. Oegg und Anton Bossi. Dazu der große Tiepolo aus Venedig. Fürs Käppele entwarf der Wessobrunner F.X. Feichtmayr eleganten, grazilen Stuck, Matthäus Günther vom Hohenpeißenberg malte die herrlichen Fresken. Um diese Wunderwelt der Kunst in aller Ruhe und ganz aus der Nähe betrachten zu können, steckt man sich einen Kunstführer und den Würzburger Stadtplan in die Tasche und macht sich auf zum Wandervorschlag Nr. 1, zum Spaziergang durch die Würzburger Altstadt.

1. Wege zur Würzburger Kunst: Altstadt und Festung Marienberg

Würzburger Stadtrundgang / 3–4 Std. (ohne Besichtigungszeiten) / im Stadtgebiet ebene Wege, später Bergwanderung zur Festung

Wenigstens einen Tag sollten Sie sich schon Zeit nehmen, um all die Schönheiten der ehemaligen Residenzstadt intensiv und mit viel Beschaulichkeit in sich aufnehmen zu können, denn zu der angegebenen Gehzeit von etwa 4 Stunden kommt noch einmal mindestens genau so viel Besichtigungszeit hinzu. – Vom Mainkai spaziert man durch die Wirsberg- und Neubaustraße am »Rebstock« und an der Franziskanerkirche vorüber, besichtigt mit einem Abstecher vielleicht auch die Karmeliterkirche und gleich daneben St. Peter und St. Stephan. Anschließend flanieren Sie durch den Hofgarten der Residenz, in der Sie, außer der prächtigen Ausstattung des Weißen Saals und des Kaisersaals, vor allem Neumanns grandioses Treppenhaus mit dem riesigen Deckengemälde von G.B. Tiepolo bewundern werden. Nicht weit entfernt vom romanischen St.-Kilians-Dom, an den die reichstukkierte Schönbornkapelle angebaut ist, finden Sie im romanischen Lusamgärtchen das Grab Walthers von der Vogelweide und gleich daneben den gewaltigen Barockbau des Neumünsters. Vom Rokokohaus »Zum Falken« promenieren Sie später zur gotischen Marien-Kapelle, dann über den Marktplatz und am Rathaus vorbei. Auf der mit barocken Heiligen geschmückten Alten Mainbrücke quert man den Fluß und steigt jetzt bei immer eindrucksvoller werdender Stadtsicht zur Festung Marienberg hinauf. Hier gilt es, im Mainfränkischen Museum die wunderbaren Bildwerke des größten Würzburger Künstlers anzuschauen: sein Name ist Tilman Riemenschneider.

2. Den Mainwanderweg stromaufwärts

Würzburg – Randersacker – Eibelstadt – Sommerhausen – Würzburg / 4–4$^1/_2$ Std. (evtl. nur 3 Std.) / gemütliche, gut bezeichnete Wege am Fluß; nur wenig Schatten

Von Frankfurt bis zum Fichtelgebirge verbindet das blaue Markierungs-»M«

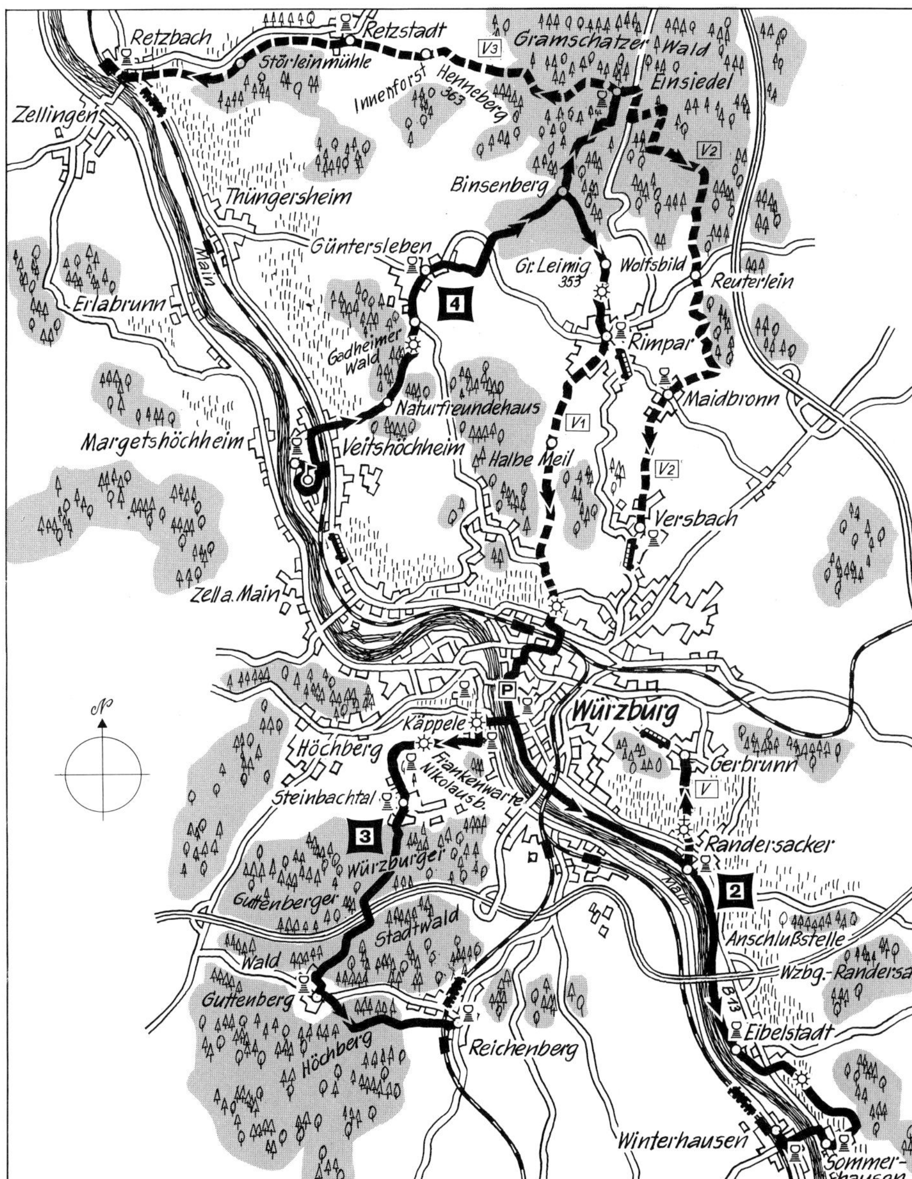

des Mainwanderweges die schönsten Punkte der Mainlandschaft. Südlich von Würzburg sind das vor allem berühmte Weinlagen um Eibelstadt, Sommerhausen und Winterhausen, besonders aber um Randersacker. – Am Alten Kranen in Würzburg geht's los. Immer dem ruhig daherfließenden Main entgegen, verläßt man die Stadt nach Randersacker hin und begegnet gleich dort den ersten großen Versuchungen: eine gemütliche Weinstube steht hier neben der anderen und wartet mit mainfränkischen Edelgewächsen auf durstige Frankenlandwanderer. Doch eiserne Geher widerstehen der Gefahr, besichtigen den Ort und nicht die Wirtshäuser, vertrösten vielmehr ihren Durst bis Sommerhausen. Das erreichen Sie ab Eibelstadt auf einem aussichtsreichen Weg mitten durch Weinberge – um die Vorfreuden noch zu steigern! In Sommerhausen soll es Wanderer gegeben haben, die am Abend, ehe sie von Winterhausen nach Würzburg zurückfuhren, sogar noch eine Vorstellung im winzigen Torturmtheater besuchten. Ob Sie wohl gar auch zu denen gehören werden?

Sommerhausen bei Würzburg heißt das Wanderziel der 2. Würzburger Maintalwanderung: Berühmte Frankenweinreben umgeben den Winzerort mit einem grünen Weinlaubkranz.

3. Auf dem schönsten Würzburger Aussichtspunkt: der Frankenwarte

Würzburg – Frankenwarte – Guttenberger Wald – Reichenberg – Würzburg / 4–4½ Std. / anfangs steiler Anstieg, später fast ebene Waldwege; zur Hälfte Schatten

Am Anfang der Tour reiht sich ein Aussichtshöhepunkt an den anderen; überall warten sonnige Rastbänke auf Sie. Die Wanderstationen sind hier vormittags im ersten Tourenteil: Käppele, Molkenkur und Frankenwarte. Nach dem Abstieg ins Steinbachtal gibt's am Nachmittag köstliche Brotzeitschattenplätze im Guttenberger Wald, durch den Sie von gut sichtbar angebrachten Markierungen problemlos geleitet werden – mitten hinein in den Biergarten des Forst- und Gasthauses Guttenberg. – Abends geht's dann bequem bergab, über den Höchberg zum Bahnhof Reichenberg.

4. Vom Rokokogarten Veitshöchheim in den Gramschatzer Wald

Würzburg – Veitshöchheim – Gramschatzer Wald – Würzburg / 6–6½ Std. (Varianten jeweils bis 8 Std.) / relativ flache, doch sonnenreiche Wege; nur im Mittelteil Schatten

Während dieser Wanderung werden Sie große landschaftliche Gegensätzlichkeiten antreffen: Aus der milden, belebten Maintalaue wandern Sie durch einen zauberhaften Rokokogarten, später im Bachtal hinauf zum Naturfreundehaus »Am kalten Brunnen«, promenieren anschließend über sichtfreies Hügelland nach Güntersleben und dringen jetzt in die einsame Waldtiefe des Gramschatzer Forstes ein. – Nach der Freiluft-Vesper vorm Wirtshaus »Einsiedl« können Sie auf drei verschiedenen Wegen weiter durch den Wald stromern: zur Wallfahrtskirche im Grünen Tal bei Retzbach oder Richtung Maidbronn, um sich dort in der ehemaligen Zisterzienserinnenklosterkirche an Riemenschneiders letztem Werk, dem »Steinrelief der Beweinung« zu erfreuen. Der schönste Rückweg jedoch führt südwärts über den Großen Leimig den wuchtigen Rundtürmen der Burg Rimpach entgegen – und weiter auf dem Alten Stadtweg zu den Weingärten des Würzburger Schalksberges, immer auf der Höhe und bis zum Abend in der Sonne.

Sehenswert

Würzburg Die große Anzahl der Würzburger Sehenswürdigkeiten kann hier aus Platzgründen leider nur stichwortartig erwähnt werden: Residenz mit Hofkirche und Hofgarten ▪ Festung Marienberg mit Mainfränkischem Museum ▪ Dom mit Schönbornkapelle ▪ Marien-Kapelle ▪ Neumünster mit Lusamgärtchen ▪ St. Gertraud ▪ St. Burkard, romanische Basilika ▪ Karmeliten-Kirche ▪ Deutschhaus-Kirche ▪ Stift Haug ▪ Franziskaner-Kirche ▪ St. Peter ▪ Augustiner-Kirche ▪ Bürgerspital ▪ Käppele ▪ Alte Mainbrücke ▪ St. Stephan ▪ Alter Kranen ▪ Don-Bosco-Kirche ▪ Haus zum Falken ▪ St. Alfons ▪ Hof »Zum Rebstock« ▪ Alte Universität mit Neubaukirche und Michaels-Kirche ▪ Juliusspital ▪ Hofspital-Kirche ▪ Grafeneckart und Rathaus, davor Vierröhrenbrunnen ▪ Weinlehrpfad, Vogelkundelehrpfad Steinbachtal.

Randersacker Kath. Pfarrkirche, im Kern romanisch, barocke Ausstattung ▪ Amtshof (Anf. 17. Jh.) des Würzburger Domkapitels ▪ viele schöne altfränkische Bürgerhäuser.

Eibelstadt Kath. Pfarrkirche, Turm spätromanisch (13. Jh.), 3schiffiges Langhaus, nachgotische Gewölbe; wertvolle Ausstattung, u.a. Taufstein aus Kalkstein und Alabaster – Kreuzkapelle (1657) mit guter Einrichtung (17. u. 18. Jh.) – Rathaus (Anf. 18. Jh.) mit Arkaden und Mariensäule (17. Jh.).

Sommerhausen Ev. Kirche (1740) mit Turm aus dem 13. Jh. ▪ Rathaus (1558), schöner Treppengiebel ▪ Schloß (15. u. 16. Jh.) mit hohem Giebelaufbau ▪ 3 Tore und 4 Türme ▪ Fachwerkhäuser, u.a. »Alte Eiche« mit Außentreppenaufgang ▪ auf dem Friedhof Freikanzel (1607).

Veitshöchheim Schloß (1680–1682), im 18. Jh. Rokoko umgebaut, mit anmutiger Balustrade (20 Vasen); klassizistisches Stiegenhaus (1777) ▪ Park mit verschwenderisch gestalteten Gartenplastiken; See und Rondell ▪ 2 chinesische Pavillons; Grottenhaus (1773).

Rimpar Schloß des Hans von Grumbach (1347), von Julius Echter gekauft (1593) und umgebaut; spätgotische Flügelbauten; 3 Rundtürme; Prunkportal der Julius-Renaissance; Säle mit reichem Stuck ▪ Pfarrkirche (1849) mit Grumbachschen Grabdenkmälern, u.a. das früheste Werk Riemenschneiders (Eberhard, v. 1487) ▪ Waldlehrpfad bei Güntersleben.

Sportmöglichkeiten

Würzburg 3 Freibäder, 6 Hallenbäder ▪ Reiten ▪ Tennis (auch in der Halle) ▪ Kegeln ▪ Minigolf ▪ Boccia ▪ Bowling ▪ Eislauf ▪ Rodelbahn ▪ 5 Vitaparcours ▪ alle Arten Wassersport auf dem Main.

2 Volkach

Schaukanzeln neben Bocksbeutelgärten

Diese ersten vier Wanderungen sollen Sie mit dem mainischen Herzland des Weines, dem Volkfeldgau mit seiner Hauptstadt Volkach bekannt machen. Überwältigende Fernsichtbastionen, wie die Vogelsburg in der Mainschleife und der Eichelberg bei Gaibach, bestimmen neben berühmten Weinlagen den Charakter dieses Landstrichs. Vor allem die Weine sind es, die im milden Klima des mittleren Main auf den sonnendurchfluteten Muschelkalkterrassen über dem Strom wachsen: der vollmundige »Volkacher Ratsherr« und im benachbarten 1200 Jahre alten Escherndorf der »Lump« und der »Fürstenberg«. – Dazwischen finden sich Meisterwerke fränkischer Kunst. Tilman Riemenschneiders »Madonna im Rosenkranz« bewegt den Besucher der Wallfahrtskirche »St. Maria im Weingarten«. Und in Gaibach begegnet man drei großen Namen: den berühmten Barockbaumeistern Leonhard Dientzenhofer und Balthasar Neumann und dem Klassizisten Leo von Klenze. Sollte das jemandem noch nicht genügen, so begebe er sich nach der genußvollen Münchschwarzacher Wanderung ins rechtsmainische Dettelbach hinüber und lasse sich von seinen malerischen Gäßchen mit ihren von der Zeit fast unberührten Häusern, seinen Toren und Türmen verzaubern. Der krönende Abschluß wird ein Besuch der 500jährigen, eindrucksvollen Wallfahrtskirche »Maria im Sande« sein. Bei diesem Bau verwachsen Gotik und Renaissance zu einer Einheit, zu den Schmuckformen des Würzburger Juliusstils in seiner ganzen, gehäuften Prachtentfaltung.

1. Die Vogelsburg – brillanter Ausblick auf die Mainschleife

Astheim am Main (1 km W von Volkach) – Vogelsburg – (Nordheim) – Astheim / 2 bis 2½ Std. oder 4½ Std. / hügelig, sonnig vor allem aussichtsreich

In ausgedehnten, eleganten Bögen schwingt sich das Maintal zwischen Sommerach und Stammheim um Kreuzberg und Mönchsberg. Auf 400 Meter nähern sich die Flußufer unter der Vogelsburg und tragen über sich einen der schönsten Aussichtsbalkone Unterfrankens, einem vom Main umfaßten, weinbewachsenen Bergsporn, auf dem schon vor 1000 Jahren ein fränkischer Königshof stand. Er ist Ziel und Höhepunkt dieser Wanderung, die in Astheim, 1 Kilometer westlich der Volkacher Mainbrücke (P.) beginnt. Die Hauptstraße marschiert man erst einmal nach Westen, doch schon 200 Meter später geht's rechts in das Sträßchen »Am Kloster« und oberhalb der Bahnlinie hoch über den grünen Flußauen Richtung Vogelsburg, anfangs etwa gut ½ Stunde den Fahr- und Feldweg, die letzten 5 Minuten weglos auf dem Wiesenrain, entlang eines Weinberges, hinauf zur Straße und jenseits zur großen Vogelsburger Aussicht. – Die Gartenterrasse verlassen Sie südwärts durch ein enges Tor in der Mauer, steigen mitten im Weinberg über Treppen abwärts zum ersten Querweg und wandern links zwischen Weinreben auf der Hangkrone zurück nach Astheim.
Sollte diese Tour manchem Wanderer zu kurz sein, so kann er sie Richtung Escherndorf verlängern, nimmt dort die Fähre nach Nordheim und macht sich auf den Weg nach Volkach, unterhalb Schloß Hallburg, am Main entlang.

2. Über den Lerchenberg zum Kloster St. Ludwig

Stammheim am Main (7 km N von Volkach) – Lindach – St. Ludwig – Stammheim / 3½–4 Std. / hügeliges, sonniges Auf und Ab mit schöner Aussicht

Das etwas abseits der großen Fremdenverkehrsströme gelegene Winzerdorf Stammheim erreichen Sie mit dem Auto von Volkach in wenigen Minuten. Dort laufen Sie vom Brunnen vorm schönen Fachwerkrathaus (P.) beim Gasthaus Goldener Stern ostwärts Richtung Öttershausen und nehmen 200 Meter hinter dem letzten Haus die neugebaute Flurbereinigungsstraße links aufwärts bis zu einem Graben. Hier hinter der Brücke rechts an einem Weinberg entlang im Bogen nach Nordosten weiter bergauf zur Höhe des Lerchenberg und gerade in die flache Senke. Bei einer Gebüschgruppe stößt man auf die bis dahin versteckte Straße nach Lindach, biegt links ein und wandert nun – vorbei an dem schönen

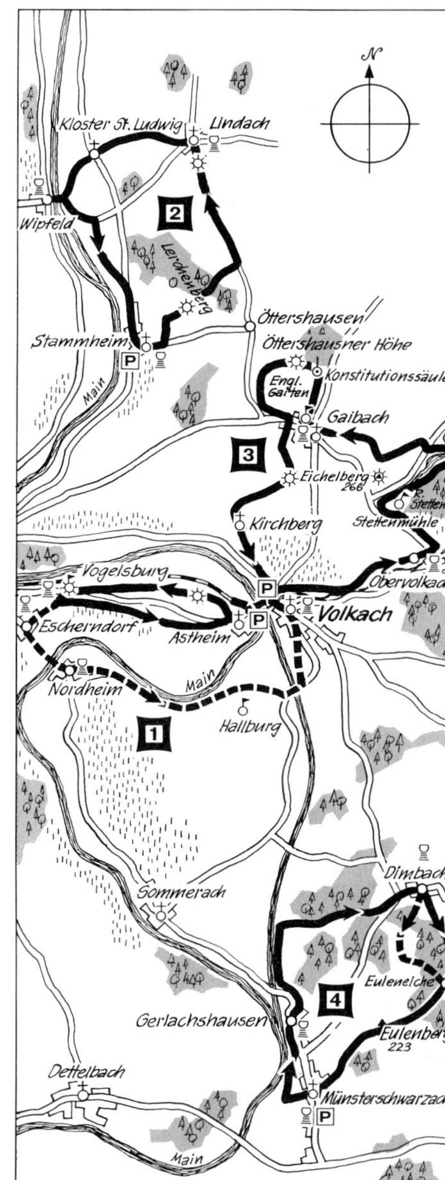

Frei im Chorraum von Volkachs berühmter gotischer Wallfahrtskirche »St. Maria im Weingarten« (oben) hängt das erlesene Kleinod der Rosenkranzmuttergottes, eine Lindenholzplastik in Lebensgröße von Tilman Riemenschneider (unten).

Steinkreuz eines gestürzten Christus (Jahreszahl 1728) – ins bereits sichtbare Lindach. Dort ziehen Sie nach Westen abwärts zum Kloster St. Ludwig, weiter in der Mainaue zur Fähre und im Bogen Richtung Grabenbrücke (nicht durch die Pappelallee!). Am Graben gelangen Sie rechts auf dem Wiesenweg nach Stammheim.
Vielleicht unternehmen Sie vor dem Rückmarsch mit der Fähre einen Abstecher ins gegenüberliegende Wipfeld: Da gibt es herrliche Bocksbeutelwirtschaften!

3. Pilgerweg zur »Madonna im Rosenkranz«

Volkach am Main – Eichelberg – Gaibach – Volkach / 4½–5 Std. / sonnige, aussichtsreiche Bergtour

Sieben Attraktionen bietet Ihnen diese Wanderung. Außer der genannten sind es noch die Ruine Stettenberg, die atemberaubende Aussicht vom Eichelberg (266 m), Schloß Gaibach mit seiner Kreuzkapelle und die Konstitutionssäule im Englischen Garten. So werden Sie mehr »Sehzeit« als Gehzeit für diese Tour brauchen, die in Volkach auf dem Großparkplatz bei der Normaluhr am nordwestlichen Stadtrand in der Nähe der Mainbrücke beginnt: Es geht 100 Meter Richtung Stadtmitte, bei der Weinkellerei Dotzel halblinks die Alte Volkacher Straße an der Volkach entlang, vorbei an Schaubenmühle, Herrnmühle und Gründleinsmühle, nach Obervolkach. Dort geradeaus über die Steinbrücke, danach links unterhalb des Weinberges und der Ruine Stettenberg (Abstecher?), bei der Stettenmühle über den Volkachsteg und auf dem Weiherdamm ostwärts zum letzten Weiher. Jetzt wandern Sie jenseits der Straße auf den Eichelberg und bei einer Obstplantage links über die Höhe Richtung Gaibach, besuchen hier auch die Kreuzkapelle, ehe Sie zur Konstitutionssäule laufen und durch den Englischen Garten nach Gaibach zurückschweifen. Beim Brunnen marschiert man »Im Hohlweg« aufwärts und über offenes Feld, dann durch Weingärten zum Kirchberg und bewundert Tilman Riemenschneiders weltberühmtes Gnadenbild »Madonna im Rosenkranz«.

4. Um Kloster Münsterschwarzach

Münsterschwarzach am Main (8 km S von Volkach) – Mainkanal – Dimbach – Münsterschwarzach / 3½–4 Std. / flache Talwanderung, teils Wald, teils sonnig

Vorm Kloster (P.), beim attraktiven, bunten Gasthaus zum Benediktiner aus dem Jahre 1478 geht's diesmal los: Gleich rechts ums Eck, am Ende der

Straße auf dem Feldweg links über Wiesen zum Bachsteg und auf dem Ostuferweg des Mainkanals nach Gerlachshausen. Den Ort verläßt man nordwärts, läuft rechts der Straße im Westbogen zur Schleuse und über den Kanaldamm zur Brücke. Da geht es ostwärts durch den Spessartforst nach Dimbach und über Euleneiche und Eulenberg wieder zum Kloster vor. (Und in die historische Klosterwirtschaft hinein.)

Sehenswert

Volkach Pfarrkirche St. Bartholomäus und St. Georg, spätgotisch (1413–1597); barocke Ausstattung; reichgegliederter Turm ▪ Rathaus, spätgotisch (1544) mit schöner Freitreppe ▪ Madonnenbrunnen auf dem Marktplatz ▪ Fürstbischöfliches Amthaus, Renaissance (16. Jh.) ▪ Friedhofskapelle St. Michael, spätgotisch (Anf. 15. Jh.) ▪ Wallfahrtskirche St. Maria im Weingarten auf dem Kirchberg, gotisch (um 1500); über dem linken Seitenaltar das Gnadenbild der Schmerzhaften Muttergottes (14. Jh.); im Chorraum das Meisterwerk Tilman Riemenschneiders »Madonna im Rosenkranz« (1521–1524); über dem rechten Seitenaltar Hl. Anna (um 1500, vermutlich aus der Werkstatt Riemenschneiders); »Christus in der Grabesruhe«, Rokoko (um 1770); spätgotisches Kruzifix; Epitaphien; Glasmalereien; Schmiedearbeiten.

Die Vogelsburg Bereits in vorgeschichtlicher Zeit befestigt, im 8. Jh. Königshof der Franken, später Karmeliter-Kloster, jetzt Weingut; spätgotische Kirche.

Die Hallburg mit wechselvoller Geschichte derer von Castell (1252), Zollern (14. Jh.) und Schönborn (1806); quadratischer Bergfried (13. Jh.); Burgkapelle (14. Jh.); die anderen Bauten stammen aus dem 16. Jh.; jetzt Musikerheimstätte.

Astheim Ehem. Kartäuserkloster, nachgotische einschiffige Klosterkirche mit Rippennetzen (Reihungen) der flachgesprengten Tonnenwölbung; interessanter Zierlettner; barocker Hochaltar; schmuckreiches Chorgestühl (1606).

Gaibach Schönborn'sches Schloß des Kurfürsten Lothar Franz; Baumeister L. Dientzenhofer (1694–1712), 4 flügelige Anlage mit klassizistischer Ausstattung; jetzt Landschulheim ▪ Park auf dem Sonnenberg im englischen Stil mit Konstitutionssäule, 32 m hoch, von Leo von Klenze (1821–1828), zur Erinnerung an die 1818 von König Max I. Joseph gegebene bayerische Verfassung ▪ Kath. Pfarrkirche, spätbarock (1742–1745), Baumeister B. Neumann, Bauherr Fürstbischof Friedrich Carl von Schönborn ▪ Hl.-Kreuz-Kapelle auf dem Sonnenberg (1697/98) von L. Dientzenhofer.

Stammheim Obst- und Weinbauort mit mittelalterlicher Pfarrkirche und Renaissance-Rathaus (um 1600).

Lindach St.-Antonius-Kirche (1691).

Wipfeld Julius-Kirche ▪ Rathaus (1737) mit eleganter Freitreppe.

Sommerach 5 km südlich von Volkach, berühmte Weinlagen (Sommeracher Katzenkopf, Berg, Engelsberg, Wilm), Fränkische Weinstuben ▪ Kirche St. Eucharius; Renaissance-Holzdecke; Ausstattung 17./18. Jh.; Reste der Kirchenwehr ▪ Befestigungsanlagen.

Münsterschwarzach Benediktinerabtei, von Karl dem Großen gestiftet; die frühere Klosterkirche (1727–43) war eines der besten Werke B. Neumanns, wurde aber nach der Säkularisation abgerissen; seit 1913 wieder Kloster; monumentale neue Kirche (1938) im nachahmenden romanischen Historismus.

Dettelbach Pfarrkirche St. Augustin (1492), hölzerner Brückengang, der Treppen- und viereckigen Hauptturm verbindet ▪ Rathaus (1512) über dem Altbach, spätgotisch; Doppelfreitreppe ▪ Gut erhaltene Stadtbefestigung ▪ Wallfahrtskirche »Maria im Sande« (1495–1519), durch Fürstbischof Julius Echter im »Juliusstil« erweitert (1611 bis 1613); prunkvolle Westfront mit reichgeschmücktem Giebel und Portalaufbau (Spätrenaissance); Kanzel aus Sandstein und Alabaster; Gnadenaltar (1778).

Sportmöglichkeiten

Volkach Freischwimmbad, Hallenbad.

Sommerach Freibad ▪ Angeln.

Dettelbach Hallenschwimmbad.

Veranstaltungen

Volkach Fränkisches Weinfest, August ▪ Bremserfest, Oktober nach der Weinernte.

Hallburg Hallburger Konzerte.

Beim Kloster Münsterschwarzach am Main beginnt und endet die 4. Volkacher Wanderung.

3 Ebrach

Waldwege zwischen Mittlerer und Rauher Ebrach

Aus sechs großen Forsten rinnen die vielen Bächlein zu Tale, die sich bei Untersteinbach und Ebrach zu zwei parallel verlaufenden, nach Osten vordringenden Flüssen zusammenmischen. Neuhauser Forst, Stollberger Forst und Bürgerwald sind die Quellgebiete der Rauhen Ebrach, Winkelhofer, Koppenwinder und Ebracher Forst sind das Ursprungsland der Mittelebrach. Von den Waldgebieten des Steigerwaldes schlängeln sie sich hinunter, verbinden sich bei Burgebrach zu einer Einheit und werden südlich von Bamberg, am Rande des Mittelfränkischen Beckens, von der wasserreicheren Regnitz verschluckt. Wenig Ansiedlungen gibt es in diesen riesigen, unberührten Waldgebieten, nur behäbige, erdverbundene Dorfgemeinschaften sind in den grünen Talungen gewachsen, doch auch diese in den letzten Jahrzehnten nicht ausufernd, wie allgemein üblich, sondern klein, still, zurückgezogen. Mitten unter ihnen liegt im leuchtenden Wiesengrund die Ebracher Klosterkirche mit ihrem kostbaren Bernhardus-Altar aus Sandstein und Alabaster. 1127 wurde das Kloster vom Zisterzienserorden als erste Niederlassung in Franken gegründet. Heute ist es anerkannter Erholungsort und zentraler Wanderstützpunkt, von dem man hinausmaschiert in die Stille um den Hofer Berg, nach Kleingressingen und Großbirkach. Oder paradiesisch einsame Spazierrunden durch die Buchenwälder des Koppenwinder Forstes dreht, bis zur Steigerwaldsommerfrische Burgwindheim, das seit 1465 Wallfahrtsort zum Heiligen Blut ist. Dort begegnet man auch den Namen der beiden Ebracher Barockarchitekten wieder: Leonhard Dientzenhofer und Balthasar Neumann.

1. Durch das Mittelebrachtal auf den Hofer Berg

Ebrach im Steigerwald – Hofer Berg – Großgressingen – Ebrach / 4–4½ Std. / aussichtsreiche Waldwanderung mit etwas Auf und Ab und viel Schatten

Im mittleren Teil des Steigerwaldes liegt ein vom Fremdenverkehr noch kaum entdecktes und erst recht nicht erschlossenes Erholungsgebiet, das sich vor allem zum Wandern eignet. Durch menschenleere Waldstücke schweift man zu unbekannten, von der Zivilisation kaum eroberten Ortschaften mit zwar einfachen, dafür aber recht preisgünstigen Gastwirtschaften. Ebrach ist der Ausgangspunkt für diese Tour. Beim Klosterbräu auf dem Markt (P.) läuft man die Würzburger Straße 1 Kilometer gen Westen, hinter dem Sportplatz links, an der Lindengruppe vorbei, und auf der Weiherstraße ins Mittelebrachtal. So kommen Sie nach Kleingressingen, 40 Minuten später sind Sie in Hof und in nochmals 5 Minuten stehen Sie auf dem Hofer Berg. Hier hält man sich südostwärts zum ersten Wirtshaus nach zweistündigem Gehen in Großbirkach. – Im spitzen Winkel geht's dann über die Kohlmannsleite und den Diebsgrund nach Winkelhof und am Rande des Winkelhofer Forstes Richtung Großgressingen. Jetzt läuft man in gut ½ Stunde bergab zum Ebracher Klosterbräu.

2. Im Koppenwinder Forst

Eberau (2 km Ö von Ebrach) – Neudorf – Burgwindheim – Eberau / 3½–4 Std. / schattige, hügelige Waldwanderung

Das riesige Waldgebiet des Forstes dehnt sich zwischen den Tälern der Rauhen Ebrach und der Mittelebrach in West-Ost-Richtung. Dort gibt es im Jungholz Rotwild in Menge und über einsamen Waldlichtungen kann der Wanderer herrliche Greifvögel beobachten, prachtvolle kreisende Habichte und schreiende Bussarde. – Von der Bushaltestelle Eberau an der Bundesstraße 22 (2 km östlich von Ebrach, P.) steigt jenseits der Bahnunterführung, vor dem Fabrikgebäude rechts, ein schmaler Weg zur Forststraße hinauf, auf der man genau 2 Kilometer nach Norden marschiert. Hier an der großen Wegteilung haben Sie drei Möglichkeiten, die Tour fortzusetzen: Nordwestlich gelangen Sie in 30 Minuten nach Neudorf und können über Schmerb und die Wendelinkapelle zum Ausgangspunkt zurückkehren. Oder Sie überwandern die Lange Leite und den Steinberg zur Mendenmühle (Rückfahrt mit Bus von Untersteinach). Am empfehlenswertesten aber ist, sich nach weiteren 1½ Kilometern beim nächsten Forststra-

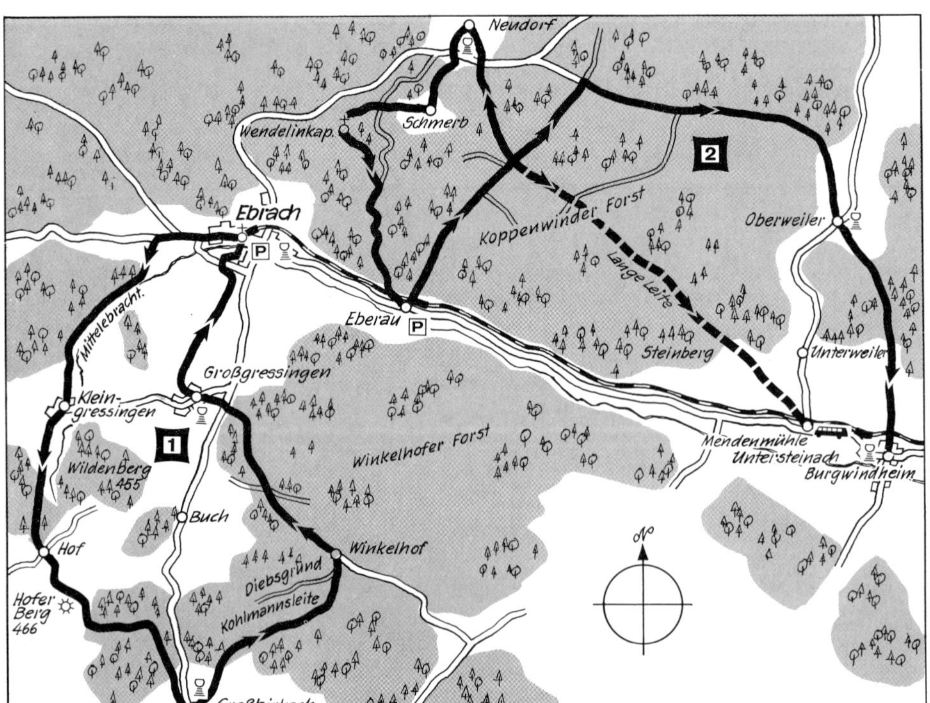

ßenkreuz oben auf der Höhe rechts zu halten. Über den stillen Waldweg erreichen Sie von hier in 1 Stunde die Brauerei Oppel in Oberweiler (gute Vesperstation!), steigen von der Kirche geradeaus auf den Oberweiler Berg und kommen schließlich – stets südwärts – direkt bei der rostroten Heilig-Blut-Kapelle und dem Heilig-Blut-Brunnen zum Schloß in Burgwindheim. Da wartet schon der Bus nach Eberau.
Bitte Beachten: Vor dem Abmarsch den Busfahrplan studieren!

3. Eulenberg – Ruine Stollberg – Murrleinsnest

Michelau (15 km NW von Ebrach) – Handthal – Ruine Stollberg – Michelau / 4–4½ Std. / sichtreiche, schattige Berg- und Waldwanderung

Bis zur Wasserkuppe in der Rhön und ins Maintal zum Häusermeer Schweinfurts sieht man an klaren Tagen vom Michelauer Eulenberg, zu dem Sie von der Ortsmitte, hinter der Kirche (P.) am Friedhof vorbei, auf schmaler Straße im Bogen nach Nordosten aufsteigen. In halber Höhe hält man sich im spitzen Winkel rechts, wandert 200 Meter unter Obstbäumen, dann weglos über den Wiesenhang steil aufwärts zur gelben Bank und zum Kreuz des Eulenberges zwischen Weinstöcken. Die ganze Wanderung kann man von hier überschauen: Ostwärts um die Vollburg (456 m, keltische Siedlung) herum nach Süden, jenseits der Hauptstraße vom Wanderparkplatz, an zwei uralten Eichen vorüber, zum Steinernen Kreuz und bergab ins liebliche Handthal (Wirt!). Ruine und Gasthaus Stollberg im Weingarten wird in Westrichtung erreicht und auf der Höhe zum Murrleinsnest gelaufen. Dann steigen Sie in gut 1 Stunde zur Waldesruh und zum 1000 Jahre alten Saudrachshof ab.

Erholung für streßgeplagte Nerven bringen bequeme Wanderwege durch die ausgedehnten, lichten Mischwälder der Steigerwaldhöhen um Ebrach.

4. Zum Zabelstein

Prüßberg (17 km NW von Ebrach) – Zabelstein – (Ruine Schernberg) – Prüßberg / 3½–4 Std., evtl. –5 Std. / Berg- und Waldtour mit viel Schatten und Fernsicht

Mit 489 Metern ist der Zabelstein eine der höchsten Erhebungen des Steigerwaldes und bildet seinen nordwestlichen Eckpfeiler. Auf seinem Gipfel steht außer einem Funk- und Aussichtsturm (Sicht zu Spessart, Rhön und Haßbergen!) auch das im Sommer bewirtschaftete Lingmann-Haus (Übernachtungsmöglichkeit). Die Ritter von Zabelstein bewohnten das Schloß auf dem weit nach Westen vorspringenden, an drei Seiten steil abstürzenden Höhensporn, auf dem heute noch die Ruinenreste stehen. – Am schönsten und bequemsten geht man den Berg von Prüßberg durch das Grundbachtal an. Vor dem Gasthaus Vollburg (P.) in der Ortsmitte marschiert man links am hübschen Fachwerkhaus vorbei, dann auf der Straße zum steinernen Wegkreuz und jetzt rechts im Wiesental den

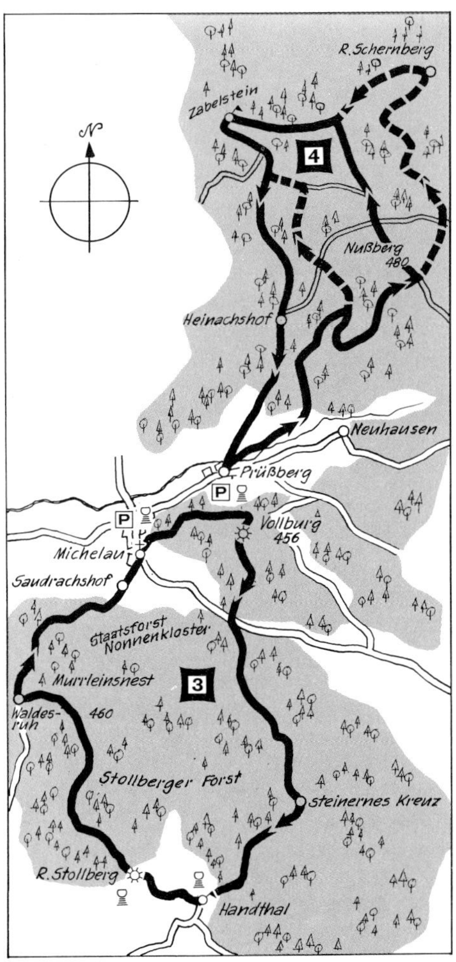

Ein erlesenes Kunstwerk ist die Fensterrosette der Basilika des über 800 Jahre alten Zisterzienserklosters Ebrach.

Feldweg zum Nußberg hinauf. Dort gäbe es eine stille Abstechermöglichkeit weiter nordwärts auf den Gangolfsberg oder zur Ruine Schernberg, ehe der Zabelsteingipfel angesteuert wird. – Den Rückweg tritt man über Heinachshof an und marschiert am Schluß auf guter Straße schnurgerade bergab.

Sehenswert

Ebrach Zisterzienserkloster, 1127 als erste fränkische Niederlassung gegründet, im Bauernkrieg zerstört (1525), Wiederaufbau im Barock (ab 1697): Klosterkirche mit prachtvoller Rosette an der Fassade (7 m Durchmesser; Kopie, Original im Bayer. Nationalmuseum in München), dreischiffige Basilika (1200–1282), von Bamberger Dombaumeistern erbaut, von Materno Bossi barock umgestaltet (1773–1791); Alabaster- und Sandsteinaltar (Bernardus-Altar) des Nürnbergers V. Dümpel (1525); 2 Barockorgeln im Chor (1762); an der Nordseite des Querschiffes vollständig erhaltene Michaels-Kapelle, 1127 ▪ Klostergebäude von L. Dientzenhofer (1687–1698), von B. Neumann erweitert (1716–1740) ▪ Abteigebäude und Konventsbau mit herrlichem Treppenhaus und Kaisersaal ▪ Naturlehrpfad.

Burgwindheim Seit 1465 Wallfahrtsort zum Heiligen Blut ▪ Schloß der Ebracher Äbte (1720–1725) von B. Neumann erbaut ▪ Pfarrkirche (1748–1751) von B. Neumann (Dekkengemälde, Seitenaltäre) ▪ Heilig-Blut-Wallfahrtskirche, 1467 errichtet, 1597 erneuert ▪ Heilig-Blut-Brunnen (v. L. Dientzenhofer) über einer 1626 entdeckten Heilquelle.

Michelau Kirche St. Michael und St. Georg (1738–1741), Baumeister B. Neumann ▪ Saudrachshof, schon im 9. Jh. erwähnt.

Handthal Ruine Stollberg, genannt 1151, zerstört 1525, Bergfried teilweise erhalten ▪ Staatliches Weingut mit Ausschank.

Zabelstein Ruine der Stammburg der Ritter von Zabelstein, ab 1303 Jagdschloß und Sommersitz der Würzburger Bischöfe; im Bauernkrieg zerstört (1525) und von Bischof Julius Echter von Mespelbrunn wieder aufgebaut (1586), 1689 erneut zerstört.

Gerolzhofen (13 km W von Ebrach) Stadtpfarrkirche, spätgotischer Hallenbau (1436–1479); Glasgemälde (um 1450); Holzkruzifix (1510) ▪ Zweigeschossige Friedhofskapelle St. Johannis (1497) mit Beinhaus ▪ Spätgotisches Rathaus (1461) ▪ Spitalkirche St. Vitus (1710) ▪ Oberamtsbau (Landratsamt) und Amtsgebäude (Finanzamt) des bischöflichen Stadtvogtes (1614), Bauherr Julius Echter.

Prichsenstadt (13 km SW von Ebrach) Fränkische Bilderbuchkleinstadt ▪ Ev. Pfarrkirche (Ende 16. Jh.), auf dem Friedhof freistehende Kanzel ▪ Stadtbefestigung mit malerischen Stadttoren und Rundtürmen.

Sportmöglichkeiten

Ebrach Beheiztes Freischwimmbad ▪ Angeln ▪ Minigolf ▪ Trimm-dich-Pfad.

Gerolzhofen Freischwimmbad, Hallenbad ▪ Tennis ▪ Trimm-dich-Pfad.

Prichsenstadt Freibad.

Veranstaltungen

Ebrach Orgel- und Orchesterkonzerte in der Basilika; »Ebracher Serenade« Anfang Juni im Abteigarten oder Kaisersaal.

Zabelstein Zabelsteiner Waldfest am Pfingstmontag.

Gerolzhofen Freilichtbühne ▪ Schützenzug im Mai.

Burgwindheim Heilig-Blut-Fest in der Woche nach Fronleichnam.

4 Ochsenfurt/Iphofen

Wo köstliche Frankenweine wachsen

An der Südspitze des Maindreiecks und auf der welligen Keuperhochebene, die von steilen Muschelkalkbänken des Maintales nach Westen und ostwärts vom grünen, an Pflanzenversteinerungen reichen Schilfsandstein des Steigerwaldabbruchs begrenzt wird, liegen die bekanntesten fränkischen Weinorte: die linksmainische Wehrsiedlung Ochsenfurt, die jahrhundertelang den Mainübergang zwischen dem Würzburger Hochstift und den Reichsstädten Rothenburg, Windsheim und Nürnberg sicherte; gleich daneben befinden sich zwei weitere mainländische Schmuckstücke, der Weinort Sommerhausen mit dem »Kleinsten Theater Deutschlands« im Würzburger Torturm, und Frickenhausen, das eng zwischen südseitigen Weinbergen und dem Fluß hingelagert ist. Am Westrand des Steigerwaldes hat das mehr als 1200jährige Bocksbeutelstädtchen Iphofen bis heute sein eindrucksvolles mittelalterliches Stadtbild bewahrt. Es wurde schon 741 urkundlich erwähnt und ist bereits seit 1291 Stadt. Über sonnige Hänge schwingen sich seine berühmten Weinlagen zur Laubwaldkrone des Steigerwaldes auf: der »Kronsberg«, »Julius-Echter-Berg« und »Kammer«, der »Burgweg«, »Bettenberg« und »Kalb«. Die Winzerdörfer Rödelsee, Bullenheim und Markt Einersheim umwinden Iphofen auf drei Seiten. Alle diese gemütlichen Orte sind Ausgangs- und Endpunkte erlebnisreicher Weinlandwanderungen. – Im Mittelpunkt solch edler Rebsorten steht die hervorragende Fernsichtbastion Schwanberg, dessen flacher Gipfelaufbau sich von Schloß Schwanberg im Norden bis zur südwärtigen Winterklause erstreckt. Vom Schwanberg aus schaut man in das Iphofener Wein- und Spargelland wie in ein riesiges Amphitheater mit der prachtvollen Naturkulisse sanfter Waldhöhen im Hintergrund. Besonders im Herbst ist dort das Wandern bezaubernd schön. Unter seidenblauem Himmel heben sich dann die zartgelb belaubten Weingärten von den gold- und braungelben Buchen- und Ei-

Das Ochsenfurter Rathaus, Ausgangspunkt romantischer Wanderungen am mittleren Main, ist eines der schönsten Rathäuser Frankens.

chenhainen des Steigerwaldes ab, und eine milde, klare Luft gibt den Blick weit über das westliche Frankenland frei, bis zu Spessart und Rhön. Das ist die rechte Zeit, dieses gesegnete Land zu durchwandern.

1. Von Frickenhausen ins Zeubelrieder Moos

Ochsenfurt am Main – Frickenhausen – Sommerhausen – Ochsenfurt / 5–6 Std., evtl. $4^1/_2$ Std. / sonnige Tal- und Hügelwanderung, viel Aussicht

Eines der malerischsten Weinstädtchen am Main ist das alte Frickenhausen, das Sie auf bequemen Fußweg in nicht ganz 1 Stunde von Ochsenfurt erreichen: Ab Stadtmitte (P.) nach Norden über die Mainbrücke, dahinter rechts auf der Frickenhauser Straße 1 Kilometer zum Autohaus. Hier links und gleich wieder rechts auf der Weingartenstraße zum Frickenhauser Marktplatz, der sich wie ein großes Freilichtmuseum auftut. – Nach der Besichtigung des prachtvollen Hochaltars in St. Gallus und der originellen Rathaustreppe wendet man sich durch das Obere Tor aufwärts ins Uppental bis zum Wegkreuz unter zwei Birken. Hier wandert man links über freies Feld ($^1/_4$ Stunde später nochmals links) nach Zeubelried und jenseits des Steinbachgrabens immer westwärts durch das Naturschutzgebiet des Zeubelrieder Mooses Richtung Sommerhausen und zum Bahnhof Winterhausen. Dort gibt es eine Zugverbindung nach Ochsenfurt. – Ist jemand die Tour in dieser Form zu lang, so kann er sie abkürzen, indem er vom Zeubelrieder Moos oberhalb des Rupprechtsmühlbaches zum Kleinochsenfurter Wachturm läuft. Dort hat es dann nochmals eine schöne Maintalsicht. Bitte beachten: Vor Antritt der Wanderung Bahnfahrplan studieren!

2. In Tückelhausen waren die »Schweigenden Mönche« daheim

Ochsenfurt am Main – Hohestadt – Tückelhausen – Ochsenfurt / 3–$3^1/_2$ Std. / sicht- und sonnenreiche Höhenwanderung

Als Dependance des Kartäuser-Ordens von La Chartreuse bei Grenoble steht das Kloster Tückelhausen seit 600 Jahren steil über dem Thierbachtal. Eine sichtreiche Höhenwanderung führt von der Wallfahrtskirche St. Wolfgang zu ihm hin. Vorher verläßt man die Stadtmitte von Ochsenfurt beim gotischen Rathaus (P.) nach Südosten durch das Stadttor, benützt rechts die Bahnunterführung und den rechten Fußweg neben der Bundesstraße 13, vorbei an der Brauerei Kauzen, und wendet sich hinter den letzten Häusern halbrechts auf dem Fahrweg jenseits der Lindenallee im Tal aufwärts nach St. Wolfgang. Das obere Wiesental leitet weiter bergauf zur Höhe (279 m) und hinüber durch das Loheholz Richtung Hohestadt. Die wenig befahrene Teerstraße bringt Sie von hier talwärts und der Lambertusweg gegenüber hinauf zum ehemaligen Kartäuserkloster, in dem die Mönche schweigend, fastend und nachts stundenlang wachend und betend nach strengen Ordensregeln lebten. Der Bahnbus fährt Sie am Abend zurück nach Ochsenfurt.

Bitte beachten: Vor der Tour den Busfahrplan erfragen!

3. Wanderrunden auf dem Schwanberg und nach Markt Einersheim

Rödelsee (3 km N von Iphofen) – Schwanberg – Rödelsee. Oder vom Schwanberg weiter nach Markt Einersheim / 4–$4^1/_2$ Std., evtl. 6 Std. / schattige Bergtour mit schöner Fernsicht

Natürlich kann man auf den Schwanberg (474 m) auch hinauffahren, aber das wäre schade. Verpaßt man so doch den wundervollen Aufstieg durch die ausgedehnten Iphofener Weingärten und die langsam immer umfassender werdende Sicht über das Maintal bis zur Rhön. – Rödelsee, 3 Kilometer nördlich von Iphofen, ist der Startplatz für diese Tour. Am Nordostende des Ortes, beim »Café am Schwanberg« kerzengerade auf der Weinbergstraße aufwärts zum Wald und auf schmalem, markiertem Steig durch das Holz weiter zum Gipfelplateau. Dort gibt es schöne, gut bezeichnete Rundwege: Man wandert den Kammweg zum Keltenwall oder den Naturlehrpfad Richtung Birkensee, unternimmt einen Abstecher zum Pavillon oder dreht die besonders stille Südrunde zur Bildeiche in der Winterklause, ehe der Abstieg Richtung Rödelsee beginnt. – Wer die Tour bis nach Markt Einersheim fortsetzen will, wandert von der Winterklause südwärts zur Beckahanseiche und gerade weiter über den Aschenberg ins stimmungsvolle Einersheim. Unermüdliche Geher können vom Voglsangberg sogar noch eine Ostschleife zur Ruine Speckfeld auf dem Schloßberg dranhängen. Eine kaum befahrene Bauernstraße bringt Sie dann vom Gut Neubauhof nach Einersheim. Hier besteigen Sie den Zug und fahren über Iphofen zum bezaubernden »altfränkischen« Mainbernheim hinüber. Jetzt ist es nur noch eine gute halbe Stunde nach Rödelsee.

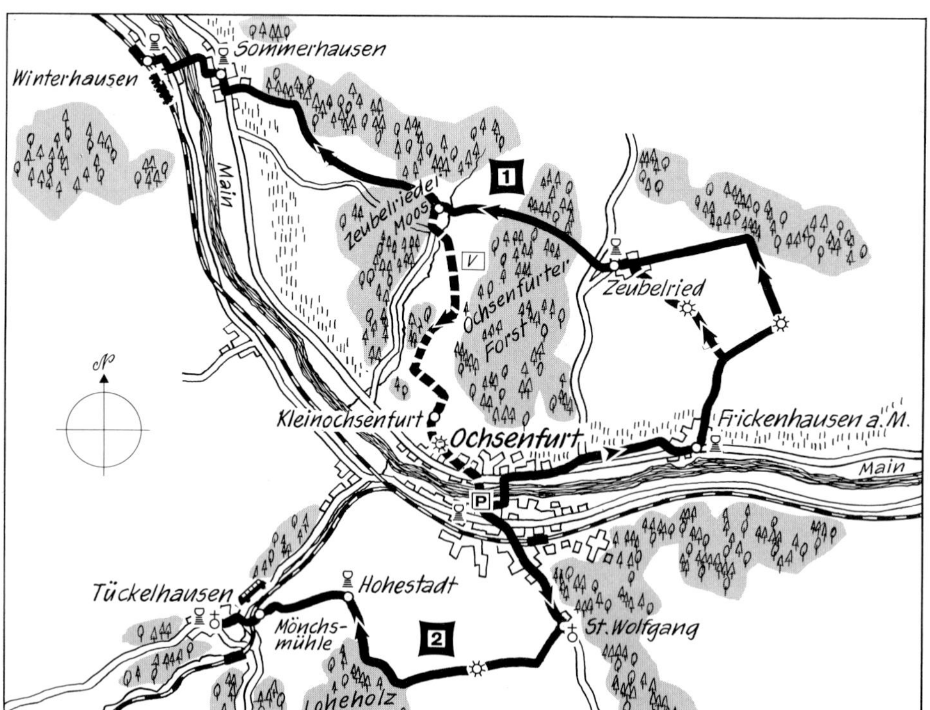

4. Bullenheimer Kapellberg und Schloß Frankenberg

Bullenheim (10 km S von Iphofen) – Bullenheimer Berg – Schloß Frankenberg – Bullenheim / 3–3½ Std., evtl. 4–4½ Std. / schattige, sichtreiche Berg- und Waldtour

Unter den vielen altertümlichen und hübschen Orten des Steigerwaldvorlandes mit dem Zunamen »heim« befindet sich auch das malerische Runddorf Bullenheim. Es ist vor allem ein schöner Ausgangspunkt für eine »Wein- und Waldtour«. Los geht's in der Ortsmitte beim Gasthaus zur Sonne (P.) nach Osten, am Straßenende rechts an der Bismarckeiche vorbei. 20 Minuten nach dem Abmarsch hält man sich links zwischen Weinbergen im Hochtal zum Laubwald aufwärts und gelangt im Linksbogen auf der Höhe zum Aussichtsturm bei der Kunigunden-Kapelle. Von hier kann man nun die große Tour durch den Kunigundenwald über den Schneckenberg zum Hexenstuhl am Steigerwaldwestabhang einschlagen oder man nimmt den Weg über den Bullenheimer Berg in Südostrichtung zur Nenzenheimer Straße und jenseits weiter Richtung Schloß Frankenberg, das hoch über der Ebene auf einer Waldrippe steht. – Der Rückweg führt westwärts an der jahrhundertealten »Hutteneiche im Weinberg« vorüber.

Bitte Beachten: Der Schlüssel für den Kunigunden-Aussichtsturm kann im Gasthaus zur Traube in Bullenheim mitgenommen werden. – Von Ende August bis Anfang Oktober sollten Sie die Tour nicht unternehmen, da die Tore der Weinbergseinzäunungen in diesem Zeitraum geschlossen sind.

Sehenswert

Ochsenfurt Rathaus, spätgotisch (Ende 15. Jh.), an der Freitreppe Maßwerkbalustraten, achteckiges Uhrtürmchen mit Spielwerk (1520) ▪ Altes Rathaus (14. Jh.) mit Pranger ▪ Kath. Pfarrkirche, dreischiffige Hallenkirche, Hl. Nikolaus von T. Riemenschneider ▪ Michaels-Kapelle (15. Jh.) ▪ Wolfgangs-Kapelle (1403 begonnen, 1738 vollendet).

Frickenhausen Rathaus, gotisch (15./16. Jh.) mit origineller Freitreppe (Ende 16. Jh.) ▪ Pfarrkirche St. Gallus (1514–1516), Umbau 1605; Hochaltar, Spätrenaissance (1617).

Sommerhausen s. Tour 1/2.

Tückelhausen Ehem. Kartäuserkloster, vierteilige Baugruppe; Kirche im Kern romanisch, Umbau im 14. und 17. Jh.; reiches Renaissanceportal (1615); im Kloster rechteckiger Kreuzgang mit 14 Kartausen.

Marktbreit (6 km Ö von Ochsenfurt) Frühgotische Pfarrkirche (1597) ▪ Rathaus, Renaissance (1579); getäfelte Ratsstube; ▪ Schloß (1580), schönes Portal; Treppenturm ▪ Romantische Schustergasse, Patrizierhäuser, u. a. Wertheimer-Haus (1719), Günther-Haus (1725) ▪ »Goldener Löwe« (um 1450), ehem. Fürstenherberge ▪ »Malerwinkel« in der Bachgasse ▪ Moritz-Kapelle (15. Jh.) auf dem »Käppele«.

Sulzfeld (9 km N von Ochsenfurt) Weinort mit mittelalterlichem Gepräge ▪ Rathaus (1609) ▪ Spätgotische Pfarrkirche.

Iphofen Kath Pfarrkirche St. Veit; gotische Hallenkirche; barocke Altäre (Anf. 18. Jh.); gemalte Chorfenster (Anf. 15. Jh.); Kunstwerke von Rang, u. a. Johannes von T. Riemenschneider ▪ St.-Michaels-Kapelle, gotischer Karnerbau (14. Jh.) ▪ Blutskirche (1369, erneuert 1615) an der Stelle eines Hostienwunders ▪ Spitalkirche, spätgotisch, und Spitalgebäude aus der Juliuszeit mit polygonem Treppenturm ▪ Rathaus, barock (1716–1718).

Willanzheim Alte Wallanlage ▪ Vorgeschichtliche Gräber ▪ Keltenschanze.

Mainbernheim Mauerring mit runden Voll- und Halbtürmen aus Bruchstein und Tortürmen (15. Jh). ▪ Ev. Pfarrkirche (13. Jh.), Chor und Langhaus (1732) ▪ Rathaus (1548) ▪ Malerische, originelle Bürgerhäuser ▪ Bärenbrunnen (1681) ▪ Steinkanzel (1618) auf dem Friedhof.

Schwanberg (474 m) Steinzeitlich besiedelt; Befestigungen der Hallstadt- und La-Tène-Zeit; Fliehburg des frühen Mittelalters; Schloß (1525 im Bauernkrieg zerstört, Wiederaufbau 16.–18. Jh.) ▪ Naturlehrpfad.

Speckfeld (bei Markt Einersheim) Ruine, Turmreste, erbaut um 1200, zerstört 1525.

Frankenberg Schloß (16. Jh.), Renaissance, verfallend, Oberburg mit 2 Rundtürmen (1200).

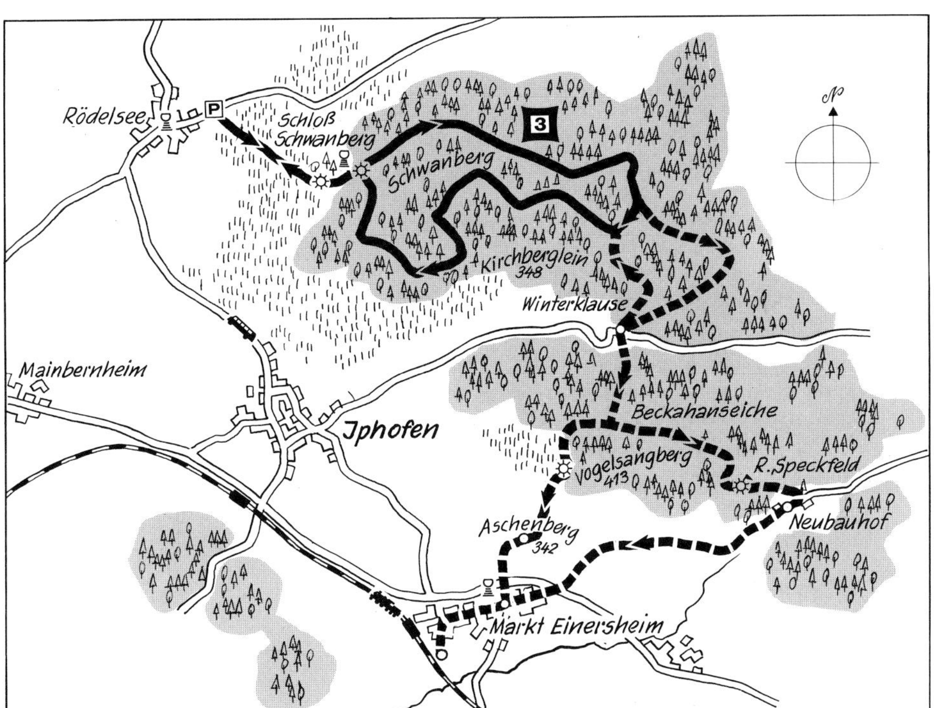

Sportmöglichkeiten

Ochsenfurt Beheiztes Freibad auf der Maininsel, Hallenbad in der Realschule ▪ Tennis ▪ Minigolf ▪ Trimm-dich-Pfad.

5 Uffenheim

Bäuerliches Hinterland im »Uffenheimer Gau«

Aus der Talschlucht, die von der Tauber in die fränkische Muschelkalkplatte mehr als 60 Meter tief eingeschnitten wurde, kann man in mehrtägigem erholsamen Gehen von der Gollachmündung bei Bieberehren über die in staufischer Zeit von den Hohenlohern gestiftete Kunigunden-Kapelle mit ihrer jahrhundertealten Linde nach Uffenheim aufsteigen. Auf roten, violetten und grünen Tonschichten und weißgelbem bis braunem Mergel, dem bunten Keuper, wandert man in Nordostrichtung den Weststeilhang des Steigerwaldes bergan zu seinem höchsten Gipfel, der ehemaligen Keltenfliehburg Hohenlandsberg (498 m), an deren einstige, 1554 zerstörte Veste nur noch Ruinenreste erinnern. Den Abstieg nimmt man – an der Keltenschanze im Langensteinacher Buchholz vorbei – durch die Einkerbung wildromantischer Steinachbögen über Niedersteinach und Reinsbronn ins Taubertal zurück. – Für solches Wandern würde man fast eine Woche brauchen. Daher habe ich aus dieser langen Strecke vier Eintagestouren zusammengestellt, die Sie zu den schönsten Flecken im »Uffenheimer Gau« bringen werden. Auf stillen Pfaden berührt man unterwegs die Weingärten um den Langen Berg und den Kapellberg bei Weigenheim und kommt zur Ruine Reichelsburg auf der Gollachhöhe in der Nähe der alten Handelsstadt Aub, die früher als Pferderelais- und Zollstelle an der Heerstraße Frankfurt – Rothenburg lag. Beim romanischen Kastell der Fürsten Hohenlohe und am Zisterzienserinnenkloster Frauental werden Sie sicher größere Wanderpausen einlegen und sich viel Zeit für die Besichtigung der Uffenheimer Kunstschätze lassen, ehe Sie am Abend eine der vielen Weinstuben zwischen Ulsenheim, Ergersheim und Buchheim am Fuße des Steigerwaldes besuchen oder zu Uffenheim in der »Traube« oder »Goldenen Krone« oder vielleicht beim Schwarzen-Adler-Wirt die reichhaltige Speisekarte fränkischer Spezialitäten studieren: Fränkische Bratwürst', Metzelsuppe oder Schwemmkloß' mit Pöiterla. Spätestens beim edlen Bocksbeutel (es muß ja nicht unbedingt Rödelseer Trockenbeerenauslese für 300 Mark pro Flasche sein) merkt man dann, wie müde man eigentlich ist vom vielen Gehen.

1. Über die Custenlohrer Höhe

Uffenheim an der Gollach – Custenlohr – Welbhausen – Uffenheim / 3 1/2–4 Std., evtl. 5–6 Std. / Hügel- und Höhenwanderung, teils Schatten, viel Aussicht

Hoher Landsberg, Bullenheimer Berg und Schwanberg dominieren über der weiten Gollachsenke und schließen mit ihren im Herbst leuchtend goldgelben Waldrücken das Tal hinter dem vieltürmigen Uffenheim nach Nordosten ab. Auf einer gemütlichen Wanderung können Sie diesen Blick genießen, wenn Sie vom roten Ansbacher Tor (P.) in Uffenheim, am ehemaligen Zollhaus vorbei, zur Ansbacher Straße gehen, dort vor der Tankstelle rechts und gleich wieder rechts auf der Krankenhausstraße gerade bergan und weiter durch die Pappelallee ins Hochholz. So gelangen Sie, stets südwärts, nach Custenlohr. Die Höhenstraße am westlichen Ortsrand bringt Sie nun zur beschriebenen Aussicht. – Etwa 1/4 Stunde hinter Custenlohr läuft man im rechten Winkel am Bachgraben abwärts

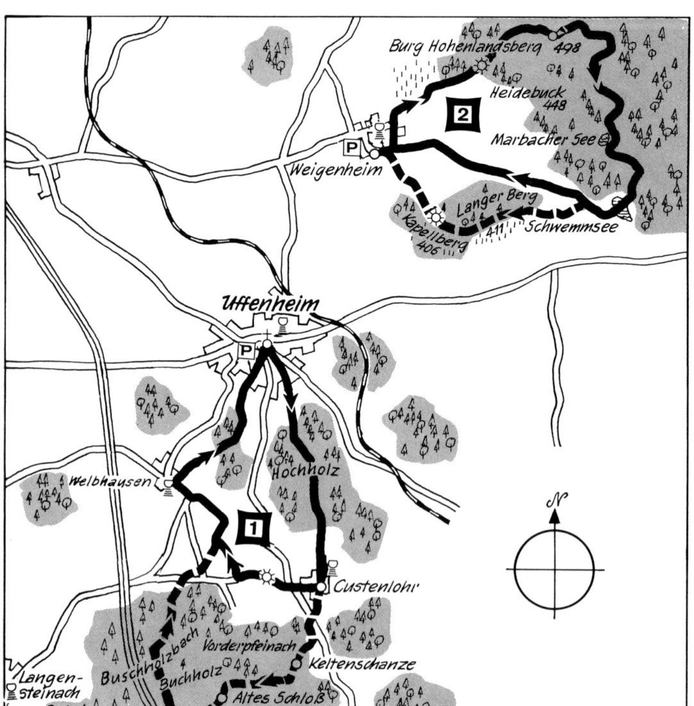

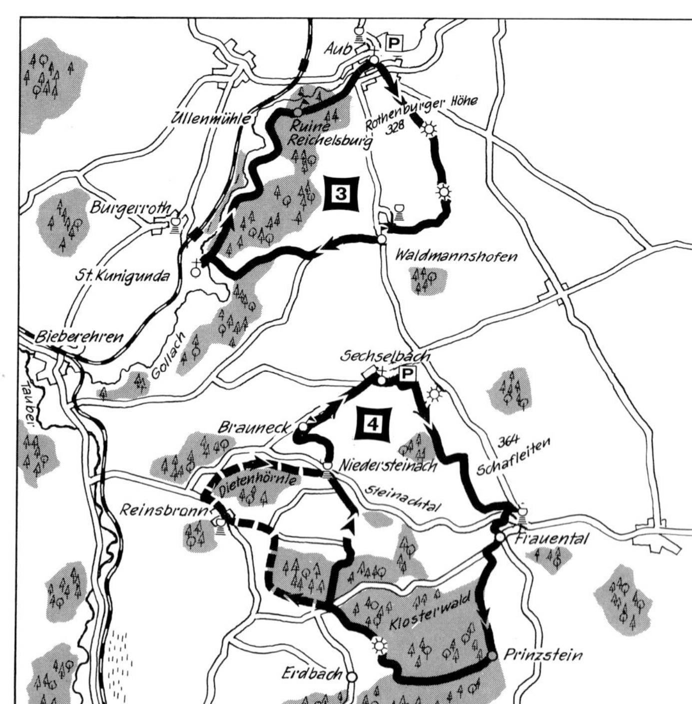

Leuchtende Uffenheimer Farbkontraste: neben braun und ocker getönten Fachwerkhäusern zeigt der Schieferzwiebelturm des Würzburger Tores moosgrün in den azurblauen Herbsthimmel.

Richtung Welbhausen und kehrt, sich bei den Weihern nordwärts haltend, nach Uffenheim zurück. – »Langstreckenläufer« marschieren von Custenlohr noch weiter in Südrichtung zur Keltenschanze bei Vorderpfeinach und zum »Alten Schloß« im Grimmelbachgraben. Vor der neuen Autobahn schwenkt man rechts ein, durchquert das Buchholz, kreuzt den Buschholzbach und gelangt so immer nordwärts nach Welbhausen und Uffenheim.

2. Auf der Veste Hohenlandsberg

Weigenheim (6 km N von Uffenheim) – Hohenlandsberg – (Kapellberg) – Weigenheim / 3½–4 Std., evtl. –4½ Std. / Berg- und Waldwanderung, Schatten und Fernsicht

In Weigenheim, 6 Kilometer nördlich Uffenheim, beginnt diese Berg- und Waldwanderung auf die westlichen Steigerwaldhöhen. An der großen Trauerweide vorm Gasthaus Stern (P.) geht's los: 100 Meter nordwärts, beim Bäcker rechts und 200 Meter auf der Dorfstraße bis zur mächtigen Eiche. Dort links talwärts über den Bach und auf der Traktorenpiste in Nord-, später in Nordostrichtung zu den Weinbergen und bergauf zu den Resten der Burg Hohenlandsberg (498 m), die versteckt im Walde liegen. – Dann hält man sich auf Schleichwegen südwärts über den Heidebuck zum Marbacher See und zum winzigen Schwemmsee. Und wer Lust hat und nicht zu müde ist, wird auch noch den Langen Berg und den Kapellberg »mitnehmen«; der Aussicht wegen.

3. Im Gollachtal

Aub an der Gollach (12 km W von Uffenheim) – Waldmannshofen – Gollachtal – Aub / 3½–4 Std. / aussichtsreiche Höhen- und schattige Talwanderung

Südlich Hemmersheim verengt sich das Gollachtal. Schluchtartig mündet es bei Bieberehren ins Taubertal. So entstand im romantischen Talgrund ein wunderbares Wandergebiet. Dahin läuft man am besten erst einmal über weitblickende Aussichtshöhen und besucht unterwegs ein kurioses Museum, das Feuerwehrmuseum im Schloß Waldmannshofen. – Das Landstädtchen Aub im Gollachtal, an der kaiserlichen Heerstraße Frankfurt – Rothenburg, steht am Anfang der Tour: Beim Brunnen auf dem Marktplatz (P.) in der Etzelstraße steil aufwärts durch das Stadttor und auf der Uffenheimer Straße, am Friedhof vorbei, gerade weiter bis zur Linkskurve. Dort beim Steinkreuz rechts auf die Rothenburger Höhe (328 m) und hinüber nach Waldmannshofen. Am südlichen Ortsende marschieren Sie rechts im Tal abwärts in den grünen Gollachgrund. Da geht es wiederum rechts auf dem Wiesenfahrweg zum Fluß und über den im Gestrüpp etwas versteckten Steg, von dem ein schmaler

Hangsteig zur uralten Linde neben der aus der Stauferzeit stammenden Kapelle St. Kunigunda führt. – Im Tal zurück, wandert man nun der Gollach entgegen, steigt bei der Ullenmühle zur Ruine Reichelsburg auf die Gollachhöhe und gelangt wieder nach Aub.

4. Prinzstein und Ruine Brauneck

Sechselbach (13 km W von Uffenheim) – Frauental – Niedersteinach – Sechselbach / 4–4½ Std., evtl. –5½ Std. / wellige Höhen- und Waldwanderung mit Sicht, teilweise Schatten

Zwischen Aub und Creglingen liegt das Bauerndorf Sechselbach einsam im fruchtbaren Land. Von der Kirche (P.) wandert man hinaus in die Stille, 50 Meter nach Osten, vorm Meederhof über den Bach, gleich danach links und 100 Meter später rechts auf die Höhe. Über die Schafleiten erreichen Sie das romantisch im Steinachtal gelegene Frauental. – Oben geht es von der Schirmbacher Straße wenige Minuten später links den Klosterwaldweg entlang zum Vesperplatz beim Prinzstein, in dessen Nähe Sie am Waldrand Dolinen finden können. – Durch den Klosterwald läuft man nordwärts nach Niedersteinach und zur Ruine Brauneck. Oder man macht den Umweg über Schloß Reinsbronn und das Dietenhörnle und steigt dann nach Niedersteinach ab. In beiden Fällen gelangen Sie im Endspurt auf bequemem, ebenem Weg in 20 Minuten von Brauneck nach Sechselbach.

Beinahe liebevoll werden die Frankenweinreben berühmter Bocksbeutelarten betreut. Sicher werden auch Sie bei solchem Anblick die Vorfreuden auf ein abendliches, geselliges Beisammensein beim Wein nach großer Tour genießen.

Sehenswert

Uffenheim Spitalkirche, gotisch (14. Jh.) ▪ Friedhofskapelle mit Kreuzigungsgruppe des Rothenburger Meisters J. Oertel ▪ Klassizistische Stadtkirche ▪ Bewehrung, Tore, Türme (14. Jh.) ▪ Viele schöne Fachwerkhäuser ▪ Heimatmuseum.

Hohenlandsberg (498 m) Höchste Erhebung des Steigerwaldes, einst keltische Fliehburg, später Veste, 1554 zerstört.

Aub Pfarrkirche (13. Jh.), Neubau in der Juliuszeit (1615), verändert um 1750; Choraltar (1682); Chorbogenkruzifix von G. Brenck aus Windsheim (1637); dreifigurige Kreuzigungsgruppe von T. Riemenschneider (1515) ▪ Rathaus (1671) ▪ Schloß der Würzburger Fürstbischöfe, Renaissance (um 1600), dreistufige Giebel ▪ Bewehrung ▪ Burgruine Reichelsburg (17. Jh.), runder Bergfried.

St. Kunigunda (bei Burgerroth) Ummauerte Kapelle oberhalb der Gollachschleife, Stiftung der Hohenloher aus staufischer Zeit (13. Jh.), rechteckiges Schiff, quadratischer Chorturm mit Erkerapside.

Waldmannshofen Fünftürmiges ehem. Wasserschloß (1544), heute Feuerwehrmuseum.

Brauneck Ruine eines romanischen Kastells, Stammburg des Hauses Hohenlohe-Brauneck.

Frauental Zisterzienserinnenkloster, frühgotisch (13. Jh.).

Sportmöglichkeiten

Uffenheim Hallenbad; Freischwimmbad.

Waldmannshofen Freischwimmbad.

6 Rothenburg ob der Tauber

Riemenschneider-Kostbarkeiten rechts und links der Tauber

Im gleißenden Licht ihrer Werke erscheinen in der Zeit des Aufbruchs vom Mittelalter in die Neuzeit drei alles überragende, jedoch grundverschiedene Meister der süddeutschen gestaltenden Kunst im fränkischen Raum. Verwurzelt in den geraden Linien der Spätgotik, vollzieht sich während ihres Schaffens der Übergang zu den runden, weichen Linien der Renaissance. Der unruhige, reizbare, wie im Rausch arbeitende »Dramatiker« Veit Stoß aus dem Schwäbischen und die rechtschaffen-ausgeglichene handwerkliche Bürgerkünstlernatur des Adam Krafft arbeiten in Nürnberg. Der Dritte wanderte, aus Osterode im Harz kommend, als »Malerknecht« in Würzburg ein: Tilman Riemenschneider. Er ist der Lyriker unter den Bildschnitzern seiner Zeit. Sensibel, konziliant, weich, wurde er von der milden, freundlichen Landschaft Mainfrankens befruchtet. Sein Arbeitsmaterial ist vor allem das nachgiebige, warmgetönte Lindenholz. Aus ihm gestaltete er seine größten Werke, erweckte er seine beseelten, schmerzerfüllten Gestalten zum Leben, schuf er mit letzter Feinheit die herrlich-ornamentalen Faltenwürfe der Gewänder seiner vergeistigten Figuren. – Zu drei seiner Meisterwerke bringt Sie der Rothenburger Wanderzyklus: Es sind dies die Altäre der Rothenburger Jakobs-Kirche (Tour 1 und 2), der romanischen Detwanger Dorfkirche (Tour 1) und der gotischen Creglinger Herrgotts-Kirche (Tour 3). Die Kirche wurde 1389 vom Grafen von Hohenlohe-Brauneck gestiftet, als bei einem Ritt im Tal des Herrgottsbachs in seiner Nähe ein Bauer – der Sage nach – eine Hostie aus dem Acker pflügte.

1. Große Rothenburger Sicht von der Engelsburg

Rothenburg ob der Tauber – Engelsburg – Vorbach – Rothenburg / 3–3½ Std. / viel Aussicht und Sonne, Höhenwanderung

Am späten Nachmittag, vor oder bei Sonnenuntergang, wenn die bunten Dächer der alten Reichsstadt vom sich neigenden Licht angestrahlt werden, ist der Blick über den dunklen Taubergrund auf ihre Türme und Mauern besonders schön. Unternehmen Sie daher diese relativ kurze Wanderung möglichst nachmittags. – Als Ausgangspunkt sollte Ihnen die Spitalbastei (P.) im Süden der Stadt dienen. Gleich hinter dem Gasthaus zur Taube leitet ein Fußweg ins Taubertal zur Schmelzmühle. Auf dem Taubertalweg wandert man flußabwärts über Eselsbrücke und Doppelbrücke, dahinter links den Fußweg im Wald bergauf, vorüber an den beiden Felsenkellern (Gasthäuser) zur Engelsburg. – Nach dem Studium all der Zinnen und Giebel behält man das Panorama zur rechten, kommt bald am Bismarckdenkmal vorbei und nach Vorbach. Im spitzen Winkel geht's um das Vorbachtal Richtung Dürrenhof und am Hang zum Abstieg nach Detwang. Von der Barbarossabrücke schnauft man über die »Kurze Steige« zur Anlage »Neue Burg« und schlendert durch die Klingentorbastei in die Altstadt.

Idyllisches Fachwerk im romantischen Rothenburg: die Gerlachschmiede.

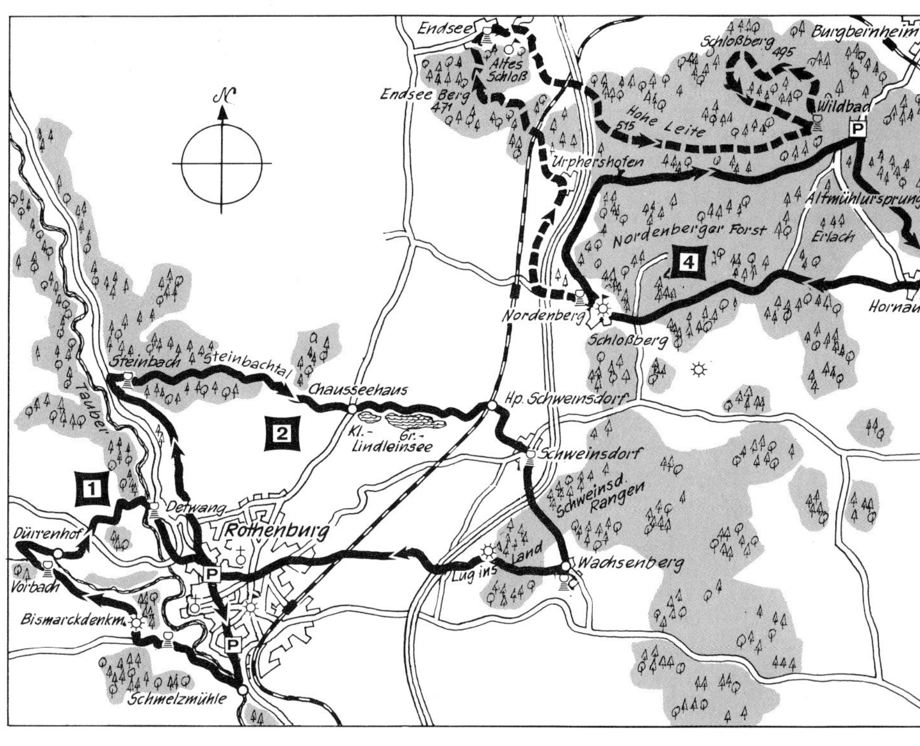

2. Am Steinbach aufwärts zum Lug-ins-Land

Rothenburg ob der Tauber – Steinbach – Lug-ins-Land – Rothenburg / 4½–5 Std. / Tal- und Höhenwanderung, sonnen- und aussichtsreich

Obwohl in der Nähe einer lebhaften Stadt, leitet der vorgeschlagene Wanderweg durch ein stilles Tal auf einen noch stilleren Feldherrnhügel, von dem man am Abend die Sonne blutrot hinter der mittelalterlichen Rothenburger Szene versinken sieht. – Begonnen wird diesmal am Großparkplatz neben der Klingentorbastei am Bezoldweg: Auf der Mergentheimer Straße links abwärts bis zur Tankstelle, dort rechts und auf dem mittleren (Walnuß-)Weg erst über die Höhe, dann ins Taubertal. Unten beginnt rechts hinter Steinbach das langsame Bergaufwandern, stets am Bach, mal rechts, mal links, zum Chauseehaus an der B 25 und entlang des Kleinen und Großen Lindleinsees, bis beim Haltepunkt Schweinsdorf die Bahnlinie gequert wird. Von Schweinsdorf kreuzen Sie südostwärts die neue Autobahn und marschieren über den Schweinsdorfer Rangen nach Wachsenberg und auf den Lug-ins-Land. – Zur Klingentorbastei läuft man von hier immer geradeaus nach Westen der Abendstimmung entgegen.

3. Besuch des Creglinger Altars

Creglingen an der Tauber (14 km NW von Rothenburg) – Münster – Craintal – Creglingen / 5–5½ Std., evtl. 3–3½ Std. / hügelig, Halbschatten, Aussicht

Die Herrgotts-Kirche, in der sich der Riemenschneider-Altar befindet, steht 1 Kilometer südlich Creglingen im Tal des Herrgottsbaches, einem Seitental der Tauber. Dorthin gelangen Sie vom Fachwerkbau der Apotheke mit dem schönen Erker (P. beim Gasthaus Krone in Creglingen), nach 50 Schritten auf der Kreuzstraße, rechts »Am Stadtgraben« in ¼ Stunde. – Nach Verlassen des Kirchenraumes wendet man sich im Tal weiter südwärts (andere Möglichkeit: von der

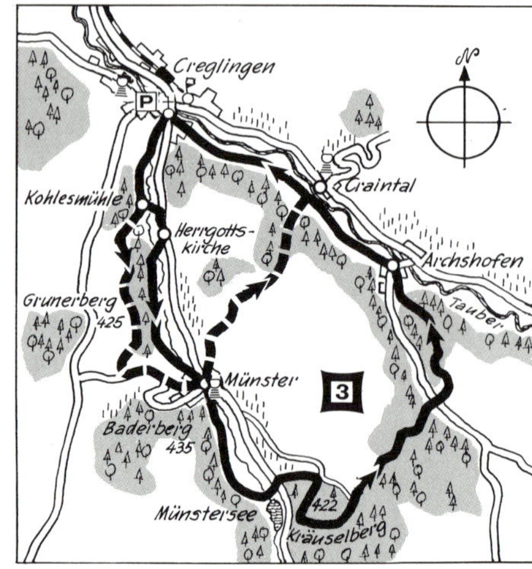

Kohlesmühle über die Hochfläche des Grunerberges), schwenkt 200 Meter später von der Straße über den Bachsteg auf die andere Talseite nach Münster ein und steigt beim Gasthaus Traube rechts steil bergauf und am Hang flach bergab zur Staumauer des Münstersees. Dort auf der Straße links und gleich wieder rechts zum Kräuselberg und jenseits der Finsterlohrer Straße in Nordrichtung talwärts nach Archshofen. Nun geht es immer an der Tauber entlang, vorüber an Craintal, das auf einem 2 Stunden kürzeren Weg von Münster über den Höhenzug auch direkt erreicht werden kann.

4. Wanderpark Hohe Leite

Burgbernheim, Kurhaus Wildbad (12 km NÖ von Rothenburg) – Hohe Leite – Kurhaus Wildbad / 2–6 Std. / flache, schattige Waldwanderungen

Im Süden Burgbernheims schiebt sich die Frankenhöhe zu beachtlichen 515 Metern auf und bildet mit ihrem Waldhochplateau zwischen Endseer Berg und Hornauer Weiher ein ideales Wanderareal. Fast in seiner Mitte liegt beim Kurhaus Wildbad der große Wanderparkplatz, an dem vier gut markierte Rundwanderwege beginnen:

1. Zum Teufelshäuschen und auf den Himmelfahrtsberg.
2. An der Rolandseiche vorbei ins Tiefenbachtal.
3. Von Schauersruh zum Hirschteich.
4. Über die europäische Wasserscheide zum Altmühlursprung.

Außerdem gibt es noch schöne und vor allem recht einsame Spazierwege zu den Wirtshäusern in Hornau, Nordenberg und Endsee mit seiner Ruine Altes Schloß jenseits der neuen Autobahn.

Bereits im Jahre 1330 wurde mit dem Bau der Rothenburger Doppelbogenbrücke über die Tauber begonnen.

◁ *Aus hellem Lindenholz schnitzte vor fast 500 Jahren Tilman Riemenschneider sein weltberühmtes, schönstes Werk: den Marienaltar der Herrgottskirche zu Creglingen.*

Sehenswert

Rothenburg o.d.T. Aus Platzgründen kann das riesige Angebot der Stadt an Sehenswürdigkeiten und Kunstgegenständen nur in Stichworten angegeben werden: Baumeisterhaus, Blasiuskapelle, Büttelhaus, Burggarten, Burgtor, Dominikanerinnenkloster, Doppelbrücke, Feuerleinserker, Fleisch- und Tanzhaus, Foltermuseum, Franziskaner-Kirche, Friedhofskapelle, Georgsbrunnen, Hegereiterhaus, Herrnbrunnen, Historiengewölbe, Johannis-Kirche, Johanniterhof, Judentanzhaus, Klingentorbastei, Kobolzeller Kirche, Kobolzeller Tor, Markusturm, Plönlein, Rathaus, Ratsherrntrinkstube, Reichsstadtmuseum, Rödertor, Roßmühle, St.-Jakob-Kirche, Detwanger St.-Peter-und-Pauls-Kirche, Schäferkirche, Seelbrunnen, Siebersturm, Spital und Spitalbastei, Spitalhof, Stadtmauer, Staudt'scher Hof, Stöberleinsturm, Strafturm, Topplerschlößchen, Weißer Turm, Würzburger Tor.

Creglingen Ehem. Schloß der Grafen von Hohenlohe-Brauneck ▪ Herrgotts-Kirche im Herrgottsbachtal, gotisch (1389); prachtvolles Portal und Rosette; Hochaltar im Chor (Schule des V. Stoß); Seitenaltar von J. Mühlholzer aus Windsheim; Marienaltar in rohem Lindenholz, schönstes Werk T. Riemenschneiders (um 1510); außen altes Treppentürmchen (Tetzelkanzel genannt).

Finsterlohr (7 km Ö von Creglingen) Beim Weiler Burgstall, hoch über dem Taubergrund, große keltische Volksburg (Oppidum) mit restaurierter Mauer.

Burgbernheim an der Hohen Leite Johannis-Kirche; frühromanisches Portal (11. Jh.) ▪ Burgtorhaus der ehem. Fliehburg (15. Jh.) ▪ Seilertürmchen ▪ Roßmühle (1558) mit einzigartigem Dachhängewerk ▪ Kapellenberg; Rundbau des Kriegerdenkmals.

Sportmöglichkeiten

Rothenburg o.d.T. Beheiztes Waldschwimmbad; Hallenbad ▪ Tennis ▪ Reiten ▪ Angeln ▪ Minigolf.

Creglingen Beheiztes Freischwimmbad; Flußfreibad; Badesee; Hallenbad in Münster ▪ Angeln ▪ Reiten.

Burgbernheim Freischwimmbad ▪ Skilauf.

Veranstaltungen

Rothenburg o.d.T. Hans-Sachs-Spiele im Kaisersaal, Ostern, Pfingsten und in den Sommermonaten ▪ Historisches Festspiel »Der Meistertrunk« im Kaisersaal, Pfingsten und in den Sommermonaten ▪ Historischer Heereszug durch die Stadt, Pfingstmontag ▪ Schäfertanz auf dem Marktplatz, Pfingstmontag ▪ Rothenburger Volksfest, Ende Juni ▪ Altdeutscher Weihnachtsmarkt, dritte Dezemberwoche ▪ »Wintermärchen Rothenburg«, Weihnachten/Neujahr ▪ Stadtbeleuchtung.

Creglingen Im Sommer Konzerte in der Herrgotts-Kirche.

Sehenswert

Scheinfeld Kath. Pfarrkirche Maria Himmelfahrt, spätbarock mit klassizistischem Einschlag (1766–1771), von J. Ph. Geigel aus Würzburg; Altar des Bambergers M. Mutschele (1778) ▪ Interessantes Kriegerdenkmal auf der Höhe ▪ Schloß Schwarzenberg, Renaissance, nach einem Brand (1607) von E. Holl aus Augsburg neu entworfen, von Vater und Sohn J. Wolf aus Nürnberg erbaut; Großer Schloßhof; »Schwarzer Turm« (1672 bis 1674) zur Erinnerung an die Verleihung des Reichsfürstenstandes, Plan des Ansbachers M. Beck, Ausführung des Graubündeners P. Platz; Schloßkirche (1615/16) mit schöner Giebelfront.

Münchsteinach Ehem. Benediktiner-Klosterkirche St. Nicolaus; die Kirche wurde um 1230 erbaut; Erneuerung der Turmgeschosse 1526–28 und 1733; dreischiffige, flachgedeckte Basilika mit 7 Pfeilerarkaden und östlichem Querschiff; Chorquadrum mit leicht eingezogener Apsis und Nebenchor; polygon gebrochene Apsiden des Chors und Nebenchors; in der Vierung und im Nebenchor hervorragende Kapitellplastik ▪ Schlößchen des letzten Abtes Christoph von Hirschaid.

Obersteinbach Sehenswerte Dorfkirche mit Kindergrabmälern (17. Jh.).

Ullstadt (7 km S von Scheinfeld) Schloß, barock (1718–1725), stattlicher Bau von J. Dientzenhofer für die Mutter des Bamberger Fürstbischofs Philipp Anton von Frankenstein errichtet, von J. M. Küchel durch imposanten Vorhof erweitert (1747–1750); innen 92 Kaiser- und Königsurkunden; in der Bibliothek 20000 Bände ▪ Park und Salettl (um 1730) mit Außenmalerei und köstlichen Wessobrunner Stukkaturen (1764).

Sportmöglichkeiten

Scheinfeld Freischwimmbad; Ozon-Hallenbad.

Obersteinbach Freischwimmbad ▪ Reiten ▪ Trimm-dich-Pfad Wilhelminenberg.

Ein Reservoir für einsamkeit- und erholungsuchende Wanderer bilden die sonnendurchfluteten Forste des Schwarzenberger Waldes.

8 Bad Windsheim

4 Aussichtsterrassen über dem Aischbecken

Der Graubündener Baumeister Rigaglia schmückte das Bad Windsheimer Rathaus mit einer festlichen italienischen Barockfassade.

Der Aischgrund und seine Umgebung ist das klassische Gebiet der Frühjahrswanderungen. Bereits Ende Februar gibt es hier Tage, an denen die Sonne das weit ausschwingende Trogtal wie im Frühsommer erwärmt. Föhnartig klar ist dann die Luft und beinahe unendlich die Sicht vom Hutsberg bei Neustadt und von Schloß Hoheneck oder vom Petersberg an der Hohen Steige über den Fleckerlteppich der hellbraunen, noch unbelaubten Höhen des Steigerwaldes, auf dessen südliche Ausläufer, den Weinturmhügel und den Scheibenberg, die glanzvolle erste Windsheimer Tour leitet. Von der Vorfrühlingssonne wohlmeinend einen ganzen Tag bestrahlt, kehrt man am Abend mit brauner Stirn, roten Backen und verbrannter Nasenspitze in Ipsheim, Marktbergl oder Obernzenn ein. Und wenn es einmal nicht so schön ist, dann unternimmt man vielleicht nur einen ausgedehnten Spaziergang zum Burgstall Virnsbergerhaag am Schloßbuck oder besucht den Altheimer Gemeindewald mit seiner Steppenflora, die nur in Südrußland und in der Pannonischen Tiefebene ihresgleichen hat. – Die alte Reichsstadt Windsheim ist heute durch Deutschlands stärkste Solequelle zu einem berühmten Heilbad geworden und bietet auch an regnerischen Tagen viel Interessantes in ihren Mauern. Im 1290 gegründeten Augustinerkloster ist vor allem die von Lukas Cranach d. J. illustrierte und von Martin Luther signierte Bibel sehenswert.

1. Frühlingsbräune vom Scheibenberg

Bad Windsheim an der Aisch – Oberntief – Erkenbrechtshofen – Bad Windsheim / 4–4½ Std., evtl. –5½ Std. / hügelig, aussichtsreich, teilweise Wald

Diese Tour sollte man meiner Meinung nach ganz zeitig im Frühjahr unternehmen. Wenn im März die Sonne auf die Südhänge von Weinturmhügel und Scheibenberg brennt, dann ist es hier am schönsten – und klarsten! Denn zu sehen

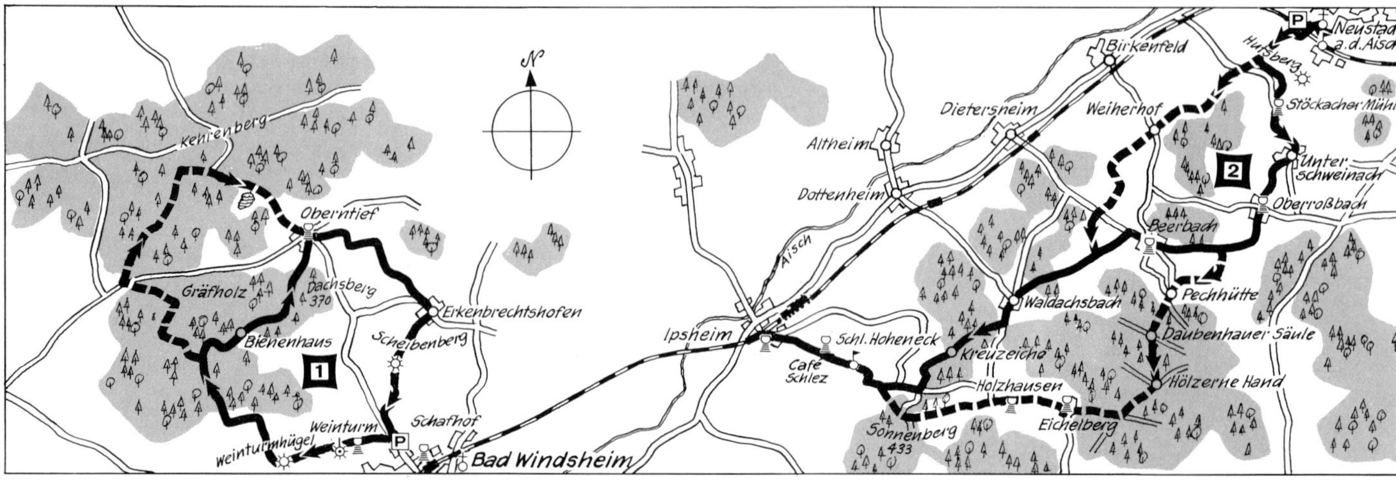

gibt es auch eine Menge. Der erste Ausguck ist der Weinturmhügel, den man vom Windsheimer Stadtzentrum über die Johanniterstraße und Oberntiefer Straße hinter dem Gipswerk erreicht. In Schafhof wird geparkt und halblinks zur Bergwirtschaft und zum Weinturm, einem Wehrturm aus dem 15. Jahrhundert, aufgestiegen. Unter der Eichenallee, später unter Birken promeniert man zum Westhang des Hügels und wendet sich nordwärts in die mit schachbrettartigen Feldern bebaute Senke. $^1/_4$ Stunde später geht es auf dem Fahrweg links bergan und oben rechts zum Wald und darin nochmal etwa 20 Minuten nordwärts. Im rechten Winkel wird das »Bienenhaus« und über den Dachsberg Oberntief erreicht. Da hat es endlich ein Gasthaus! Von Erkenbrechtshofen im Südosten beginnt vorm letzten, südwärtigen Fachwerkhaus rechts der Anstieg zur großen Scheibenbergrast, genau gegenüber vom weit ins Land schauenden Schloß Hoheneck (Tour 2). – Kerzengerade leitet Sie der Endspurt in $^1/_2$ Stunde nach Schafhof.

2. Nach Schloß Hoheneck

Neustadt an der Aisch (17 km NÖ von Bad Windsheim) – Beerbach – Ipsheim – Neustadt / 5–6 Std., evtl. -7 Std. / sichtreiche Bergwanderung mit Halbschatten

Eine lange, aber herrliche Wanderung ist das! Natürlich kann man sie Richtung Dietersheim oder Dottenheim abkürzen, aber der Höhepunkt der Tour wäre dann abgeschnitten: das grandios über dem Aischtal inmitten von Obstbaumhängen gelegene Schloß Hoheneck. – Aber fangen wir an: Neustadt an der Aisch verläßt man durch die Südvorstadt auf der Wilhelmstraße. Vom Gasthaus Eisenbahn (P.) bei der großen Birke halblinks die Rößleinsdorfer Straße westwärts zum Hampergrundweg, hinter der Bahnunterführung rechts und nach 50 Metern gleich wieder links auf den großartigen Aussichtsbalkon Hutsberg. Im Tal unten (Abkürzungsmöglichkeit geradeaus über Weiherhof, aber nicht so schön) wandert man wiederum links am Bach zum Wirtshaus Stöckacher Mühle und nach Unterschweinach. Da, vorm alten Schulhaus, rechts zum Dorf Oberroßbach (Wirt)und jetzt immer in Südostrichtung über Beerbach (hier ist die Hälfte der Tour geschafft) und Walddachsbach zur Forststraßenkreuzung im Hohenecker Eichenwald. Geradeaus geht's weiter nach Bühlberg und schließlich und endlich vors Hohenecker Schloß: ein Lichtvorhang wird am Waldrand zu nicht enden wollender Fernsicht aufgezogen. Ich meine, die Anstrengung hat sich gelohnt. Oder war es vielleicht gar keine? – Unterhalb der Burg steht die Aussichtsgartenterrasse des Cafés Schlez für eine lange Verschnaufpause bereit. – Dann springt man bergab zu Bus oder Bahn von Ipsheim nach Neustadt.

Tip für besonders Ausdauernde: Sehr ruhig, aber 1 Stunde länger ist der Weg von Pechhütte bei Beerbach über Daubenhauer Säule und die Hölzerne Hand, durch Eichelberg und Holzhausen zum Sonnenberg (433 m), der seinen Namen zu Recht verdient.

Bitte beachten: Erkundigen Sie sich vor der Tour nach den Zug- bzw. Busverbindungen in Richtung Neustadt zurück!

3. Zur ehemaligen Deutschordensburg Virnsberg

Obernzenn (8 km S von Bad Windsheim) – Virnsberg – Sondernohe – Obernzenn / 4–4$^1/_2$ Std., evtl. 3–3$^1/_2$ Std. / flach, teils Wald und Schatten

In Obernzenn im Zenngrund, vor der Schloßwirtschaft (P.) beginnt dieses einfache Wandern: Beim moosbedeckten Haus links die Konrad-Geißelbrecht-Straße zur Hauptstraße, vor der Raiffei-

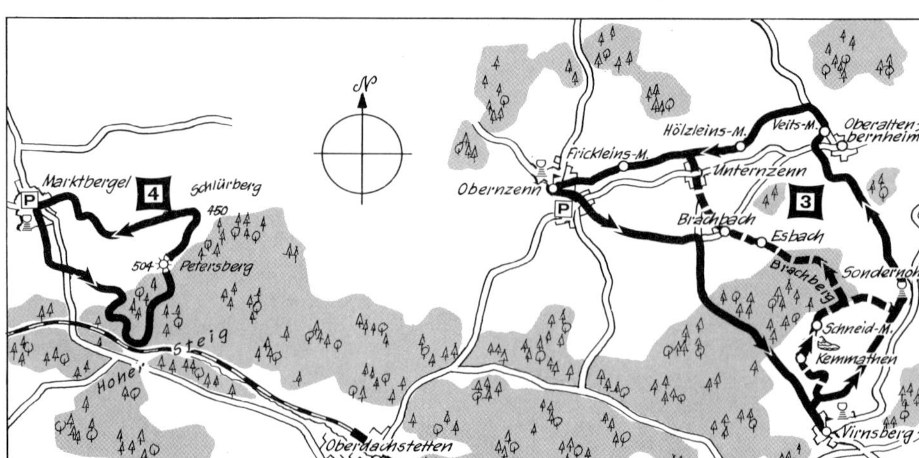

Fränkische Bauernseufzer, Geräuchertes und Blutwurst, dazu im Holzofen selbstgebackenes Bauernbrot und Kulmbacher Bier – in Franken versteht man sich aufs Vespern! Welchem Frankenland-Wanderer liefe da nicht das Wasser im Munde zusammen.

senkasse rechts und die Brachbacher Straße nach Süden. Aber noch vor den ersten Brachbacher Häusern bei einer Baumgruppe rechts im Hohlweg aufwärts, dann halblinks ins Tal und durch den Wald immer stangengeradeaus auf das Schloß Virnsberg zu. – Der Rückweg führt Sie zum Weiher zwischen Kemmathen und der Schneidmühle und entweder, kürzer, über den Brachberg und Esbach zum Schloß Unternzenn, oder, länger, nach Sondernohe und Oberaltenbernheim. Im Zenngrund wandern Sie dann an Veits-, Hölzleins- und Frickleins-Mühle vorbei Richtung Obernzenn.

4. Fernblick vom Petersberg

Marktbergel (9 km S von Bad Windsheim) – Petersberg – Marktbergel / 2–2½ Std. / sonnige Bergtour mit viel Fernsicht

Wenn im November die Tage klar und die Lüfte weich sind, sollten Sie einmal den Petersberg (504 m) von Marktbergel aus besteigen. Allein und waldlos steht er über der weiten Windsheimer Aischebene. – Geparkt wird vorm Gasthaus Frankenhöhe und auf der Würzburger Straße nach Süden marschiert. Hier die Kirchenstraße rechts ab, 100 Meter danach die Dürrbachstraße 500 Meter gerade in Südrichtung, dann im Bogen nach Osten über der weiten Windsheimer Aischebe-Straße am Hang in Serpentinen aufwärts. Oben geht's beim Eisenbahnsteg links auf den Petersberggipfel. – Ostwärts wird abgestiegen und nach Westen zum Gasthaus Frankenhöhe gelaufen.

Sehenswert

Bad Windsheim Rathaus, italienischer Barock (1713–1717), Baumeister war der Graubündener Rigaglia ▪ St. Kilians-Kirche (1475), nach Brand erneuert (1730); Kopie des Zwölfbotenaltars von T. Riemenschneider ▪ Seekapelle zum Heiligen Geist (1391); Marienfigur ▪ Spitalkirche (um 1300) ▪ Brunnen (1552) mit Kaiser Leopold I. (1725) ▪ Reichsstädtischer Bauhof (Ende 15. Jh.) ▪ Heimatmuseum ▪ Fränkisches Freilandmuseum.

Neustadt a. d. Aisch Ev. Pfarrkirche, spätgotisch (1434–1438), barockisiert; Kirchenbibliothek mit 30000 Bänden ▪ Ehem. markgräfliches Wasserschloß (15. Jh.) mit schönem Schloßhof und Turm ▪ Rathaus (1711); auf dem Dach das Wahrzeichen der Stadt: mekkernder Geißbock zur Erinnerung an eine Belagerung ▪ Ratskeller (1568) ▪ Heimatmuseum ▪ Birkenfeld: ehem. Zisterzienserinnenkloster.

Virnsberg Ehemalige Deutschordensburg (1294–1806), Schloß mit Bergfried und Geschütztürmen (1559/1588); barocker Unterer Hof (Anf. 18. Jh.).

Sportmöglichkeiten

Bad Windsheim Freischwimmbad; Hallenbad ▪ Tennis ▪ Minigolf ▪ Reiten ▪ Angeln.

Neustadt a. d. Aisch Waldschwimmbad; Hallenbad ▪ Tennis ▪ Angeln ▪ Reiten ▪ Segelflug auf dem Eichelberg.

Veranstaltungen

Bad Windsheim Historischer Wagnertanz von 1560 ▪ Kurkonzerte.

9 Herzogenaurach

Melancholische Seen an der mittleren Aurach

Tausend sonnenglitzernde Wasserspiegel beleben zwischen dem Aischgrund und der Aurachtalmulde das aus ton- und schieferhaltigen Sanden aufgebaute Schichtstufenland des Fränkischen Bekkens, in dem man am Rande der Hochmoore immer wieder auf den Namen »Lohe« trifft, was so viel wie Torflager mit strauchartigem Baumbewuchs heißt. Das Wahrzeichen dieser poesievollen Verbindung von Land und Wasser ist, neben dem stolzen Graureiher, vor allem der Karpfen, der in den weitverstreuten Seen überall gezüchtet wird. Windungsreich durchfließen Bäche fruchtbare Akker- und Wiesengebiete, die mit matt schimmernden Weiherketten, interessanter Wasser- und Sumpfflora und paradiesisch einsamen Waldarealen zu herber, aber auch stimmungsvoll milder Wanderlandschaft gemischt werden. Kleine, kaum bekannte Bächlein, wie der Schwarzenbach oder Seebach, Lindach, Reichenbach oder Floresbach, speisen ganze Weiherterrassen und Seenketten, manchmal gleich 20 oder 30 Stück hintereinander. – Im Süden solch idyllischer Landschaftsbilder liegt, kurz vor der Aurachmündung in die Regnitz, das 1000 Jahre alte Herzogenaurach. Infolge seiner bestens erhaltenen und unterhaltenen kirchlichen und profanen Bauwerke, hat es bis zum heutigen Tag sein mittelalterliches Gepräge bewahrt. – Die nächsten vier Wanderungen bringen Sie dorthin und in sein Umland. Die verträumte Melancholie seiner Moor- und Seenplatten und das leuchtende Grün der weiten, offenen Täler, die vielfarbige Buntheit seiner Blumenteppiche und der Duft der Forste werden Ihnen manche Wanderfreuden bereiten, auch wenn – oder vielleicht gerade weil – es unterwegs einmal nicht so viel Kunst und wenig Geschichte gibt, sondern vor allem Natur. – Damit aber kunstinteressierte Wandersleut' nicht gar zu kurz kommen, wartet auf sie im ersten Wandervorschlag ein ganz besonderer Genuß: Es ist die ehemalige Benediktinerklosterkirche St. Peter und Paul in Münchaurach. Die einfache Mönchsarchitektur dieser dreischiffigen, romanischen Sandsteinbasilika beeindruckt durch ihre großartige Strenge.

1. Flacher Wanderbogen im Aurachtal

Herzogenaurach an der Aurach – Münchaurach – Falkendorf – Herzogenaurach / 3½–4 Std. / flache Talwanderung, teils Schatten, teils Sonne

Läuferschuhe sind's und nicht Wanderschuhe, die Herzogenaurach Berühmtheit und Wohlstand gebracht haben. Man sieht ihn überall. An den hübschen Einfamilienhäusern am Stadtrand, an den gepflegten Straßen und Gartenanlagen und am erstklassigen Trimm-Parcours im Tonwald, an dem diese Wanderung vorbeiführt. Dorthin kommen Sie von der Stadtmitte auf der Hauptstraße (P.) nach Westen, vorm Gasthaus »Ansbacher Tor« links durch die Steggasse und über die Aurachbrücke. Dahinter geht es »In der Bieg« rechts und 200 Meter darauf in der Schlaffhäusergasse aufwärts zum Trimm-dich-Pfad am Waldrand. Auf der Forststraße wird der Tonwald durchquert und, immer westwärts, Münchaurach erreicht. Am westlichen Ortsende, gleich hinter dem schönen, alten, nicht zu übersehenden Fachwerkhaus, wandert man zur Höhe und nach Dörflas talwärts, doch noch vor Lenkershof im Nordostbogen über die

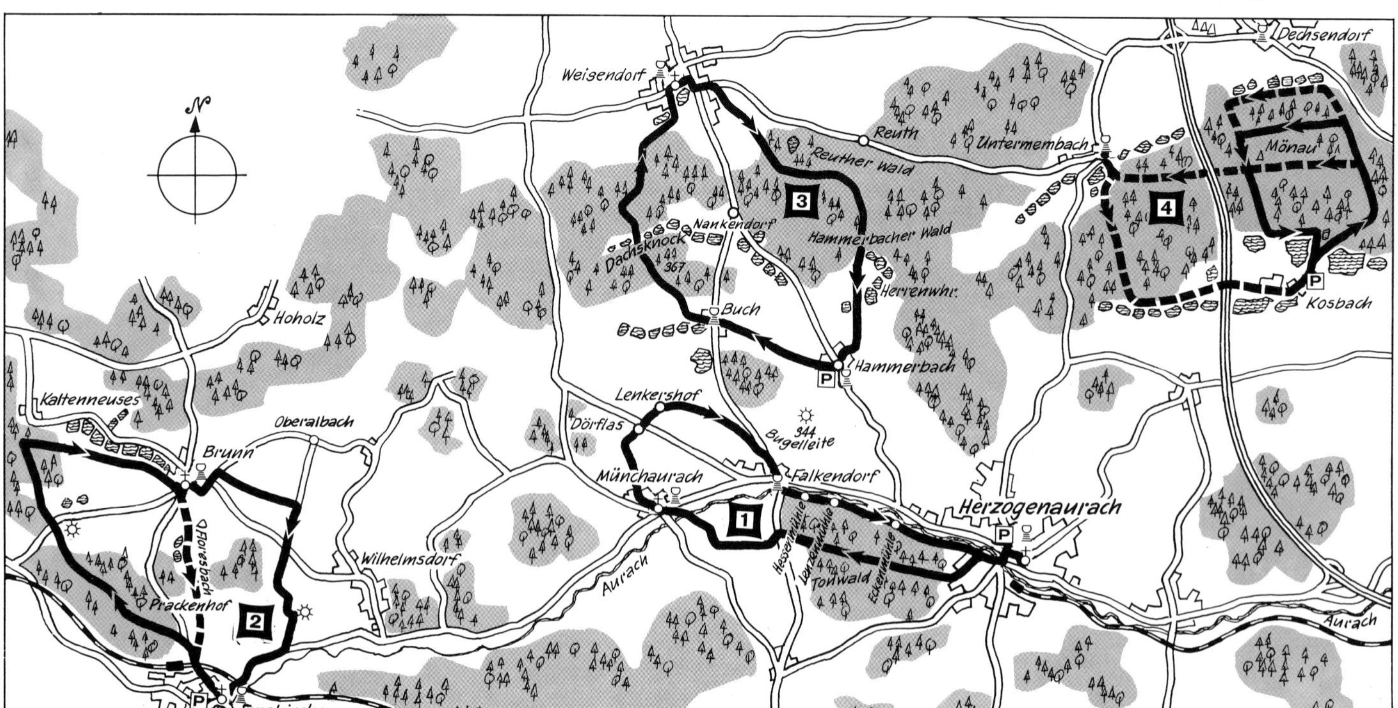

Die violetten Glöckchen des Fingerhuts (links) leuchten dem Wanderer zwischen den Teichketten entlang des Aurachgrundes immer wieder entgegen; possierliche Eichhörnchen (rechts) begleiten ihn im Mönauer Forst auf langen Strecken.

Bugelleite Richtung Falkendorf. Den Wanderschluß bildet von dort – erst nach Süden über die Brücke, dann beim Sportplatz links – der Gang durch das Aurachtal: auf Feldwegen, am Waldrand oder auf Wiesenbändern erreichen Sie, vorbei an drei idyllischen Mühlen, Herzogenaurach.

2. Entlang der Brunner Weiherterrassen

Emskirchen an der Aurach (13 km W von Herzogenaurach) – Brunn – Floresbachtal – Emskirchen / 3½–4 Std., evtl. 3 Std. / hügelig mit Aussicht und Halbschatten

Emskirchen ist ein stiller Markt im oberen Aurachtal und Beginn für eine noch stillere Tour durch unberührte Waldstücke und offene Wiesenfluren. Geparkt wird am besten vorm Rathaus, dann geht's auf: vom Kirchplatz links der Kirche den Kirchberg steil aufwärts zum Bahnhof und über die Eisenbahnbrücke. Gleich dahinter links am Waldrand und im Wald nach Nordwesten. ¼ Stunde nachdem die Brunner Straße gequert wurde, hält man sich vor Kaltenneuses im Wald oder auch am Waldsaum scharf rechts zu den oberen Brunner Weihern und, unter einer Hochspannungsleitung durch, stets talwärts, bis man eine Vesperbank unter einer Eichen- und Birkengruppe findet. Da ist Halbzeit! Weiter geht es, manchmal weglos, an den Weiherrändern im Wiesental, am Sportplatz vorbei, nach Brunn. Wem es reicht, der wandert durch das wundervolle Floresbachtal zur Weihermühle und nach Prackenhof. Wem nicht, der hängt noch einen Ostbogen dran: Von der Kirche den Ort nach Osten verlassen, beim Friedhof gerade weiter, doch gleich am Ende der Friedhofsmauer rechts und ¼ Stunde später auf freiem Feld wieder rechts und jetzt südwärts ins Aurachtal, dem Wanderfinale entgegen.

3. Ruhiger Gang durch das Weisendorfer Wald- und Weiherland

Hammerbach (3 km N von Herzogenaurach) – Buch – Weisendorf – Hammerbach / 3½–4 Std. / flache, teils schattige Wald- und Seenwanderung

3 Kilometer nördlich Herzogenaurach liegt Hammerbach, ein ländliches stilles Dorf zwischen Aurachtal und Reuther Wald. Hier soll Start zur nächsten Tour sein: Am Dorfweiher (P.) beginnt nach Westen die Veilchenstraße, die Sie an den ersten Teichen entlang zur Bucher Straße und rechts zu den Anwesen von Buch bringt. In Ortsmitte hält man sich beim Steinkruzifix links und erreicht über den Dachsknock und die Nankendorfer Weiherkette den zwischen hellen Wasserspiegeln gelegenen Markt Weisendorf mit seinem Schloß (und seinen prima Wirtschaften). – Zurück marschieren Sie beim Badeweiher Richtung Reuth, dann auf der zweiten Straße, dem Meisterweg, rechts aufwärts und weiter über Wiesen zu einer Häusergruppe am Rande des Reuther Waldes, den Sie – erst etwas ostwärts, dann genau nach Süden – in einer guten ½ Stunde durchqueren. Am Waldrand entdecken Sie die ersten Wasserflächen der Herrenweiher, zwischen denen hindurch Sie schließlich wieder in Hammerbach landen.

4. Hügelgräber in der Mönau

Kosbach (6 km N von Herzogenaurach) – Mönau – Kosbacher Altar / 2, 2½ oder 3 Std. / schattiger, ebener Waldspaziergang auf bequemen Wegen

Melancholisch glatt spiegelnde Seen, ebene Waldwanderwege in würzigen Kiefernforsten und uralte Grabhügel aus der Hallstadtzeit erleben Sie auf diesem Spaziergang ohne Anstrengung. – Vom östlichen Kosbacher Ortsende »Am Großweiher« (P.) läuft man die Sandakkerstraße zwischen Wellesweiher und Dumetsweiher zum Wald und kann nun in der Mönau ganz nach Wunsch verschieden lange Wege in Westrichtung einschlagen, bis nach Untermembach jenseits der Autobahn. Dort finden Sie, außer anderen Grabhügeln im Wald, auch den sog. »Kosbacher Altar«. – Im 5 Kilometer entfernten Hannberg wartet dann nach kurzer Autofahrt der 500 Jahre alte, durch Mauern und Türme befestigte Friedhof mit seinem gotischen Kirchturm auf Ihre Besichtigung. Ein besonderer kunstgeschichtlicher Genuß vor dem Abendessen!

Sehenswert

Herzogenaurach Pfarrkirche, gotisch; barocke Ausstattung; bemalte Holzdecke; wertvolle Plastiken (15./16. Jh.) ▪ Marien-Kapelle mit Karner ▪ Bewehrung (14. Jh.) ▪ Barockschloß ▪ Heimatmuseum.

Münchaurach Ehem. Benediktinerklosterkirche (12. Jh.), jetzt Pfarrkirche, 3schiffige Basilika aus Sandstein; 6geschossiger Turm und Chor, spätgotisch (Anf. 15. Jh.); innen rein romanisch, einfache und strenge Flächen und Gliederung, 7 Arkaden, deren Rundbogen auf Monolithsäulen ruhen.

Frauenaurach (5 km Ö von Herzogenaurach) Ehem. Klosterkirche der Dominikanerinnen, heute ev. Pfarrkirche; Mauerbestand aus dem Ende des 13. Jh., Bauschema der frühgotischen Zisterzienserinnenklöster mit langgestrecktem Schiff und breitem Chor; spätromanisches Portal an der Nordseite; Turm (1709); barocke Ausstattung; originelle Kanzel mit schönem Deckel: Arkanthusranken und weiße Engel; wertvollstes Stück der Kirche: die frühgotische Steinstatue der Muttergottes im Chor (um 1300).

Hannberg (8 km N von Herzogenaurach) Kath. Pfarrkirche mit befestigtem Friedhof (15. Jh.), Rechteck mit 3 runden und 2 viereckigen Wehrtürmen; Kirche mit spätgotischem Turm, Chor und Sakristei (1486), Langhaus aus dem Jahre 1721.

Sportmöglichkeiten

Herzogenaurach Hallenbad; beheiztes Freischwimmbad ▪ Trimm-dich-Pfad.

Im Weiherland des Mittelfränkischen Beckens: stolze Kiefern, zarte Schilfgräser, leuchtende Wasserspiegel – und viel Stille.

10 Cadolzburg

Täler und Hügel zwischen Zenngrund und Biberttal

Von den flach abfallenden Osthängen der Frankenhöhe um die Hohe Steige strömen die Quellwasser im Zenngrund, Farrnbachbecken und Biberttal ostwärts der Rednitz und Regnitz zu. Dabei durchkreuzen sie die freundlichen Höhen des Rangaus. Hoch auf einer Waldrippe, die sich fast 20 Kilometer lang von der Alten Veste bei Zirndorf über den Fürther und Zirndorfer Stadtwald bis nach Kirchfarrnbach zieht, thront dort die Festung Cadolzburg. Vor Jahrhunderten war sie eine fränkische Höhenburg, wurde 1157 erstmals urkundlich erwähnt und ging bereits 1246 von den Grafen von Abenberg in den Besitz der fränkischen Hohenzollern über, die als Burggrafen von Nürnberg über das Land um die alte Reichsstadt regierten und hier bis ins 15. Jahrhundert Hof hielten. Obwohl die Burg 1945 zur Ruine wurde, ist sie auch heute noch ein imposantes Bauwerk. Eckig und furchterregend schaut sie über das tief unten liegende Farrnbachtal nach Norden und vermittelt mit ihrer wuchtigen Baumasse aus Bukkelquadersteinen immer noch einen grandiosen Eindruck davon, wie im Mittelalter mächtige Dynastien residierten. – Einen noch prächtigeren Ausguck als die Burg bietet allerdings der Cadolzburger Aussichtsturm ganz oben auf der Höh', von dem Sie die Parade fast aller mittelfränkischen Gebirgszüge abnehmen können: Um das Mittelfränkische Becken gruppieren sich die Berge und Täler des Steigerwaldes und der Frankenhöhe und im Halbrund nach Süden und Osten die Frankenalb von der Ehrenbürg bis zum freistehenden Hesselberg. Solch umfassende Fernsicht wird für jeden Wanderer ein faszinierendes und unvergeßliches Erlebnis sein! – Aber auch die stillen Genießer kommen zu ihrem Recht. Mit viel Beschaulichkeit können sie um den Dillenberg, Weihersberg und Kühbuck und in den großen Waldgebieten des Fürther und Zirndorfer Forstes und im Kammerholz die herrlichsten Pilze und Beeren sammeln.

1. Waldtour zum Druidenstein auf dem Dillenberg

Cadolzburg – Dillenberg – Stinzendorf – Cadolzburg / 4–4½ Std. / flache Wald- und Höhenwanderung im Waldschatten

Eigentlich gäbe es in Cadolzburg so viele schöne Dinge anzuschauen, daß man gar nicht davonwandern möchte. Nun, wenn es Ihnen gefällt, werden Sie sicher einmal wiederkommen. Heute aber wird Sie diese Wanderung vom Cadolzburger Marktplatz (P. vorm Rathaus bei der Burg) im spitzen Winkel den Heidenberg rechts steil bergab zur Gonnersdorfer Straße führen und, am Dorfweiher vorbei, aufwärts zum Waldspitz: Hier beginnt die zweistündige Waldwanderung, auf der Forststraße immer nach Westen, am Weiher beim Waldhaus vorbei, bis vor den Druidenstein auf dem Dillenberg (404 m). Dabei wird jeder spüren, wie beim langsamen, zügigen Dahinziehen die müden, stressgeplagten Nerven in der Einsamkeit des Forstes wieder aufgeladen werden. – In Nordrichtung gelangen Sie vom Dillenberg in einer knappen ½ Stunde nach Stinzendorf und dort vom Feuerwehrhaus im Farrnbachtal weiter abwärts nach Gonnersdorf. Da läuft man erst einige Schritte auf der Cadolzburger Straße und macht dann einen Ostbogen in Richtung auf den gewaltigen roten Felsblock des Burgberges.

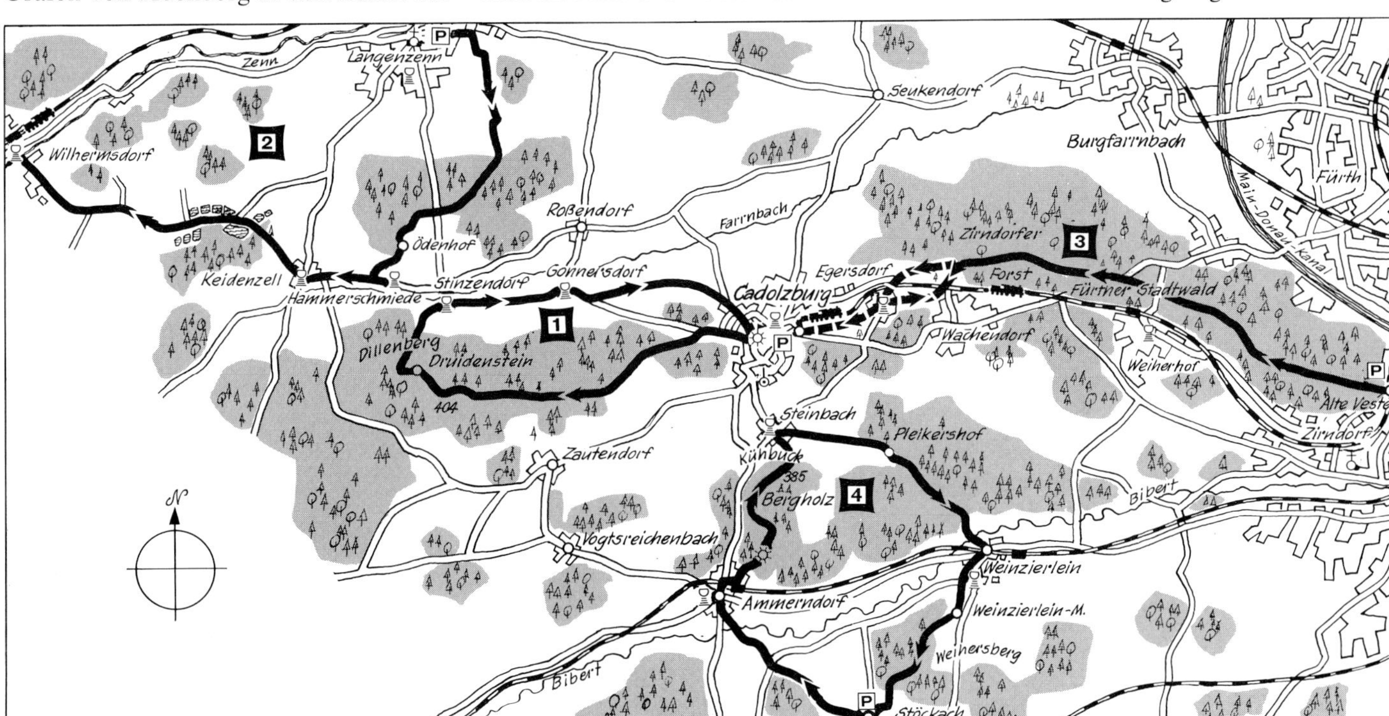

2. Über die südliche Zennhöhe nach Wilhermsdorf

Langenzenn im Zenntal (8 km N von Cadolzburg) – Keidenzell – Wilhermsdorf – Langenzenn / 4–4½ Std. / sicht- und sonnenreiche Höhenwanderung

Das 1000 Jahre alte Langenzenn mit seinen adretten Fachwerkhäusern bildet die Anfangskulisse für einen gemächlichen Gang auf den Höhenzug des Kammerholzes und ins Farrnbachtal. Vom Bahnhof (P.) laufen Sie die Hauptstraße einige Meter nach Osten, aber noch vor dem Ortsende rechts auf der »Steinleite« zwischen den tiefen roten Kratern der Steinbrüche bergauf zum Hochplateau, immer in Südrichtung. Jenseits der Stinzendorfer Straße erscheint der Weiler Ödenhof, und wenige Minuten später sitzt man im Wirtsgarten des Gasthauses Hammerschmiede am neu angelegten See. – Im Farrnbachtal geht's aufwärts zum schiefergedeckten Keidenzeller Kirchturm. Dort vom Wirtshaus am Sägewerk vorbei, danach halbrechts den Feldweg zu Wald und Weihern und in den Zenngrund talwärts nach Wilhermsdorf.
Da wartet man (am besten bei einer guten Brotzeit in einem der gemütlichen Wirtshäuser) die Abfahrt des Zuges nach Langenzenn ab.
Bitte beachten: Vor Beginn der Tour nach dem Fahrplan fragen!

Die Hammerschmiede von 1826 bei Keidenzell ist zwar stillgelegt, wird aber heute noch liebevoll von seinen Besitzern unterhalten. Drei oberschlächtige Wasserräder (links) trieben einst drei mächtige Schwanzhämmer (rechts) und mehrere Hilfsgeräte an.

Die noch unzerstörte Veste Cadolzburg von Westen (Gemälde aus dem Landratsamt Fürth).

3. Fürther Stadtwald und Zirndorfer Forst

Alte Veste Zirndorf (9 km Ö von Cadolzburg) – Egersdorf – (Cadolzburg) – Alte Veste / 2½–3 Std. / schattige, ebene Waldwanderung

Die beiden genannten Waldstücke bilden eine Einheit und schieben sich als grüner Lungenflügel keilförmig zwischen die beiden Städte. Ein Spaziergang führt von dem altertümlichen Backsteinbau des Bahnhofs Alte Veste (P.) am Nordrand Zirndorfs in dieses Waldgebiet zum Pilze suchen und hindurch zur Einkehr in Egersdorf oder Cadolzburg. Auf der wundervollen Eichenallee marschiert man in den Forst hinein, nördlich des Gasthauses Alte Veste vorbei, immer geradeaus nach Westen. Im Eiltempo kann man den Forst in 2 Stunden durchmessen, aber wer tut das schon. Je langsamer man geht, desto besser ist die Erholung. Die Rückfahrt geschieht vor oder nach der Vesperpause mit dem immer noch verkehrenden, heutzutage recht elegant

gewordenen Bähnle vom Haltepunkt Egersdorf oder vom Bahnhof Cadolzburg. Dahin ist es allerdings noch fast 1 Stunde weiter.
Bitte beachten: Vor dem Abmarsch vom Bahnhof Alte Veste sollten Sie die Bahnrückfahrtszeiten prüfen!

4. Nach Ammerndorf hin – von Weinzierlein zurück

Stöckach (7 km S von Cadolzburg) – Ammerndorf – Weinzierlein – Stöckach / 4–4 1/2 Std. / sonnig, hügelig, aussichtsreich

Beinahe in der Mitte zwischen Markt Roßtal und dem Biberttal liegt das Straßendorf Stöckach. Gleich am Südanfang läßt man das Auto stehen, und zwar bei der Linde vorm Gerätehaus, und läuft links auf dem Fahrweg – entlang der Überlandleitung, später unten durch – auf die rote Kirchturmspitze von Ammerndorf im weit geöffneten Biberttal zu, die sich über saftig-grünen Wiesen zeigt. Nahe der Bahnlinie am Nordrand Ammerndorfs steigen Sie wie auf einen Prozessionsweg die Bergstraße aufwärts. Oben erwartet Sie dreierlei: eine großartige Aussicht, schöne rote Vesperbänke und auf dem Südhang ein langes Ausruhen in der Sonne. – Bergholz, Kühbuck und das Gasthaus in Steinbach sind die nächsten Stationen nach Norden, ehe die Runde über Pleikershof talwärts Richtung Weinzierlein (hier übers Gleis, links 100 Meter auf der Hauptstraße, nach der Brücke scharf rechts, dann wieder südwärts am Bachgraben) und Weinzierlein-Mühle geschlossen wird.

Wertvollstes Stück der Taufkapelle in der spätgotischen Langenzenner ehemaligen Augustinerchorherrenkirche ist der gotische Kreuzabnahmealtar, eine Nürnberger Arbeit aus dem Jahre 1498.

Sehenswert

Cadolzburg Veste Cadolzburg, stattliche Anlage von 150 m Länge, Vorburg, Neuer Bau und Hauptburg, 1157 erstmals erwähnt, ab 1246 im Besitz der fränkischen Zollern, Zerstörung im 14. Jh., Wiederaufbau bis zum 16. Jh., 1945 schwer beschädigt; Wehrmauer 13. Jh. ▪ Ev. Pfarrkirche »im Tal« (1750/51) von J. D. Steingruber aus Ansbach, mittelalterlicher Turm ▪ Aussichtsturm mit großartiger Fernsicht über Mittelfranken, Schlüssel in der Burg oder im Rathaus.

Hammerschmiede bei Keidenzell Aus einer Mühle errichtet (1826), vollständig erhalten, Wasserräder, Eichenwalze, 3 Schwanzhammer.

Seukendorf (4 km N von Cadolzburg) Pfarrkirche mit gotischem Flügelaltar (1510).

Langenzenn Ehem. Klosterkirche (14. Jh.), jetzt ev. Pfarrkirche, seit 15. Jh. unverändert; Kreuzabnahmealtar (1498); Verkündigung, Steinrelief von V. Stoß (1513); Glasmalereien; gotischer Kreuzgang (1468); spätgotische Sakristei mit Freikanzel; Kanzel (1626); Orgelgehäuse (1720) ▪ Rathaus, barock von J. D. Steingruber aus Ansbach (1716) ▪ Gasthaus zum Schwedentisch (1720) mit Steintisch aus der Schwedenzeit ▪ Heimatmuseum (Langenzenner Münzsammlung) ▪ Ziegelei mit interessanten Verwerfungen, Brüchen und Faltungen.

Zirndorf Ev. Pfarrkirche, Baubeginn 9. Jh., im 18. Jh. zu einer typischen Marktgrafenkirche umgestaltet ▪ Reizende Fachwerkbauten: Schlößchen und markgräfliches Amtshaus (1694).

Roßtal Ev. Pfarrkirche, berühmte romanische Hallenkrypta (1040); Langhaus (Anf. 13. Jh.), Turm (Ende 14. Jh.) und Chor (15. Jh.) ▪ Erstes (15. Jh.) und zweites Pfarrhaus (1689) ▪ Fachwerkhäuser ▪ Torturm.

Sportmöglichkeiten

Zirndorf Beheiztes Freischwimmbad; Hallenbad.

Langenzenn Tennis ▪ Angeln.

11 Lichtenfels

Obermainische Wanderhöhepunkte

Als Viktor von Scheffel 1859 auf dem Gipfel des Staffelberges voller Frohsinn sein Wanderlied »Wohlauf, die Luft geht frisch und rein« dichtete, da war es wohl die Begeisterung über die herrliche Aussicht ins weit sich öffnende Maintal und hinüber zum Banzer Berg, die seine Feder führte und auf den die erste Lichtenfelser Wanderung leitet. Am Anfang beider Bergwanderungen stehen zwei der beglückendsten Schöpfungen des deutschen Barocks: Johann Dientzenhofers festlich leuchtende Klosterkirche Banz und Balthasar Neumanns lichtdurchflutete Wallfahrtskirche Vierzehnheiligen mit ihrem unter drei Kuppelovalen gleichsam schwebenden Gnadenaltar. – Aber auch die anderen zwei Lichtenfelser Touren kann man vom Staffelberggipfel überschauen. Südwestlich des Banzer Berges blickt man auf die dunklen Waldzüge der Haßberge, zwischen denen sich Burg Lichtenstein versteckt. Dahin bringt Sie die westlichste der Wanderungen. – Nach Osten schweift der Blick zu einem der schönsten aller fränkischen Aussichtsberge, dem Felsenkamm des Kordigast, der von den Ufern des Weismains zu 538 m Höhe aufsteigt. Vielleicht haben Sie das Glück von seinem Gipfel aus die überwältigende Fernsicht zu erleben: vom Fichtelgebirge zum Thüringer Wald und von der Plassenburg über die Veste Coburg bis nach Bamberg. Und vielleicht finden Sie an seinen Hängen im Jura sogar Versteinerungen: Ammoniten und Belemniten. Ein pensionierter Pfarrer aus der »Rollwenzelei« in der Nähe der Bayreuther Eremitage hat dort mit Hilfe seines Hammers, den er immer mit sich herumträgt, schon allerschönste Stücke herausgeklopft; aber der alte Herr hat für solche Funde auch ein seltenes Gespür.

1. Schloß Banz und der Banzer Wald

Unnersdorf am Main (8 km S von Lichtenfels) – Banz – Altenbanz – Unnersdorf / 4–4 1/2 Std., evtl. 3 1/2–4 Std. / sichtreiche Bergwanderung mit Halbschatten

Nur reichlich 100 Meter beträgt der Höhenunterschied von Unnersdorf am Main hinauf nach Banz. Und doch ist besonders der Aufstiegsanfang einer der schönsten aller fränkischen Wanderungen, wenn Sie vom Gasthaus zur Linde (P.) an der Mainbrücke zum Wirtshaus Anker hintergelaufen sind und dann halblinks auf schmalem Steig zu einem Wiesenplateau aufsteigen. Immer großartiger wird da die Sicht auf die Mainebene und zu den beiden Staffelbergen. Jenseits der Hausener Straße geht es erst am Waldrand, später im Wald zum gewaltigen Klosterbau weiter bergauf und oben auf breitem Weg nach Nordwesten. – An der Wegteilung, 1/2 Stunde später, führt rechts der Maximilianspfad zum Ringwall am Kulch (und evtl. weiter zu den Wirtshäusern in Tiefenroth oder Zilgendorf). Oder Sie nehmen den kürzeren Carlspfad vom Steinernen Kreuz nach Altenbanz. – Zurück wandern Sie am besten beim Steinernen Kreuz streng südwärts über den Burgstall zu den Grabhügeln vor Stadel und nun pfeilgerade abwärts Richtung Unnersdorf.

Im Mittelpunkt Balthasar Neumanns spätbarokker Wallfahrtskirche Vierzehnheiligen steht unter elegant geschwungenen Kuppelovalen der herrliche Gnadenaltar.

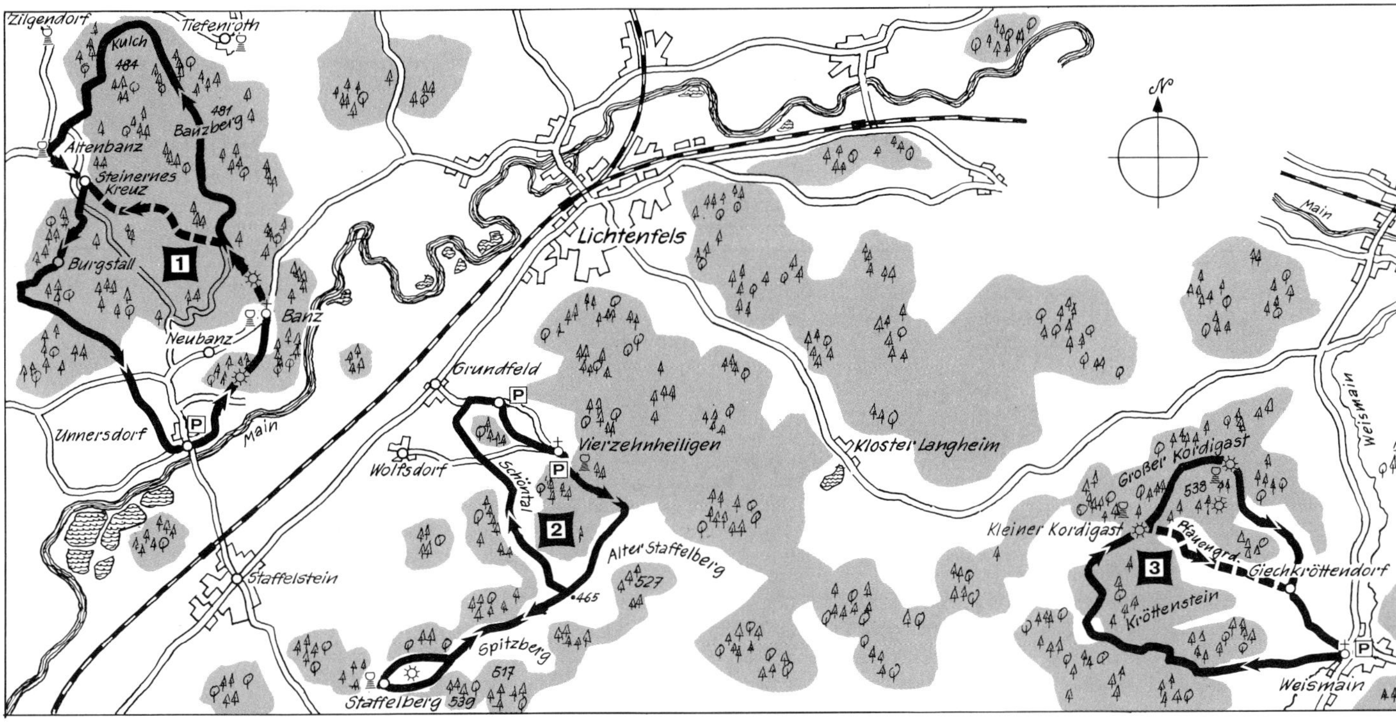

2. Höhenweg von Vierzehnheiligen zum Staffelberg

Vierzehnheiligen (2 km S von Lichtenfels) – Spitzberg – Staffelberg – Vierzehnheiligen / 4–$4^{1}/_{2}$ Std. / Bergtour, teilweise Schatten

Der Kunstfreund und der Bergfreund kommt bei dieser Tour auf seine Kosten, wenn er zur doppeltürmigen Wallfahrtskirche Vierzehnheiligen hinaufläuft. Da ist's am schönsten im Oktober oder an einem lichten Novembertag, weil zu dieser Zeit der Fremdenrummel auf ein Minimum geschrumpft ist. – Hinter dem letzten Devotionalienkiosk, rechts der Kirche, steigen Sie dann weiter bergauf zur Brauerei. Vor dem Steinkreuz beginnt, wieder rechts (nach links führt ein schöner Wanderweg ins Leuchsenbachtal zum Kloster Langheim), das wunderbare Erlebnis des Staffelberghöhenweges unterm Alten Staffelberg und Spitzberg zur Keltenburg auf dem Staffelberg. – Den Rückweg tritt man auf dem Hinweg an, nur durchschreitet man vorm Alten Staffelberg nach links die Waldzone des oberen Schöntals, bis die grazilen Türme von Vierzehnheiligen über den Laubwaldrücken schauen. Da stromern Sie 10 Minuten weiter abwärts, kreuzen den Schöntalbach auf einfacher Brücke in nördlicher Richtung über Wiesen. Jetzt nur noch einige Schritte auf der Teerstraße aufwärts zum Parkplatz.

3. Auf geht's zum Kordigast

Weismain (18 km Ö von Lichtenfels) – Kleiner und Großer Kordigast – Weismain / $3^{1}/_{2}$–4 Std., evtl. 3 Std. / sichtreiche, schattige Bergtour

Bei Weismain fließen Krassach und Weismain ruhig nebeneinander hin, bis sie sich 2 Kilometer danach, kurz vor Woffendorf, doch noch vereinigen. Breit ist hier das Tal, und hoch stehen an seinem Rande die Berge, der Görauer Anger und einer der schönsten Aussichtsgipfel Frankens, der Kordigast (538 m). Die Bergwanderung zu ihm beginnt vor dem gelbroten Rathaus (P.) auf dem mittelalterlichen Markt von Weismain. Flach führt der Weg von der Burgkunstadter Straße links im »Hutzelbrunnen« über die Weismainbrücke und auf dem Teersträßchen im Wiesental weiter. Doch dann wird's ein wenig fad: steiler schnauft man beim Sommerrangen zum Kröttenstein bergauf und wandert jetzt nordwärts bequem zum Berghaus Kordigast am Kleinen Kordigast hinüber. – Durch den Pfauengrund könnten Sie $^{1}/_{2}$ Stunde Gehzeit »sparen«. Doch Sie würden es bereuen, denn das anschließende Wegstück ist besonders schön. Also umwandert man den Großen Kordigast nach Südosten und gelangt über Giechkröttendorf in den Pfauengrund und nach Weismain.

4. Hoch über dem Baunachtal: Burg Lichtenstein

Ebern an der Baunach (24 km W von Lichtenfels) – Lichtenstein – Pfarrweisach – Ebern / $3^{1}/_{2}$–4 Std. / Höhen- und Waldwanderung mit Schatten und Aussicht

Fast 10 Kilometer lang erstreckt sich der Lichtensteiner Forst auf den Baunachhö-

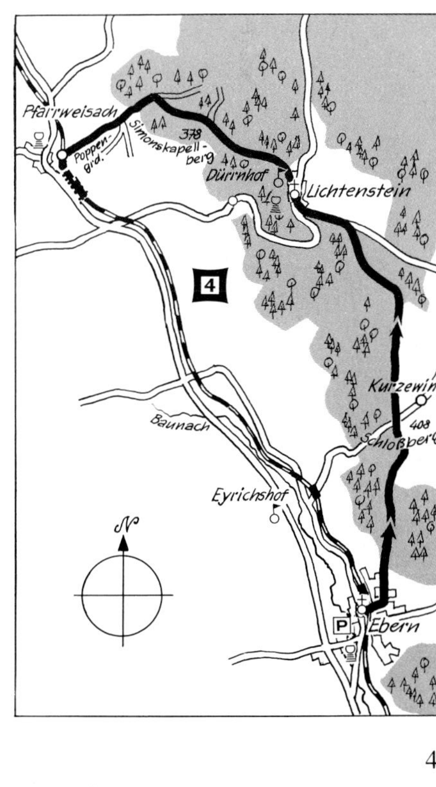

Die beiden genialen Brüder Leonhard und Johann Dientzenhofer stellten mit Kloster und Klosterkirche Banz diesen wahrhaft majestätischen Barockbau auf die Höhen des Banzer Waldes.

hen von Ebern nach Norden. Ein einsamer Wanderweg führt am Wald entlang und durch ihn hindurch. Er fängt am Eberner Bahnhof (P.) jenseits der Bahnunterführung an und leitet nach Nordosten auf dem Kapellenstegweg 200 Meter bis zum Alten Hohlweg. Hier links aufwärts zum Waldrand und über den Schloßberg, westlich Kurzewind, zur Straße nach Lichtenstein. – Da gibt es eine Menge Interessantes: ein Fachwerkschloß und eine gotische Kirche, daneben die imposante Burgruine auf mächtigem Sandsteinsockel, drumherum ein Felsenlabyrinth im Landschaftspark, durch den ein schön angelegter, markierter Rundwanderweg führt. Die leiblichen Bedürfnisse kommen in einer urigen Burggaststätte zu ihrem Recht. – Danach wandert man vom nördlichen Ortsende halblinks unter Apfelbäumen in einer reichlichen ½ Stunde zum Simonskapellberg hinüber und steigt im Poppengrund Richtung Pfarrweisach ab. Die Bahn bringt Sie zurück nach Ebern.
Bitte beachten: Vor Wanderbeginn den Bahnfahrplan erfragen!

Sehenswert

Lichtenfels Altes Stadtschloß, Renaissance (1555/56), wuchtiger Quaderbau, sog. Kastenboden, mit 2 Erkern, hohem Dach und Ringmauer ▪ Rathaus, barock (1743) von J.H. Dientzenhofer ▪ Kath. Stadtpfarrkirche, spätgotisch (14.Jh.); romanischer Turm; 2 bronzene Epitaphien (16.Jh.); gotische Ölberggruppe ▪ Spitalkirche (14.Jh.) ▪ 2 Tortürme (16.Jh.), Wehrgang, schöne Fachwerkhäuser.

Staffelstein Geburtsort des Rechenmeisters Adam Riese (Denkmal) ▪ Fachwerkrathaus (1687) am malerischen Marktplatz ▪ Stadtpfarrkirche (15./18.Jh.) ▪ Ehem. fürstbischöfliches Amtshaus, barock (1720) ▪ 1000jährige Linde auf dem Friedhof (24 m Stammumfang) ▪ Viktor-von-Scheffel-Museum.

Vierzehnheiligen Wallfahrtskirche, das edelste Werk des Barockbaumeisters B. Neumann; Auflösung des Kirchenraumes in kreisrunde und ovale Lichträume um den in der Mitte stehenden Gnadenaltar; Grundsteinlegung 1743, vollendet 1772, zweitürmige Fassade aus Eisensandstein;Deckengemälde von G. Appiani, Stuck und Ornamente von J.M. Feichtmayr und J.G. Übelherr ▪ Die Klosterbauten für die Zisterzienser (1745/46) stammen von J.M Küchel.

Banz Klosterkirche, Hochbarock, Baumeister J. Dientzenhofer (1710–1713), Zentralkuppel aus drei sich überschneidenden Kuppeln; Fassadenplastik, Hochaltar und Kanzel von B. Esterbauer (nach Dientzenhofers Entwürfen) ▪ Abteigebäude (1695) von L. Dientzenhofer, Fassade von B. Neumann vollendet; Kaisersaal und Abtskapelle (Stuck von J.J. Vogel); im Inneren Versteinerungssammlungen ▪ Waldlehrpfad nach Altenbanz.

Kloster Langheim (6 km SÖ von Lichtenfels) Ehem. Zisterzienserkloster (1132 von Ebrach aus gegründet), früher Kulturmittelpunkt am Obermain (»Hundertjähriger Kalender« von Abt Moritz Knauer, 1612 bis 1664); von der Säkularisation stark betroffen.

Staffelberg (539 m) Uralter Sagen- und Götterberg, Keltenfliehburg; Bergkapelle (1658) und bewirtschaftete Klause.

Weismain Pfarrkirche (15.Jh.); spätgotischer Taufstein; Rokokoaltar ▪ Rathaus, Renaissance (1543) mit Heimatmuseum ▪ Rentamtsgebäude (Anf. 18.Jh.), ehem. fürstbischöfliches Jagdschloß ▪ Stadtbefestigung und Fachwerkhäuser.

Kleinziegenfelder Tal (5 km S von Weismain) Felsental, Naturschutzgebiet mit vielen Wandermöglichkeiten und Naturschönheiten, z.B. Wallersberg-Kapelle, Weihersmühle (15.Jh.) mit Gasthof (18.Jh.); Arnsteiner Kirche und Felskoloß »Mönch«; Kleinziegenfelder Schloß und gefaßte Weismainsquelle, Tropfsteinhöhle.

Ebern Stadtpfarrkirche, gotisch (1430 bis 1491); stark überhöhtes Mittelschiff; einschiffiger Chorraum; schöne Rosetten; gotisches Sakramentshäuschen; interessante Grabsteine ▪ Marien-Kapelle auf dem Friedhof (1746) ▪ Fachwerkrathaus (1604), Giebelfassade mit 8 Zierstreifen; Bogenarkade, Renaissance ▪ Fürstbischöfliches Amtshaus ▪ Grauturm mit Glockenspiel ▪ Historische Brunnen ▪ In der Rittergasse Schüttboden (Schranne) und Totenkapelle (Beinhaus).

Eyrichshof Schloß der Herren von Rotenhan; schöne Schloßkapelle ▪ Im Gasthof des Weilers Specke Erinnerungen an F. Rückert.

Lichtenstein Schloß, Ruine und sehenswerte Kirche; Geburtsort Georg von Lichtensteins, ab 1500 oberster Feldherr Kaiser Maximilians; Felswände und -blöcke in den Mauerring einbezogen; spätromanische Westburg mit viereckigem Bergfried und rundem Turm aus Buckelquadern und aus der Gotik stammenden glatten Steinen.

Sportmöglichkeiten

Lichtenfels Flußbad am Main ▪ Rudern und Paddeln auf dem Main (Bootsverleih) ▪ Angeln ▪ Tennis ▪ Minigolf ▪ Segelfliegen ▪ Trimm-dich-Pfad.

Staffelstein Strand- und Hallenbad ▪ Angeln ▪ Rudern ▪ Reiten.

Ebern Hallenbad; beheiztes Waldfreibad ▪ Angeln.

12 Kulmbach

Im Land der Herzöge von Meranien

Fast 300 Kilometer liegen zwischen den grazilen Barockköstlichkeiten des Johann Baptist Zimmermann auf dem Andechser Klosterberg und den massiven Renaissancemauern von Caspar Vischers Plassenburg. Und doch spannte sich, trotz so viel heutiger Gegensätzlichkeit, vor mehr als 800 Jahren ein politischer Bogen von der riesigen oberbayrischen Ostmoräne des Ammerseegletschers bis zum fränkischem Machtbollwerk über dem Tal des Weißen Mains, der sich nur wenig unterhalb der weltberühmten Bierstadt Kulmbach mit dem Roten Main vereinigt. Es war das Haus Graf Bertolds II. von Dießen-Andechs, das an der Seite der staufischen Könige zur Würde der Markgrafen von Istrien, Herzögen von Meranien und Pfalzgrafen von Burgund aufstieg und als Grafen von Plassenberg auf dem obermainischen Burgberg zwar keinen Wohnsitz, aber einen überragenden Machtsitz hatte. – So ist es selbstverständlich, daß die Plassenburg als Auftakt einer Reihe schönster Touren im Zweimainland der Herzöge von Andechs-Meranien steht. Von ihr zieht man fort zum Fernsichtplateau Spitzeichen, dessen Turm wie der Bergfried einer verschwundenen Ritterburg den Gesichtskreis beherrscht. Oder ersteigt aus dem Tal des Weißen Mains bei Himmelkron die Höhen der Schiefen Ebene um Pulst und Köslar. Vom Gipfel des Patersberges blickt man hinunter in die betriebsamen Täler des Roten und Weißen Mains, über deren Vereinigung sich mit monumentaler Wucht die Plassenburg türmt. Einer der allerschönsten Wanderwege im Land der Herzöge von Meranien aber wird Sie in die Bergstille des Görauer Angers leiten. Da gibt es Aussicht, immer wieder Aussicht.

1. Von der Plassenburg nach Trebgast

Kulmbach am Weißen Main – Aussichtsturm Spitzeichen – Trebgast – Kulmbach / 5–5 1/2 Std. / sichtreiche Bergwanderung mit Halbschatten

Es sind zwar nur 8 Kilometer Luftlinie, trotzdem »zieht« sich der Weg, jedoch ist er nicht sehr anstrengend. Und im zweiten Drittel werden Sie mit einem besonders schönen Aussichtsbonbon belohnt. In Kulmbachs Oberer Stadt (P.) benutzt man den Treppenaufgang beim Gasthaus Rieß zu den roten Mauern der Plassenburg und verläßt den mächtigen Burghof durch das kleine Osttor, wandert unter Linden, beim Reitclub vorbei, immer geradeaus in den Buchwald. Nach 40 Minuten wendet man sich südwärts und erreicht 3/4 Stunden später die Häuser von Maierhof und weiter südwärts Zeltmeisel, Heinersreuth, Spitzeichen und dahinter die Belohnung: den Aussichtsturm mit seiner Rundsicht vom Fichtelgebirge bis zum Staffelberg. Davor steht unter

Das Tal des Weißen Mains beherrschend, ragt Caspar Vischers Plassenburg steil über die Türme und Dächer von Kulmbach.

Eichen eine Vesperbank. – In Eichholz gibt's dann auch ein Wirtshaus, den Röhrleinshof. Auf der Höhe des Wehlitzerberges kommen Sie am Gasthaus Malergarten vorüber und steigen unterhalb der Naturbühne zur Talsohle des Weißen Mains in Trebgast ab. – Da müssen Sie nicht mehr laufen, sondern nehmen die Bahn nach Kulmbach.
Bitte beachten: Vor Abmarsch studiere man den Fahrplan!

2. Schiefe Ebene und Prinz-Rupprecht-Turm

Schiefe Ebene (Wanderparkplatz an der B 303, 3 km N von Himmelkron) – Prinz-Rupprecht-Turm – Gössenreuth – Schiefe Ebene / 5–5½ Std., evtl. 3½–4 Std. / nur teilweise schattige, aber aussichtsreiche Bergwanderung

Eigentlich besteht dieser Wandervorschlag aus zwei in sich abgeschlossenen Tourenmöglichkeiten. Aber wer gut zu Fuß ist, kann die Wanderungen auch als Tagestour unternehmen. Vom Wanderparkplatz an der Bundesstraße 303 drei Kilometer nördlich Himmelkron, rechts, dann durch die Bahnunterführung. Dahinter links und im Bogen ostwärts bergauf nach Pulst auf die Schiefe Ebene. Südlich steigt man ins Rohrersreuther Tal zum Eisenbahnviadukt ab, läuft etwa 100 Meter auf der Fahrstraße talabwärts (weiter nach Westen würde man in 10 Minuten die Streitmühle erreichen) und wendet sich links durch den Autobahntunnel im Wald steil bergan Richtung Köslar und zum Prinz-Rupprecht-Turm auf dem Wolfenberg. – Gössenreuth im Tal des Weißen Mains wird nach Westen angesteuert, später nördlich die Autobahn gekreuzt und die wohlhabend aussehende Streitmühle (aus dem Jahre 1802) erreicht. Über Schwärzhof kommen Sie, entlang der Bahnlinie, wieder zum Wanderparkplatz.

3. Über den Patersberg

Wernstein am Main (5 km W von Kulmbach) – Patersberg – Oberdornlach – Wernstein / 4–4½ Std. / Bergtour mit Fernsicht, teilweise im Waldschatten

Burg Wernstein steht am Anfang dieser ruhigen Tour. Am altertümlichen Gasthof Wettermann (P.) geht's los: auf der Hauptstraße bergan nach Veitlahm, dort bei der Dorflinde an der originellen gotischen Kirche zum Gasthaus Patersberg hinter und danach auf dem zweiten Feldweg weiter aufwärts zum Aussichtsturm auf dem Patersberg (Schlüssel beim Wirt in Veitlahm). Er ist mit 526 Metern der höchste Punkt unter den Vorbergen des Frankenwaldes. Sein Turm wurde im Jahre 1838 erbaut und bietet eine der schönsten Fernsichten im nördlichen Franken. – Auf dem bewaldeten Rücken des Berges zieht man dann nordwärts nach Oberdornlach. Wenn dort die leibliche Stärkung erfolgt ist, wandern Sie über die Hangleite und an den Häusern von Rosengrund, Altenreuth und Hofstätten vorbei, immer der Sonne entgegen Richtung Burghaig. Aber noch davor, bei den Lindiger Anwesen, wird im rechten Winkel westwärts eingeschwenkt und auf der Hangkrone zur Burg Wernstein marschiert.
Bitte beachten: Vergessen Sie nicht, den Schlüssel für den Aussichtsturm von Veitlahm mitzunehmen!

4. Der Görauer Anger

Thurnau (10 km S von Kulmbach) – Kasendorf – Görauer Anger – Thurnau / 4 Std., 6 Std., evtl. –8 Std. / sonnige und aussichtsreiche Berg- und Höhenwanderung

Die Wanderung von Thurnau über die Hochfläche des Görauer Angers ist zwar eine der längsten dieses Buches, aber auch eine der schönsten. Sie beginnt beim Neptunbrunnen auf dem Markt in Thurnau (P.). Westwärts erreicht man über den Mittleren Markt und die Bahnhofstraße jenseits der Bahnlinie die Baderstraße, hält sich über Wiesen etwas rechts zu einer roten Bank unter einem großen Apfelbaum und muß nun leider etwa 100 Meter auf der Hauptstraße laufen. Doch ab der zweiten roten Bank wird's still. Jetzt unter Ahornen und Eichen nach links aufwärts

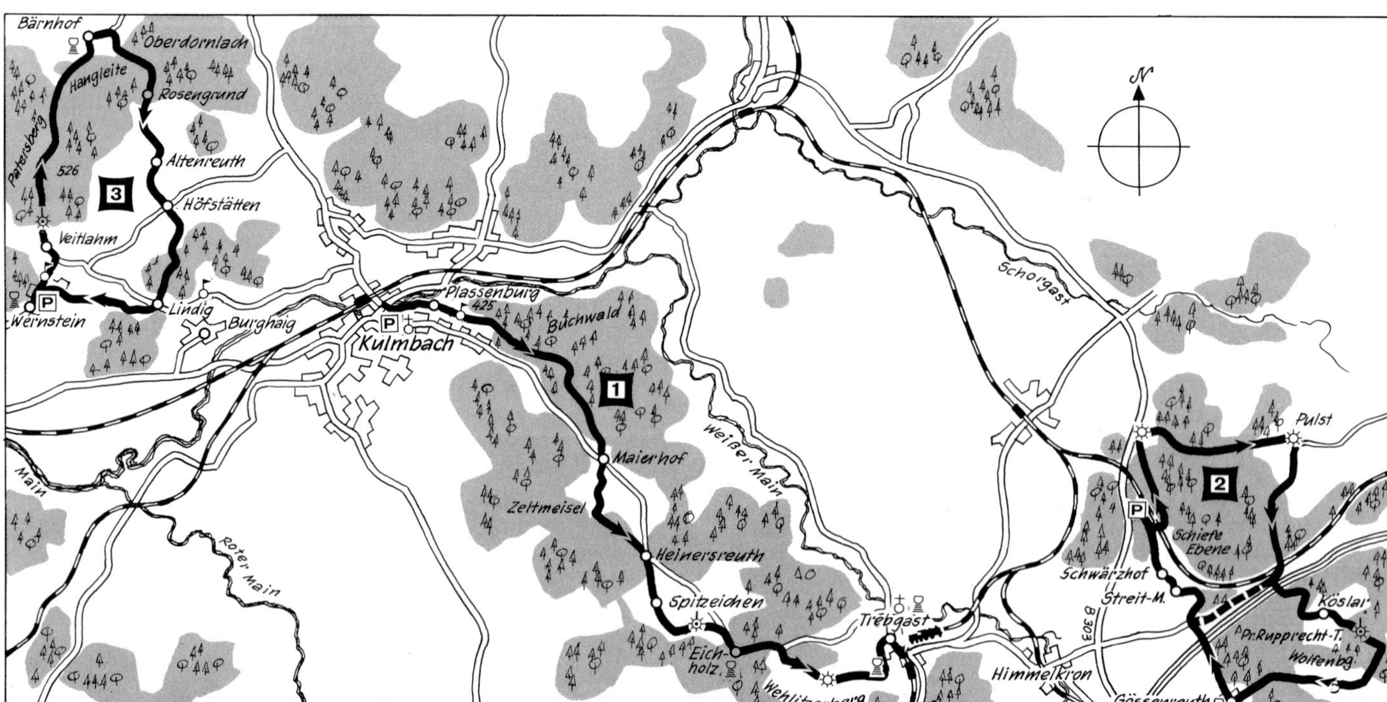

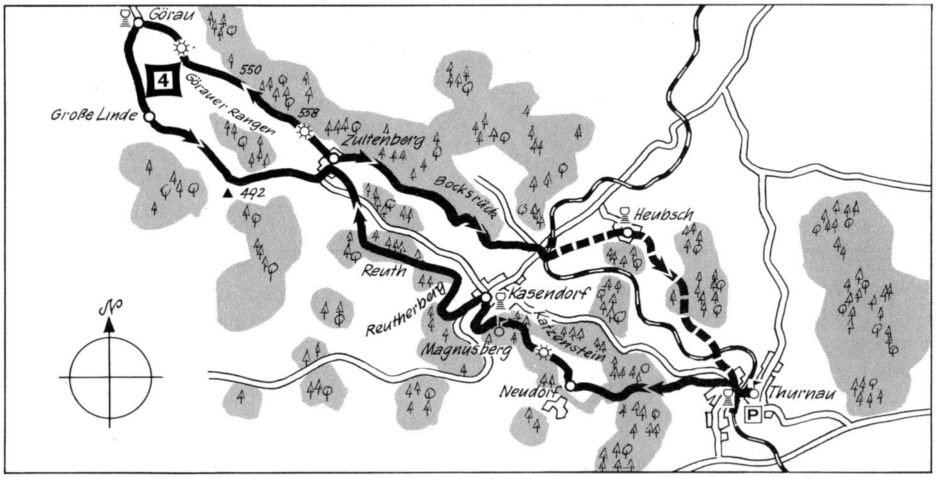

durch den Wald zum Brotzeitplatz beim Neudorfer Lindlein und am Katzenstein vorbei zum Burgturm auf dem Magnusberg. Ein Waldlehrpfad leitet zur Sommerfrische Kasendorf ins Tal. – Hier geht's beim Brunnen links, später rechts hinauf zum Sonnentempel und über den Reutherberg am Felsentor vorbei Richtung Zultenberg auf dem Görauer Anger. Da kann man unterm Bocksrück zum Bahnhof Kasendorf absteigen (bis dahin insgesamt 4 Std.). – Ausdauernde Wanderer werden von Zultenberg die sichtreiche, 2–3 Stunden lange Rundtour durch das Landschaftsschutzgebiet des Angers unternehmen: Am Nordrand der Hochfläche nach Görau (Wirtshaus), den Rückweg, an den beiden großen Linden vorüber, etwas südlicher. – In Kasendorf wartet schließlich der Zug nach Thurnau. Bitte beachten: Vor Beginn des großen Gehens den Fahrplan studieren!

Schon über 300 Jahre ist der Zinsfelderbrunnen alt, der auf dem Kulmbacher Holzmarkt steht.

Sehenswert

Kulmbach Rathaus (1560) mit Rokokofassade (1748–1752) von J. Saint-Pierre ▪ Petrikirche, spätgotische Hallenkirche (1439) mit reichem Frühbarockaltar ▪ Spitalkirche, barock (1738) ▪ Nikolai-Kirche (1573) mit Terrassenfriedhof (Denkmäler vom Barock bis Empire) ▪ Markgräfl. Kanzlei von C. Vischer, deutsche Renaissance (1563) ▪ Langheimer Klosteramtshof von L. Dientzenhofer, barock (1694) ▪ Luitpoldmuseum (vorgeschichtliche Funde und deutsche Handwerkskunst) ▪ Zinsfelderbrunnen am Holzmarkt, barock (1660) ▪ Schöne Fachwerkhäuser in der Oberen Stadt ▪ Stadtbefestigung (12.–16. Jh.): Roter Turm, Fronfeste, Künsbergschlößchen.

Plassenburg 100 m hoch über der Stadt thronend, eine der bedeutendsten Schöpfungen deutscher Renaissance, von C. Vischer 1559–1569 erbaut; »Schöner Hof« (Deutschlands schönster Turnierhof); am Zeughaus (1574) Christiansportal mit dem Reiterstandbild des Markgrafen Christian ▪ In der Burg: Zinnfigurenmuseum (mit 250 000 Figuren die größte Sammlung der Welt) und naturwissenschaftliche Sammlungen.

Trebgast Pfarrkirche im Markgrafenstil (1745) ▪ Rochus-Kapelle; Steintafel von 1400 ▪ Naturbühne.

Himmelkron Ehem. Zisterzienserinnenkloster; Klosterkirche, gotisch (um 1300), barock verändert (um 1700), Nonnenempore; darunter Gruftkirche: dreischiffige Halle mit herrlichem Kreuzrippengewölbe, spätgotischer Kreuzgang.

Wernstein Renaissanceburg von C. Vischer (1563/93), urkundlich schon 1376 erwähnt; Kirche und Tor mit Zugbrücke; gut erhaltener Wehrgang; 50 m tiefer Brunnen; großartige Freitreppe zum Oberen Schloß.

Thurnau Gräflich Giech'sches Schloß, eindrucksvolle Anlage (Burg 12. Jh., Renaissancebauten 16. Jh., Umbauten 18./19. Jh.); zwei Höfe: Wasserschloß (Achtecktürme, 16. Jh.; Tordurchfahrt, 16. Jh.; Wehrgang und Zwingmauer mit 3 Türmen) und Bergschloß (dreigeschossiges Torhaus, 16./17. Jh.; achteckiger Treppenturm; Rokokobrunnen); Schloßpark mit Lindenallee ▪ Ev. Pfarrkirche (1701) mit spätgotischem Turm und Chor; Schnitzwerk von E. Ränz; Deckengemälde von G. Schrey ▪ Rathaus (1792) ▪ Altes Schulhaus, Sandsteinbau (17. Jh.) ▪ Neptunbrunnen (um 1700).

Berndorf bei Thurnau Markgrafenkirche, barock ▪ Geburtshaus Carl von Lindes, Erfinder der Eismaschine ▪ Schöne alte Mühlen.

Neumarkt Erstes deutsches Dampflokomotiven-Museum.

Sportmöglichkeiten

Kulmbach Beheiztes Freischwimmbad; Hallenbad ▪ Reiten ▪ Golf ▪ Angeln ▪ Tennis ▪ Trimm-dich-Pfad ▪ Kunsteisbahn.

Trebgast Badesee, 70 000 qm, von Naturquellen gespeist.

Himmelkron Beheiztes Freischwimmbad.

Wernstein Beheiztes Freischwimmbad.

Thurnau Freischwimmbad ▪ Golf.

Veranstaltungen

Kulmbach Kulmbacher Bierfest, 1. Augustwoche ▪ Schloßhofserenaden im Sommer.

Trebgast Sommerspiele auf der Naturbühne, Juni – August.

13 Eltmann

Kaum bekanntes Unterfranken

540 Kilometer durchzieht der neue Mainwanderweg einen der schönsten Teile Deutschlands. Er verbindet die Quelle des Weißen Mains am Ochsenkopf (1024 m) mit der Mündung des Mains in den Rhein bei Mainz und leitet den Wanderer dabei durch das Herzland Frankens. Von den dunkel bewaldeten Höhen des Fichtelgebirges steigt er hinab zu den Jurahängen um Kordigast und Staffelberg, klettert auf die Laubwaldrücken des Steigerwaldes und erreicht dort die Weingärten und Spargelfelder des Keuperschichtlandes um Volkach und Iphofen. Dann durchbricht er zusammen mit dem mittleren Main bei Ochsenfurt die Muschelkalkplatte nach Würzburg und erklimmt in seiner Schlußphase bei Aschaffenburg die Ausläufer von Spessart und Odenwald. Damit wurde er zu einem der großartigsten deutschen Wanderwege. Er ist durchgehend markiert, sein blaues »M« wird Ihnen auf vielen Wanderungen dieses Buches immer wieder begegnen. – Vom Ochsenkopf, bei Staffelstein, von Wertheim und auch in Eltmann zweigen vom Mainwanderweg Main-Donau-Wege nach Süden ab und durchmessen so herrliche Wandergebiete, wie den Oberpfälzer und Bayrischen Wald, die Fränkische Alb mit der Fränkischen und Hersbrukker Schweiz und zwischen Bad Mergentheim und Nördlingen Frankenhöhe und

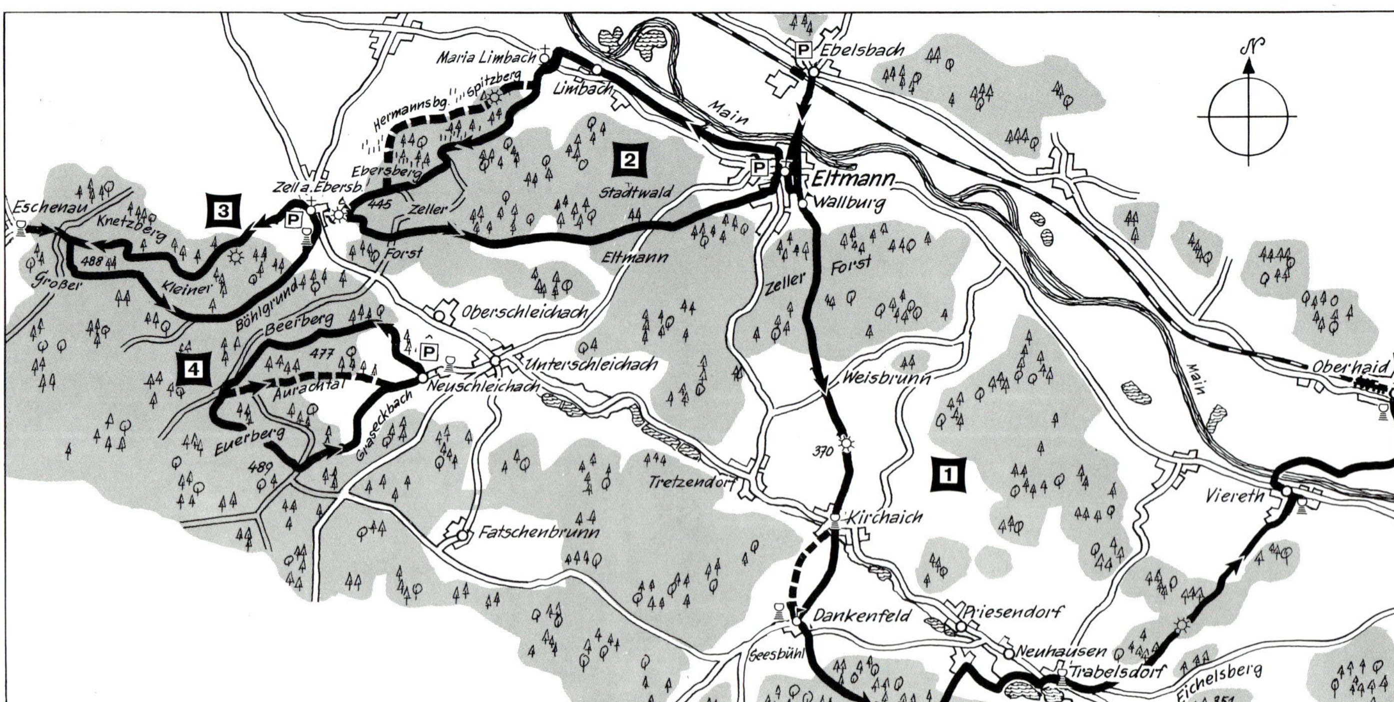

Zwischen Weinbergen und den Nordausläufern des Steigerwaldes liegt in der weiten Talung des oberen Mains das Städtchen Eltmann mit seinem gemütlichen Marktplatz.

Ries. Eltmann ist der Ausgangspunkt des Main-Donau-Weges, der über den Steigerwald und das Schichtstufenland des Mittelfränkischen Beckens nach Weißenburg und Neustadt an der Donau führt. Dadurch ist das bis heute vom Fremdenverkehr noch nicht so sehr berührte Eltmann gerade dabei, sich zu einer Wanderdrehscheibe am Mainwanderweg zu wandeln, aber »überlaufen« wird es deswegen nicht sogleich sein. Vielmehr werden Sie auf den Höhenwegen seiner Umgebung viele stille, genußreiche Aussichtsrastplätze finden. In den Dörfern dazwischen gibt es angenehme Gastwirtschaften mit deftiger, fränkischer Kost, zu der ein lieblicher Wein vom Wirt persönlich serviert wird. Und in den Wäldern ringsum hat es noch die absolute Einsamkeit, die wir alle für unsere Erholung immer mehr brauchen.

1. Erinnerungen an Schillers Freundin Charlotte von Kalb

Eltmann am Main – Dankenfeld – Oberhaid – Eltmann / 6–7 Std. / hügelige Höhenwanderung, teils Sonne, teils Schatten, viel Aussicht

Die vorgeschlagene Wanderung ist die längste dieses Buches und, im Gegensatz zu fast allen anderen, nicht abkürzbar. Daher wird von Ihnen ein zeitiger Aufbruch am Morgen und einiges Gehvortraining verlangt, wenn Sie vom Bahnhof Ebelsbach-Eltmann (P.) über die Mainbrücke in Richtung auf den Turm der Wallburg schnurstracks in die Stadt marschieren. Dann den Fußweg zu den Treppen der Schloßsteige und aufwärts zur überwältigenden Maintalsicht von der Wallburg. Später läuft man immer weiter nach Süden, durch den Zeller Forst nach Weisbrunn im Tale, gegenüber am Wasserbehälter bergauf über sichtreiche Höhen (370 m) kerzengerade durch Kirchaich nach Dankenfeld (das letzte Stück auf der Teerstraße oder weglos durch den grünen Schößbachgraben). Hier war im Ostheimer Schloß Charlotte von Kalb zu Hause. Sie vermittelte 1785 die Bekanntschaft Friedrich von Schillers mit Carl August von Weimar und zog auch Jean Paul an den Weimarer Hof. – Nun nimmt man die Straße Richtung Neuhausen, doch schon auf der Höhe geht's rechts, am Sportplatz vorüber, in den Seesbühler Forst. Da finden Sie 10 Minuten später links am Wege den Friedleinsbrunnen mit einem Gedenkstein an Charlotte, laufen ab hier im Nord-Ost-Bogen zu den Trabelsdorfer Teichen im Aurachgrund, erreichen jenseits der Eichelsberghöhe Viereth am Main und hinter der Flußbrücke rechts nun doch noch das Ende der Wanderung: den Bahnhof von Oberhaid, von dem Sie drei Stationen zum Ausgangspunkt zurückfahren.

Bitte beachten: Vor Abmarsch in Eltmann den Fahrplan studieren!

oder »Fäßla« gibt's vortreffliche saure »Blaue Wurst« und Bamberger Radieschen. Und in den ehemaligen Klosterräumen an der Dominikanerstraße sitzt man gemütlich beim Rauchbier-Ausschank »Schlenkerla«. – Sollten Sie aber nach Hallstadt kommen, so probieren Sie dort doch einmal zur Kilianskirchweih die Hallstadter Krapfen. – Wer bekäme bei all diesen Bamberger Spezialitäten nicht Appetit, noch dazu nach einem langen Wandertag?

1. Zwischen Regnitz, Aurach und Rauher Ebrach

Bamberg – Bruderwald – Reundorf – Bamberg / 3–3½ Std. / flache, schattige Tal- und Waldwanderung

Diesmal steht am Anfang einer Wanderung ein städtischer Bus (Linie 9), der Sie vom Bamberger Hauptbahnhof (P.) nach Süden an den Stadtrand zum Heinrichsdamm bringen wird. Dort geht es immer weiter südwärts, gut 3 Stunden, bis nach Reundorf, von wo Sie mit der Eisenbahn zurückfahren können. – Also marschieren Sie los: Durch die Unterführung der Umgehungsstraße, dann in den gepflegten Anlagen des Luisenhains, über die Regnitz und an deren Ufer entlang bis zum Kruzifix in Bug. Hier rechts auf der Bruderwaldstraße in den Bruderwald und nach Höfen im Aurachtal. Da gibt es ein Gasthaus. Durch die Wälder des Distelberges erreichen Sie Reundorf im Ebrachtal und danach auch den Bahnhof. Nun dauert es gerade noch 14 Minuten, bis Sie wieder vor Ihrem Auto stehen.
Bitte beachten: Vor dem Abmarsch die Bahnrückfahrzeiten notieren!

2. Von der Altenburg ins Aurachtal

Altenburg (1,5 km S von Bamberg) – Stegaurach – Michaelsberger Wald – Altenburg / 3½–4 Std. / Höhen- und Waldtour, überwiegend sonnig

Zwei Kilometer südlich des Bamberger Doms erhebt sich die Altenburg zu stolzen 386 Metern Höhe, ein feiner Aussichtspunkt über dem langgezogenen Aurachtal. Den Parkplatz vor der Burg erreichen Sie vom Dom, an der St.-Jakobs-Kirche links, auf der Altenburger Straße. – Vor dem Burgeingang laufen Sie auf dem Kiesweg rechts abwärts, finden jenseits der Teerstraße einen Steig durchs Gebüsch nach Süden bergab zum östlichen Ortsende von Wildensorg und nehmen jetzt die für Kraftfahrzeuge gesperrte Stegauracher Straße nach Stegaurach im Aurachtal. Da geht's auf der Hauptstraße rechts zum westlichen Ortsrand und dort die Michaelsberger Straße, an Seehöflein mit seiner Weiherkette vorüber, in den Michaelsberger Wald. In Ostrichtung wird der Wasserbehälter angesteuert und beim Sandsteinpavillon die Wildensorger Straße gequert. In wenigen Minuten laufen Sie von hier zur Altenburg.

3. Kunigundenruh im Staatsforst Hauptsmoor

Kunigundenruh (5 km Ö von Bamberg) – Pödeldorf – (Seehof) – Kunigundenruh / 3½–4 Std. / ebene Waldwanderung, fast durchwegs schattig

Aussicht gibt's in diesem Waldgebiet wenig, aber auch wenig Menschen, dafür viel Ruhe und viel frische Luft. Dazu musizieren im Frühling ganze Scharen kleiner, fröhlicher Sänger in den Baumwipfeln, kienig duften im Sommer die Kiefern nach Harz, und im Herbst wachsen Pilze, einer neben dem anderen. Zur Winterszeit tragen Bäume und Sträucher dicke weiße Mützen. Also, langweilig wird eine Wanderung durch den Forst zu keiner Jahreszeit. Das gesamte Waldgebiet zwischen Memmelsdorf und Strullendorf hin und zurück zu durchmessen, würde 6–7 Stunden dauern. Probieren Sie doch einmal die von mir vorgeschlagene »klassische« Rundtour. Sie führt vom feudalen Waldgasthaus Kunigundenruh (P.) an der Pödeldorfer Straße nach Süden bis vor den Sendelbach, wendet sich hier nach Osten und kurz darauf immer mehr nordwärts zum Gasthaus in Pödeldorf. – Auf der westlichen Talseite des Gründleinsbaches wandern Sie ohne Steigung am Waldrand und kommen bei den Seehofweihern zum ehemals fürstbischöflichen Barockschloß Seehof. – Durch den Fasanenschlag kehrt man zur Kunigundenruh im Süden zurück. – Viel Spaß beim Trimm-Trab, den Sie sicher unterwegs ab und zu einlegen werden!

4. Oberhalb Baunach

Baunach (11 km N von Bamberg) – Godeldorf – Stiefenberg – Baunach / 3½–4 Std. / Tal-, Berg- und Waldwanderung, halb Sonne, halb Schatten

Nur wenig vor der Einmündung des Baunachflüßchens in den Main liegt der Ort Baunach mit seinem hübschen Marktplatz (P.), an dem Sie diese stille und Sie kaum fordernde Wanderung beginnen können. Vom gelb-weißen, stilechten Rathaus mit dem eleganten Schieferzwiebelturm auf der Bamberger Straße nach links abwärts bis vor die Brücke über die Lauter. Hier rechts zum »Stadtgraben« eingebogen und auf dem Örtleinsweg schnurstracks hinter und im Tal der Lauter weiter westwärts, auf dem Wiesenpfad am Bach entlang, durch die verträumte Landschaft der Spitalweiher zu den Anwesen von Godeldorf marschiert. Nach der Kapelle geht's da rechts zum Godelhof jenseits der Straße und im Bogen nordwärts über die Hirschleite zu den spärlichen Resten der Ruine auf dem Stiefenberg (392 m). – Wenn man sich dort immer ostwärts hält, kommt man zwangsläufig ins Baunachtal und zu den ersten Häusern von Baunach.

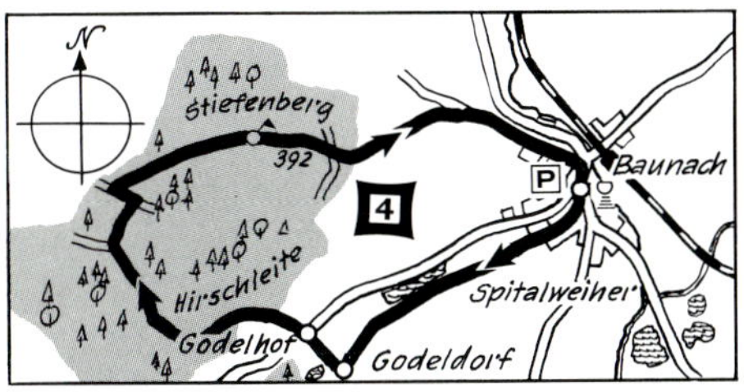

Die Altenburg am südlichen Stadtrand von Bamberg ist Ausgangspunkt der 2. Bamberger Wanderung.

Die »Hölzernen Männer« von Baunach, ein überdachtes ehemaliges Hoftor.

Sehenswert

Bamberg Infolge der Fülle Bamberger Kunstschätze kann eine Aufzählung nur in Stichworten gegeben werden: Kaiserdom, Grabmal Kaiser Heinrichs II. und seiner Gemahlin Kunigunde von T. Riemenschneider; Bamberger Reiter; in der östlichen Krypta der Sarkophag König Konrads III.; Schnitzaltar von V. Stoß; Altes und Neues Schloß; Alte Hofhaltung (Museum); Neue Residenz mit Garten; Benediktinerabtei Michaelsberg; Wasserschloß Concordia; Pfarrkirche St. Martin; St.-Jakobs-Kirche; Dominikanerkirche; St.-Stephans-Kirche; St.-Gangolfs-Kirche; Bürgerspital; Karmeliterkloster; Domherrenhaus; Böttingerhaus; E. T. H. Hoffman-Haus; Naturkundemuseum; Diözesanmuseum; Historisches Museum.

Bug Ehem. fürstbischöfliches Jagdschlößchen (1773).

Altenburg (386 m) 1109 erstmals urkundlich genannt, fürstbischöfliche Burg (13. bis 15. Jh.), mehrfach verändert (14.–16. Jh.), Bergfried 33 m hoch (Aussicht), Palastneubau 1901.

Memmelsdorf Kath. Pfarrkirche; Turm (Anf. 14. Jh.) mit Spitzhelm und 4 Ecktürmchen (1609), Langhauserweiterung (1707) ▪ Friedhof, Portal und Mauer mit anmutigen Barockstatuen vom Bamberger Hofbildhauer F. Dietz (1773) ▪ Schloß Seehof, barock (1787–1795) von A. Petrini; Orangerie und Haupttor von B. Neumann, J. H. Dientzenhofer und J. M. Küchel (1737/38); Schweizerei von L. Fink (1782); Großes Saalfresko von J. I. Appiani; Ausstattung von Neumann und Küchel (um 1730); in der Schloßkapelle Rokokoaltar, Entwurf Küchel, Ausführung A. Bossi.

Hallstadt (3 km N von Bamberg) Einer der ältesten Orte Frankens, Funde aus dem 1. und 2. Jahrtausend v. Chr.; Pfarrkirche St. Kilian, spätgotische Hallenkirche; barocke Ausstattung; Chor (1380–1390); Langhaus (1450–1468) ▪ St.-Anna-Kapelle, barock (1703) ▪ Rathaus (1580) mit »Hallstadter Elle« und Handschellen des Prangers ▪ Ehem. Amtshaus von L. und J. H. Dientzenhofer mit allegorischen Decken- und Wandgemälden ▪ Mainschlößchen von B. Neumann ▪ Stadtmuseum mit prähistorischen Funden.

Baunach Pfarrkirche mit hohem, von 4 Seitentürmchen flankiertem Turm ▪ Im Süden auf der Hanbürg die Magdalenen-Kapelle mit alten Schnitzereien und dem Hochgrab des seeligen Überkom ▪ »Die Hölzernen Männer«, ein überdachtes Tor aus Eichenholz bei der Zentscheune.

Sportmöglichkeiten

Bamberg Hallenschwimmbad am Margarethendamm; Freischwimmbäder im »Stadion« an der Pödeldorfer Straße und in Gaustadt ▪ Tennis ▪ Reiten ▪ Segel- und Motorflug ▪ Minigolf ▪ Vitaparcours im südlichen Hainpark ▪ Waldsportpfad am Hauptsmoorwald.

Hallstadt Angeln ▪ Reiten ▪ Trimm-dich-Pfad.

Baunach Angeln ▪ Paddeln.

Veranstaltungen

Bamberg Konzerte der Bamberger Symphoniker ▪ Kammermusikabende im Kaisersaal der Neuen Residenz und im Böttingerhaus ▪ Freilichtaufführungen der »Bamberger Calderon-Festspiele« in der Alten Hofhaltung, Juli ▪ Kirchweih im Stadtteil Sand, August ▪ Personenschiffahrt auf Regnitz und Main.

Hallstadt Annafest mit Prozession zur St.-Anna-Kapelle ▪ Kilianskirchweih mit Festzug (Hallstadter Krapfen).

15 Hollfeld

Burgen und Schlösser an Wiesent und Leinleiter

Immer wieder sind es die Burgen der vielen fränkischen Grafen und Freiherren, die das Land zwischen Ellernbach und Leinleiter, Aufseß und Wiesent beherrschen. Heute allerdings nicht mehr direkt, sondern nur noch durch ihren Anblick, mit dem man unvermittelt nach einer Biegung der schluchtartigen Felsentäler konfrontiert wird. Hoch und steil, manchmal abweisend und düster, oft auch majestätisch oder grazil, recken sie sich aus lichten, rundgeschweiften Talsohlen, die von verträumten Bachwassern durchzogen werden, kontrastreich in den Himmel. Obwohl die meisten von ihnen durch Bauern- und Schwedenkriegszüge schon vor Jahrhunderten zu Ruinen wurden, ragen ihre Turm- und Mauerreste heute noch furcht- und schwindelerregend über hellgrüne Laubwaldkronen und blaugrüne Kieferngruppen und vermitteln so noch einen kleinen Eindruck von der Kampfeslust ihrer ehemaligen Besitzer. Aber nicht nur ihr Anblick ist faszinierend, sondern auch die Tiefblicke von ihren Bastionen in zauberhafte Frankenalbtäler und die Ausblicke über sonnige Berghöhen, deren genußvolle Wanderwege Burgen und Täler, blumenübersäte Wiesenmatten und schattige, stille Wälder verbinden. Von den vielen, vielen Wandermöglichkeiten, die zwischen Scheßlitz und Hollfeld bestehen, seien hier nur vier herausgegriffen. Die Auswahl fiel schwer, denn immer wieder gibt es neue Schönheiten in diesem Gebiet zu entdekken. Wenn Ihnen die genannten Touren Freude bereitet haben, werden Sie sicher selbst neue Wege in dem herrlichen Landstrich suchen. Vielleicht von Würgau und der Würgauer Kletterwand zur Barockkirche Straßgiech oder durch das Paradiestal nach Steinfeld. Auch Oberleinleiter und Königsfeld sind Ausgangspunkte für prachtvolle Wanderungen.

1. Burg Zwernitz und Naturpark Sanspareil

Hollfeld an der Wiesent oder Kainach (3 km N von Hollfeld) – Wonses – Sanspareil – Hollfeld / 3½–4 Std., evtl. –6 Std. / sonnige, fernsichtreiche Bergwanderung

Im Deutschen heißt Sanspareil so viel wie »ohnegleichen«. Zu diesem unvergleichlich romantischen Fleckchen Erde, das von weitem vor allem der wuchtige Turm der Burg Zwernitz kennzeichnet, gibt es von Hollfeld durch das unberührte Kainachtal eine besonders schöne Wanderung, die aussichtsreich über den Hohenberg zurück führt. Doch sie ist ziemlich lang, wenn man gemütlich geht, bis zu 6 Stunden. Wer nicht so viel marschieren will, beginnt diese Wanderung am besten in der Ortsmitte von Kainach (P.), 3 Kilometer außerhalb von Hollfeld und steigt nach Norden aus der Talsohle auf der Lindenallee an herrlichen Säulenwacholdern gleich steil zur alleinstehenden, mächtigen, alten Pappel auf der Höhe. Da grüßt bereits die Burg Zwernitz herüber. Am alten Stadel wandern Sie rechts im Pfaffental abwärts, immer auf den Wonseser Kirchturm zu. Dort, beim Rathaus rechts zur Plötzmühle und im Taleinschnitt auf dem Feldweg zu Burg und Park bergauf. – Von der großen Linde am südlichen Ortsrand wendet man sich auf dem Fahrweg zum Espig (551 m) und nun im spitzen Winkel nach Kainach.

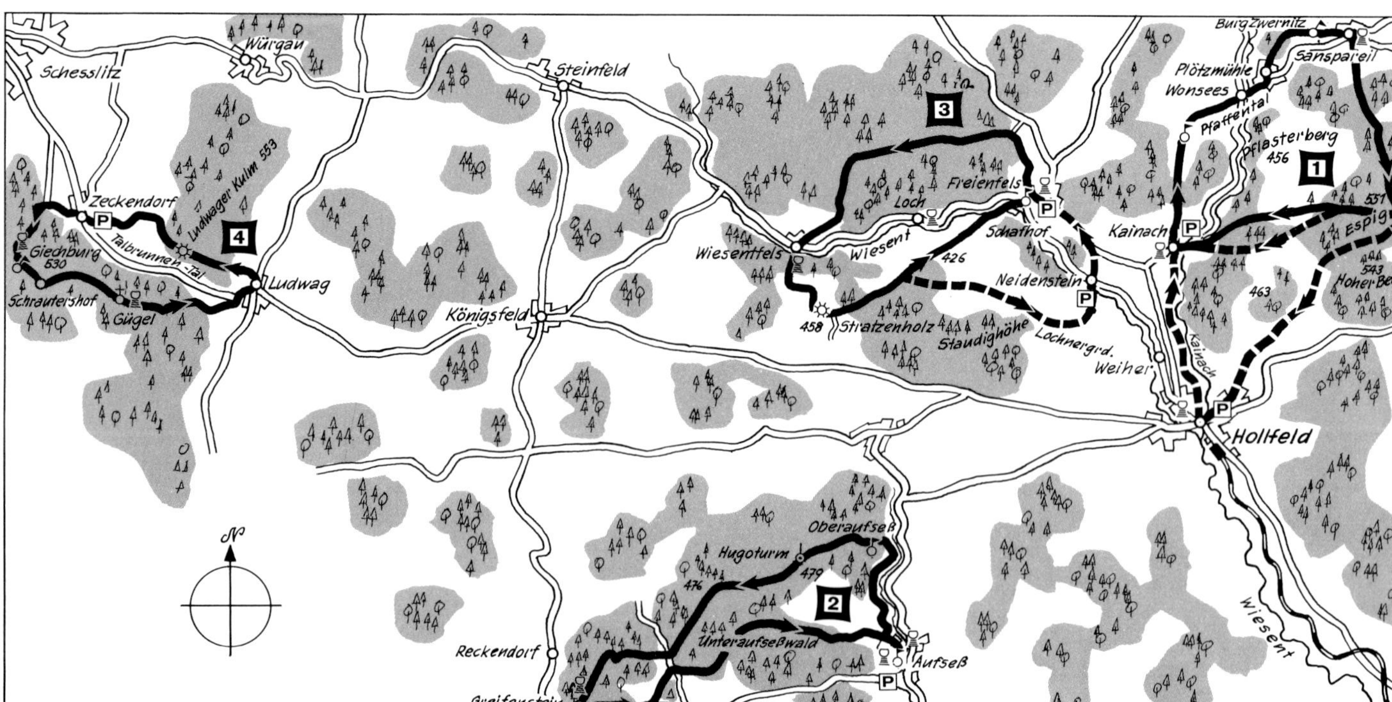

2. Am Hugoturm vorüber zum Schloß Greifenstein

Aufseß im Aufseßtal (9 km SW von Hollfeld) – Hugoturm – Schloß Greifenstein – Aufseß / 3½–4 Std. / schattige Wald- und Höhenwanderung

Leider ist der Hugoturm (479 m) nicht mehr das, was er einmal war: ein Aussichtsturm par excellence, von dem man große Teile der Frankenalb überschauen konnte. Seine Holztreppen sind morsch und verfallen, seine berühmte Sicht wächst immer mehr zu. Aber die Landschaft ringsum ist so schön wie eh und je – und so still. Daher ist eine Durchquerung des Unteraufseßer Waldes immer wieder ein lohnendes Unterfangen, vor allem wegen der überraschenden Talabbrüche um Schloß Greifenstein. – Beim Gasthaus Post (P.) unterhalb des Schlosses Unteraufseß geht's los: Erst auf dem Fußweg, dann auf dem Teersträßchen am Bach entlang, bei den Häusern von Oberaufseß links den Berg hinauf und vor dem Schloß im spitzen Winkel durch die großartige Lindenallee in den Forst zum Hugoturm und weiter in gut einstündigem Waldspaziergang westwärts Richtung Greifenstein. Da gibt es die große Rast und einiges zu besichtigen, ehe man sich wieder auf den Weg macht. Diesmal etwas südlicher und immer ostwärts, in respektvoller Entfernung von der Straße, bis man nach 1½–2 Stunden wieder am Rand des Aufseßtales steht.

3. Freienfels und Wiesentfels, steile Kalkburgen über der Wiesent

Freienfels oder Neidenstein an der Wiesent (4 km N von Hollfeld) – Wiesentfels – Freienfels oder Neidenstein / 3–3½ Std., evtl. –4½ Std. / hügelige Berg- und Talwanderung mit Aussicht

Beide dieser gigantischen Steinblöcke tragen alte Schlösser, die ein wenig grimmig in das liebliche Wiesenttal hinunterschauen. Ein Rundwanderweg, der die Schlösser verbindet und dazu noch zu einem urgemütlichen Wirtshaus in Wiesentfels führt, geht so: Von der Bushaltestelle unterhalb des Freienfelser Schlosses (P.) auf der Teerstraße nordwärts bergauf zu Kirche und Schloß, geradeaus weiter, erst am Waldrand, dann zwischen Feldern, später im Wald abwärts zur Forststraße. Auf ihr im Linksbogen nach Wiesentfels. – Dort wandern Sie über die Brücke nach Süden aufwärts und beim Wegweiser im Hohlweg Richtung Drossendorf. Auf der Höhe, beim prächtigen Ausguck, geht's am Waldspitz links nach Schafhof und Freienfels. – Falls Ihnen die Wanderung zu kurz sein sollte, können Sie noch eine Ouvertüre und ein umfangreiches Finale dazukomponieren, indem Sie von der Ruine Neidenstein durch eine prachtvolle, berühmte Lindenallee nach Freienfels aufsteigen und den Abstieg vom Waldausguck nach Neidenstein über die Staudighöhe und durch den oberen Lochnergrund nehmen.

Das Felsentheater der Markgräfin Wilhelmine von Bayreuth im Naturpark Sanspareil.

4. Giechburg, Gügel und der Ludwager Kulm

Zeckendorf bei Scheßlitz (18 km W von Hollfeld) – Giechburg – Ludwager Kulm – Zeckendorf / 2½–3 Std. / Bergwanderung, sonnig und aussichtsreich

Das sind drei wundervolle Aussichtsflekken 3 Kilometer südöstlich Scheßlitz. Zeckendorf ist der Startplatz. Bei der Gaststätte Trummer (P.) die Teerstraße bergwärts, dann rechts durch die Apfelbaumallee zum Großparkplatz und den Fußweg Richtung Giechburg. Hier nimmt man den gut beschilderten Höhenweg zur weithin sichtbaren Wallfahrtskirche Gügel und zur einfachen,

Im Tal der jungen Wiesent thront auf steiler Kalkklippe über poesievollen Fachwerkhäusern seit Jahrhunderten das Schloß Wiesentfels.

doch zauberhaft gelegenen Gartenwirtschaft unterhalb der Kirche. – Der Bamberger Weg leitet Sie abwärts und um das obere Talbrunnen-Tal herum zur fünftürmigen, schiefergedeckten Ludwager Kirche, vor der Sie links in das Landschaftsschutzgebiet des Ludwager Kulms einbiegen. Auf den weißen Kalkmauern des Scheßlitzer Vorjuras wandert man hoch über dem Steinbruch zum Juraabsturz und wieder nach Zeckendorf talwärts.

Sehenswert

Hollfeld St.-Gangolfs-Kirche, Baubeginn in romanischer Zeit, klassizistischer Endbarock (1778–1782) des Bamberger J.J. Vogel; die köstliche Rokokoeinrichtung stammt größtenteils aus der Bamberger Dominikanerkirche ▪ Kath. Pfarrkirche Mariä Himmelfahrt mit Rokokoausstattung (um 1780) ▪ St.-Salvator-Kapelle, barock, von L. Dientzenhofer ▪ Wappengeschmücktes Rathaus ▪ 2 Stadtbrunnen (40 m tief) mit Brunnenhäuschen ▪ Aussichtsturm.

Zwernitz und Sanspareil Neben der Burg Zwernitz (12. Jh.), seit 1290 burggräflich, entstand 1744–1746 zwischen Buchen und Felsen für die Markgräfin Wilhelmine von Bayreuth der romantische Naturpark Sanspareil mit Naturtheater, Grotten und Denkmälern; außerdem achteckiger Speisesaal und Kunstruinen.

Aufseß Schloß Unteraufseß (12. Jh.); wertvolle Sammlungen ▪ Ev. Pfarrkirche, barock (1742) mit Grab des Gründers des Germanischen Museums in Nürnberg, Freiherr Hans von Aufseß († 1872) ▪ Schloß Oberaufseß (17. Jh.).

Greifenstein Schloß der Grafen von Stauffenberg (11. Jh.), von L. Dientzenhofer umgebaut (1690); Ziehbrunnen, 90 m tief; Geweih- und Waffensammlung; 250 Jahre alte Lindenallee.

Königsfeld (10 km W von Hollfeld) Pfarrkirche, frühgotisch, Turm (17. Jh.), barockes Langhaus mit romanischem Tor; Friedhofsbefestigung; St.-Anna-Kapelle (1664) mit barocker Ausstattung.

Scheßlitz Kath. Pfarrkirche, gotisch, Chor und Langhaus (Anf. 15. Jh.), nachgotische Wölbung des Bambergers Bonalino (1623/24), Turm (1571); barocke Ausstattung von Bamberger Meistern ▪ Spitalkirche, Rokoko (1766/67) von J.M. Küchel; Ausstattung M. Mutschele ▪ Schöne Fachwerkhäuser, z.B. früheres Zunfthaus (1662) der Büttner und Bräuer (Haus Nr. 17).

Burg Giech Im 12. Jh. Besitz der Grafen von Andechs, ab 1390 zu Bamberg, 1599–1609 erneuert, ab 19. Jh. Ruine; Bergfried (13. Jh.); Ringmauern (15. Jh.).

Gügel Wallfahrtskapelle und Felsenbasilika auf den Resten einer Burg (14. Jh.), Umbau durch den »Nachgotiker« G. Bonalino (1620).

Sportmöglichkeiten

Hollfeld Freischwimmbad; Hallenbad ▪ Angeln.

Aufseß Freischwimmbad.

Scheßlitz Freischwimmbad ▪ Angeln.

16 Höchstadt/Aisch

Blitzende Wasserspiegel im Weiherland von Aisch und Reicher Ebrach

Schloß Weißenstein, das Meisterwerk Johann Dientzenhofers, mit dem grandiosen Treppenhaus des Wiener Baumeisters Joh. L. von Hildebrandt, steht am Anfang der 3. Höchstadter Wanderung.

Hoch über dem oberbayerischen Ort Brannenburg am Inn steht einer der ältesten und schönsten Bauernhöfe dieser Gegend, der Gugg auf dem Guggenbichl. Vor 300 Jahren gehörte er einem einfachen Maurer, dem Georg Dientzenhofer. Ihm und seiner Frau Barbara wurden fünf Söhne geboren: Georg, Wolfgang, Christoph, Leonhard und Johann. Sie wuchsen in der Bergeinsamkeit auf, wurden Maurer wie der Vater, bis sie alle fünf, einer nach dem andern, den Inn abwärts erst zum Dombau nach Passau, später weiter nach Prag auswanderten. Als weltberühmte Barockbaumeister gingen sie in die Kunstgeschichte ein, als Begründer des deutschen Spätbarocks. Sie lösten die damals in Europa vorherrschenden Italiener ab und schufen zwischen Moldau und Main die herrlichsten Kirchen und Schlösser. – Georg, der älteste, baute die zauberhafte Wallfahrtskirche Kappel bei Waldsassen und die Jesuitenkirche in Bamberg. Sein jüngerer Bruder Wolfgang wurde sein Nachfolger in der Oberpfalz. Die Klosterkirchen Michelfeld und Speinshart und die Wallfahrtskirche Mariahilf in Amberg sind seine Hauptwerke. Christoph blieb zeit seines Lebens der »böhmische Dientzenhofer« und verwirklichte dort seine großen Ideen vom Barock. Die beiden jüngsten Brüder wurden »die fränkischen Dientzenhofer«. Leonhard leitete als fürstbischöflicher Hofbaumeister den Neubau der Residenz auf dem Domberg in Bamberg und war Schöpfer der mächtigen Benediktinerklosteranlagen von Banz am Main und Michaelsberg bei Bamberg. Johann, der andere »Fränkische«, war der Bedeutendste der fünf Baumeisterbrüder. Neben dem Fuldaer Dom und der Banzer Klosterkirche muß vor allem Schloß Pommersfelden genannt werden, das am Anfang und Ende der dritten Höchstadter Wanderung steht. Im Tal der Reichen Ebrach zeugt es in seiner barocken Großartigkeit vom Genie fünf ehemals armer oberbayerischer Bauernjungen.

1. Spaziergang zwischen Karpfenteichen und Reiherkolonien

Gremsdorf (3 km SÖ von Höchstadt) – Poppenwind – Biengarten – Gremsdorf / 3 ½–4 Std. / flach, waldreich, Halbschatten

Nur wenige Kilometer südlich Höchstadt an der Aisch liegt die Biengartener Weiherplatte mit dem Vogelschutzgebiet Mohrhof. Elegante Graureiher stolzieren hier in den Sumpfbecken der Karpfenteiche herum. Von Gremsdorf im Aischtal gibt es viele Wege durch dieses hochinteressante Gebiet. Man läuft dort zum Schloß Neuhaus am Anger- und Torweiher und von Hesselberg zwischen den Steigseen nach Buch. Oder man unternimmt die hier beschriebene, etwas westlichere Runde; da ist dann auch ein Waldteil dazwischen eingelagert. – Diese beginnt von der Gremsdorfer Ortsmitte in der Nähe des Kruzifixes unter der Trauerweide (P.). Es geht über die Bahn, danach rechts ab und südwestlich auf schmaler Teerstraße in den Bürgerwald. Immer wieder öffnen sich bezaubernde Durchblicke zwischen schlanken Kiefern und blitzenden Wasserspiegeln in eine Moorlandschaft mit Rohrkolben, Sumpfgräsern und Heidekraut.– Über den Pfaffenberg erreichen Sie Poppenwind und auf dem Fahrweg Mohrhof. Von Biengarten wandert man nordwärts zu den Heidengräbern am Schwarzweiherbuckel und von den Stock- und Feldweihern wieder nach Gremsdorf.

2. Im Birkacher Forst

Schirnsdorf (5 km N von Höchstadt) – Nackendorf – Dornberg – Schirnsdorf / 3 ½–4 Std. / hügelige Wald- und Höhenwanderung mit viel Schatten

Einen Trimm-dich-Pfad und eine weite Aischtalsicht, dazu reine Luft im einsamen Wald- und Weiherrevier, das beschert Ihnen diese Tour, und noch dazu völlig kostenlos. Von Schirnsdorf aus erreichen Sie das alles (parken im Ort bei den zwei Linden vorm Gasthaus Scharr) auf der Teerstraße, später auf der Traktorenrennstrecke nach Süden, unter der Autobahn durch, geradeaus weiter im Birkachforst zum Trimm-dich-Parcours und Brotzeitplatz auf dem Dornberg (325 m). Hier nimmt man den Aischhöhenweg ostwärts, läuft ½ Stunde später links ab in den oberen Weingartsgraben und befindet sich 20 Minuten darauf in Nackendorf. An der Kirche wird die Straße gequert und kurz darauf auch die Autobahn. Da wandert man etwa 500 Meter nach der Brücke im rechten Winkel links über den Schneeberg Richtung Schirnsdorf ins Tal der Reichen Ebrach hinunter. Und weil man übers weite Talbecken bis nach Pommersfelden sieht, plant man gleich die nächste Tour.

3. Schloß Weißenstein, Grethelmark und die Saltendorfer Weiher

Pommersfelden (6 km N von Höchstadt) – Grethelmark – Saltendorf – Pommersfelden / 4 ½–5 Std. / flache, schattige Waldwanderung

Selbstverständlich kann man diese Wanderung auch kürzer machen, denn 5 Stunden reine Gehzeit ist allerhand. Aber da muß man im Süden die schönen Wege am Rande leuchtender Seespiegel abschneiden. Das wäre doch schade, denn die Tour würde manchen Reiz verlieren. Und zum Wirtshaus am Saltendorfer See käme man auch nicht. Aber gehen wir's an: Von der Schloßgaststätte des Schlosses Weißenstein in Pommersfelden (P.) ostwärts durch den Schloßhof, am Ende der Schloßmauer links auf der Teerstraße nach Norden und am Friedhof rechts auf der Hauptstraße, am Sportplatz vorbei. Da sehen Sie links eine Waldspitze, die Sie auf schmaler Flurbereinigungsstraße ansteuern, wandern nun immer am Zaun entlang zum Hopfenweiher und unter der Bundesstraße 505 (bei der folgenden Gabelung links bleiben) mitten in die Grethelmark hinein, bis Sie (nach etwa ¾ Std. ab Unterführung) die Limbacher Weiher aufblitzen sehen. Da wendet man sich west- und südwestwärts in 1 ½ Stunden hinüber zu den Saltendorfer Weihern und nach Bösenbechhofen, von wo man in Nordrichtung wieder nach Pommersfelden kommt, das man jenseits der Bundesstraße 505 schon vor sich liegen sieht.

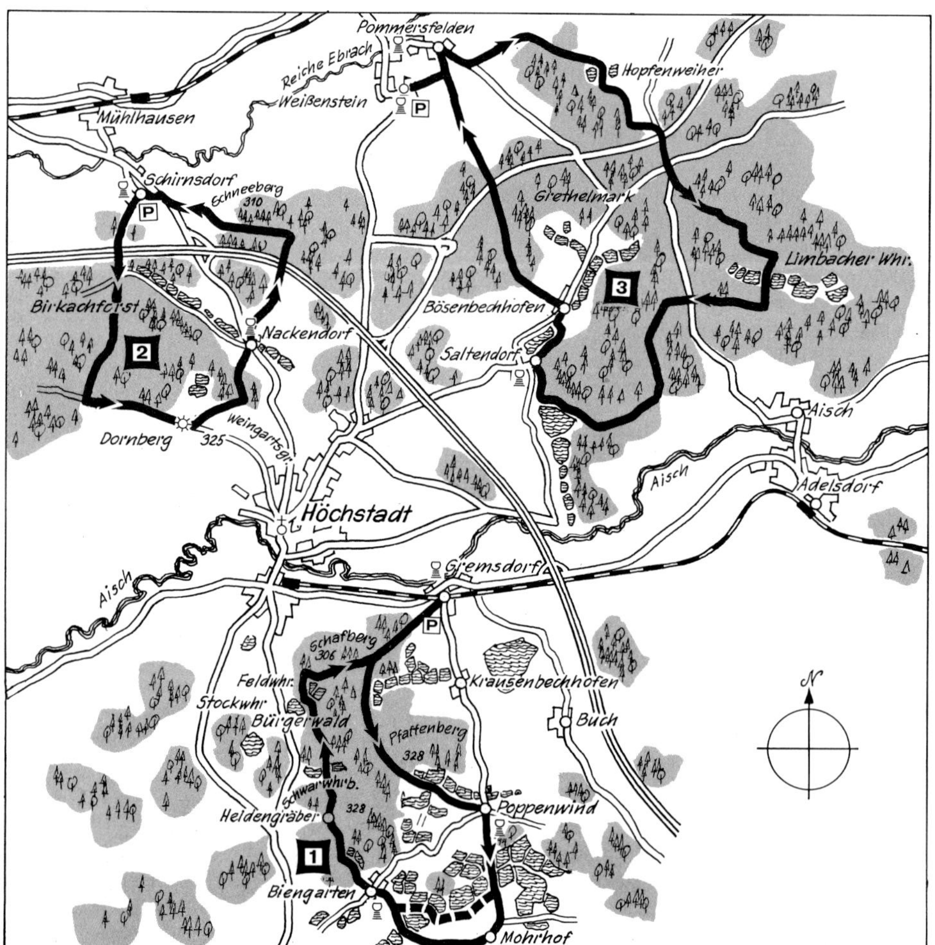

Die Melancholie der Weiher im Land an der Aisch hat auch im Winter ihre besonderen Reize und lädt zum Wandern ein. ▷

4. Kleine Tour um Schlüsselau

Schlüsselau (13 km NÖ Höchstadt) – (Schnaid) – Jungenhöfen – Schlüsselau / 1 ½, evtl. 3 Std. / wald- und schattenreich, flach

Auf dem idyllischen Vorplatz des Klosters Schlüsselau (P.) an der Reichen Ebrach wird diesmal gestartet. Unter der

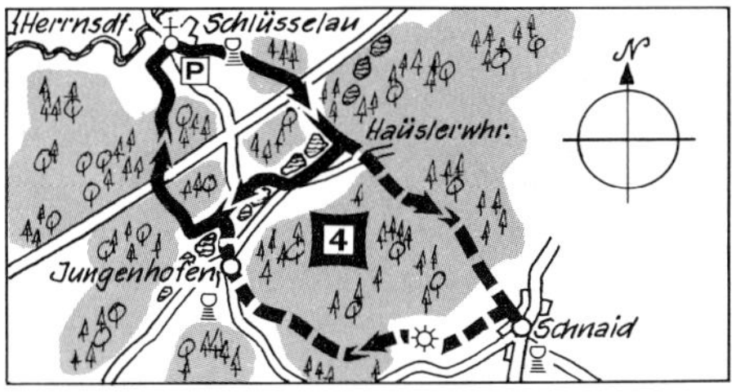

Dorflinde beim Gasthaus Bittel läuft man auf der Straße nach Süden, hinter der Forstdienststelle links und nach 100 Metern vor dem Trafohaus rechts zum Waldrand. Dort halbrechts auf dem Fahrweg durch Wald und unter der Bundesstraße 505 durch. Spätestens beim Häuslerweiher müssen Sie entscheiden, ob Sie noch 1 ½ Stunden weitertrainieren wollen, indem Sie zum Wirt in Schnaid und zur Aussicht nebendran marschieren, oder ob Sie an den Weihern entlang Richtung Jungenhöfen laufen (hier gäbe es auch ein Wirtshaus, ein bäuerliches) und dann hinter der B 505 durch den Leimenhardt. Das Gasthaus Bittel in Schlüsselau ist da als Abschluß auch nicht zu verachten!

Sehenswert

Höchstadt a. d. Aisch Spätgotische Pfarrkirche; Holzplastik des hl. Georg; gotische Madonna; Tonölberg (1540) ▪ Ehem. Schloß (15.–18. Jh.) ▪ Befestigungsanlagen (13. Jh.) ▪ Heimatmuseum mit kunsthandwerklichen Sammlungen.

Pommersfelden Schloß Weißenstein, Sommerresidenz des Mainzer Kurfürsten und Bamberger Fürstbischofs Lothar Franz von Schönborn; Baumeister: J. Dientzenhofer (1711–1718), Pläne des Marstalls vom Mainzer Baudirektor M. v. Welsch, Pläne des Treppenhauses vom Wiener J. L. v. Hildebrand, Ausführung und Gesamtleitung J. Dientzenhofer; symmetrisch gestaltete, dreiflügelige Anlage mit reichgegliedertem Mittelbau; das prunkvolle Treppenhaus reicht durch alle Stockwerke, Deckengemälde des Schweizers J. R. Byss in perspektivischer Scheinarchitektur; zweigeschossiger Marmorsaal, Deckenfresko von J. F. M. Rottmayr; Große Galerie; Blumenzimmer mit feiner Stuckdecke; Spiegelkabinett mit kostbaren Vertäfelungen; Muschelgrotte mit Gartensälen ▪ Marstall (1716–1718), äußerlich einer Orangerie ähnelnd, ovaler Saal mit illusionistischen Fresken G. F. Marchinis ▪ Park (1715) nach Plänen von Welsch, 1786 zum Naturpark im englischen Stil umgestaltet ▪ Im Dorf: Reste der Wasserburg der 1710 ausgestorbenen Truchsesse von Pommersfelden; deren Grabmäler in der ev. Dorfkirche.

Limbach (2 km S von Pommersfelden) Dorfkirche mit Flügelaltar des H. Sueß von Kulmbach (um 1200).

Schlüsselau Ehem. Zisterzienserinnenkloster ▪ Klosterkirche, seit 1603 Pfarrkirche (1. Hälfte 14. Jh.); Fassade mit barockem Portal; Vesperbild, Ton (um 1420); Tafel der Heiligen Sippe (um 1510). Hochaltar mit Kirchenväterfiguren (1729) ▪ Klostergebäude, Spätrenaissance.

Sportmöglichkeiten

Höchstadt a. d. Aisch Hallenbad ▪ Tennis ▪ Angeln ▪ Reiten.

Veranstaltungen

Pommersfelden Pommersfeldener Konzerte »Collegium musicum« vom 22. Juli bis 13. August.

17 Forchheim

Bergsteigerimpressionen östlich der Regnitz

Gleich jenseits des Stadtrandes von Forchheim gruppieren sich um die freistehende Berginsel der Ehrenbürg im Flußdreieck der Regnitz, der Wiesent und des Ehrenbachs eine ganze Reihe geradezu klassischer Bergwanderungen, deren hervorragendste Eigenschaft ihre weitreichende Aussicht ist. Natürlich reizt vor allem die Felsenkrone der Ehrenbürg mit ihren Kalknadeln, Kletterführen und Schrofenabstürzen den Bergsteiger immer wieder zu einer Überwanderung und bietet auf ihrem Gipfel das beglückende Gefühl, weit und breit keinen schöneren Aussichtsbalkon zu finden. Da liegen sie unten, die Täler von Wiesent und Regnitz. Eng, transparent, sich kerzengerade nach Norden ziehend das eine – weit geöffnet, von vielfältigem Leben erfüllt, mit dem zarten Hauch eines Dunstschleiers sein silbernes Flußband überdeckend, das andere. Wen zöge es da nicht stets aufs neue hinauf, um solch unvergeßliche Tief- und Fernsicht zu genießen? – Aber vergeßt mir die anderen nicht, möchte ich sagen! Die weniger bekannten im Lande, die stillen, bescheideneren Ausgucke, die aber genau so schön, vielleicht noch schöner sind, weil bis zu ihnen der Sonntags- und Saisontrubel noch nicht vorgedrungen ist. Der Steinberg und die Retterner Kanzel, der Lappberg und der Burgstein, Erbesbühl und Katzenstein. Einsam ist dort oben das Wandern, auch wenn in den Tälern viel Betrieb ist, heimelig und preiswert sind drunten die Gastwirtschaften am Abend nach des Tages Wandermüh'. Aber wenn einmal ein klarer Spätherbsttag ist oder wenn der Winter das Land mit seiner Schneedecke nicht zu dick überzogen hat, dann sollten Sie zum Walberla auf der Ehrenbürg hinaufsteigen. Dann werden Sie dort ganz allein sein!

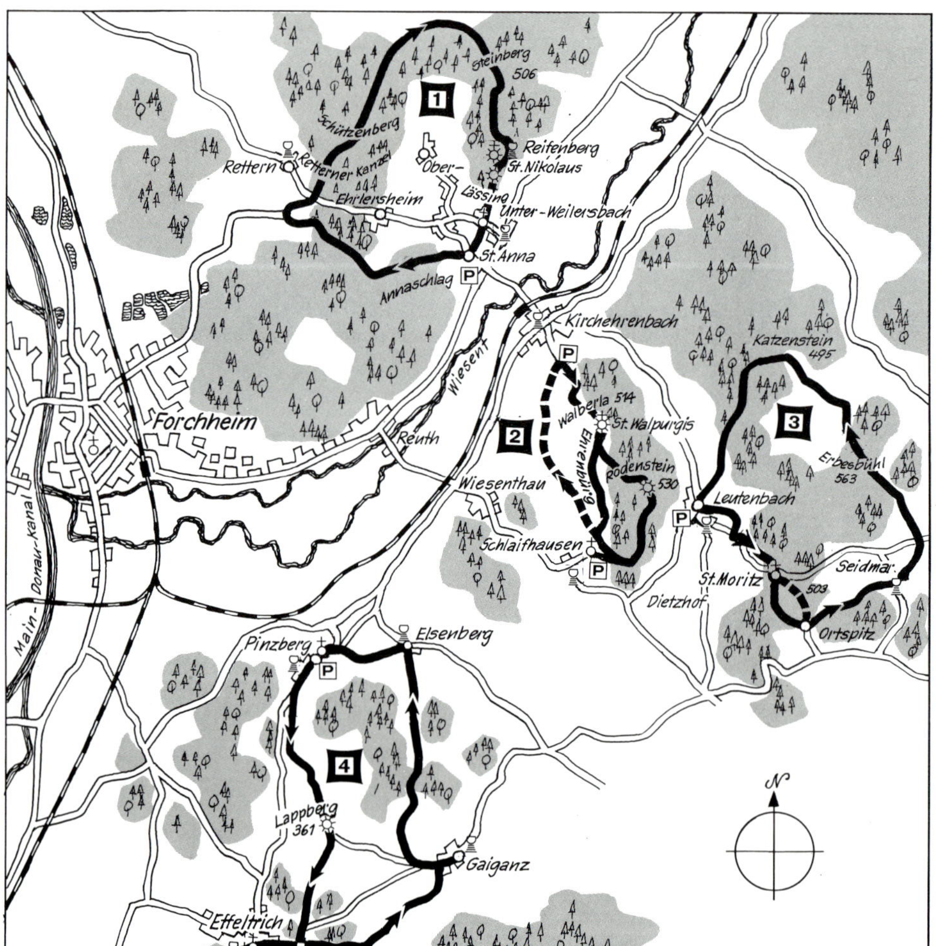

1. Einsame Runde um das Weilersbacher Hochtal

Unterweilersbach an der Wiesent (6 km NÖ von Forchheim) – Retterner Kanzel – Reifenberg – Unterweilersbach / 4–4$^{1}/_{2}$ Std. / wald- und sichtreiche Bergwanderung, viel Schatten

Retterner Kanzel und St. Nikolaus in Reifenberg sind die beiden Eckpfeiler im Westen und Osten des Weilersbacher Tales, das sich vom Wiesenttalboden langsam nach Norden aufstreckt. Ganz unten steht links über dem Taleingang St. Anna von Unterweilersbach auf einem Hügel. Da hinauf sollten Sie fahren und dann beim Trafohaus (P.) hinter der Kirche zu Fuß weitermarschieren: Links in den Annaschlag und nordwestlich wieder hinaus zur Teerstraße, hier rechts auf ihr Richtung Straßenabzweig und weiter aufwärts wenige Schritte zum Wander-

◁ *Kunstvoll gearbeitete Kronen tragen die Effeltricher Bäuerinnen zu ihrer Tracht anläßlich eines Hochzeitszuges.*

Nicht nur Wanderer, sondern auch Bergsteiger und Kletterer erfreuen sich an einer Überschreitung des »Walberla«, wie die Ehrenbürg von den Forchheimern genannt wird.

parkplatz. Jetzt steil bergauf zur Retterner Kanzel (500 m) und in großem, bequemem Waldbogen über Schützenberg und Steinberg zur Vexierkapelle St. Nikolaus oberhalb Reifenberg. Da hat es eine Aussicht! – Über den Lässing gelangen Sie westwärts bergab nach Unterweilersbach und zum Auto auf dem Annahügel.

2. Weite Sicht von der Ehrenbürg

Schlaifhausen oder Kirchehrenbach (7 km Ö von Forchheim) – Ehrenbürg – Schlaifhausen oder Kirchehrenbach / 2–2½ Std., evtl. 3–3½ Std. / sonnige Bergtour mit großer Fernsicht

Das Walberla, wie die Einheimischen die Ehrenbürg fast zärtlich nennen, ist der eigentliche Hausberg der Forchheimer, den die meisten sicher auch schon bestiegen haben. Vielleicht ist dieses Buch der Anlaß für manchen Noch-nicht-Besteiger, eine Überschreitung der Ehrenbürggipfel nachzuholen. Zwei Besteigungsmöglichkeiten gibt es. Die längere führt vom Kirchehrenbacher Parkplatz direkt zum Walpurgis-Kirchlein und auf den Walberlagipfel (514 m), von dem nach Süden über den Rodenstein (530 m) und Schlaifhausen abgestiegen wird. – Der kürzere Aufstieg beginnt am Gasthaus Kroder in Schlaifhausen (P.), führt vor der Kirche rechts aufwärts und von der großen Linde links steil bergauf zur umfassenden Sicht vom Rodenstein über die Höhen der Frankenalb und in die Spielzeugorte an Pegnitz und Wiesent. – Ein wunderbares Wandern leitet zum Sattel abwärts und auf die Anhöhe der St.-Walpurgis-Kapelle. Unter spitzen Felsnadeln quert man vom Sattel den Berghang zwischen Apfelbäumen – mitten hinein ins Gasthaus Kroder.
Bitte beachten: Die Tour sollte nach Möglichkeit nicht an Sonntagen unternommen werden. Am schönsten ist sie zur Zeit der Laubfärbung im Spätherbst, dann finden Sie dort auch kaum noch Wanderer vor.

3. Wandererwallfahrt zu St. Moritz

Leutenbach im Ehrenbachtal (9 km Ö von Forchheim) – St. Moritz – Katzenstein – Leutenbach / 4–4½ Std. / Wald- und Bergwanderung, halb Schatten, halb Sonne

Etwas abseits der belebten Täler von Regnitz und Wiesent liegt der bäuerliche Ort Leutenbach. Er dient als Ausgangspunkt für eine besonders ruhige Wanderung, deren Wegstrecke beim Gasthaus Drummer (P.) am Bach den Westhang hinaufsteigt, sich nach einigen Schritten auf der Teerstraße wieder links über den Kreuzweg aufwärts wendet und 10 Minuten später – auf der Treppe hinunter – die Straße zur winzigen Wegkapelle quert. Hier führt links ein schmaler Zick-Zack-Steig zum Burgstein, rechts eine enge Fahrstraße zum St.-Moritz-Kirchlein. Von Ortspitz am Burgstein läuft man auf der Höhe nach Seidmar weiter und zieht in Nordrichtung zum Erbesbühl und Katzenstein. In gut 1 Stunde kann man nun südwärts wieder unten in Leutenbach sein.

4. Über den Lappberg zur 900jährigen Linde in Effeltrich

Pinzberg (6 km S von Forchheim) – Effeltrich – Gaiganz – Pinzberg / 3½–4 Std. / Höhenwanderung, Sonne und Aussicht

Eigentlich ist der Lappberg (361 m) gar kein Berg im üblichen Sinne, sondern nur ein flacher Höhenrücken zwischen der Regnitz und den Westabhängen der Fränkischen Alb. Aber, obwohl sein Scheitel gerade 100 Meter über dem Regnitzspiegel liegt, stellt er sich als ein bequem zu erreichender Feldherrnhügel dar, von dem man eine weite Sicht ins Mittelfränkische Becken hat. – Das Straßendorf Pinzberg steht am Anfang dieser Tour. Vom alten, romantischen Brunnen und den malerischen Fachwerkhäusern (P.) wandern Sie auf der Effeltricher Straße südwärts, beim Kirchlein links und nun immer geradeaus über den Lappberg ins interessante Effeltrich, dessen Kirchenburg Sie auf der Hauptstraße nach Westen erreichen. – Gegenüber der spitztürmigen Kirchenidylle finden Sie

Weit hinein in die Frankenalb schaut das Walpurgis-Kirchlein von der unbewaldeten Höhe der Ehrenbürg. Am ersten Sonntag im Mai ist sie Mittelpunkt der Bergkirchweih des Walpurgistages.

auch die 900jährige Linde. Der ehrwürdige Baum wurde mit viel Liebe und Sachverständnis ringsum abgestützt, um ihn vor weiterem Verfall zu bewahren. Er ist eines der schönsten, mir bekannten Naturdenkmäler. – Der Rückweg wird nach Osten angetreten. Auf der Bergstraße nimmt man bei der verwitterten Steinsäule den mittleren Fahrweg zum Kiefernwäldchen vor dem Hetzleser Berg, läuft bei fünf großen Eichen halblinks hinüber nach Gaiganz und erreicht durch das Herrenbachtal Elsenberg. Jetzt strikt westwärts nach Pinzberg.

Sehenswert

Forchheim Kath. Pfarrkirche St. Martin, gotisch, im 14. Jh. aus romanischer Kirche umgebaut, von J. J. Vogel aus Bamberg barock stukkiert (1719/20); Hochaltar (1697/98); spätgotische Darstellungen aus der Passionsgeschichte, 8 Tafeln von W. Katzheimer, Bamberg (um 1490) ▪ Marienkapelle aus romanischer Zeit, barock ausgestattet ▪ Rathaus (1491) mit achtkantigem Uhrtürmchen ▪ Die Pfalz, ehem. fürstbischöfliche Residenz, erbaut 1355, erweitert 1604/05; gotische (14. Jh.) und Renaissance-Malereien (16. Jh.); Pfalzmuseum mit vorgeschichtlichen Funden ▪ Katharinenhospital mit Spitalkirche (1611) ▪ Festungsreste mit Nürnberger Tor (1698) und Bastionen ▪ Franziskanerkirche (1693) ▪ Kommandantenhaus (1743–1774) mit Heimatmuseum ▪ Pfründnerhaus (1611) mit Fachwerkgiebel und Renaissanceportal.

Jägersburg (3 km N von Forchheim) Jagdschloß des Fürstbischofs Lothar Franz von Schönborn (1720), Baumeister A. F. Ritter zu Grünstein; Stukkaturen von J. J. Vogel (1722).

Reifenberg Nikolaus-Kapelle (Vexierkapelle), auf den Resten einer Burg der Herren von Reifenberg; starker Turm und kraftvolle Helmkuppel (Anf. 17. Jh.).

Wiesenthau am Fuße der Ehrenbürg Schloß (14. Jh.), nach dem Bauernkrieg (1525) neu aufgebaut (1561–1566); Pförtnerhaus (1786) ▪ Pfarrkirche, ehem. Schloßkapelle; Turm und Westfront spätgotisch; Langhaus neugotisch (1846).

Ehrenbürg (514 m/530 m) Volkstümlich »Walpurgisberg« oder nach der Kapelle (17. Jh.) auf seinem Gipfel »Walberla« genannt; Mittelpunkt der Bergkirchweih (Wallfahrt) am Walpurgistag (1. Sonntag im Mai), ältestes deutsches Frühlingsfest ▪ Keltische Ringwallanlage aus der Bronzezeit.

Effeltrich Alte Wehrkirche (15. Jh.) mit spätgotischer Madonna (15. Jh.) ▪ Schöne Fachwerkhäuser ▪ Riesige, 900jährige Linde.

Sportmöglichkeiten

Forchheim Beheiztes Freischwimmbad; Hallenbad ▪ Tennis ▪ Minigolf ▪ Rudern.

Veranstaltungen

Forchheim Annafest, Volksfest mit Festzug, zur Erinnerung an die von der St.-Anna-Kapelle in Unterweilersbach zurückkehrenden Wallfahrer, Ende Juli.

18 Ebermannstadt
Jurahöhen und Kraxelgärten

In unvorstellbar langen Zeiträumen, Jahrtausend für Jahrtausend, sickerten die Wasser der Fränkischen Schweiz durch die porösen Kalkablagerungen des ehemaligen Jurameeres. Schmale Rinnsale schufen Schluchten und Gänge, Stollen und gewaltige unterirdische Höhlen. In diese tropften die Regenwasser und führten von der Oberfläche winzige Partikel gelösten Kalks mit sich, aus denen sie in wiederum jahrtausendelanger Arbeit von der Decke hängende Stalaktiten und vom Boden aufragende Stalagmiten formten, die teilweise zu buntschillernden Säulen zusammenwuchsen. Es bildeten sich phantastische Grottenräume, in denen man wie verzaubert durch eine feenhafte Märchenlandschaft wandeln kann. – In der Frankenalb soll es 680 größere und kleinere dieser Höhlen geben, in der Fränkischen Schweiz wurden bis jetzt 370 entdeckt. Drei der bekanntesten von ihnen befinden sich nur wenige Kilometer östlich von Ebermannstadt, dem Westtor der Fränkischen Schweiz. Es sind dies die Teufelshöhle in der Nähe von Pottenstein (Tour 19/2), die Sophienhöhle hoch über dem Ailsbachtal bei Burg Rabenstein (Tour 19/3) und die schönste von allen, die Binghöhle oberhalb Streitberg. Blendend weiß erstrahlt der geschichtete Kalk des »Kerzensaales« und der »Venusgrotte«, glockenhell erklingen in der »Nixengrotte« beim Anschlagen die Säulen, die sich im Kristallwasser der Sinterbecken spiegeln.

1. Vom Schnepfenstein nach Dürrbrunn

Unterleinleiter im Leinleitertal (3 km N von Ebermannstadt) – Schnepfenstein – Dürrbrunn – Unterleinleiter / 4–4½ Std. / Bergwanderung, Wald, Aussicht, Schatten

Aus dem tiefen Taleinschnitt der Leinleiter steigt man während dieser Wanderung hinauf zu den einsamen Höhen des Schnepfensteins und Müllersberges, zu Schleefußknock und Schneeberg. Da gibt es unterwegs wenig Menschen, aber viele Tiere des Waldes, vor allem aber keinen Lärm. Geräuschlos taumeln Schmetterlinge von Blüte zu Blüte und nur das Tii-Witt der Kohl- und Blaumeisen im Frühling und das Surren der Insekten an warmen Sommertagen bringen einigen Geräuschkontrast in die Stille. – In Unterleinleiter steht der Gasthof Leinleitertal (P.). Rechts daneben zieht man nach Westen geradeaus bergauf und 20 Minuten später oben am Waldrand links zum Schnepfenstein (464 m). Auf dem Talrand wandern Sie weiter zu den Wegabzweigungen der Roten Marter am Müllersberg. Hier geht's im rechten Winkel nach Nordwesten kerzengerade über den Botzenberg in 1 Stunde zum Wegkreuz auf dem Schneeberg und nun rechts langsam hinunter nach Dürrbrunn zur verdienten Vesper. – Auf der Höhe des Dürrbachtals marschiert man dann ostwärts zur »Wacht« vor und steigt nach Unterleinleiter ab.

2. Binghöhle und Streitburg

Streitberg an der Wiesent (4 km NÖ von Ebermannstadt) – Binghöhle – Oberfellendorf – Streitberg / 2½–3 Std. / Bergtour, teils Schatten, viel Fernsicht

Größere Gegensätzlichkeit kann es beim Wandern nicht mehr geben: Vom Eingang zur Binghöhle aus klettert man ins Innere eines Berges hinab, um seine Naturwunder zu erleben, dann steigt man zur Streitburg hinauf, um die weite Sicht über das wildromantische Tal zu erschauen. Zunächst einmal werden Sie von der »Höhlenklause« hinterm Gasthaus Schwarzer in Streitberg (P.) auf Treppenstufen zur Binghöhle steigen. Dort macht man, das Schauertal querend, einen Bogen zur Teerstraße nach Osten, auf ihr etwas abwärts, dann gleich links bergauf zur Streitburg. Weiter geht's in Nordrichtung durch Wald aufwärts nach Oberfellendorf. – Den »Guckhüll« (499 m, Aussicht!) erreichen Sie vom östlichen Ortsrand, queren das Lange Tal

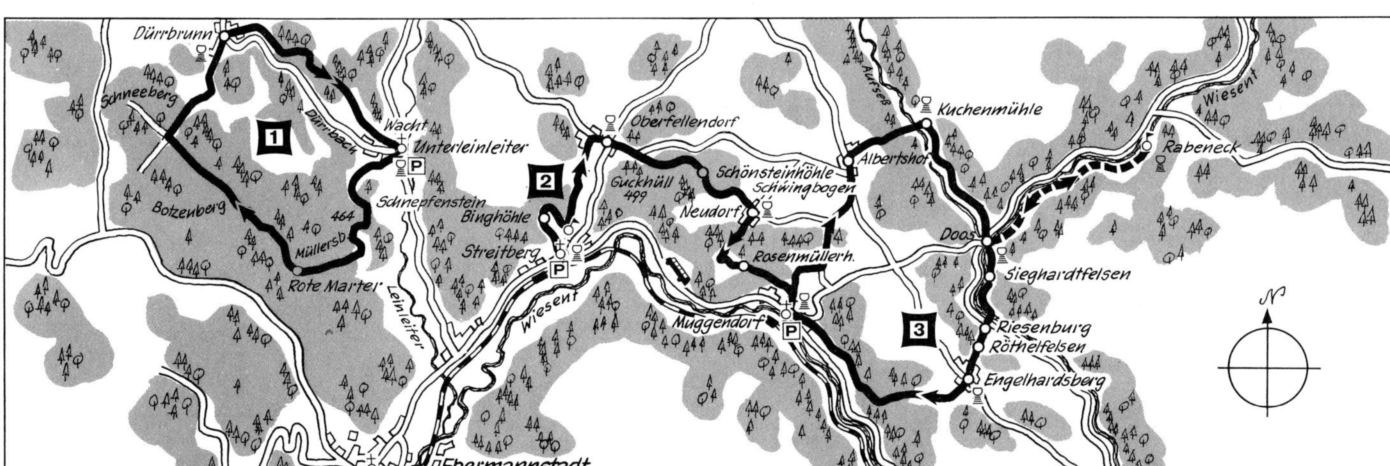

und marschieren um den »Schwingbogen« zum Gasthaus in Neudorf. Nun nähert man sich südwärts wieder dem Talrand, nimmt 10 Minuten später den Höhenweg an der Rosenmüllerhöhle vorbei nach Osten. – Zum Schluß läuft man den Schmiedsberg abwärts und besteigt in Muggendorf den Bus Richtung Streitberg.
Bitte beachten: Vor Wanderbeginn sollten Sie den Busfahrplan erfragen!

3. Ins Aufseßtal und durchs Wiesenttal aufwärts

Muggendorf an der Wiesent (8 km Ö von Ebermannstadt) – Aufseßtal – Schloß Rabeneck – Muggendorf / 4–4½ Std., evtl. bis 6 Std. / Berg-, Tal- und Höhenwanderung, Halbschatten und Aussicht

Von Doos bis Draisendorf führt einer der schönsten Talwanderwege der Fränkischen Schweiz am leise plätschernden Aufseßbach entlang, ohne Lärmbegleitung von Straße und Eisenbahn. Ein Stück dieses verlassenen Tales berührt Ihre heutige Rundwanderung. – In Muggendorf klettert vom Oberen Markt (P.), vor dem schönen schwarz-weißen Fachwerkhaus links, die jahrhundertealte Lindenallee steil auf den Schmiedsberg. Oben geht's rechts zur Fahrstraße, gleich links Richtung Albertshof und ostwärts bergab zur Kuchenmühle an der Aufseß. Nach Doos schlendern Sie in einer guten ½ Stunde und werden dort überlegen, ob Sie nicht vielleicht doch den Abstecher durch das Wiesenttal (hier auch Rabenecker Tal genannt) zu der auf steilem Fels stehenden Burg Rabeneck unternehmen (hin und zurück 2 Std.). – Die Runde nach Muggendorf schließt sich, indem Sie von der Aufseßmündung über den Steg und unter dem Sieghardtsfelsentor flußabwärts wandern und nach 20 Minuten, am Hang vorbei an der »Riesenburg« und den Röthelfelsen, die Hochebene bei Engelhardsberg erreichen. Der Heinrich-Uhl-Weg leitet Sie übers Quackenschloß durch den Zwecksgrund auf halber Höhe zurück.

Umgeben von Jurafelsen und Laubwäldern liegt der Erholungsort Muggendorf im grünen Wiesenttal.

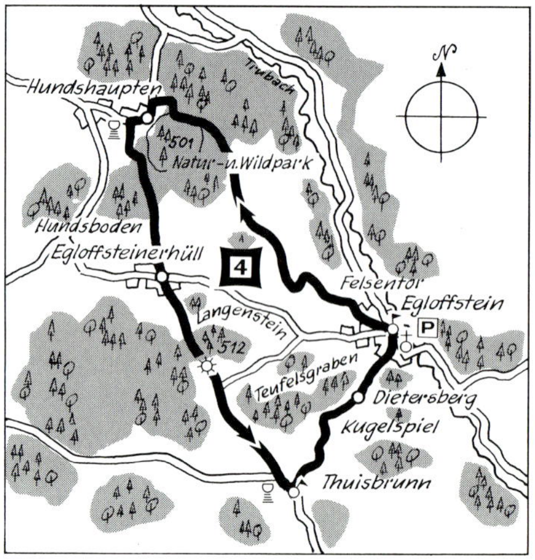

4. Zum Natur- und Wildpark Hundshaupten

Egloffstein im Trubachtal (13 km S von Ebermannstadt) – Thuisbrunn – Hundshaupten – Egloffstein / 4–4½ Std. / waldreiche Höhenwanderung, halb Sonne, halb Schatten, viel Sicht

Unter dem Felsgarten des Teufelsturms und Breitensteins haben die Herren von Egloffstein einen schönen Wildpark angelegt. Dahin führt die nächste Wanderung, an der vor allem Kinder ihre Freude haben werden. – Unmittelbar vorm Gasthof Post im unteren Teil von Egloffstein, im waldreichen Trubachtal, befindet sich ein Parkplatz. Von dem laufen Sie auf der Teerstraße über den Bach südwärts und schnaufen beim renovierten Fachwerkanwesen rechts auf schmalem Pfad mit Sicht zum steil aus dem Laubwald schauenden Schloß Egloffstein nach Dietersberg und übers Kugelspiel zur Ruine Thuisbrunn, die auf einem Felsblock hoch über das Dorf ragt. Bei der Bäckerei Schütz geht es rechts auf dem Sträßchen zur Höhe und hier wiederum rechts in den Teufelsgraben oberhalb der Forellenzucht Arlesbrunnen (dort sollten Sie die Räucherforellen probieren!), dann am Langenstein vorbei und immer weiter nordwärts durch Egloffsteinerhüll zum Hundshauptener Wild- und Naturpark. – Nach Besichtigung der Tiergehege und Rundgang durch den Landschaftspark marschiert man beim Großparkplatz unterhalb des Eingangs auf der Forststraße – am »Felsentor« vorbei – wieder südostwärts hinüber nach Egloffstein, auf schattigem Weg, fast immer im Wald.
Bitte beachten: Wer die Stille liebt, dem sei vom Besuch des Parks an Wochenenden in der Hochsaison abgeraten!

Sehenswert

Ebermannstadt Marienkirche, barock mit spätgotischem Chor; Strahlenmadonna von F. Theiler (Ende 18. Jh.) ▪ Schöner Marktplatz mit Marienbrunnen ▪ Wasserrad an der Wiesent (1606) ▪ Heimatmuseum ▪ Jugendburg Feuerstein (3 km oberhalb Ebermannstadt).

Unterleinleiter Gotische Kirchenburg auf steiler Kalkklippe; schöner Schloßpark.

Streitberg Streitburg, urkundlich bezeugt 1124, seit 1811 Ruine; äußeres Tor mit markgräflichem Wappen ▪ Neideck, urkundlich 1303, Zerstörung im Markgrafenkrieg 1553; Hauptburg mit 2 Vorburgen- und Bergfried ▪ Pfarrkirche im »Markgrafenstil« (1752 bis 1757) ▪ Binghöhle, Schauhöhle, weißer, geschichteter Kalk, 1905 entdeckt, 400 m lang, bis 60 m unter der Erdoberfläche, Sommer und Winter gleichbleibend +12°, elektrisch beleuchtet, Führungen März–Oktober; historische Pilgerstube; Höhlenklause.

Trainmeusel (3 km S von Streitberg) Altgermanisches Heiligtum, Brunnen mit 7 Linden.

Muggendorf Pfarrkirche St. Laurentius, gotisch, erweitert Ende 18. Jh.; schöne Kanzelschnitzarbeit (1785).

Rabeneck Spätmittelalterliche Vor- und Hauptburg, quadratischer Torturm, 3geschossiger Wohnbau; Burgkapelle St. Bartholomäus (Anf. 15. Jh.); Altar (1717) und Kanzel (1734) 4geschossiges »Schütthaus«.

Egloffstein Schloß (17. Jh.), 100 m über dem Trubachtal, 1181 urkundlich erwähnt; Schloßkapelle, jetzt Dorfkirche mit interessanten Epitaphien ▪ Naturdenkmal »Felsentor«

Dietersberg Schachthöhle und Ruine einer (von Karl dem Großen angelegten?) »Slawenkirche« ▪ Klettergarten Augustusfelsen.

Hundshaupten Natur- und Wildpark mit Renaissanceschlößchen.

Sportmöglichkeiten

Ebermannstadt Beheiztes Schwimmbad am Weichselgarten; Hallenbad ▪ Paddeln ▪ Angeln ▪ Tennis ▪ Segelflug ▪ Trimm-dich-Pfad.

Streitberg Freischwimmbad, Kneipp-Anlage ▪ Rudern, Paddeln (Bootsverleih) ▪ Minigolf ▪ Vita-Parcours ▪ Waldwanderpfad.

Muggendorf Schwimmbad, Kneipp-Anlage ▪ Angeln ▪ Rudern (Bootsverleih) ▪ Minigolf ▪ Trimm-dich-Pfad ▪ Skilift.

Egloffstein Beheiztes Freischwimmbad, Kneipp-Anlage ▪ Minigolf ▪ Boccia ▪ Reiten.

Eine der romantischsten Mühlen der Fränkischen Schweiz, die Heroldsmühle im Leinleitertal.

19 Gößweinstein
Im Herzen der Fränkischen Schweiz

Wie eine Apotheose des Barock steht die Wallfahrtskirche zur Heiligen Dreifaltigkeit über der Wiesenttalschlucht auf der Gößweinsteiner Hochterrasse. Sie ist das Werk eines der ganz großen aller Barockbaumeister, des Egerländers Balthasar Neumann. Als Hofarchitekt der Schönborn schuf er zwischen Spessart und Frankenalb Glanzpunkte profaner und kirchlicher Baukunst. Von der Schönbornkapelle im Würzburger Dom über die in der Säkularisation zerstörte Abteikirche Münsterschwarzach und die Würzburger Hofkirche weist sein künstlerischer Werdegang über Gößweinstein hinaus auf sein allumfassendes Meisterwerk Vierzehnheiligen. – Nur sechs Jahre, von 1730 bis 1736 brauchte Neumann, um den Gößweinsteiner Bau zu vollenden, ein genialer Wurf von seltener Harmonie. Eindrucksvoll steigt die wundervolle Sandsteinfassade über den kleinen Häusern der Stadt auf, kraftvoll und doch elegant die Türme mit ihren Hauben und Laternen, überwältigend der Innenraum. So mancher Wanderer wird sicher auch die drei Gößweinsteiner Wandervorschläge, die nicht vom Ort selbst ausgehen, am Tagesende mit einem Gang zur Wallfahrtskirche beschließen.

1. Zwei Wanderschleifen um Gößweinstein

Gößweinstein an der Wiesent – Burggaillenreuth bzw. Sachsendorf – Gößweinstein / je 4–4½ Std. / wald- und aussichtsreiche Höhenwanderung im Halbschatten

Um die Schönheiten der unmittelbaren Gößweinsteiner Umgebung kennenzulernen, bedarf es einer ganzen Reihe von Wanderungen zwischen Druidenhain und Weisenstein bei Birkenreuth und den Schlössern von Kühlenfels und Leienfels. Einen großen Teil davon können Sie sich erwandern, wenn Sie die beiden hier vorgeschlagenen Touren unternehmen.

a) Nach Westen führt ein stiller Wanderweg von der Klosterkirche am Markt (P.) auf der Petzoldstraße, bei der Kapelle rechts, zu einem neu gebauten weißen Haus, an dem man nördlich vorbei in den Wiesengrund Richtung Leutzdorf marschiert und knapp 2 Stunden später Burggaillenreuth erreicht. – Im zweiten Wanderdrittel hält man sich 1¼ Stunden lang stets südwärts, am Vogelherd (482 m) vorüber, zum Almersberg, von dem über den Krummen Stein Etzdorf erreicht wird. Nun ist es noch ½ Stunde zur Nürnberger Kapelle und nach Gößweinstein.

b) Ostwärts wandert man abwechslungsreich durch die Burgstraße, am Verkehrsverein vorbei, rechts auf die Wagner-Höhe (Aussicht!) und im Bogen abwärts zur Behringersmühler Straße. Nun, beim Kirchlein unter der großen Linde links, am Höhenbad vorüber zur Aussichtskanzel Sieghardtfelsen und im Bogen zum Wegkreuz. Dort scharf ostwärts und 10 Minuten später rechts nach Hühnerloh und Sachsendorf. – Von hier kann man südlich Geiselhöhe auf dem »Grasigen Weg« nach Stadelhofen laufen und über Bärenstein und Ludwigshöhe unterm Gerner Fels Gößweinstein erreichen. Oder man nimmt von Sachsendorf den Weg über die Aussichtsbastion Breitenstein (498 m), das ist ein wenig kürzer.

2. Erst zur Teufelshöhle – dann durchs Püttlachtal

Pottenstein im Püttlachtal (8 km Ö von Gößweinstein) – Teufelshöhle – Schloß Hollenberg – Pottenstein / 4–4½ Std. / Tal- und Höhenwanderung, viel Schatten

Einem Fanal gleich steht die Pottensteiner Burg über dem Zusammenfluß von Weihersbach und Püttlach. An dem einen Wasser läuft man aufwärts, an dem anderen kommt man wieder zurück. – Unter wilden Felsabstürzen fängt die Sache an: beim Pottensteiner Rathaus (P.) auf der Nürnberger Straße nach Süden zum Cafe Mager, hier halbrechts auf schmaler Teerstraße am Bachufer, dann den Fußweg zum Stausee und zur Teufelshöhle. – Nach der Besichtigung bleibt man südwärts auf dem Fußweg bis zur Brücke vor der Schüttersmühle, quert die

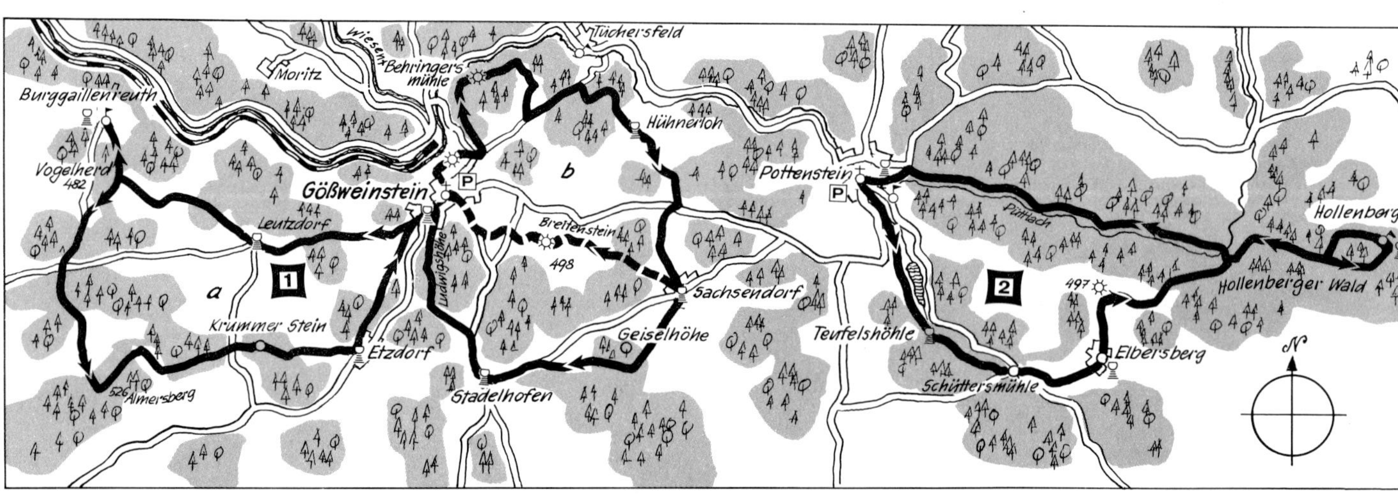

Duftendes Bauernbrot backen bei Pottenstein die Bäuerinnen noch heute in ihren hauseigenen Backöfen.

Bundesstraße 470 und »arbeitet« sich gegenüber von den zwei markanten Fichten auf dem winzigen Steig aufwärts nach Elbersberg und zum Heiligen Steg abwärts ins Püttlachtal. – Nun können Sie den wunderbaren Gang im Herbstgrund zur Ruine Schlossberg bei Hollenberg (hin und zurück zusätzlich 2 Std.) machen oder gleich durchs unberührte Püttlachtal zurücklaufen.

3. Sophienhöhle und Burg Rabenstein

Waischenfeld an der Wiesent (12 km N von Gößweinstein) – Hannberg – Schloß Rabenstein – Waischenfeld / 3½–4 Std. / sonnige Bergwanderung mit großer Aussicht

Eigentlich hat diese Wanderung drei Höhepunkte, denn zu den zwei genannten Attraktionen kommt als dritte die grandiose und unerwartete Tiefsicht in den Felscañon des Rabensteiner Tales. – Gleich zwei Erinnerungsstätten stehen am Marktplatz von Waischenfeld (P.) nebeneinander: das historische Gasthaus zum Roten Roß weist auf den Besuch E. M. Arndts im Jahre 1798 hin, das Haus der Bäckerei Heckel hat noch eine schwedische Kanonenkugel von 1632 in der Hauswand stecken. – Dort laufen Sie nach Osten über die Brücke, rechts zur »Vorstadt«, beim Christophorusdenkmal unter einer nicht zu übersehenden Kastanie und Linde links aufwärts zum

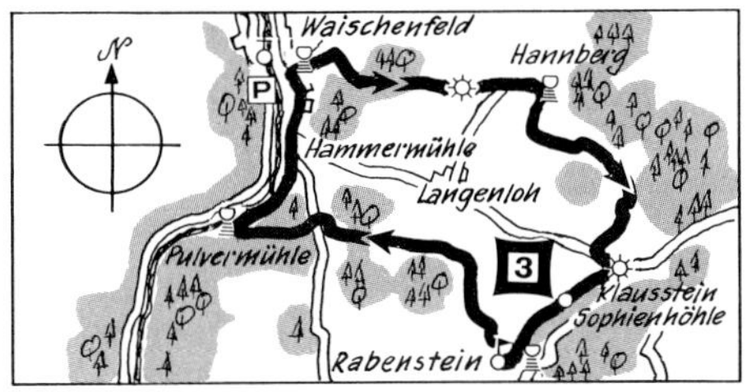

Buchberg und nach Hannberg. Am kiefernbewachsenen Schweinsberg nördlich vorbei, erreicht man, vom uralten, steinernen Feldkreuz etwas talwärts, den prachtvollen Brotzeitplatz hoch über dem engen Felszirkus des Rabensteiner Tals. Ein etwas exponierter Hangpfad weist zur Sophienhöhle und Klaussteinkapelle vor der Burg Rabenstein. – Zum Wirtshaus Pulvermühle an der Wiesent kommt man dann westwärts in einer guten Stunde und wandert am Bach zur Hammermühle und vor das Gasthaus zum Roten Roß – und vielleicht auch hinein.

4. Bei den Ruinen Wildenfels und Strahlenfels

Betzenstein (14 km S von Gößweinstein) – Wildenfels – Strahlenfels – Betzenstein / 4½–5 Std. / hügelige, schattige Waldwanderung

Das kleine Städtchen Betzenstein liegt malerisch in großartiger Dolomitfelslandschaft und bietet stillen Genießern eine ebenso stille Wanderung. Diese beginnt neben der Kirche vorm Gasthaus Post (P.) und führt nordostwärts aus den Stadtmauern hinaus; durch die Schloßstraße und das Hintere Tor, erst im Tal, dann auf den ehemaligen Windmühlenhügel (heute einzelnes Haus) und dahinter im Buchenwald links. Jenseits der Leupoldsteiner Straße im stumpfen Winkel rechts über Wiesen in den Wald nach Stierberg und am Langen Berg vorbei zwischen Stühberg und Teufelswinkel nach Wildenfels, dessen Bergfried weithin sichtbar aus dem Laubwalddach ragt. – Da haben Sie die Hälfte der Tour hinter sich und noch einen schönen Teil und

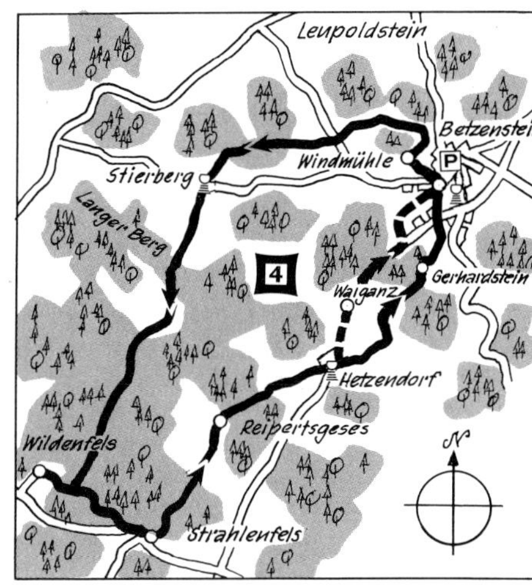

zwei Wirtschaften vor sich. – Steil steht die Ruine Strahlenfels auf ihrem Kalksockel über dem alten Fachwerkdorf, wenn Sie den kleinen Ort in Nordrichtung verlassen: Reipertsgeses und Hetzendorf sind die nächsten Stationen. Zum Schluß nimmt man die Straße oder man pirscht – weglos und mit Gespür, buckelauf, buckelab – durch den landschaftlich schönen Teufelsgrund zur versteckten Waldgaststätte unter dem Gerhardstein.

Das Wahrzeichen von Waischenfeld ist der »Steinerne Beutel«, ein runder Turm, der neben den Resten einer Burg den stimmungsvollen Frankenort überragt.

Eines der Meisterwerke Balthasar Neumanns: die doppeltürmige Basilika der Heiligen Dreifaltigkeit in Gößweinstein mit ihrer glanzvollen Barockfassade.

Sehenswert

Gößweinstein Wallfahrtskirche zur Hl. Dreifaltigkeit, doppeltürmige Basilika; Baumeister B. Neumann (1730–1739, Weihe), Bauherr Fürstbischof Friedrich Karl von Schönborn; Stuck von F. J. Vogel aus Bamberg; Kanzel und prachtvoller Hochaltar von J. M. Küchel (1737) mit spätgotischem Gnadenbild ▪ Terrasse, Pfarrhof und Mesnerhaus von Küchel ▪ Auf dem Friedhof Spätrenaissancedenkmal (1588) der Eltern des Fürstbischofs Ernst von Mengersdorf; gotische Marien-Kapelle von J. Bonalino (1630) ▪ Franziskanerkloster (1723) ▪ Burg Gößweinstein, gotischer Kern (11. Jh.), 150 m über dem Wiesenttal, im Bauernkrieg zerstört, 1606 wiederhergestellt, 1890 erneuert ▪ Ölberg mit Felsengrotte ▪ Scheffelgasthof mit Scheffelzimmer.

Burggaillenreuth Schlößchen mit Schloßwirtschaft und schöner Lindengruppe; daneben Reste einer mittelalterlichen Burg ▪ Keltische Fliehburg auf dem Schloßberg.

Tüchersfeld Romantisches Felsendorf mit Burgruine.

Pottenstein Burg, 918–939 erbaut, Zufluchtsort der Hl. Elisabeth (1228–1229); interessante Sammlungen und historische Räume ▪ Stadtpfarrkirche St. Bartholomäus; romanische Kreuzgratgewölbe im Turm; spätgotisches Doppelschiffgewölbe ▪ Friedhofskirche St. Kunigund; Rokokoeinrichtung ▪ Heimatmuseum, prähistorische und volkskundliche Sammlungen ▪ Elisabethbrunnen ▪ Teufelshöhle, Massenfunde vorzeitlicher Tierreste, 1922 entdeckt, größte Höhlenpforte der Fränkischen Schweiz.

Waischenfeld Stadtpfarrkirche (1340, 1550 gotischer Chor) ▪ St.-Anna-Kapelle mit spätgotischer »St. Anna selbdritt« (um 1500) ▪ Stadtkapelle, von den Schweden 1633 zerstört, 1699 Wiederaufbau ▪ Schloß mit mittelalterlichen Befestigungsanlagen ▪ »Steinerner Beutel«, ein runder Turm mit Burgresten.

Rabenstein Burg (15. Jh.), Rundtürme (Ende 16. Jh.); Sammlungen von Versteinerungen und Knochenfunden ▪ Klaussteinkapelle, romanisch, spätgotischer Chor; barocker Stuck (1738) ▪ Sophienhöhle, 600 m lang, 80 m tief, berühmte Knochenfunde von Urtieren.

Oberailsfeld Pfarrkirche St. Burkardus, barock (1769–1771).

Kirchahorn Ev. Pfarrkirche (1450) mit gotischem Chor; Wappen und Epitaphien der Ritter von Rabenstein.

Sportmöglichkeiten

Gößweinstein Beheiztes Schwimmbad; Freibad an der Wiesent ▪ Sauna ▪ Minigolf ▪ Angeln ▪ Trimm-dich-Pfad.

Burggaillenreuth Reiten (Reithalle, Reitschule).

Pottenstein Felsenschwimmbad; Ozon-Hallenbad ▪ Rudern auf dem Stausee.

Waischenfeld Beheiztes Freischwimmbad.

Betzenstein Beheiztes Freischwimmbad.

20 Erlangen

Seen und Wälder ums Knoblauchland

In der fast tausendjährigen Geschichte der ehemaligen markgräflichen, kulmbachisch-bayreuthischen Residenzstadt der Hohenzollern waren es zwei Ereignisse innerhalb von nur zwei Jahrzehnten, die das Gesicht Erlangens völlig veränderten und neugestalteten: Die Einwanderung der französischen Hugenotten, die infolge der Aufhebung des Ediktes von Nantes (1885) durch Ludwig XIV. als Protestanten ins Exil gezwungen wurden und nach ihrer Ansiedlung durch Markgraf Christian Ernst in der Erlanger »Neustadt« befruchtend auf das wirtschaftliche Leben der Stadt wirkten und deren gesunder Merkantilismus noch heute in der Betriebsamkeit der im 19. und 20. Jahrhundert gewachsenen Industrie zu spüren ist. Dazu kam im Jahre 1706 der große Brand und der Wiederaufbau der Altstadt am Anfang des 18. Jahrhunderts nach den Plänen Gottfried von Gedelers in barockem Glanz. Hervorragende Dokumente und typische Vertreter des sogenannten Markgrafenstils sind die beiden um das Jahr 1720 erbauten Altstädter und Neustädter Kirchen. – Aber auch außerhalb Erlangens gibt es viel Interessantes. Schöne Spazierwege führen zur idyllischen Holzbrücke in Möhrendorf und zu den Wasserschöpfrädern an der Regnitz. In Marloffstein, Adlitz, Atzelsburg und Rathsberg (Wandervorschlag 1) gibt es alte Schlösser anzuschauen und vom südöstlichen Erlangener Stadtrand durchquert man auf paradiesisch stillen Waldwegen den Sebalder Reichswald in Richtung Kalchreuth (Wandervorschlag 3), das schon Dürer auf zwei berühmten Aquarellen darstellte. Dort gibt es nicht nur eine ehrwürdige spätgotische Pfarrkirche aus dem 15. Jahrhundert, sondern auch ein Wasserschloß mit einer vortrefflichen Gastwirtschaft.

Seit Jahrhunderten arbeiten die Wasserschöpfräder an der Regnitz im gleichmäßigen Rhythmus.

1. Zur Frankenalbsicht bei Marloffstein

Spardorf (5 km Ö von Erlangen) – Marloffstein – Atzelsberg – Spardorf / 3½ bis 4 Std. / Höhenwanderung, Sicht und Sonne

Spardorf ist ein kleiner Ort 5 Kilometer östlich von Erlangen und dient als Ausgangspunkt für eine kaum anstrengende Wanderung auf die Regnitzhöhen oberhalb Bräunigshof. Beim hölzernen Uhrturm des Postamtes (P.) wandern Sie auf der Uttenreuther Straße 10 Minuten nach Osten in ein Wiesental, wenden sich links durch ein Waldstück zur Hauptstraße, steigen jenseits zur Wunderburg in Marloffstein auf und gelangen so zum schon lange sichtbaren, die Anhöhe beherrschenden Wasserturm. Daneben steht eine Brotzeitbank unter der alten Linde, von der aus man in aller Ruhe erst einmal die kaum zu übertreffende Aussicht in die Fränkische Schweiz mit der Ehrenbürg als Mittelpunkt genießen kann, ehe man die Straße westwärts quert, um den Steinbruch nördlich herum- und ins Regnitzbecken Richtung Adlitz bergabläuft. Dort werden Sie sicher in der Gartenwirtschaft Ludwigshöhe einkehren und über den Weiler Schneckenhof mit seiner Weiherkette zum Schloß Atzelsberg marschieren. – Im letzten Drittel der Tour steigen Sie wieder zur Höhe auf und kommen durch das Lehenholz nach Spardorf.

2. Westlich und östlich vom Wimmelbacher Rangen

Hausen (12 km N von Erlangen) – Wimmelbach – Untere Mark – Hausen / 3 oder 4 Std. / ebene, schattige Waldtour

Zwischen Aisch und Regnitz erstreckt sich das etwa 50 Quadratkilometer große Waldgebiet der Unteren Mark, das sich zum Erholen und Wandern vor allem wegen seiner Unberührtheit anbietet. Am schönsten ist, man läuft auf der einen Seite des Wimmelbacher Rangen im Tale der Regnitz und des Vogelherdbaches hin und auf der anderen Seite im Holz wieder zurück. – Das Ganze beginnt 1 Kilometer westlich Hausen, hinter der Bahnkreuzung rechts: vor dem ersten versumpften Weiher (P.) nordwestwärts, entlang der Teichkette nach Wimmelbach. Dort von der Hauptstraße beim Telefonhäuschen halbrechts ins Wiesental. Nun hat man den Zivilisationstrubel hinter sich und eine Waldwanderung mit vielen Variationsmöglichkeiten vor sich: Von der zweiten Forststraße, auf die Sie weiter nordwestlich stoßen, können Sie über den Forchheimer Weg und die Frankenmarter oder, an der Roten Marter vorbei, zur Spröden Marter gelangen. Oder Sie nehmen den kürzesten Weg über Rabensberg, Pfaffenholz und Langholz. – In jedem Falle stoßen Sie südlich der Spröden Marter und der Bundesstraße 470 wieder auf die Weiherkette. – Sollten Sie nicht zu müde sein, so möchte ich empfehlen, bei Hausen an der Regnitz noch das uralte Wasserrad zu besichtigen.

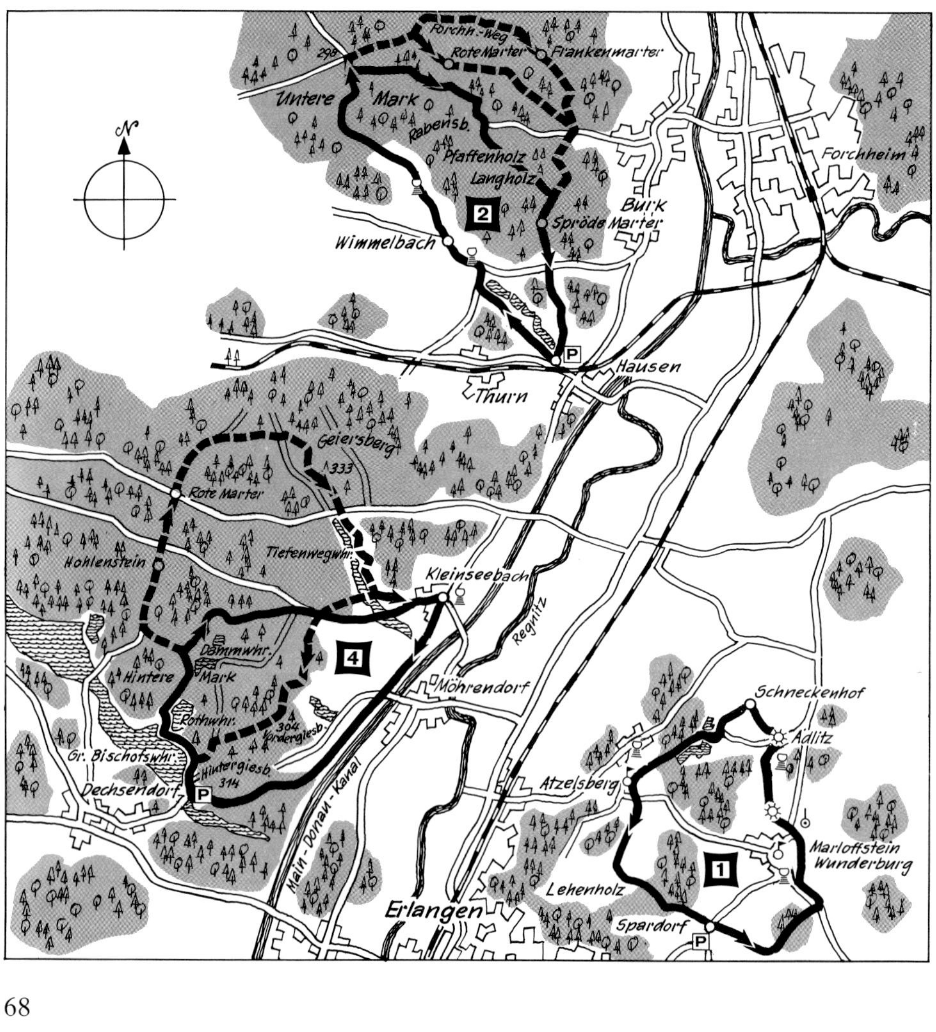

3. Im Sebalder Reichswald

Kreuzweiher oder Kalchreuth (11 km Ö von Erlangen) – Sebalder Reichswald – Kreuzweiher oder Kalchreuth / 2–6 Std. / eben, schattig, waldreich

Dieses große Waldareal erschließt man sich am besten vom Gasthaus Kreuzweiher aus oder nimmt den Höhenzug von Kalchreuth als Ausgangspunkt, der mit seiner Rodung von oben tief in den Forst hineinragt. Vom Schloßplatz Kalchreuths gibt es große und kleine Touren zur Roten Marter, zum Häfnerdenkmal und Turmberg im Westen, oder man wandert nordwärts, am Sambachweiher vorüber, zu den sechs Föhren am Vogelbacher Graben und kehrt, vom Arnoldendenkmal kommend, beim Kreuzweiherwirt ein. Von da haben Sie einen sichtreichen Rückweg kerzengerade über die Hochleite nach Kalchreuth hinauf.

Bitte beachten: Wegen der Größe des Waldgebietes sollte die Karte L 6532 Nürnberg mitgenommen werden.

4. Naturpark Dechsendorfer Weiher

Hintergiesberg bei Dechsendorf (7 km W von Erlangen) – Forst Mark – Kleinseebach – Hintergiesberg / 2–4 Std., evtl. –6 Std. / meist flache Wald- und Talwanderung, überwiegend Schatten

Der Staatsforst Mark und die Dechsendorfer Seenplatte sind unter Einbezie-

Wundervoll elegant ist Gottfried von Gedelers Orangerie in den Erlanger Schloßgarten gelagert.

hung der neuen Wasserstraße des Main-Donau-Kanals zu einem gepflegten und gut bezeichneten Naherholungsgebiet erschlossen worden. Dieses ist infolge der harmonischen Verbindung seiner blauseidig glänzenden Wasserspiegel mit dem Grün von Schilf und Kiefern und dem Goldgelb des Sandes von außergewöhnlicher Schönheit und wird deshalb beinahe zu allen Jahreszeiten (außer in der verträumten Melancholie des Spätherbstes) stark frequentiert. Im Frühling wird dort gewandert, im Sommer gebadet, im Herbst werden Pilze gesucht, und im Winter sind die Skilangläufer unterwegs. – Hier ein paar Vorschläge, um auf gut markierten Wegen einige »Wanderrunden zu drehen«: Vom Parkplatz am Hintergiesberg zu den Bischofsweihern oder über die Dammweiher und die Rote Marter auf dem Geiersberg und, wenn Sie ganz gut zu Fuß sind, auch noch nach Kleinseebach (Gasthaus!) und auf dem Westuferweg des Main-Donau-Kanals zurück.

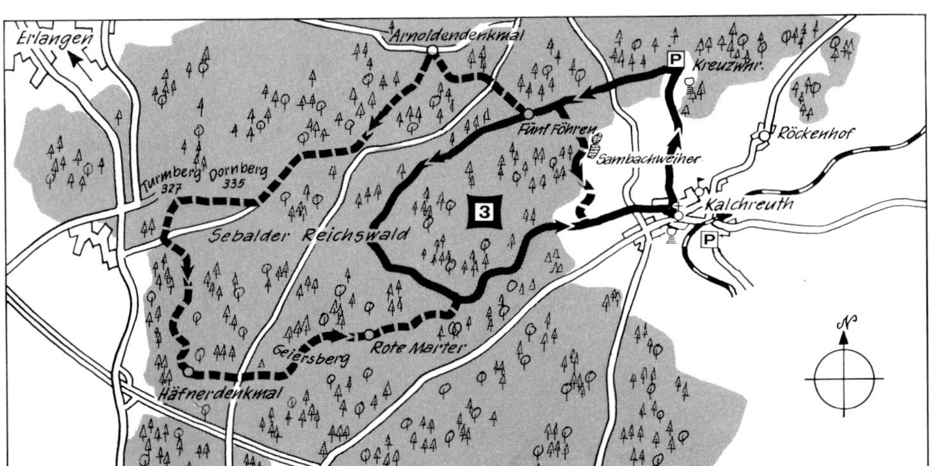

Sehenswert

Erlangen Altstädter Kirche, 1706 ausgebrannt, erneuert 1717–1721 von G. v. Gedeler; Kanzelaltar von J. D. Räntz; Orgelgehäuse (1720) von F. P. Dieffenbach ▪ Neustädter Stadtpfarrkirche (1724–1737); Deckengemälde und Stuck von C. Leimberger ▪ Französische Reformierte Kirche (1686–1693) von J. M. Richter; Turm (1732–1736); Orgel (1764) ▪ Martinsbühler Friedhofskirche (1288), Umbau im 18. Jh.; Hl. Martin (15. Jh.) ▪ Pfarrkirche Peter und Paul (13. Jh.), spätgotischer Schnitzaltar ▪ Altstädter Rathaus, spätbarock (1733–1736), jetzt Stadtmuseum ▪ Markgrafentheater (1715), umgestaltet 1744 ▪ Markgrafenschloß (1704) von A. Porto mit allegorischen Simsfiguren ▪ Schloßgarten, im 18. Jh. englisch umgestaltet; mit Hugenottenbrunnen und Reiterstandbild des Markgrafen Christian Ernst von Elias Räntz (1711) ▪ Orangerie von G. v. Gedeler (1705) ▪ Palais Egloffstein (1724) ▪ Palais von Suttenheim (1728), ehem. Rathaus.

Kalchreuth Pfarrkirche (1471–1491) mit reicher spätgotischer Ausstattung aus Nürnberger Werkstätten; Flügelaltar mit Schnitzfiguren (1498); Sakramentshäuschen ▪ Ehem. Wasserschloß (14. Jh.) einer Nürnberger Patrizierfamilie ▪ Waldlehrpfad Saugarten.

Dormitz Kath. Pfarrkirche, spätgotisch (1416), barocke Verwandlung im frühen 18. Jh.; Bandwerkstukkaturen des Bamberger Meisters J. J. Vogel (1723/24); Fresken von S. Urlaub (1724); Muttergottes (um 1470), »Der Beter von Dormitz«, ein edles »nachgotisches« Werk (Anf. 16. Jh.); 4 Darstellungen aus dem Marienleben und weiterer reicher Besitz.

Heroldsberg Ehem. befestigte Kirche (Federzeichnung A. Dürers, 1510); Christusfigur, angeblich von T. Riemenschneider ▪ 4 Familienschlösser, u. a. Grünes und Weißes Schloß (17. Jh.) ▪ Ziehbrunnen an der Dorfstraße (13. Jh., renoviert 1673) ▪ Fachwerkhäuser mit altfränkischen Backöfen.

Thurn Schloß, ehem. Wasserburg, barock umgestaltet von J. M. Küchel (1754–1756); heute »Freizeitpark«.

Sportmöglichkeiten

Erlangen Hallenbad; 2 beheizte Freibäder; Bademöglichkeit an den Dechsendorfer Weihern ▪ Rudern, Paddeln ▪ Reiten ▪ Tennis ▪ Rollschuhlauf ▪ Eislauf ▪ Waldsportpfad und Waldlehrpfad Schwabachtal-Meilwald.

Heroldsberg Schloßbad ▪ Reiten.

Veranstaltungen

Erlangen »Bergkirchweih« am Südfuße des Burgberges, Pfingsten ▪ Lichterzug der Schulkinder und Verteilung der »Märtelswecken« auf dem Schloßplatz, Martinstag 11. November.

21 Warmensteinach

Aussichten und Täler des Fichtelgebirges

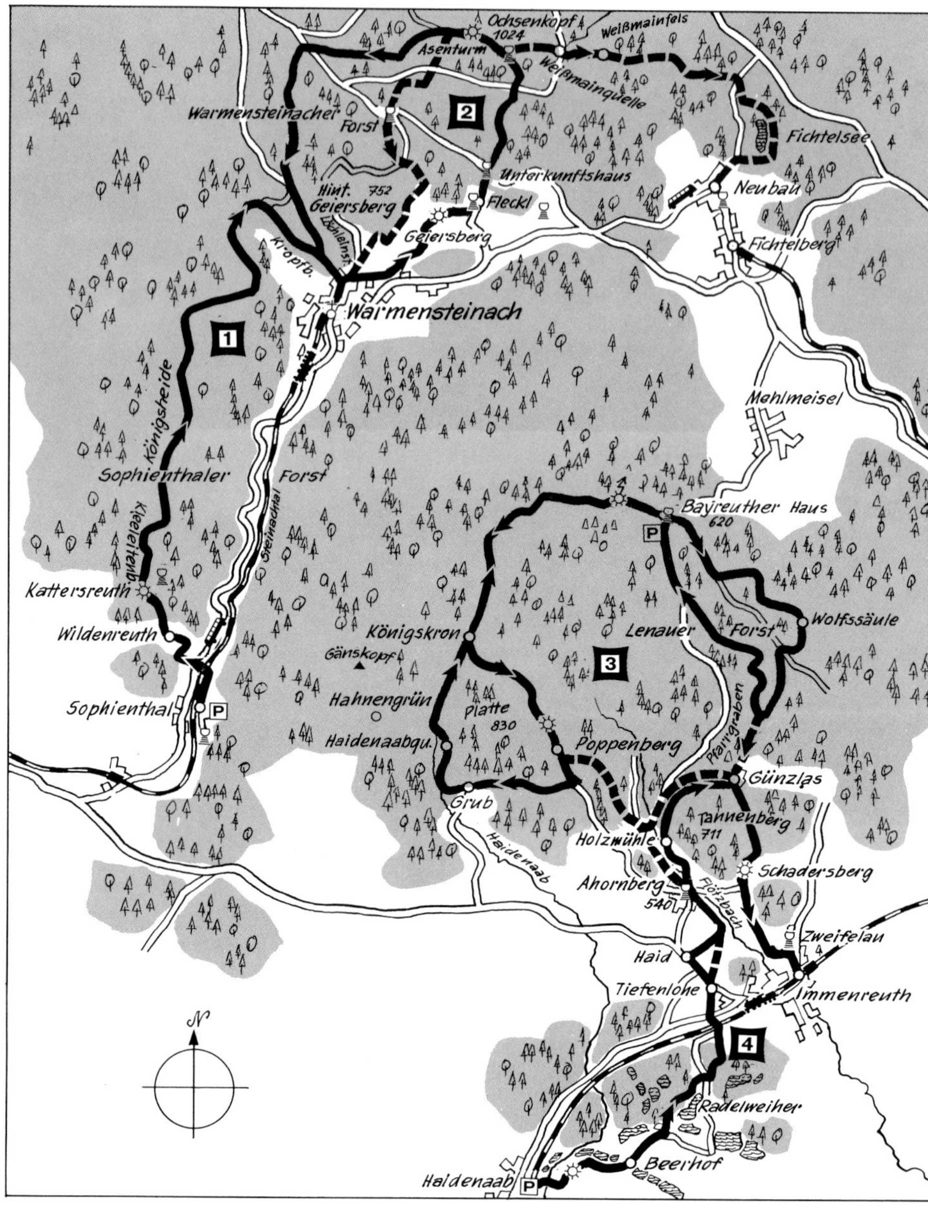

In Äonen von Jahren wurde der aus Syenit, Phillit und Gneis, vor allem aber aus Granit zusammengeschmolzene Urgesteinsblock des Fichtelgebirges durch die permanente Gewalt der Witterungseinflüsse bis zu seinem heute noch stehenden Sockel abgetragen. Strahlenartig schickt dieses Zentralmassiv drei weitere Gebirgszüge in entgegengesetze Richtungen. Südwärts erstrecken sich Oberpfälzer und Bayrischer Wald, nach Osten schiebt sich das Erzgebirge vor, in Nordwestrichtung liegen Frankenwald und Thüringer Wald. Dazwischen drängen Flüsse durch tiefeingeschnittene Täler in die Ebenen hinaus. Ihre Quellen sprudeln ganz oben am Scheitel des Gebirges. Am Ochsenkopf (1024 m), den Sie nach zweitägigem Wandern zwischen den skurrilen Legföhrenbüschen der zauberhaften Königsheide als zweithöchste Erhebung des Fichtelgebirges erreichen, sind es gleich drei: die Wasser der Fichtelnaab rinnen in die Donau und ins Schwarze Meer, die Nordsee nimmt über den Rhein den Weißmain auf, die Eger vereinigt sich bei Leitmeritz mit der Elbe und fließt ebenfalls in die Nordsee. Vortreffliche Wanderwege führen zu dieser wahrhaft europäischen Wasserscheide von Süden hinauf, von den Seen der Gabellohe durch die Waldsenke des Flötzbaches und aus der Steinachfelsenschlucht über den Sophienthaler Forst ins Schattenreich duftender Fichtelgebirgswälder.

1. und 2. Durch die Königsheide zum Ochsenkopf

1. Sophienthal an der Steinach (6 km S von Warmensteinach) – Königsheide – Warmensteinach – Sophienthal / 3½–4 Std.
2. Warmensteinach – Ochsenkopf – (Fichtelberg) – Warmensteinach / 4½–5 Std. / schattige Berg- und Waldwanderungen mit weiter Aussicht

Die Wandervorschläge 1. und 2. bilden eigentlich eine Einheit und eignen sich ideal für eine Wochenendtour im Frühling oder auch im Herbst, wenn Mitte Oktober die Wälder rechts und links des tiefen Steinachtaleinkerbung bunt gefärbt sind. Fast 600 Meter beträgt der Höhenunterschied vom Wasserspiegel der Steinach bei Sophienthal bis zum Aussichtsturm auf dem Ochsenkopf – ein langsames, flaches Steigen durch würzige Forste und beinahe absolute Bergeinsamkeit hinauf zu den höchsten Gipfeln des Fichtelgebirges. Aber natürlich können die Wanderungen auch zu jeder anderen Jahreszeit und als zwei in sich abgeschlossene Touren unternommen werden.

1. Das große, doch nicht zu anstrengende Gehen beginnt am Bahnhof Sophienthal (P.), führt die alte Teerstraße 500 Meter talaufwärts und, nach dem Überschreiten der Bahngleise, jenseits der Steinachbrücke rechts über die Hauptstraße und im Hohlweg bergauf zu den Häusern von

Wildenreuth. Nach weiteren 60 Höhenmetern ist Kattersreuth erreicht und die schlimmste Steigerei zur Hälfte geschafft. – Im Tal des Kleeleitenbaches geht's weiter nach oben zu den Rendelbrunnen und am Ostrand des Hochplateaus der Königsheide den Nemmersdorfer Weg zur Sprungschanze. Im weiten Bogen nach Westen und Norden wird das obere Kropfbachtal umrundet und unter dem Mittelberg Warmensteinach erreicht. – Die Eintageswanderer fahren am Abend mit dem Zug nach Sophienthal.

2. Die Zweitagewanderer marschieren am nächsten Morgen vom Gasthof zur Linde im oberen Ortsteil von Warmensteinach, beim Zusammentreffen des Kropfbach- und Löchleinstales, 500 Meter im Löchleinstal aufwärts, biegen rechts in den Sonnensteig ab und wandern nun am Bach entlang (immer auf seiner orographisch rechten Seite). Nach der zweiten Bachbrücke geht es links unter Fichten auf schmalem Steig steil und oberhalb von vier Häusern vor dem großen schwarzen Felsen noch steiler aufwärts nach Vordergeiersberg und über Fleckl zum Unterkunftshaus Ochsenkopf des Fichtelgebirgsvereins in Hirscheck. Daneben beginnt der Aufstieg zum Ochsenkopf. – Zurück nach Warmensteinach gelangt man entweder westwärts auf einsamen Waldpfaden

Wanderrast am Fichtelsee: Er liegt als stiller, verträumter Waldsee an der Südschulter des Ochsenkopf, zu dem Sie eine wundervolle Wanderung von Sophienthal an der Steinach hinaufführt.

Prachtvoll anzuschauen, und doch der Schrekken jeden Försters: die Nonne, ein Schädlingsfalter, der in früheren Zeiten ganze Wälder vernichtete.

durch den Warmensteinacher Forst oder über das Wirtshaus Gassemann und den Geiersberg. Oder man läuft an Weißmainquelle und Weißmainfels vorüber zum Naturschutzgebiet um den Fichtelsee und nimmt von Neubau den Bus nach Warmensteinach. Das ist die schönste Rückkehrvariante!
Bitte beachten: Vor dem Abmarsch Bus- und Bahnfahrpläne studieren!

3. Waldwanderungen um das Bayreuther Haus

Mehlmeisel, Bayreuther Haus (10 km SÖ von Warmensteinach) – Ahornberger Forst – Bayreuther Haus / 2–5 Std. / ebene, schattige Waldwege, schöne Aussicht

Das große Waldgebiet zwischen dem Flötzbachtal und der Fichtelnaab steigt sanft nach Norden auf, von Ahornberg (540 m) zum Bayreuther Haus (620 m), das heute an der Stelle des abgerissenen Kemnather Waldhauses steht. Bei seinem Großparkplatz, der von Mehlmeisel erreicht wird (die Straße von Ahornberg durch den Pfarrgraben ist für Kraftfahrzeuge gesperrt), hängen Wanderübersichtskarten, die über mehrere gut markierte Rundwandertouren Auskunft geben: Man wandert am 46 Meter hohen Klausenturm (Aussicht!) vorbei nach Königskron, weiter über die Platte zur Haidenaabquelle mit der Gänskopf-Hütte bei Hahnengrün, besucht Kreuzstein, Rotenfels, den Gesundheitsbrunnen und Poppenberg oder wandert die Runde durch den Lenauer Forst, an der Wolfsäule vorbei, nach Günzlas. Alles ist ohne Orientierungsschwierigkeiten zu erreichen.

4. Von der Gabellohe zum Tannenberg

Haidenaab (17 km S von Warmensteinach) – Ahornberg – Immenreuth – Haidenaab / 5–5½ Std. / sonnige, flache Talwanderung

Föhren, Birken, Schilf und leuchtende Wasserspiegel vereinigen sich zu einer Heidelandschaft von beschaulicher Schönheit: der Gabellohe. In die wandert man vom Bahnhof Haidenaab (P. – 3 km östlich von Speichersdorf), über die Naabbrücke zur Kirche und danach halblinks nordostwärts bergab in die Wiesen und neben einer Weiherplatte Richtung Beerhof. Nun geht's immer in Nordrichtung, an den Radelweihern entlang, über die Teerstraße und durch die Bahnunterführung nach Tiefenlohe. Da muß man leider ein Stück auf der Hauptstraße laufen (oder weglos durch den Wald), aber schon nach wenigen Metern wird rechts am Waldrand das Flötzbachtal und, dort wieder links, Ahornberg erreicht. – Im Tal geht es weiter zur Hölzlmühle, doch kurz darauf halbrechts um den Tannenberg herum nach Günzlas und Schadersberg. – In Immenreuth besteigt man schließlich den Zug nach Haidenaab.
Bitte beachten: Vergessen Sie nicht, vor Tourenbeginn den Bahnfahrplan zu erfragen!

Sehenswert

Warmensteinach Ev. Pfarrkirche zur Hl. Dreifaltigkeit (1705) ▪ Bergkirche mit schönem Zwiebelturm (um 1700); darüber Aussichtspunkt Kriegerdenkmal ▪ Königsheide, sagenhafter Königssitz mit Skelett-, Waffen- und Gräberfunden; Naturschutzgebiet, Moorhochfläche, Weymouthskiefern und Latschen.

Nemmersdorf (7 km W von Warmensteinach) Ev. Pfarrkirche, den Ort beherrschend, gotischer Westturm (Ende 15. Jh.) und Chorturm (14. Jh.), dazwischen barockes Langhaus, in der mittleren Achse je ein Portal mit Freitreppe, Säulen und Giebelschwüngen des Kulmbacher Meisters J. G. Hoffmann (1753); Gemälde von F. M. Herold; Kanzelaltar des Bayreuthers J. G. Ränz.

Mehlmeisel Gotische Pfarrkirche (14. Jh.) ▪ Loretto-Kapelle (16. Jh.).

Fichtelberg Kath. Pfarrkirche (18. Jh.) ▪ Mariensäule (1680).

Göpfertsgrün (25 km NÖ von Warmensteinach) Eine mineralogische Rarität: Speckstein von in Europa einzigartiger Güte (metamorphes Gestein aus Dolomitkalk, entstanden durch Einwirkung von Kieselsäure).

Sportmöglichkeiten

Warmensteinach Freischwimmbad; Hotelhallenbad ▪ Minigolf ▪ Skilauf: Pisten und Übungshänge aller Schwierigkeitsgrade; Skilifte; Skischule; Sprungschanze.

Mehlmeisel Freibaden an der Fichtelnaab; beheiztes Freischwimmbad in Brand (4 km) ▪ Skilauf: Abfahrten aller Schwierigkeitsgrade, Schlepplifte mit Flutlicht; Kinderpiste und Anfängerlift ▪ Rodeln ▪ Eislauf ▪ Eisstockschießen.

Fichtelberg Strand- und Freibad am Fichtelsee ▪ Rudern ▪ Reiten ▪ Minigolf ▪ Skilauf: Lifte; Sprungschanze; Loipe; Skilehrer ▪ Eislauf ▪ Eisstockschießen.

Immenreuth Beheiztes Freischwimmbad im Ferienzentrum ▪ Angeln ▪ Minigolf ▪ Skilauf am Tannenberg; Lifte mit Flutlicht; Skischule ▪ Rodeln ▪ Eislauf ▪ Eisstockschießen.

22 Bayreuth

Fernsichtbastionen in der Flußlandschaft des Roten Mains

An der großen Linde des einfachen Wirtsgartens der Lochmühle im Liebethaler Grund, einem engen, ruhigen Sandsteintal am Rande der Sächsischen Schweiz, verkündet eine Tafel, daß Richard Wagner hier während seiner Dresdner Zeit als Hofkapellmeister des öfteren am »Lohengrin« gearbeitet hat. Es war einer von Wagners Lieblingsaufenthaltsorten. Überall wird die Erinnerung an Wagner wachgerufen, wenn man in Bayreuths schöner Umgebung wandert. Leider fanden wir auf all unseren Wegen keinen ähnlichen Hinweis, obwohl Wagner gern im St. Georgenforst der Hohen Warte spazierenging. Oft besuchte er auch die Waldhütte bei Neustädtlein am Forst und den Garten der fränkischen Schlehenmühle im romantischen Tal des Roten Mains. Drei Wandertouren werden Sie zu diesen Erinnerungsstätten führen. – Aber Bayreuth war und ist nicht nur Wagner, sondern es war auch die markgräfliche Hauptstadt des »Landes ob dem Gebirg« und wurde zu einer Stadt des Barock, vor allem durch die kunstliebende und geistreiche Schwester Friedrichs des Großen, die Markgräfin Wilhelmine. Unter ihr und ihrem Gemahl, dem Markgrafen Friedrich »den Vielgeliebten« erlebte Bayreuth im 18. Jahrhundert eine kulturelle Blütezeit, die auch heute noch in den drei großen Bauten Joseph St. Pieres sichtbar ist: Opernhaus, Eremitage und Neues Schloß. Obwohl Sie die vier Bayreuther Wanderungen hinausleiten in die Stille der Wälder im Norden der Stadt und nach Süden auf hinreißende, einsame Bergeshöhen um Emtmannsberg und Lindenhardt, werden Sie sicher an einem Nicht-Wandertag, anläßlich eines überaus lohnenden Spaziergangs durch die Stadt, Zeit finden, sich an dem einen oder anderen Barockkunstwerk zu erfreuen.

1. Über die Hohe Warte

Bayreuth – Euben – Bindlach – Bayreuth / 4–4½ Std., evtl. 3½ Std. / hügelige Wald- und Höhenwanderung, Fernsicht, viel Schatten

Am besten parkt man sein Auto in der Nähe des Bayreuther Hauptbahnhofs, nimmt den Bus Nr. 7 bis zum »Grünen Hügel« (zu Fuß in 20 Min. durch die Bürgerreuther Straße und Siegfried-Wagner-Allee) und läuft erst ab hier, westlich am Festspielhaus vorbei, zum Freibad Bürgerreuth. Dort halblinks zwischen Wiesen in eine Senke, über der wie ein mächtiger Bergfried der Turm der Hohen Warte aus Kiefernwipfeln ragt. Vom Waldrand steigen Sie steil nach oben, das Rumoren der nahen Stadt wird schwächer, verliert sich ganz. Vom Siegesturm gibt's eine große Rundsicht vom Fichtelgebirge bis zur Fränkischen Schweiz und unten auf der Bank die erste Brotzeit. – Dann wendet man sich westwärts nach Hermannshof und durch den Forst St. Georgen, um den Cottenbach herum, zur Kühnleite und jetzt scharf ostwärts nach Euben und Pferch (Gasthaus). Durch Wald wird – immer weiter nach Osten – ins Tal des Roten Mains abgestiegen, bis nach Bindlach, zur schönsten Kirche Oberfrankens. Die Bahn bringt Sie am Abend nach Bayreuth zurück.
Bitte beachten: Vor Antritt der Tour sollten Sie den Bahnfahrplan studieren!

2. Besuch von Richard Wagners Lieblingsaufenthalt

Neustädtlein am Forst (12 km W von Bayreuth) – Waldhütte – (Horlachen) – Neustädtlein / 3½–4 Std., evtl. –5 Std. / ebene, schattige Waldtour

Neustädtlein am Forst ist ein reizender Ort im Rödelbachgrund. Beim Gasthaus zur Linde (P.), nahe der Kirche, beginnt die nächste Wanderung: 50 Meter ab-

Mit Glück und Gespür kann man auch heute noch prachtvolle Fossilienexemplare im weichen Jurakalk der Bayreuther Umgebung finden.

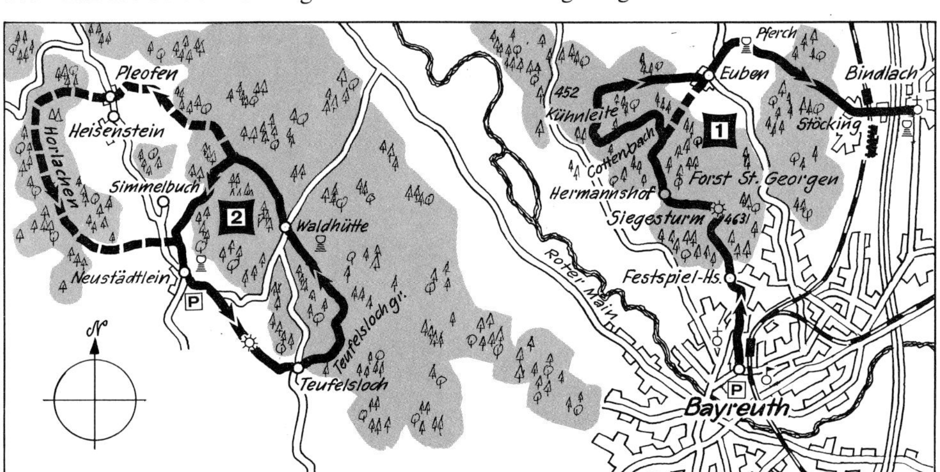

Das Neue Schloß der Eremitage bei Bayreuth entstand in den Jahren 1749–1753 nach Plänen J. Saint Pierres. Es ist ein beschwingter, poetischer Spätrokokobau.

wärts, links vom Haus mit dem bunten Balkon auf enger Straße aufwärts zur unbefestigten Forststraße und auf ihr links weiter. Nach dem Holzhaus nehmen Sie rechts den Feldweg zum kleinen Holzstadel und laufen bei der Rechtskurve etwa 100 Meter weglos zur Buschgruppe in einer Senke links vom Hochstand. Da findet man den Übergang über einen ausgetrockneten Bach und einen Wiesenziehweg aufwärts zur Kieferngruppe vorm Naturschutzgebiet Teufelsloch. – Am Westrand seiner Felsenschlucht geht es jetzt 1/2 Stunde nach Nordosten, darauf schnurgerade zum Lieblingsaufenthalt Richard Wagners, der unter mächtigen Buchen und alten Eichen gelegenen Waldhütte, in der es eine zünftige Brotzeit gibt. – Im Nordwest- und Südwestbogen wird am Nachmittag auf Wald- und Wiesenwegen nach Neustädtlein zurückgekehrt. - Oder gar noch die Westrunde über die Jurahöhen Horlachen unternommen.

3. Fichtelgebirgssicht hoch über dem Roten Main

Schlehenmühle am Roten Main (6 km S von Bayreuth) – Emtmannsberg – Schlehenberg – Schlehenmühle / 3 1/2–4 Std. / sonnige Bergtour, viel Aussicht, beim Abstieg Schatten

Gleich hinter dem Gasthaus Schlehenmühle (P.) soll in den nächsten Jahren der Damm für den Speicher »Roter Main« mit einem Erholungsgebiet entstehen. Heute ist es noch recht still in diesem Tal, von dem man auf der kaum befahrenen Teerstraße zu immer großartiger werdender Sicht langsam zur Schloßgaststätte Emtmannsberg und

dort vom Gerätehaus im spitzen Winkel nach Norden zum Gittermast und auf die Haselhöhe (574 m) wandert.
Vom grandiosen Höhenweg auf den Schlehenberg schweift der Blick über dunkle Waldrücken des Fichtelgebirges. Abwärts durchzieht man das Bühlholz weiter nach Norden, dann südwärts bis vor die Schlehenmühle.

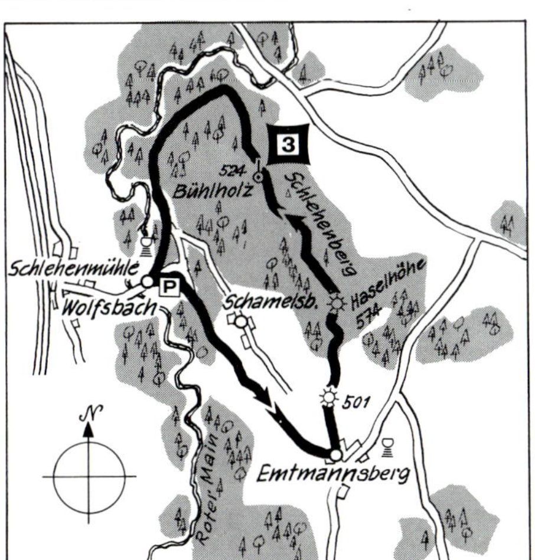

4. Zum Lindenhardter Altar

Trockau (18 km S von Bayreuth) – Lindenhardt – Weiglatal – Trockau / 4½–5 Std. / Hügel-, Wald- und Talwanderung mit Sicht und Halbschatten

Das helle, auf steiler Anhöhe hübsch gelegene Trockauer Barockschlößchen (P.) an der Autobahnausfahrt beim Kilometer 323 ist der rechte Ausgangspunkt für die Lindenhardter Wandertour: Beim Gasthof Herlitz halbrechts zum Postamt und nach Süden durch die Autobahnunterführung. Da rechts aufwärts und bei der Bank unter der einsamen Birke links auf der Höhe nach Osten. Jenseits des grünen Fichtenohetales grüßt bereits die Lindenhardter Kirche herüber. Man gelangt in das lange Straßendorf Leups, quert bei der Leupser Mühle im weit ausschwingenden Talboden den ruhig dahinfließenden Bach und steigt zur Kirche auf. – Nach der Besichtigung des berühmten Flügelaltars wird von der neuen Siedlung nordwestwärts zur Waldwanderung durch den Lindenhardter Forst Richtung Weiglatal aufgebrochen. – Von dort geht es immer südwärts. In 1½ Stunden wandern Sie im Püttlachtal über Neumühle, Moritzmühle und Vestenmühle, jenseits der Autobahn, nach Trockau zurück.

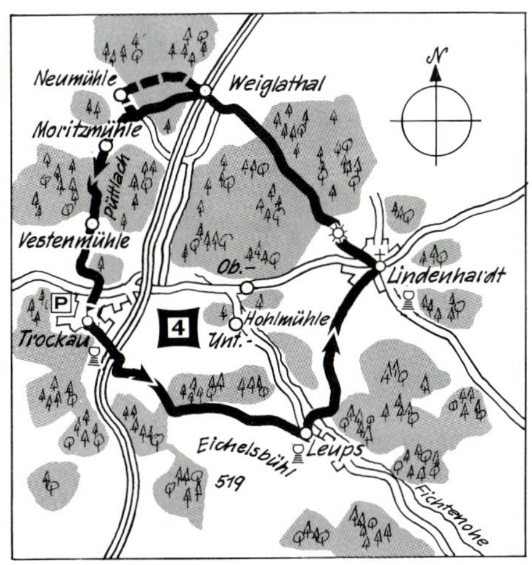

Sehenswert

Bayreuth Das reiche Angebot von Sehenswürdigkeiten kann hier leider nur kurz aufgezählt werden: Altes Schloß; Neues Schloß mit Hofgarten; Eremitage; Stadtkirche, Spitalkirche, Schloßkirche, Ordenskirche mit Ordensschloß; Altes Rathaus, Neues Rathaus; Markgräfliches Opernhaus, Festspielhaus, Haus Wahnfried mit Wagners Grab; Stadtmuseum, Schreibmaschinenmuseum, Freimaurermuseum, Richard-Wagner-Gedenkstätte mit »Klingendem Museum« im Neuen Schloß ▪ Schloß Fantasie in Dondorf.

Bindlach Kirche im »Markgrafenstil« (1766 bis 1769) von C. P. von Gontard, früher gotisch, mit schönstem Kirchturm Oberfrankens.

Thiergarten (5 km S von Bayreuth) Markgräfliches Schloß von J. D. Räntz (1720), jetzt Hotel.

Schreez (7 km S von Bayreuth) Markgräfliches Schloß (1551); schöner Schloßpark.

Trockau Schloß (13. Jh.), Umbau barock (1769); 2 mit welschen Hauben gedeckte Rundtürme ▪ Schloßkapelle (13. Jh.), 1603 umgebaut, 1777 neu gestaltet ▪ St. Wendelin von Fr. Theiler (Ende 18. Jh.).

Lindenhardt Pfarrkirche (14./16. Jh.); gotischer Flügelaltar mit Tafeln der 14 Nothelfer von M. Grünewald; bambergische Holzplastiken; Bildgrabsteine im Chor (15. Jh.), teilweise vom Bayreuther Hofbildhauer E. Räntz (1703).

Creußen am Roten Main Jakobus-Kirche, gotische Basilika, barock verändert (um 1700); spätgotisches Sakramentshäuschen (1482) ▪ Krügemuseum im hinteren Torturm, Sammlung der berühmten buntglasierten Creußener Krüge.

Sportmöglichkeiten

Bayreuth Städt. Hallenbad; beheiztes Kreuzsteinbad; Sculbitzer Hotel-Hallenbad ▪ Reiten (Güter Geigenreuth und Fürsetz) ▪ Tennis ▪ Rudern auf dem Röhrensee ▪ Angeln, Fischereiverein ▪ Eisstadion.

Veranstaltungen

Bayreuth Musica Bayreuth, Mitte bis Ende Mai ▪ Bayreuther Volksfest, Pfingstwoche ▪ Fränkische Festwoche, Anfang bis Mitte Juni ▪ Richard-Wagner-Festspiele, Mitte Juli bis Ende August.

23 Eschenbach/Opf.

Erloschene Vulkane der Oberpfalz

Im Laufe von Millionen Jahren wurde das dem damaligem Festland, dem heutigen Bayerischen Wald, nach Westen vorgelagerte Meeresbecken von schiefer-, ton- und erzhaltigen Sanden zugeschwemmt. So entstand das fruchtbare Keuperhügelland um Eschenbach. Doch dann durchstießen gewaltige Vulkaneruptionen die sanftgewellten Keuperschichten und trieben glühende Lavamassen durch ihre Schlote zur Erdoberfläche. Die Oberpfälzer Vulkane waren geboren. Spitze, steil abfallende Basaltbrocken, die schwarz und sichtreich über hellgrünen Wiesenauen vor dunkelgrünen Fichtelgebirgshöhen stehen, der Armesberg und der Waldecker Schloßberg. Vor allem aber das »Matterhorn der Oberpfalz«, der Rauhe Kulm mit seinem kleinen Bruder, dem Schlechten Kulm, um den das adrette Neustadt reizvoll herumgebaut wurde. Einsam und majestätisch beherrscht der Rauhe Kulm die weite Haidenaabsenke. Ein mächtiger Aussichtsturm krönt den Bergkegel und läßt ihn mit seinen 682 Metern noch höher erscheinen. – Geologische Raritäten und die duftenden Waldmeisterflächen inmitten einer artenreichen Flora, dazu kunstgeschichtliche Höhepunkte, wie Wolfgang Dientzenhofers prachtvoller Klosterbau Speinshart, wechseln ab mit den Möwenbrutstätten und Vogelschutzgebieten des Großen und Kleinen Rußweihers, in denen grazile Reiher stolzieren. Und darüber kreist manchmal noch der Seeadler. All diese Sehenswürdigkeiten machen das Wandern in der Umgebung von Eschenbach, das bereits 1358 von Kaiser Karl IV. zur Stadt erhoben wurde, zum besonderen Genuß. – Aber nicht nur sonnen-, luft- und aussichtshungrige Wanderepikureer kommen beim Ersteigen von Basalthöhen und beim Gang durch sonnige Keuperwiesenmulden auf ihre Kosten. Auch die gelernten Brotzeit- und Vespermacher. Für sie gibt es die trefflichsten Gastwirtschaften. Die »Krone« und das »Weiße Roß« in Eschenbach, den Klosterbräu in Speinshart. Oder – nach ausgiebigem Trimmen um den Rauhen Kulm – den »Reichsapfel« und den »Walter« in Neustadt.

1. Kirchentour oder Weiherwanderung

a) Eschenbach – Barbaraberg – Speinshart – Eschenbach / 5–5½ Std. / hügelig mit viel Sonne und Sicht
b) Rußweiher (3 km NW von Eschenbach) – Holzmühle – Penzenreuth – Rußweiher / 4–4½ Std. / ebene Waldwege an stillen Wasserspiegeln

Dem Kunstfreund und dem Naturfreund bietet die Stadt Eschenbach unmittelbar vor ihren Toren zwei ganz unterschiedliche Wandermöglichkeiten. Der längere Weg führt nach Norden ins Creußental zum Kloster Speinshart und auf den Barbaraberg (a), die etwas kürzere Tour leitet den Wanderer durch das Naturschutzgebiet der Rußweiher (b). Es gibt also die Qual der Wahl, aber bei Gefallen der einen Wanderung die Freude auf ein

Weitschauend überragt der Aussichtsturm auf dem Oberpfälzer Vulkankegel des Rauhen Kulm die an seinen Abhang geduckten Häuser von Neustadt.

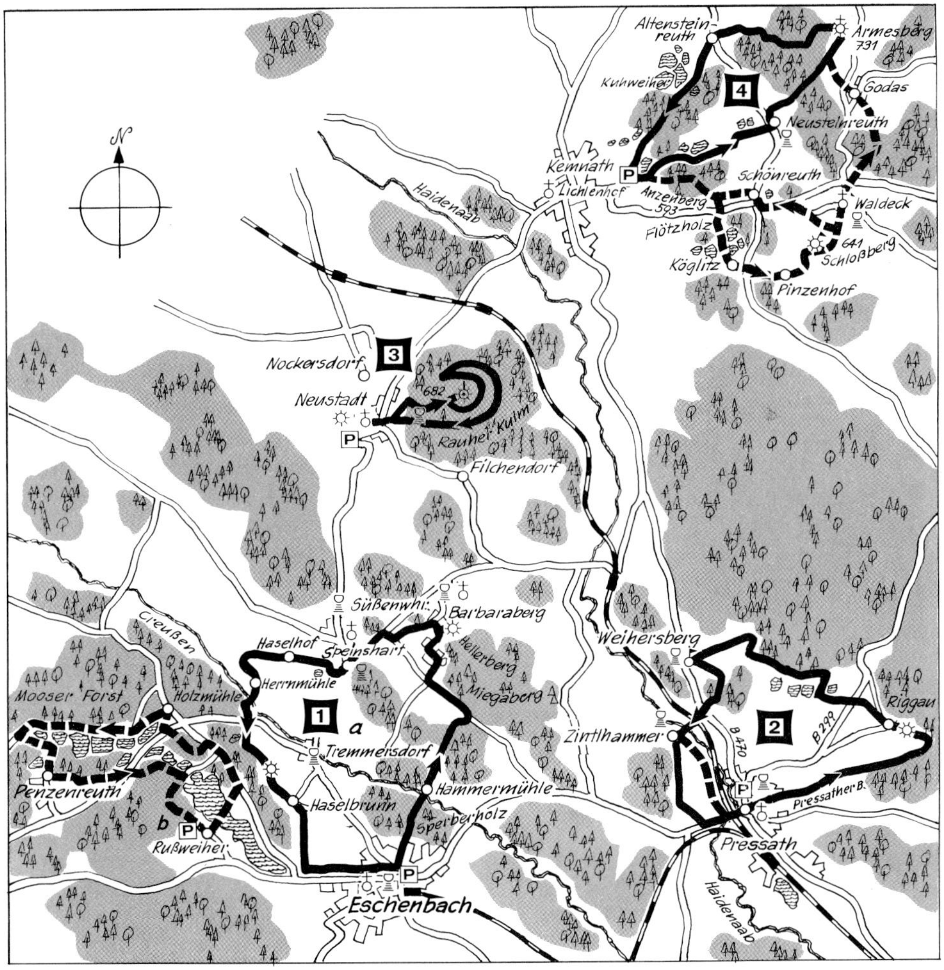

Wiederkommen, um auch die andere zu unternehmen.

a) Vom Abzweig der Speinsharter Straße (P.) im unteren Ortsteil von Eschenbach geht es erst 200 Meter auf der Straße nach Westen, dann den Fußweg rechts aufwärts zum Schieferturm der evangelischen Kreuzkirche und beim Trafohaus immer nordwärts über Wiesen ins Sperberholz. An der Hammermühle wird die Creußen überschritten und am Fuße des Miegaberges nach links über Seitenthal der Barbaraberg mit seiner Kirchenruine erreicht. - Richtung Westen steigen Sie dann wieder ins weite, offene Creußental zum schon lange sichtbaren, die Ebene beherrschenden Prachtbau des Klosters Speinshart ab, dessen weiß-roter Putz im großartigen Kontrast zum Talgrün steht. – Nach Westen berührt man Haselhof, nach Süden die Herrnmühle an der Creußen und Haselbrunn auf sichtreichem Höhenzug, ehe man im Eschenbachtal, vorbei am Sportplatz, zur Speinsharter Straße zurückgelangt.

b) Über den Damm zwischen Kleinem und Großem Rußweiher verlassen Sie das Gasthaus Rußweiher (P.) Richtung Norden zur Holzmühle, schlendern dann an den Rändern stiller Wasserspiegel zu den Häusern von Penzenreuth und ostwärts durch den Bauernschlag weiter zum Gasthaus Rußweiher. Unterwegs werden Sie sicher viele seltene Vögel beobachten.

2. Über Riggau nach Schloß Weihersberg

Pressath an der Haidenaab (8 km Ö von Eschenbach) – Ringgau –Weihersberg – Pressath / 3–3½ Std. / flache Hügel- und Talwanderung

300 Meter läuft man vom Pressather Rathaus (P.) nördlich bergab, biegt links in die Schulstraße ein und bummelt geradeaus ins romantische Tal des Pressathbachs zur Linde mit der Bank. 10 Minuten hinter den Fischweihern erreichen Sie links oben auf der Höhe Riggau und weiter westlich eine allein stehende Birke an der Bundesstraße 299. Diese querend, umrundet man die Siechenbachteiche Richtung Schloß Weihersberg, von dessen herrlicher Eichenallee man links zum Forstrand gelangt. Im Waldbogen geht es über die B470, Bahnlinie und Haidenaabbrücke nach Zintlhammer, dort links am Bachrand auf dem Wiesenweg oder auf dem etwas längeren Fahrweg zurück.

3. Trimm-dich um den Rauhen Kulm

Neustadt am Kulm (9 km N von Eschenbach) – Rauher Kulm – Neustadt / 2 oder 3 Std. / Berg- und Trimmtour mit viel Schatten und noch mehr Fernsicht

Neustadt am Kulm (P.) wird von den schwarzen Basaltmauern des Kleinen Kulm überragt. Zu ihm werden Sie sicher in wenigen Minuten aufsteigen, ehe Sie den Marktplatz ostwärts hinunter, beim Schneider Ehmann links hinter und nach rechts aufwärts zum Gasthaus Sandberg laufen. Dort beginnt der eigentliche Aufstieg zum Rauhen Kulm über Sandhänge

Kloster Speinshart: Wolfgang Dientzenhofer als Architekt und Baumeister und die Tessiner Brüder Luccese als Stukkateure und Maler schufen diesen grandiosen Bau.

Seit 1678 steht auf dem Basaltkegel des Armesberges eine Wallfahrtskirche, doch bereits in altgermanischer Zeit soll sich hier ein Heiligtum befunden haben.

und Basaltgeröll auf den Gipfel (682 m) des gewaltigen Basaltkegels. Vom Aussichtsturm haben Sie die berühmte Fernsicht – wenn es klar ist. – Auf dem Trimm-dich-Pfad werden Sie später den Berg umrunden und einen der verschiedenen Abstiegswege nach Neustadt benutzen. Da gibt es herrliche Wirtshäuser!

4. Armesberg und Waldecker Schloßberg

Kemnath (16 km N von Eschenbach) – Waldecker Schloßberg – Armesberg – Kemnath / 3½–4 Std. / sonnige Bergwanderung, weite Rundsicht

Natürlich können Sie die beiden erloschenen Vulkane auch an einem Tag in 5–6 Stunden überwandern. Sie gehen dann vom sichtreichen Schloßberg über Waldeck und Godas zum bewaldeten Armesberg. Schöner aber ist es, im Frühjahr erst den einen und dann an einem transparenten, sonnigen Herbsttag den anderen zu besteigen. In jedem Falle beginnen Sie die Touren am besten beim großen Weiher, indem Sie von Kemnath auf der Ebendorfer Straße (B 22) einen Kilometer ostwärts fahren, sich beim braunen Holzkreuz und der Bank unter zwei Ebereschen und einer Eiche links in den Hohlweg halten und bei der einzelnen Birke (darunter Feldkreuz mit Bank) parken. – Rechts steigt man am Weiher nordwärts nach Neusteinreuth und von der Straße (Wegweiser) zum Armesberg (731 m) auf. Zurück wird in Altensteinreuth die Straße zum Haus mit dem hellroten Dach gequert und durch die Wasserlandschaft der Kuhweiher zur Birke marschiert. – Den Schloßberg (641 m) erreichen Sie von den Anzenberger Häusern, nördlich des Anzenberges, an den Flötzholzweihern vorbei, über Köglitz. Ab Schönreuth hält man sich dann westlich wieder nach Anzenberg.

Sehenswert

Eschenbach Stadtpfarrkirche, spätgotisch (1492), origineller Turm (1541) ▪ Altes Rathaus ▪ Bergkirche Mariahilf (1791) ▪ Stadtbefestigung ▪ Vogelfreistätte Rußweiher, Naturschutzgebiet.

Speinshart Prämonstratenserabtei, gegründet 1145, vierflügeliger Neubau (1691–1701), barock; Baumeister W. Dientzenhofer; in der Klosterkirche hervorragende Stuckarbeiten und Fresken von den Tessiner-Wanderkünstlern C. Domenico und B. Luccese ▪ Interessanter Klosterfelsenkeller (1712) mit schönem Kellerhaus (1736/37) ▪ Barbaraberg (542 m) mit Kirchenruine, Kapelle und Gastwirtschaft.

Neustadt am Kulm Ehem. Karmelitenklosterkirche (1413/14, heute ev. Pfarrkirche); neues Gewölbe und Arkanthusstukkaturen (Anf. 18. Jh.); Fresken (1786); Epitaph des lächelnden Kindes im Todesschlaf ▪ Rathaus (1611) ▪ Spätgotisches Unteres Tor ▪ Rauher Kulm, Reste einer Burg der Landgrafen von Leuchtenberg.

Pressath Stadtpfarrkirche (1765) mit gotischen Resten ▪ Friedhofskirche (1455) ▪ Weihersberg, Schloß mit Rokokokapelle.

Kemnath Stadtpfarrkirche Maria Himmelfahrt, spätgotischer Hallenbau (1448) mit Chorumgang und Barockaltären ▪ Alte Giebelhäuser am Markt ▪ Stadtbefestigung mit Wehrtürmen (14. Jh.) ▪ Ehem. Franziskanerkloster (jetzt Brauerei) ▪ Friedhofskirche (1604) ▪ Grabenkapelle (18. Jh.).

Waldeck Burgruine (12. Jh.) ▪ Pfarrkirche (1731) mit reicher Rokokoausstattung ▪ Waldecker Schloßberg (641 m), Mauerreste der ehem. kurbayerischen Festung.

Armesberg Anstelle des altgermanischen Heiligtums jetzt Wallfahrtskirche (1678).

Sportmöglichkeiten

Eschenbach Strandmoorbad am Kleinen Rußweiher ▪ Kahnverleih.

Neustadt am Kulm Freischwimmbad ▪ Trimm-Dich-Pfad.

Pressath Freischwimmbad.

Kemnath Freischwimmbad; Hallenbad ▪ Angeln.

24 Pegnitz

Sonntagsfreuden entlang des oberen Pegnitztales

Als Fichtenohe beginnt die Pegnitz im Lindenhardter Forst ihre Reise. Der aus Büchenbach kommende Erlbach und der Zipser Mühlbach gesellen sich zu ihr und alle miteinander verschwinden bei der alten Röschmühle im »Wasserberg«, um nach 320 Metern unterirdischen Laufs aus dem zerklüfteten, ausgewaschenen Felsen auf der Südseite des Berges als Pegnitz wieder aufzutauchen. Ehe ihre Wasser bei Neuhaus in die engen Schattenschluchten der Hersbrucker Schweiz zwischen Felswände gezwängt werden, durchströmen sie, in endlosen Schleifen, Bögen und Kehren mäandernd, von Pegnitz bis Hammerschrott die lieblichen Wiesenauen einer freundlichen, waldgesäumten Talung bei Michelfeld. Dünne Bachrinnsale fließen dort von Ost und West aus den Forsten herbei und verlorene trockene Waldtalsenken neigen sich dem Flusse zu, wie das felsenbekrönte Buchgrabental des Veldensteiner Forstes und der Faule Grund, der sich vom Vogelherd herunterzieht. Gegenüber tritt der Lohgraben aus dem Herzogswald heraus, der sanfte Bürgergrund verläßt den Bürgerwald Richtung Ranna, und vom Felshügel des Schlawackenberges

Immer wieder begegnet man im Veldensteiner Forst bizarren Felsgebilden, wie dem Großen und Kleinen Lochstein, dem Kuhkopf und dem Teufelsbrunnen.

im Wellucker Forst schlängelt sich das Ohrental nach Lehnershof. Viel Geschichte gibt es nicht auf den herrlich stillen Wegen der großen Waldgebiete zwischen Langem Berg im Norden und Krottensee im Süden, dafür interessante Wildgehege, stille Fischweiher und einsame Waldquellen neben bizarren Kalksteingebilden. Dazu kann man riesige Dolinenbrüche bestaunen, Heidelbeeren und Pilze sammeln und am Abend in gemütlichen Wirtschaften einkehren. Wem das noch zu wenig ist, der fahre nach Michelfeld. Wolfgang Dientzenhofer und die Brüder Asam schufen dort in grandioser Gemeinschaftsarbeit ein Barockjuwel, wie es edler und köstlicher kaum mehr vorstellbar ist.

1. Durchs Gärtental zum Kleinen Kulm

Pegnitz – Büchenbach – Körbelsdorf – Pegnitz / 4–4½ Std. / sonnen- und sichtreiche Bergtour

Gleich hinter Pegnitz beginnt das sanft ansteigende, trockene Gärtental, das zu weiter Umsicht auf den Hohen Stein hinaufleitet. Vorher läuft man unterhalb des Pegnitzer Schloßberges durch die Räumergasse (P.) geradeaus hinter und auf

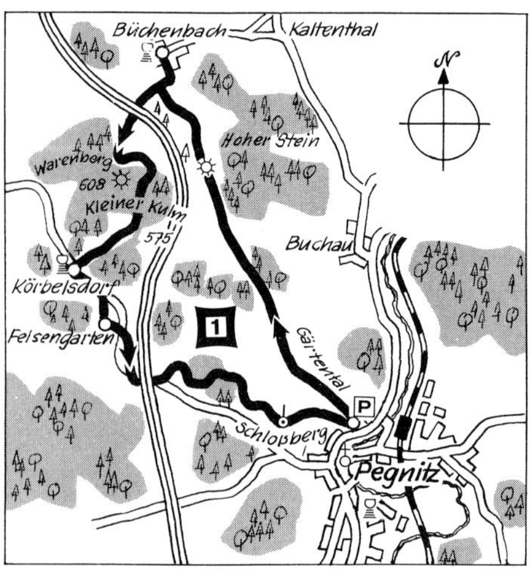

dem Hohlweg ins offene Tal und immer in Nordrichtung bergan. – Nach der Rundsicht geht's nordwärts steil ins Erlbachtal nach Büchenbach. – Am Nachmittag steigt man wieder steil aufwärts, wandert nach rechts unter der Autobahn durch bis vor den Warenberg und schlägt einen Ostbogen zum Aussichtsturm auf dem Kleinen Kulm (608 m). Von Körbelsdorf promenieren Sie ein Stück auf der Teerstraße nach Süden und durchstreifen den Felsengarten rechts und links der Straße. Um den Langen Berg herum, jenseits der Autobahn, führt nun ein schöner Wanderweg zum Pegnitzer Schloßberg (Aussichtsturm) und endlich über Stufen bergab nach Pegnitz.

2. Im Veldensteiner Forst

Veldensteiner Forst, Hufeisen-Waldhaus (7 km S von Pegnitz) – Gasthaus Hirschblick bei Michelfeld / 2–6 Std. / schattige, meist ebene Waldwanderungen

Der Veldensteiner Forst ist ein zusammenhängendes Wandergebiet. Im und am Forst wurden Wanderparkplätze angelegt, von denen Sie die Eislöcher, den Kleinen Lochstein oder die Dolinengruppe Bienberg beim Großen Stern auf mühelosen Wegen erreichen. Oder Sie spazieren vom Waldhaus Hufeisen zu Kühkopf, Teufelsbrunnen und der Doline Bärenloch im Westteil des Parks. – Im Süden bummelt man von Bernheck zum Felszahn des Teufelspredigtstuhls und über den Schindelrangen zwischen den Felspartien des Buchgrabentals zurück. Das gepflegte Gasthaus Hirschblick beim Bahnhof Michelfeld im Pegnitztal ist Ausgangspunkt für Spaziergänge zum Kleinen Stern und Großen Lochstein und nach Osten zu den Ortsfelsen. Alles in allem bieten sich hier – insbesondere auch im Winter – ideale Wandermöglichkeiten für jung und alt.

3. Kloster Michelfeld und der Herzogswald

Michelfeld (7 km S von Pegnitz) – Rußhütte – Kammerweiher – Michelfeld / 4–4½ Std. / eben, waldreich, schattig

Nach der Besichtigung der ehrwürdigen früheren Benediktinerabtei Michelsfeld (P.), deren Klosterkirche ihren barocken Glanz von dem berühmten Wolfgang Dientzenhofer und den Brüdern Asam erhielt, leitet Sie die Auerbacher Straße Richtung Südosten über die Bundesstraße 85. Gleich dahinter hält man sich links an ihr entlang und erreicht etwa 300 Meter später ein Waldeck, von dem nun – immer nach Süden – ein gemächlicher Wanderweg, vorbei am Gasthaus Rußhütte, zur Weiherplatte im Lohwiesengrund führt. Dahinter wandern Sie auf dem Fahrweg im Lohgraben durch den Herzogswald westwärts ins Pegnitztal. – Am sich endlos dahinschlängelnden Flüßchen geht's jetzt Richtung Norden zu den Kammerweihern und schließlich auf bequemen Wegen wieder hinüber nach Michelfeld.

4. Vom Gottvaterberg ins Pegnitztal

Auerbach in der Oberpfalz (11 km SÖ von Pegnitz) – Bürgerwald – Ranna – Auerbach / 3½–4 Std. / hügelig, Wald, Schatten

Bergwanderer werden sicher als Auftakt zu dieser langen, genußvollen Waldwan-

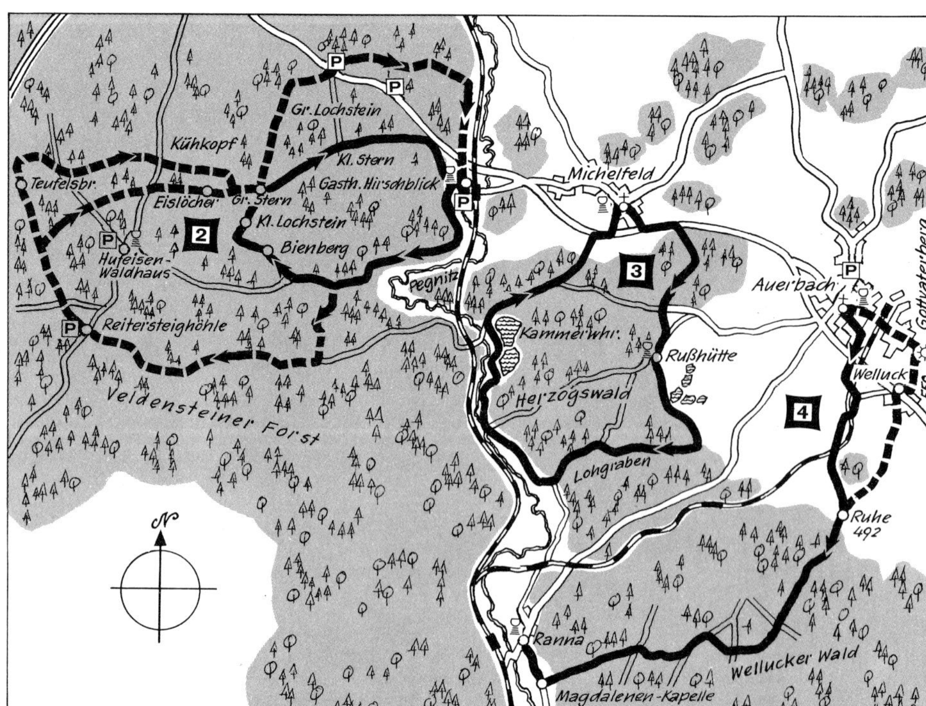

derung, die in den hellen Talauen der Pegnitz endet, den Auerbacher Gottvaterberg (550 m) besteigen, um sich an einer prachtvollen Aussicht über das umliegende Oberpfälzer Hügelland zu erfreuen. – Von der Ortsmitte (P.) von Auerbach aus läuft man durch die Obere Vorstadt nach Osten zur Kapelle hinauf und wendet sich dann südwärts über Welluck zur »Ruhe« (wie die Einheimischen sagen) aufwärts. Die Nur-Waldwanderer laufen beim Friedhof rechts die Sandstraße unter der Bundesstraße 85 durch, immer an der Bahn entlang, diese mehrmals querend, nach Sand und dort links aufwärts, am Wiesenhang und übers Bahngleis durch Jungwald auf die Ruhe

Auf dem Gottvaterberg bei Auerbach steht diese reizende Wallfahrtskapelle mit ihrem grazilen Zwiebeltürmchen.

(492 m). – Da beginnt das zweistündige Waldwandern durch den Wellucker Forst. Erst hält man sich etwa 40 Minuten südwestwärts bis zur zweiten Forststraße, dann schwenkt man genau nach Westen ein, bis man zwangsläufig die Weiher bei der Magdalenen-Kapelle erreicht. Da öffnet sich am Waldrand das sonnige Pegnitztal. – Von Ranna bringt Sie der Bahnbus nach Auerbach zurück. – Will jemand die Wanderung noch 2 Stunden ausdehnen, dann wird er im Südwestteil des Forstes die Maximiliansgrotte ansteuern, eines der großartigsten Naturwunder der Fränkischen Alb. Bitte beachten: Vor Wanderbeginn Busfahrplan Ranna – Auerbach prüfen.

Sehenswert

Pegnitz Altes Rathaus (16. Jh.), schöner Fachwerkgiebel ▪ Ev. Stadtpfarrkirche ▪ Idyllischer Marktplatz ▪ Zaußenmühle an der Pegnitz (1638) ▪ Vogelschutzanlage auf dem Buchauer Berg, Mai bis Oktober geöffnet ▪ Aussichtsturm, anstelle der Burg Böheimstein auf dem Schloßberg.

Veldensteiner Forst Naturpark; Wildgehege; Waldlehrpfad; imposante, skurrile Dolomitfelsen; Dolinengruppen und mächtige Einzeldolinenbrüche (Bärenloch, Teufelsbrunnen); Orchideen.

Michelfeld Ehem. Benediktinerabtei (1119), befestigt (15. Jh.), mit 6türmiger Ringmauer (jetzt Taubstummenanstalt: Kunststickerei); Klosterkirche (jetzt Pfarrkirche) von W. Dientzenhofer (1690), prachtvolle Ausstattung von den Brüdern Asam (1716–1721), Stuck von E. Quirin, Fresken von C. Damian ▪ Ehem. Marien-Kapelle (15. Jh.) ▪ Friedhofskirche St. Leonhard (1730); Rocailledekorationen (1750) ▪ Ölberg (17. Jh.) mit spätgotischen Steinfiguren (um 1500).

Auerbach i. d. Opf. Geburtsort des Arztes Dr. Stromer, der als Rektor der Universität Leipzig den Auerbach-Hof (1530) erbauen ließ, dessen Keller durch Goethes »Faust« bekannt wurde ▪ Stadtpfarrkirche St. Johann Baptist, ursprünglich gotisch, von G. Dientzenhofer erweitert und barock umgestaltet (1682) ▪ Anna-Kapelle (1730) mit Taufstein (1525) ▪ Rathaus, gotisch (1418) ▪ Friedhofskirche St. Helena, »nachgotisch« (1595 bis 1599); bemalte Balkendecke (1611) ▪ Romanischer Stadel im Hof des Hauses Nr. 105.

Sportmöglichkeiten

Pegnitz Hallenbad; Freischwimmbad ▪ Sauna ▪ Minigolf ▪ Tennis ▪ Reiten ▪ Angeln ▪ Kegeln ▪ Segelfliegen ▪ Trimm-dich-Pfad ▪ Skilift ▪ Kunsteisstadion.

Auerbach i. d. Opf. Freischwimmbad; Hallenbad ▪ Tennis ▪ Angeln ▪ Reiten ▪ Eisstockschießen.

Veranstaltungen

Pegnitz »Flinderer«, Starkbierausschank mit Schlachtschüssel, auf den die Brauer mit Kränzen aufmerksam machen, die über den Türen »flindern« (Samstag nach Pfingsten, eine Woche lang) ▪ Gregorienfest, Volksfest für den Schutzpatron der Schulen (3 Wochen nach Pfingsten).

25 Velden

Durch das Felsen-labyrinth der Fränkischen Alb

Bei Neuhaus wird aus dem sanften, hellen Wiesental, durch das sich bis dahin die Pegnitz schlängelt, eine enge und schattige Felsenschlucht. Das poesievolle, stille Dahingleiten der Flußwasser ist jetzt lebhafter, ungestümer, manchmal geht es sogar in recht heroisches Rauschen über, und nach der Einmündung des Hirschbachs bei Eschenbach wird die junge Pegnitz groß und erwachsen. Was gibt es also reizvolleres, als in diesem romantischen Labyrinth von Tälern und Flüssen, Wäldern, Felsen und Fernsichtpyramiden einige ausgiebige Wanderungen durchzuführen. Zur berühmten, schon von Wolfram von Eschenbach erwähnten Stammburg der Hartensteiner, die, massig und eindrucksvoll, auf der steilen Felsnase des Kreuzberges steht (Tour 1). Oder auf interessanten Klettersteigen, wie dem Norissteig und dem Hohenglücksteig, deren nicht zu starke Ausgesetztheit das Herz ein wenig schneller schlagen lassen. Sie leiten im zerklüfteten Felsgarten des »Schwarzen Brandes« um Neutras und Schmidtstadt (Tour 2) an bizarren Dolomitgebilden vorüber, die wie versteinerte Sagengestalten am Wege stehen. Wandervorschlag 3 wird zur Besteigung eines der schönsten Aussichtsberge der Frankenalb anregen, dem Ossinger (650 m) oberhalb Königstein und den grandiosen Übergang zur romanischen Bergkapelle Breitenstein bringen, während Tour 4 von Rupprechtstegen durch zwei bezaubernde Täler führt, das Ankatal und das Kipfental. – Mittelpunkt solch abwechslungsreicher Landschaftsschönheit ist die adrette, in einer Spitzkehre des Pegnitztales gelegene Sommerfrische Velden. Von ihr steigt man auf die Kalkhochebenen des früheren Jurameeresgrundes hinauf zu den vielen Höhlen und Grotten der Umgebung, der Bismarck-, Mysterien- und Vogelherdgrotte sowie der Geiß- und Petershöhle. Und vor allem ins Märchenschloß der Maximiliansgrotte.

1. Erinnerungen an Wolfram von Eschenbachs »Parzival«

Velden an der Pegnitz – Hartenstein – Neuhaus – Velden / 4–4½ Std., evtl. –5½ Std. / aussichtsreiche Bergwanderung, viel Wald, meist Schatten

Der Bahnhof Velden (P.) liegt am Ostrand des Ortes und einige Meter über der Talsohle. So steigen Sie also erst einmal zur Pegnitz ab, laufen bei der Eisenbahnbrücke auf dem Holzsteg über den Fluß und schnaufen am Steilhang zu den Hartensteiner Oberbergen hinauf. Damit ist aber die Steigerei auch schon zu Ende. Über waldige Höhen geht es nach Süden zum romantischen Schloß Hartenstein, das auf der anderen Talseite über der idyllischen Bergsiedlung steht. Wolfram von Eschenbach nannte es in seinem »Parzival« als Stammsitz der Hartensteiner. – Den Ort verläßt man auf der Teerstraße Richtung Achtel, doch schon nach 1 Kilometer nimmt man links den Fahrweg in ein Trockental und kommt über den Weißenstein und die Sulzfelsen nach Bärnhof. Aber noch vor dem Ort geht's rechts abwärts Richtung Finstermühle. Zum Schluß marschiert man bei einem Feldkreuz links auf dem Wiesenweg durch die Pegnitzauen, direkt an der Pegnitz nach Neuhaus. – Lohnende Umwege und Varianten dieser Tour sind: Forsthaus Rinnenbrunn – Bismarckgrotte – Mysteriengrotte oder auch zur Petershöhle. – Die Rückfahrt erfolgt von Neuhaus mit der Bahn.

2. In der Dolomitlandschaft »Schwarzer Brand«

Hirschbach (7 km S von Velden) – Neutras – Schmidtstadt – Hirschbach / 3–4 Std. / schattige Berg- und Kraxeltour mit schöner Fernsicht

Über dem lieblichen Hirschbachtal erstreckt sich nach Südosten ein Wandergebiet von besonderem Reiz. Zwischen Kiefernwaldungen und Buchenhainen stehen bizarre Kletternadeln und Kalkklippen. Hirschbach ist dafür der richtige Ausgangspunkt. Vom Gasthaus Goldener Hirsch (P.) geht's gegenüber der Sparkasse über die Brücke zum Norissteig, der von trittsicheren Wanderern ohne Schwierigkeiten begangen werden kann. Vorbei an Mittelbergwand, Frankenkamin und Noristörle, leitet dieser großartige Felsensteig nach Hegendorf. Dahinter wird's gemütlicher: Richtung Osten gelangen Sie zwischen Neutrasfels

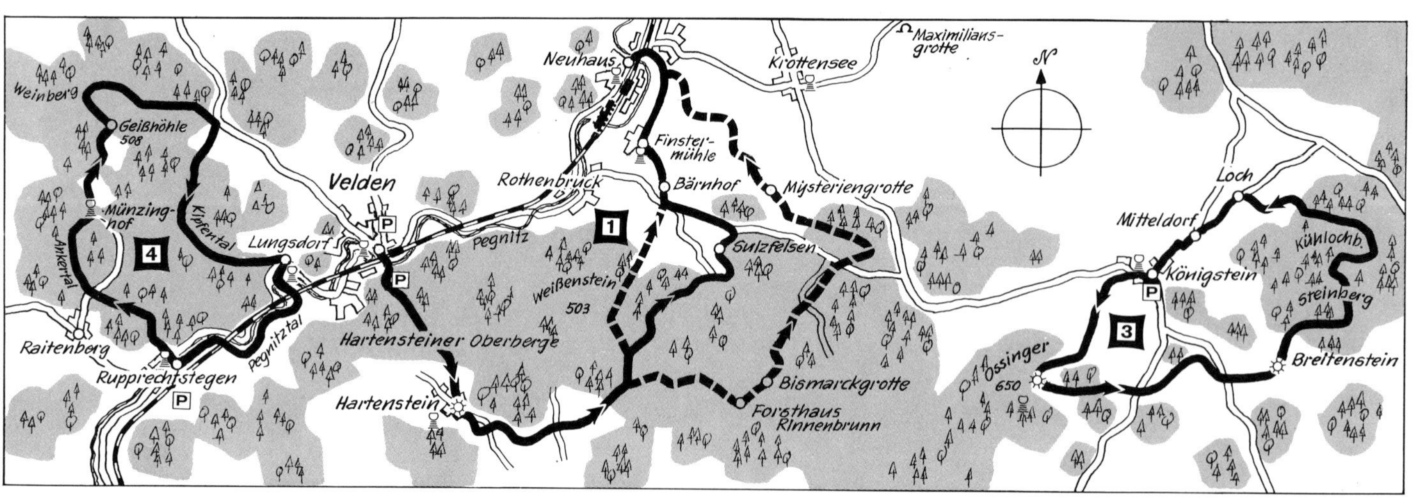

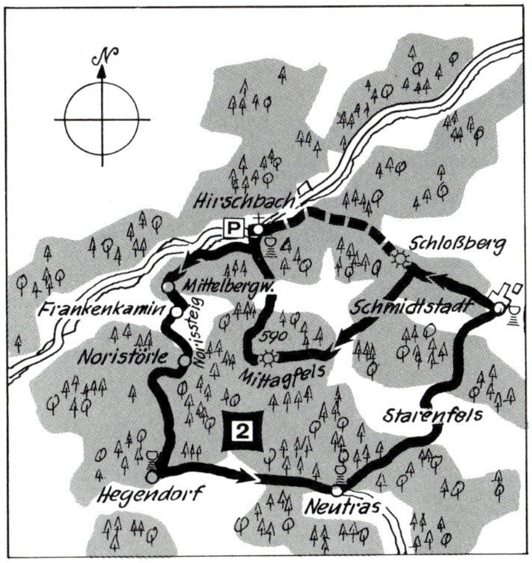

und Gemeindeberg durch Neutras zum Starenfels und nach Schmidtstadt. – Von der Ruine Schloßberg können Sie nun nordwestlich direkt ins Hirschbachtal absteigen, oder Sie laufen im West-Nord-Bogen zur Aussicht auf den Prellstein (590 m) und über den Hohenglücksteig nach Hirschbach abwärts.

3. Große Sicht vom Ossinger

Königstein (12 km Ö von Velden) – Ossinger – Breitenstein – Königstein / 3½–4 Std. / Bergtour und Höhenwanderung, umfassende Fernsicht, wenig Schatten

Königstein ist ein hübscher Ferienort in einem lieblichen Wiesenbecken am Südrand des Wellucker Waldes. Im Oktober und November werden die runden Waldkuppen der Umgebung herbstbunt, dazwischen stehen helle Felszacken und Kalkwände. Probieren Sie zu dieser Jahreszeit doch einmal die folgende Tour. – Vom hübschen Marktplatz (P.) führt die Neuhauser Straße 300 Meter bis vor das Gasthaus zur Sonne. Da links auf der schmalen Teerstraße steil nach oben. Auf dem Höhenrund wandern Sie südwärts

Burg Veldenstein bei Neuhaus an der Pegnitz wurde vor fast einem Jahrtausend als Bollwerk des Bistums Bamberg gegen die anstürmenden heidnischen Wenden erbaut.

Das Mühltor, ein alter Wehrturm des Stadtberings, der, in großen Teilen gut erhalten, noch heute das Pegnitzstädtchen Velden umgibt.

über dem Ort, dann durch eine kurze Waldzone bis auf den Aussichtsturm des Ossinger hinauf (650 m). Über die gesamte Fränkische Alb schweift von hier der Blick bis weit hinein in den Oberpfälzer Jura und zum Rauhen Kulm, hinter dem sich am Horizont die schwarzblauen Höhen des Fichtelgebirges als mächtige Abschlußkulisse aufbauen. Da möchte man schauen ohne Ende! – Der Höhenweg zum Kühlochberg bringt Sie hinüber nach Breitenstein mit seiner romanischen Doppelkapelle und zur Keltensiedlung Kühloch. – Von Mitteldorf erreichen Sie auf dem Wiesenweg rechts der Straße wieder Königstein.

4. Das Ankertal aufwärts – das Kipfental abwärts

Rupprechtstegen an der Pegnitz (4 km SW von Velden) – Münzinghof – Lungsdorf – Rupprechtstegen / $3\frac{1}{2}$–4 Std. / Tal- und Höhenwanderung, viel schattenspendender Wald

Rupprechtstegen ist ein malerischer Luftkurort in einem der schönsten Abschnitte des Pegnitztales. – Am nördlichen Dorfende leitet vom Parkplatz bei der Bachbrücke ein romantischer Weg ins enge Ankertal. An der Andreas-Kirche, einer riesigen Felsgrotte – Versammlungsort der ersten Christen – vorbei, kommt man oben auf der Höhe zum Gestüt Münzighof mit seinem Wirtshaus. Danach gibt es im Walde Hühnengräber zu entdecken, ehe zwischen Geißhöhle und Weinberg nordwärts eingeschwenkt wird. Nach 20 Minuten geht's rechts im Kipfental abwärts Richtung Lungsdorf und in ein gemütliches Gasthaus hinein. – Bei den letzten Häusern läuft man links über das Brückchen und durchzieht auf dem Pegnitz-Ostufer das Tal abwärts, über Wiesen und unter Bäumen am Waldrand, immer mit dem langsam strömenden Fluß bis nach Rupprechtstegen.

Sehenswert

Velden Pfarrkirche (1699); Ausstattung aus dem 14. und 16. Jh.; gotische Holzplastik am Hauptaltar (14. Jh.) ▪ Stadtpflegerschloß (1541) ▪ Schöne Fachwerkbauten; alte Stadtmauer mit Wehrturm ▪ Burg Hartenstein, Schloßruine.

Neuhaus Pfarrkirche (15. Jh.), barock umgestaltet (18. Jh.) ▪ Burg Veldenstein, früher bischöflich-bambergisch, teilweise durch Blitzschlag zerstört (1708); Bergfried und Ringmauer gut erhalten.

Hirschbach Malerischer Erholungsort im engen Hirschbachtal ▪ Kirche (13. Jh.) ▪ Alpine Klettersteige; eigenartige Felsbildungen des »Schwarzen Brandes«.

Maximiliansgrotte bei Krottensee Entdekkung 1835, eine der schönsten Höhlen Deutschlands mit Seen, Hallen und gewaltigen Tropfsteinbildungen, in 5 Stockwerken bis zu 60 m tief; Deutschlands größter Tropfstein »Eisberg« ▪ In der Nähe Vogelherdgrotte, Mysteriengrotte, Gunzenloch und 25 m lange Durchgangshöhle.

Königstein Ev. Pfarrkirche (um 1500), renoviert im 18. Jh. ▪ Kath. Pfarrkirche (1965); mit spätgotischer Marienfigur und burgherrlichen Grabplatten ▪ Johannis-Kapelle auf dem Kühberg, gotisch ▪ Breitenstein, romanische Burgkapelle (ganz seltene Doppelkapelle) ▪ Alpine Flora mit Orchideen.

Sportmöglichkeiten

Velden Hallenbad ▪ Angeln ▪ Reiten.

Hirschbach Klettern ▪ Angeln ▪ Trimm-dich-Pfad.

Eschenfelden Angeln ▪ Trimm-dich-Pfad ▪ Skilift.

Königstein Beheiztes Freischwimmbad.

Rupprechtstegen Freibad an der Pegnitz ▪ Reiten ▪ Angeln ▪ Klettern.

26 Hohenstein
Um die schönste Burg Frankens

Sie ist die Gralsburg der Franken, die Festung Hohenstein. So jedenfalls stellt man sich die sagenhafte Burg Parzifals vor. Bestimmt aber ist sie nicht nur die schönste Burg Frankens, sondern auch die stolzeste. Und damit nicht nur das Wahrzeichen der Hersbrucker Schweiz, sondern der Frankenalb überhaupt. Trutzig steigen ihre Zinnen, Türme und Mauern auf steil abfallendem Dolomitsockel aus der Talfurche des Sittenbachs herauf und überragen imposant die ihr zu Füßen liegende höchste Ansiedlung Mittelfrankens. Die Steine der Burg erzählen eine vielhundertjährige, wechselvolle Geschichte. Die Anfänge gehen bis zur letzten Jahrtausendwende zurück. In romanischer, staufischer Zeit entstanden der Pallas, die St.-Georgs-Kapelle und die gezahnten, hell leuchtenden Ringmauern. Konradin, der letzte, in Neapel hingerichtete Staufersproß, soll oft hier gewesen sein. Später wurde der Hohenstein wittelsbachisch, fiel 1504 an Nürnberg und wurde 1553 von Markgraf Albrecht Alcibiades zerstört. Nach dem Wiederaufbau trugen Ende des 16. Jahrhunderts ein Brand und 1632 der 30jährige Krieg zur Verwüstung der Burg bei. Aber sie überstand Feuer, Krieg und Plünderungen, bis zum heutigen Tag. – Jetzt nennt sich der kleine Ort eine Sommerfrische. Schon in dem Wort spürt man den Ozonreichtum der Höhenwege und schmeckt den Harzduft der Kiefernwälder auf der Zunge. Diesem Duft werden Sie auf allen Ihren Wanderungen um Hohenstein begegnen, vom Wachtfels über den Langenstein und die Osternoher Höhe bis zur lustigen Kletterei zwischen den Felsbrocken des alpinen Eibengrates bei Spies.

1. Höhenweg zum Wachtfels

Hohenstein – Treuf – Stöppach – Hohenstein / 3½–4 Std. / Höhenwanderung, teils Schatten, Sonne, Wald

Ein kaum anstrengendes Gehen durch lichte Waldstücke und zwischen stillen Wiesenrainen ist diese Wanderung über den langgestreckten flachen Höhenzug direkt unter der steil zum Himmel strebenden Hohensteiner Burg (P.). Auf schmaler Teerstraße macht man sich nach Osten davon, quert 5 Minuten später die Hauptstraße und erreicht in 20 Minuten Treuf. Aber noch vor dem Wirtshaus führt ein Feldweg rechts zu einem Hopfengarten und in der Mulde des sich von der Pegnitz heraufziehenden Mittelbergtales aufwärts über Steinleiten und Sandberg zur Aussicht bei Stöppach. Immer weiter südlich laufen Sie bis vor das große Straßengefälle. Da pirschen Sie rechts das Wiesenband zum Steingarten des Wachtfels und jetzt weglos, auf der Talkrone um den Stöppberg herum, durch den Laubwald nordwärts. Hier gibt es sogar im Oktober oft noch die herrlichsten Bräunlinge und Butterpilze zu finden. – Ganz plötzlich steht dann am Waldrand die Burg Hohenstein wieder in ihrer ganzen Pracht vor Ihnen.

2. Am Langenstein

Vorra an der Pegnitz (9 km Ö von Hohenstein) – Langenstein – Artelshofen – Vorra / 4½–5 Std. / Höhen- und Talwanderung, Halbschatten, Aussicht

In der Ortsmitte von Vorra an der Pegnitz wird geparkt und auf der Stöppacher Straße nach Westen durch die Bahnunterführung losmarschiert, hinter welcher links über die Bachbrücke der Höhenweg Richtung Düsselbach erreicht wird. Da

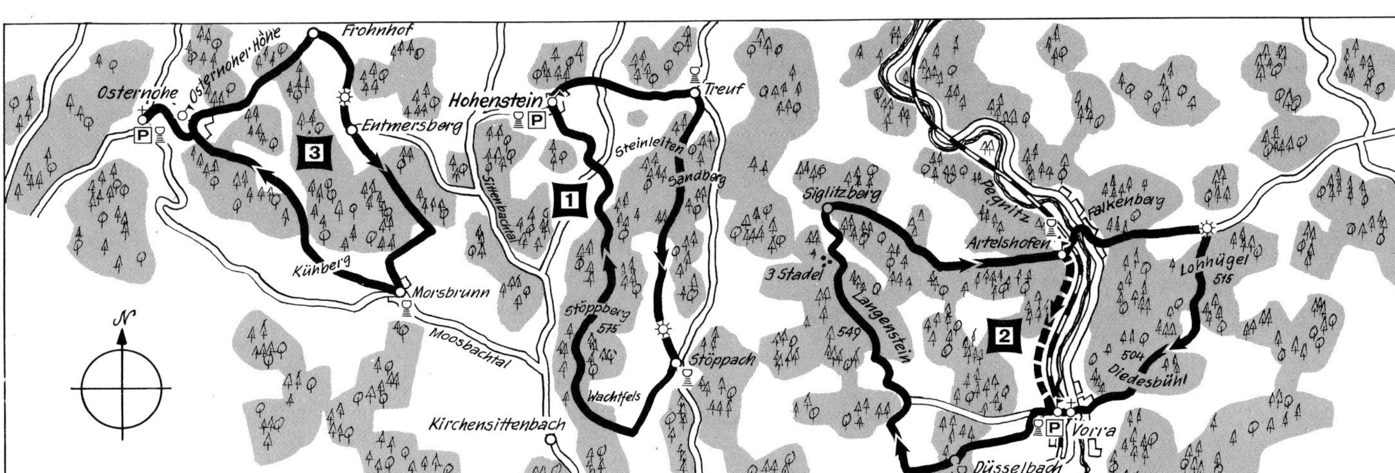

Lichtdurchflutete, nach Harz duftende Wälder um Wachtfels, Langenstein und Eibengrat laden Wanderer zur Durchquerung des Hohensteiner Landes ein und beschenken sie mit Ruhe, Erholung und frischer Luft.

steigt man aber nicht ins Tal ab, sondern hält sich oberhalb des Ortes in der Kurve der Teerstraße rechts weiter aufwärts und 5 Minuten später nordwärts. – Bei der Kreuzung mit der Stöppacher Straße (4 Wegweiser) promenieren Sie unter Birken geradeaus weiter zur Kalkklippe des Langensteins (548 m), einer alleinstehenden Kletterfelsgruppe auf dem Waldhügel. – Nordwärts bergab wendet man sich bei drei Stadeln links zu dem in großartiger Einsamkeit gelegenen Einzelhof Siglitzberg, an dem die Jahrhunderte bis heute scheinbar spurlos vorübergegangen sind, trotz unserer übertechnisierten Umwelt. Vor dem Hof wandern Sie rechts zum dicktürmigen Artelshofener Schloß talwärts. Hier gäbe es einen Weg im Pegnitztal nach Vorra. – Viel schöner jedoch ist es gegenüber, am Falkenberg vorbei, zur Höhe aufzusteigen. Dort gelangt man, mit viel Aussicht, in Südrichtung über Lohhügel und Diedesbühl wieder in das grüne Tal der Pegnitz zurück.

3. Über den Osternoher Schloßberg nach Morsbrunn

Osternohe (6 km W von Hohenstein) – Frohnhof – Morsbrunn – Osternohe / 3 ½–4 Std. / sonnige aussichtsreiche Bergwanderung

Rings um den zierlichen Fachwerkkirchturm im engen Osternoher Tal erheben sich laubbewaldete Berge. Einer von ihnen, der Schloßberg, ist das erste Wanderziel. Er trägt die Ruine der ehemaligen markgräflichen Amtsburg auf seinem breiten Rücken. – Vom Osternoher Gasthaus Goldener Stern (P.) geht man 10 Minuten lang auf der schmalen Bergstraße, steigt in der großen Rechtskurve beim Fachwerkhaus mit den grünen Fensterläden nach links die Treppen zum früheren Schloß hinauf und zieht hier links Richtung Waldrand über die Osternoher Höhe bergan und hinüber nach Frohnhof. Im spitzen Winkel gelangen Sie vom letzten Anwesen südwärts zum prachtvollen Ausguck auf die Burg Hohenstein und zu den Häusern von Entmersberg. Beim Fachwerkhaus aus dem Jahre 1886 wird rechts abgebogen und hinter einem Waldstück vom Wegkreuz aus wiederum rechts, tief unten im Tale Morsbrunn erreicht. – Der Rückmarsch erfolgt über die Kieferngruppe des Kühberges aufwärts zum Osternoher Schloßberg.

4. Der Eibengrat

Spies (9 km N von Hohenstein) – Eibengrat – Klausberg – Spies; 4–4 ½ Std. / Berg- und Klettertour, Schatten und Fernsicht

Unweit des Sendeturms Hohe Reut auf der Schermshöhe steigt der Spieser Schloßberg zu einer Höhe von immerhin 616 Metern auf. Um sich eine umfassende Orientierung über die heutige Tour zu verschaffen, sollte er am Anfang »erobert« werden. Am Milchhäusl in Spies (P.) geht es los: Zwischen uralten, herrlichen Bauernhäusern (an deren Außenwänden im Herbst lange Zwiebelzöpfe zum Trocknen hängen) auf der Dorfstraße im Bogen durch den Ort bergauf, bei

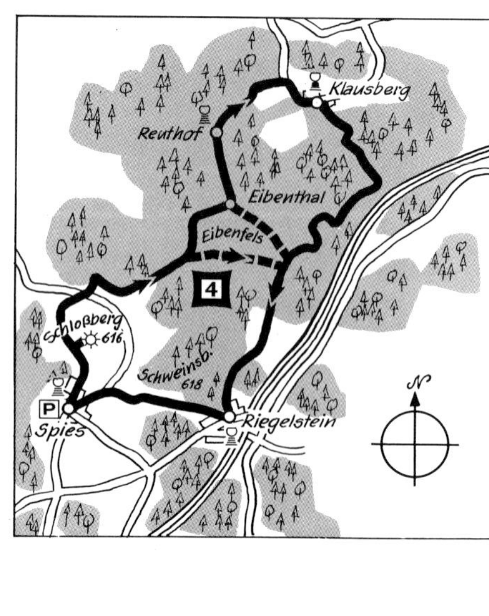

der Einsattelung rechts zur roten Bank unter der weitauslandenden Linde und weiter zu den Höhlen und Kalktürmen des Gipfels. – Auf Trittspuren gelangen Sie im Kiefernwald steil hinunter zum Skilifthaus an der Hauptstraße und gegenüber am Waldsaum in den Felsgarten des Eibengrates, den Geübte und Trittsichere auf einem prickelnden, aber sicheren Wandersteig begehen können. Wem die Sache nicht ganz geheuer ist, der wandert daran vorüber nach Eibenthal, Reuthof und Klausberg, stets im Walde nach Norden. Südöstlich geht's hier Richtung Autobahn und in gebührender Distanz von ihr durch Riegelstein westwärts nach Spies.

Sehenswert

Hohenstein Burgruine (11. Jh.), Ausbau in romanisch-staufischer Zeit, später wittelsbachisch, ab 1554 nürnbergisch, 1553 zerstört, Wiederaufbau, schwere Beschädigungen im 30jährigen Krieg (1632); Pallas, St.-Georgs-Kapelle und massive Bewehrung erhalten.

Vorra Sehensw. Pfarrkirche u. altes Schloß.

Artelshofen Spätmittelalterl. Wasserschloß.

Osternohe Pfarrkirche mit Fachwerkturm; Vierzehn-Nothelfer-Altar (15. Jh.) ▪ Schloßberg mit Ruine der markgräflichen Amtsburg.

Simmelsdorf (6 km W von Osternohe) Fachwerkschloß, Stammsitz der Freiherren von Tucher, Nürnberg.

Die wuchtigen Burgreste der ehemaligen Stauferfestung Hohenstein zeugen, weithin sichtbar, von der wechselvollen Geschichte des umliegenden Landes.

Sportmöglichkeiten

Hohenstein Skilauf (Lift).

Vorra Freischwimmbad ▪ Paddeln; Rudern.

Spies Klettern am Eibengrat ▪ Skilift.

Simmelsdorf (6 km W von Osternohe) Skilauf (Lift) im Skigebiet »Bayrische Weltkugel« ▪ Eissport.

27 Lauf
Hoch über dem Tal der unteren Pegnitz

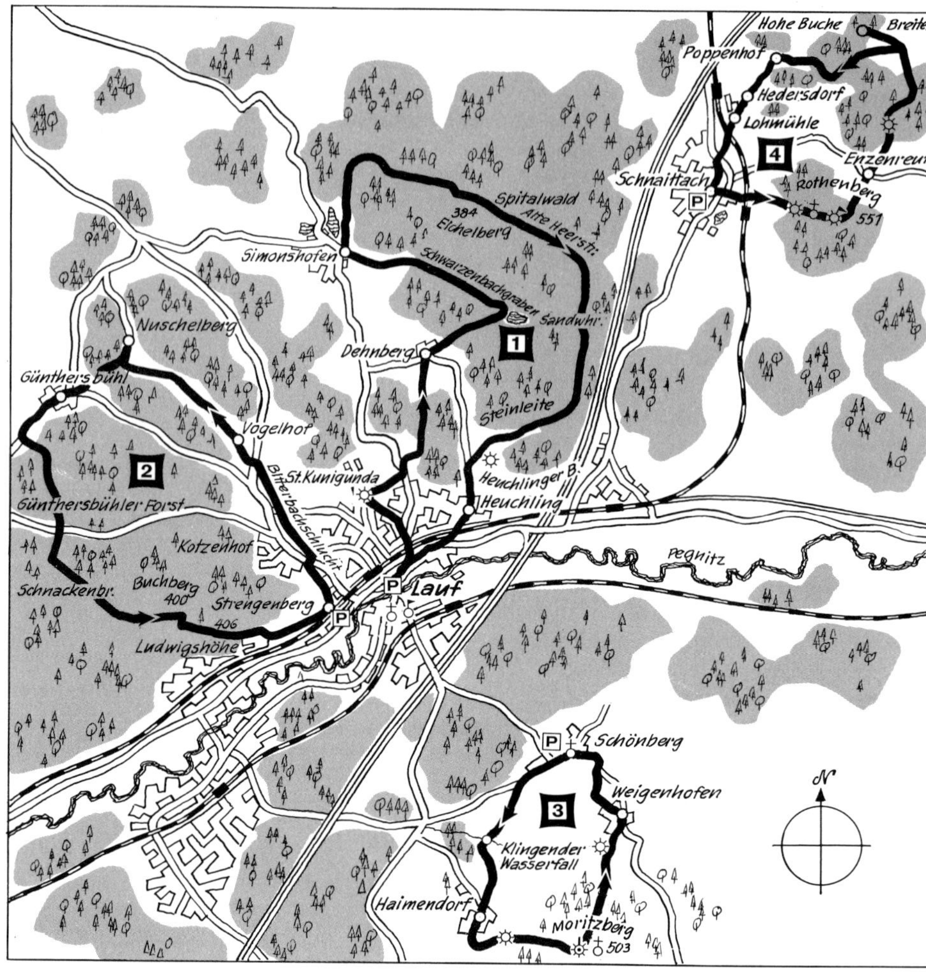

An transparenten Tagen im Spätherbst schwebt die runde Insel des Moritzberges lichthell und beinahe unwirklich über dem kieferngrünen Waldmeer des Mittelfränkischen Beckens. Zauberhaft ist an solchen Tagen der Gang vom alten Bauerndorf Schönberg da hinauf, prachtvoll dann von seinem Gipfel die Aussicht auf das Häusermeer der Reichsstadt Nürnberg und über die weit sich dehnende, nicht enden wollende Bergwelt der Frankenalb. Aber auch im Frühjahr lohnt sich eine Besteigung über die blumenübersäten Hänge des Moritzberges als ein Erlebnis ganz besonderer Art, denn viele seltene Pflanzen blühen zu dieser Zeit am »Orchideengärtlein der Frankenalb«. – Beinahe genauso schön und aussichtsreich sind die drei anderen Wanderungen in der Umgebung von Lauf. Aus der Tiefe des Schnaittachtales bringt Sie ein herrlicher Aufstieg zu den massiven Bastionen der Festung Rothenberg. Über den Kunigundenberg führen stille Wege in die Koniferenlandschaft des Nürnberger Spitalwaldes. Und durch die wildromantische Schönheit und Unberührtheit der Bitterbachschlucht leitet eine großartige Wanderrunde im lichten Mischwald des Günthersbühler Forstes zur Pegnitztalsicht von der Ludwigshöhe. Viel Einsamkeit gibt es dort und kaum Autos, und viel Erholung beim geruhsamen Wandern. – Am Abend aber ist gut rasten bei üppiger Frankenkost, wie etwa in Lauf beim »Schwarzen Bär« und »Weißen Lamm« oder beim »Wilden Mann«. In Schnaittach lockt der »Kampfer« und der Gasthof »Oberes Tor« und in Rothenberg der Wirt vom »Rothenberg«.

1. Von St. Kunigunda in den Spitalwald

Lauf an der Pegnitz – St. Kunigunda – Simonshofen – Lauf / 4–4½ Std. / hügelig, sonnig, aussichtsreich

Den Marktplatz der mittelalterlichen Stadt Lauf (P.) verläßt man nach Nordwesten, marschiert die Simonshofener Straße über die Bahn und halblinks auf der Wiesenstraße bis zur Kunigundenstraße. Nun rechts hinauf zur Aussicht über das sich weit öffnende Pegnitztalbecken. Hinter dem neugotischen Kirchlein St. Kunigunda geht's ostwärts bergab ins Wiesental, in dem die Simonshofener Straße gequert wird. Beim Weiher hält man sich links nach Dehnberg aufwärts und von der Kirche nordöstlich ins liebliche Tal der Sandweiher. Hier leiten Schwarzenbach und Bachgraben zum Veigelweiher in Simonshofen. Jetzt wandern Sie streng nördlich in den Wald hinein, schlagen auf der Höhe des Kühreuths und Eichelberges einen Bogen durch den Spitalwald, erst nach Osten, dann nach Süden und erreichen auf der alten Heerstraße das Hüttenbachtal. – Aber noch ehe das Brausen und die Abgase der über die Autobahn jagenden Benzinkarossen zu intensiv werden, wendet man sich westwärts zur Steinleite und über den Heuchlinger Berg ins mittelalterliche Lauf an der Pegnitz.

2. Durch die Bitterbachschlucht zur Ludwigshöhe

Lauf an der Pegnitz – Bitterbachschlucht – Günthersbühl – Lauf / 4–4½ Std. / Tal- und Hügelwanderung, sonnig, wald- und aussichtsreich

Am Südausgang von Lauf befindet sich westlich der Pegnitz hinter dem großen Bahnviadukt in der Schützenstraße ein Parkplatz. Unter der mächtigen Eiche an dessen Nordseite wandern Sie ins stille Bitterbachtal, steigen 5 Minuten später über Treppen zur hohen Brücke auf, überqueren sie aber nicht, sondern halten sich dahinter links bergab zum Naturbad und erreichen jenseits der Eschenauer Straße das Landschaftsschutzgebiet Bitterbachschlucht. Nach gut ½ Stunde wird wieder die Straße gequert und jetzt zum gemütlichen Gasthaus Hallerschlößchen in Nuschelberg aufgestiegen. Am südlichen Ortsende geht es talwärts und nach einigen Minuten wieder bergauf zu den Häusern von Günthersbühl. Die Ortschaft wird nach Südwesten durchstreift, doch 200 Meter nach dem letzten Haus wendet man sich von der Teerstraße links in den Günthersbühler Forst und gelangt, an Schnackenbrunnen und Buchberg vorbei, in 1 Stunde zur Ludwigshöhe. – Eine schmale Straße und markierte Abschneider führen Sie jetzt abwärts zum Parkplatz an der Schützenstraße.

3. Auf dem Moritzberg

Schönberg (5 km Ö von Lauf) – Moritzberg – Weigenhofen – Schönberg / 3½–4 Std. / sonnige Bergtour mit großer Fernsicht

5 Kilometer östlich vom lebhaften Treiben der Stadt Lauf liegt das altertümliche Bergdorf Schönberg, ruhig und fern der großen Durchgangsstraßen, auf dem Nordhang des Moritzberges. Vom Turm der trutzigen Wehrkirche (P.) laufen Sie den Marktplatz nach Westen und kurz hinter dem letzten Haus bei einer Buschgruppe halblinks über freies Feld, unter einer Hochspannungsleitung durch, zum Waldrand. Im düsteren Bachgraben erreichen Sie den »Klingenden Wasserfall« und jenseits auf dem Ziehweg die Höfe von Haimendorf. Am Südrand des Dorfes beginnt gen Osten der Aufstieg zum Moritzberg, erst flach und sichtreich über Wiesen, dann steiler unter schattigem Mischwald. – Oben auf dem Gipfel (603 m) befindet sich ein Aussichtsturm, von dem Sie weit ins Nürnberger Land hineinschauen können. Daneben steht eine 500 Jahre alte Kapelle, die dem Hl. Mauritius geweiht ist. Außerdem gibt es noch ein Berggasthaus mit einem herrlichen Biergarten. Nach Beendigung der ausgiebigen Verschnauf-, Seh- und Vesperpause wird nordwärts in gut 1 Stunde über Weigenhofen nach Schönberg abgestiegen.
Bitte beachten: An Sonntagen herrscht auf dem Moritzberg viel Ausflugsbetrieb.

4. Vom Rothenberg zum Breitenberg

Schnaittach (8 km N von Lauf) – Rothenberg – Poppendorf – Schnaittach / 4 bis 4½ Std. / aussichtsreiche, sonnige Bergwanderung

Einer griechischen Akropolis gleich steht die Festung Rothenberg steil über dem engen Schnaittachtal. Zu ihr steigt man vom Rathaus (P.) in Schnaittach auf. An der Kirche vorbei, wandern Sie zum Bahnhof hinunter und auf der anderen Talseite unter Apfelbäumen kerzengerade zum Berggasthaus Rothenberg hinauf. Da gibt es die erste große Aussicht. In wenigen Minuten leitet von hier ein schmaler Steig zum wuchtigen Fernsichtplateau der Festungsruine. – Nach Norden schlendert man anschließend zum Sattel beim Rabenshofer Kreuz abwärts und über Enzenreuth auf der sichtreichen Hochebene, am Enzenstein und den Sieben Quellen vorüber, zur Rast bei der Hohen Buche auf dem Breitenberg. – Im Tal des Dörningbachs kommen Sie südwärts schließlich nach Poppenhof und entlang des Osternoher Bachs über Hedersdorf und Lohmühle nach Schnaittach.

Auf einer Pegnitzinsel steht seit über 600 Jahren in Lauf die Kaiserburg Karls IV., das sog. Wenzelschloß. Sein gotischer Wappensaal ist mit 115 in Stein gehauenen Wappen geschmückt.

Als ungestümer Bergbach springt die Pegnitz von der Fränkischen Schweiz ins flache Nürnberger Land hinunter und wird dort zum ruhig dahingleitenden Flüßchen, in dem sich die Türme und Fachwerkhäuser von Lauf spiegeln.

Sehenswert

Lauf a.d.Pegnitz Wenzelschloß auf der Pegnitzinsel, die Kaiserburg Karls IV (1360) mit gotischem Wappensaal (115 in Stein gehauene und bemalte Wappen); der Kaisersaal wurde um 1700 durch eine Stuckdecke barock gestaltet ▪ Stadtpfarrkirche St. Johannis (14. Jh.); mit Grabplatten Nürnberger Patrizier; Kruzifix von 1498; barocke Ausstattung (1692–1700) ▪ Ruine der 1553 zerstörten gotischen Kirche St. Leonhard (ursprünglich Pfarrkirche) mit eigenartigem Dachreiterturm ▪ Glockengießerspital (1374) mit stimmungsvollem Hof ▪ Historischer Marktplatz mit Rathaus (16. Jh.) ▪ Reste der Stadtmauer mit Nürnberger Tor (14. Jh.) und Hersbrukker Tor (15. Jh.).

Schnaittach Ruine Rothenberg mit wechselvoller Geschichte, erst burggräflich, dann böhmisch (1360), kurpfälzisch (1410), bayerisch (1601), im Spanischen Erbfolgekrieg geschleift, Wiederaufbau (1715–1743), interessante Kasematten ▪ Kalvarienberg mit Barockkirche und Kreuzgang ▪ Heimatmuseum mit 22 Ausstellungsräumen.

Moritzberg Got. Mauritius-Kapelle (15. Jh.).

Sportmöglichkeiten

Lauf a. d. Pegnitz Freibad Bitterbachtal; Hallenbad ▪ Tennis.

Schnaittach Freischwimmbad; Kneipp-Anlage ▪ Skilift ▪ Eislauf.

28 Hersbruck

Zwischen Felsnadeln und Kalkwänden der Hersbrucker Schweiz

Auf dem Dillenberg bei Cadolzburg, in der Nähe von Burggaillenreuth südlich der Wiesent und immer wieder im fränkischen Raum begegnet der Wanderer den Druidensteinen und Druidenhainen. Sie waren uralte Kultstätten der geistigen Führungselite des bronzezeitlichen Kulturvolkes der Kelten, das im 2. und 1. Jahrtausend v. Chr. in Zentraleuropa siedelte und unter seinem Feldherrn Brennus nach der Schlacht an der Allia (387 v. Chr.) bis Rom vordrang und dort das Kapitol belagerte. Diese Intellektuellenkaste der Druiden bestand aus Natur- und Moralphilosophen, die als Literaten und Ärzte, Richter und sternenkundige Priester zu mystischen Versammlungen in Eichenhainen (griechisch drus = Eiche) zusammentraten. Eine der bedeutendsten keltischen Kulturepochen von etwa 700–400 v. Chr. nennt sich nach den Ausgrabungen oberhalb des oberösterreichischen Städtchens Hallstatt am gleichnamigen See; eine flache Stelle am Neuenburger See in der Schweiz gab der La-Tène-Zeit (etwa 450–50 v. Chr.) ihren Namen. 1858 wurden dort große Mengen Schwerter, Speere und Werkzeuge gefunden. – Ehe sich die keltischen Völkerstämme um die Zeitenwende im Schmelztiegel der Römer und Germanen verloren, bewohnten sie auf hohen Bergen geräumige Fliehburgen, die mit für die damalige Zeit ge-

Außer den Bergwanderern kommen in der Fränkischen Schweiz vor allem die Kletterer auf ihre Kosten: Kamine und Rinnen, Traversen und Türme vermitteln ihren Begehern nicht nur das prickelnde Gefühl der Gefahr, sondern auch die Befriedigung, oft recht schwierige klettertechnische Leistungen vollbracht zu haben.

waltigen Ringwällen befestigt waren, wie die Finsterlohrer Volksburg auf der Tauberhöhe bei Creglingen (Tour 6/3), den Staffelberg am Main (Tour 11/2) und die mächtigen Befestigungsanlagen zwischen Altmühl und Donau um die Befreiungshalle bei Kelheim (Tour 40/2), den Hesselberg (Tour 46/1) und die Wülzburg bei Weißenburg (Tour 47/1). Und oberhalb Happburg, hoch über der Pegnitztalsohle auf einem Kalkfelsplateau der Hersbrucker Schweiz, die Houbirg. Nach drei Seiten fallen ihre Mauern steil in tief eingeschnittene Talschluchten ab. 4 Kilometer sind ihre bis zu 13 Meter hohen Wälle lang, ein riesiges Wohnfestungsbauwerk, oder, wie die Römer sagten, Gallieroppidum, zu dem Sie am Anfang der dritten Hersbrucker Wanderung hinaufsteigen.

1. Großer und Kleiner Hansgörgl

Altensittenbach (1 km W von Hersbruck) – Hansgörgl – Oberkrumbach – Altensittenbach / 4–4½ Std. / wald- und aussichtsreiche Bergtour, viel Schatten

Unmittelbar neben der Brücke über den Sittenbach steht in Altensittenbach, am westlichen Stadtrand von Hersbruck, das Gasthaus Spessart (P.). Von ihm läuft man auf der Hauptstraße nach Westen, nimmt den »Höhensteig« rechts bergwärts, an den Stangen eines Hopfengartens vorüber, zur Hansgörglstraße und schnauft auf ihr weiter den Hirtenbühl bergan. Bei der folgenden Straßenteilung wird links geblieben und sanft aufwärts (linker Hand gäbe es »Im Anger« eine 1000jährige Eiche anzuschauen) zum Wasserbehälter am Waldrand gestiegen, von dem man in nochmals ½ Stunde den Großen Hansgörgl erreicht. In überdimensionaler S-Kurve führt nun ein fast ebener Wanderweg durch den Wald Richtung Norden und Osten zum Kleinen Hansgörgl und weiter nach Westen und Norden auf dem bewaldeten Höhenzug ins Krumbachtal zu den idyllischen Fachwerkhäusern von Oberkrumbach. – Von hier marschiert man entweder auf der schmalen Teerstraße nach Unterkrumbach hinunter und, am Sittenbach entlang, über Kühnhofen und die Hagenmühle zum Gasthaus Spessart. Oder man zweigt in Oberkrumbach, beim Brunnen vorm Gasthaus Lederer, rechts ab, hält sich etwas abwärts, dann links steil aufwärts und gelangt über den Stollenberg zum Wasserschloß in Kirchensittenbach. Dort wartet der Bus zur Rückfahrt nach Altensittenbach.
Bitte beachten: Die Busverbindung Kirchensittenbach – Altensittenbach gibt es nur montags bis freitags, erkundigen Sie sich daher nach dem Fahrplan!

2. Weite Sicht vom Arzberg

Henfenfeld (4 km SW von Hersbruck) – Arzberg – Ellenbach – Henfenfeld / 5–5½ Std. / Bergtour mit viel Wald, Schatten und Sicht

In der Nähe der Henfenfelder Kirche – 4 Kilometer südwestlich von Hersbruck – sollten Sie diesmal ihren fahrbaren Untersatz abstellen und vom Schloßeingang an der Schloßmauer weiter bergwärts steigen. Über freies Feld geht es zum Waldrand und hinauf zum Sportplatz. Auf dem Höhenweg wandert man unbeschwert und ohne Anstrengung, weil eben und gerade, über den Vogelherd und Reschenberg zum Gasthaus Edelweiß-Hütte oberhalb von Kruppach. Hier gibt es den großen Schwenk nach Norden in Richtung auf den Arzberg-Aussichtsturm und steil abwärts durch Ellenbach ins Leutenbachtal, bis an den Südrand von Hersbruck. Hinter Weiher quert der Weg den Bauernschlag und erreicht Henfenfeld.

3. Bergauf zur Keltenfestung Houbirg – bergab ins Molsberger Tal

Happurg (4 km SÖ von Hersbruck) – Förrenbach – Molsberg – Happurg / 5–5½ Std., evtl. 3–3½ Std. / Berg- und Talwanderung, Fernsicht, teils Schatten

Das Brunnenbuberl auf dem Marktplatz von Happurg (P.) ist der Ausgangspunkt für diese abwechslungsreiche Tour. Schöffenstraße und Grabenstraße leiten steil aufwärts zum Kriegerdenkmal. Dort geht's links auf engerem Weg steil weiter zur Ringwallanlage der Houbirg, die nach Osten Richtung Reckenberg durchschritten wird. Hier wendet man sich südwärts zum Eichelberg und nach Arzlohe, erreicht die Kapellruine »Zum Heiligen

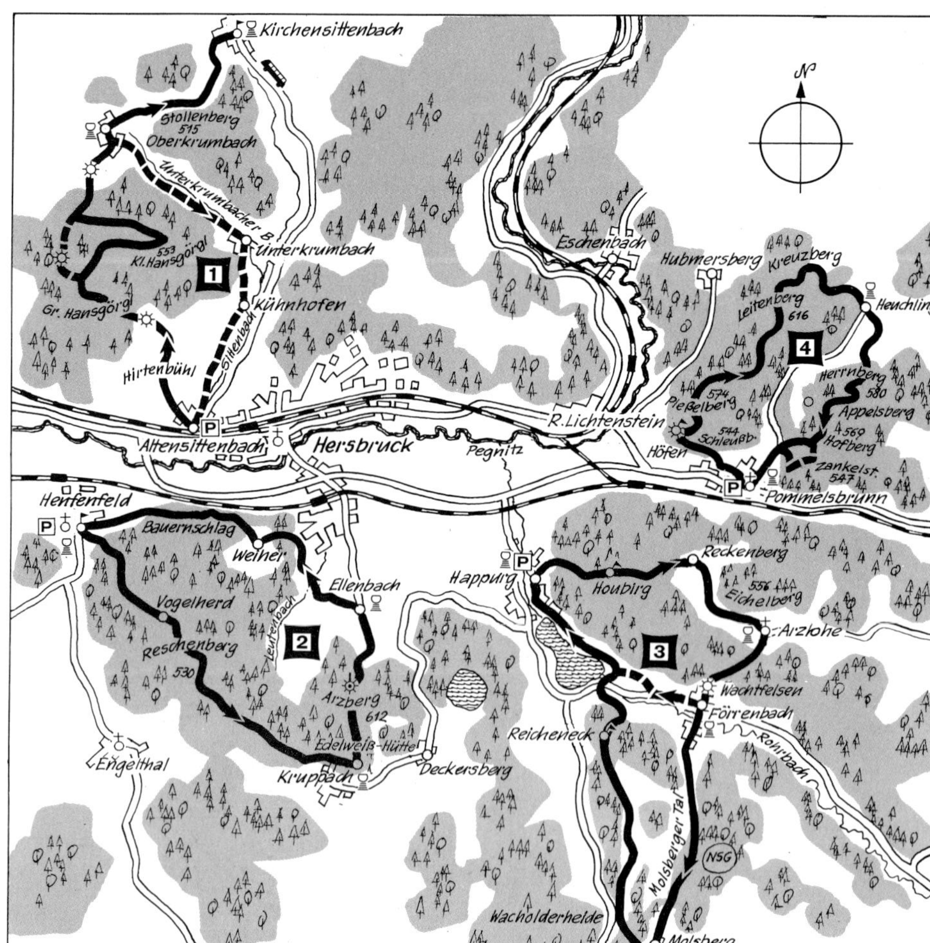

E EN 10. XII. 93 Fre

mit ganz eigenem Flair

sich die historischen Bauwerke sozusagen „im Vorübergehen"

Amtsgericht untergebracht ist. Foto: Daut

us, so dass eine Erhöhung und rweiterung durchgeführt wurde. as Schloss ist von einem Zwinger mgeben. Vom Hof führte einst eine ugbrücke zum Schlossplatz und amit zur Stadt. Heute ist dort ein ster Übergang zum Amtsgericht, as hier untergebracht ist.

Am Schlossplatz sollte man das tadtschreiberhaus und das Schloss-räuhaus beachten. Über die Kirch-asse gehen wir hinüber zur Stadt-rche St. Maria, die als Eigenkirche es Klosters Bergen an der Donau, as hier Besitzungen hatte, gestiftet urde. Sie entwickelte sich jedoch hnell zur Stadtkirche. Das Turm-ntergeschoss stammt noch aus dem ./14. Jahrhundert. Vor der Mitte des . Jahrhunderts wurde das Kirchen-hiff erneuert, der Chor barocki-ert.

In St. Maria kann der Besucher s wohl bedeutendste Kunstwerk Hersbruck bewundern: den spätgotischen Schreinaltar, der von einem unbekannten Künstler um 1480 geschaffen wurde.

Glücklicherweise hielten sich die Schäden am Ende des Zweiten Weltkriegs in Hersbruck in Grenzen, so dass die alte Bausubstanz im wesentlichen erhalten geblieben ist. Dennoch gewinnt der Besucher nicht den Eindruck, in einem historischen Disneyland zu sein, das für den Tourismus herausgeputzt ist, denn jedes Gebäude erfüllt einen Zweck, wird sinnvoll und stilgerecht als Wohn- oder Geschäftshaus genutzt. Vielleicht wirkt aus diesem Grund in Hersbruck alles in der Altstadt so solide und echt.

MANFRED MÜMMLER

Anfahrt mit der Regionalbahn R 3 zum Bahnhof rechts der Pegnitz. Über die Nürnberger Straße zum Rathaus.

Nürnbergs Basketballer müssen nach Ansbach

Die Warnung sitzt

Das ConSors-Team hatte schon im Hinspiel viel Mühe

NÜRNBERG (nn) — Gleich eine Woche nach dem knappen Sieg im Frankenderby gegen Breitengüßbach steht für die Basketballer von ConSors Nürnberg das nächste Prestigeduell auf dem Spielplan der 2. Bundesliga: Am Sonntag um 17 Uhr müssen sie beim TSV Ansbach in der Weinberghalle (Herbartstraße) antreten.

Ein Blick auf die Tabelle zeigt, warum die Nürnberger klarer Favorit sind. Mit 20:6 Punkten führen sie zusammen mit Karlsruhe die 2. Liga an. Der TSV Ansbach hat mit 10:16 Zählern dagegen nur zwei Punkte Abstand zu den Abstiegsrängen. Genau diese scheinbar klare Ausgangskonstellation birgt für ConSors-Trainer Klaus Pilling aber auch Gefahr. „Wir dürfen den TSV auf keinen Fall unterschätzen. Schließlich ist auch kürzlich der Tabellendritte Freiburg dort regelrecht untergegangen", meint er.

Und schließlich sind die Nürnberger gewarnt. Schon beim 79:76-Erfolg im Hinspiel taten sie sich unerwartet schwer, bekamen vor allem den Ansbacher Spielmacher Dean Jenko kaum in den Griff. Der zählt mit 22 Punkten im Schnitt pro Spiel zu den besten Werfern der 2. Basketball-Bundesliga. Am Sonntag soll Zvonimir Paradzik die Kreise des dynamischen Jenko stören. Besonders motiviert ist auf Nürnberger Seite Thomas Rißmann, der im Vorjahr noch für Ansbach spielte. Er will zusammen mit dem Amerikaner John Roberson und dem abwehrstarken Karim Aw unter den Körben den Ton angeben.

Thomas R

Ice Tigers sind zweimal im Einsatz

Wichtige Partien

Nürnberger erwarten Rosenheim und müssen Hannover aufsuchen

NÜRNBERG (nn) — „Ein bisschen müde, aber sonst okay" — so beschreibt zumindest Manager Otto Skyora das Befinden der Nürnberg Ice Tigers nach ihrem Moskau-Trip im Rahmen der Europaliga.

Am Wochenende holt allerdings der Alltag die Mannschaft von Trainer Peter Ihnacak wieder ein, denn dann stehen erneut zwei Punktspiele in der Deutschen Eishockey-Liga (DEL) auf dem Programm: Am Samstag um 15 Uhr erwarten die Nürnberger auf eigenem Eis die Starbulls aus Rosenheim und tags darauf müssen sie die Hannover Scorpions aufsuchen (18.30 Uhr).

Bis auf Daniel Kunce sind alle Akteure gesund aus Moskau zurückgekehrt. Der Abwehrspieler hat sich eine Gehirnerschütterung zugezogen, so dass sein Einsatz am Wochenende fraglich ist. Verzichten müssen die Eistiger zudem weiter auf Alexander Cherbajew. Der Russe ist wegen einer schweren Erkrankung seiner Mutter noch in Moskau geblieben. „Wann er wieder kommt, ist ungewiss", sagt Sykora.

Beide Partien sind für die Nürnberger von einem besonderen Stellenwert, „denn sowohl Rosenheim als auch Hannover sind direkte Konkur-

Röthenbach beschließt Vorrund

Zwei Heimspiele

Am Samstag um 18 Uhr gegen Ue dingen, am Sonntag gegen Lübec

RÖTHENBACH/ST. WOLFGAN (Eig. Ber./ay) — Mit zwei Heimspiele gegen Bayer Uerdingen am Samst um 18 Uhr und Ex-Meister VfB Lübe am Sonntag um 16 Uhr beschließen d Tischtennis-Damen des TSV Röthen bach die Bundesliga-Vorrunde.

„Ein negatives Punktekonto könn wir in der Hinserie nicht mehr bekon men. Damit hatten wir zu Saiso beginn auf keinen Fall gerechnet meint TSV-Abteilungsleiterin Lyd David, die nicht davon begeistert i zwei attraktive Gegner innerhalb v 22 Stunden empfangen zu müssen.

Der heimische Tabellenfünfte (9 Zähler) rechnet sich gegen Uerding (7./6:10) auf jeden Fall mehr aus a gegen den Europapokal-Halbfinalge ner VfB Lübeck (3./10:4). Dieser ka zwar nicht mehr auf die Rumän Antonela Manac zurückgreifen, h jedoch mit Nationalspielerin Ol Nemes, der Schwedin Asa Svenss der Ex-Röthenbacherin Christi Fischer und der Russin Irina Kotikhi (früher Klettham-Erding) Spieleri nen, die die Endrunde erreichen sollt

Nicht so stark einzuschätzen Bayer Uerdingen, das mit vier Auslä derinnen antritt: Wei Fangyin (Chin Sventlana Ganina (Russland), Ger

n (Mitte) kehrt als Gegner zu seinem früheren Verein zurück. Foto: Distler

eim Derby der Zweitliga-Ringer

ohannis Favorit

orgen ab 19.30 Uhr — Auch SC 04 st sich nicht in Karten schauen

NÜRNBERG (Eig. Ber./ay) — Vor em ums Prestige geht es am Samstag 19.30 Uhr in der Halle am Zeisigweg m Derby der Zweitliga-Ringer von annis 07 und SC 04 Nürnberg.

auch wenn die Gastgeber die Hoffgen von Trainer Fred Pscherer und r Anhänger in dieser Saison, zum auch durch eine Serie von Verletgen bedingt, nicht erfüllen konn- sind sie gegen die Staffel von der lnerstraße Favorit. Mit 40:60 taxiert Trainer Gerd Felbinger („Bei uns einige damit beschäftigt, Gewicht machen") die Aussichten seiner n. So recht in die Karten schauen en sich jedoch weder er noch sein genüber Pscherer.

ei Johannis 07 rechnet man mit dem satz von Pedro Michalak, der zwar er noch Beschwerden wegen sei- Rippenverletzung hat, aber aufoten werden soll. Klar ist, dass Sotnti nicht zur Verfügung steht. hr wird aber nicht verraten", sagt nschaftssprecher Bernd Rieger. h auch dem Lokalrivalen ist klar, Pscherer als ein Meister der Taklie eine oder andere Überraschung dem Ärmel ziehen wird.

er SC 04 hofft, dass der verletzte

Luftpistolen-Bundesliga in Fürth

Das Ziel ist nahe

Dynamit will mit zwei Siegen als Tabellenführer in deutsche Endrunde

FÜRTH (Eig. Ber./ay) — Unbedingt als Tabellenführer wollen die Luftpistolen-Schützen der SSG Dynamit Fürth die Wettkämpfe der Bundesliga Süd abschließen, um in der deutschen Endrunde eine Chance zu haben, zumindest unter die letzten Vier zu kommen. Zwei Siege am Wochenende brächten sie bereits ans Ziel.

Gegner der Fürther Fünf, mit 6:2 Punkten Erster, sind bei Dynamit Nobel in der Kronacher Straße am Samstag um 19 Uhr der ESV Weil/Rhein (6./2:6 Zähler) und am Sonntag um 12 Uhr die SGi Ludwigsburg (3./6:2). Dem Fürther Coach Christian Huber kommt die Reihenfolge gelegen. „Es ist besser, am ersten Tag auf einen etwas leichteren Gegner zu treffen." Wobei die Südbadener nicht zu unterschätzen sind, denn ihr einziger Sieg besiegelte die einzige Ludwigsburger Niederlage.

Huber vertraut auf Giovanni Bossi, Herbert Ascherl, die deutsche Meisterin Carmen Meininger, Dieter Hammerbacher und Iris Kerschbaum, erwartet aber zu Hause keine Bestform. „Da will man es besonders gut machen, steht unter Druck."

Die Gäste kreuzen mit namhaften Schützen auf: Weil hat die deutsche Ex-Meisterin Doris Zimmermann-

Ein kleines Städtchen

Bei einem Stadtrundgang durch Hersbrucks Altstadt offenba

Hersbruck ist eine Kleinstadt mit besonderer Atmosphäre, und das in mehrfacher Hinsicht: Zum einen gibt es da natürlich viele sehenswerte historische Bauwerke — vom Schloss bis zum einfachen Bürgerhaus. Zum anderen werden die alten, gut renovierten Häuser sinnvoll genutzt, verbreiten also keinen musealen Eindruck. Zum dritten ist Leben in der Altstadt, geruhsames zwar, aber gerade das macht den Reiz aus.

Unseren Spaziergang beginnen wir am Rathaus, dessen Baukern aus dem 13. Jahrhundert stammt. Über den Oberen Markt mit den mächtigen Bürgerhäusern geht es zum Nürnberger Tor, das 1444 anlässlich der Stadtbefestigung errichtet wurde. Jedes Haus — nicht nur am Oberen Markt, sondern in fast allen Straßen Hersbrucks — hat ein ganz individuelles Gesicht, sprich Schauseite oder Giebel.

Keine Radikalkuren

Es hat hier auch nicht die Modernisierungswut bei Renovierungs- oder Sanierungsarbeiten Radikalkuren verordnet, im Gegenteil, man ist in den allermeisten Fällen sehr sorgsam mit der historischen Bausubstanz umgegangen. Über die Straße „Eisenhüttlein", deren Name auf eine frühere Eisenschmelze verweist, kommen wir zum Hirtenmuseum, das in einem zweistöckigen Fachwerkhaus untergebracht ist und schon 1524 erbaut wurde. Wie der Name andeutet, wird hier hauptsächlich die Kultur der Hirten dargestellt. Eine Abteilung ist dem Handwerk gewidmet, eine andere dem Alltag, so dass wir auch Einblicke in das bürgerliche und bäuerliche Leben unserer Vorfahren erhalten (Öffnungszeiten 10—12 und 14—16 Uhr, täglich außer montags).

Vorbei am Schwalbenturm in den Mauerweg, in dem die Stadtbefestigung am besten erhalten ist. Auch der Wehrgang ist teilweise rekonstruiert. Die Bruchsteinmauer ist eineinhalb Meter dick und bis zu sechs Metern hoch. Unser nächstes Ziel ist das Bürgerspital, das direkt am Stadtturm steht. Diese segensreiche Einrichtung war um 1400 von Johann Polster gestiftet und einige Jahrzehnte später in die Stadtmauer einbezogen worden. Auch die Spitalkirche St. Elisabeth entstand um diese Zeit.

Wir gehen hinüber in die Martin-Luther-Straße, eine der Hauptachsen, die Hersbrucks Altstadt teilt. Wir spazieren zunächst auf der

Das Hersbrucker Schloss, in dem he

rechten Seite in Richtung Rath
hinauf, vorbei an einem malerisc
Giebelhaus mit umlaufenden H
galerien, umkreisen die „Häu
insel" am Unteren Markt und ge
wieder durch die Martin-Lut
Straße, diesmal auf der gegenü
liegenden Seite. Über die Schulg
geht es zum Schlossplatz. Das w
tige Gebäude rechter Hand war
ehemalige Kastenamt, 1747 erbau
1806 bayerisches Rentamt, sp
Schulhaus. Heute beherbergt es u
anderem das Verkehrsamt und
öffentliche Bücherei.

Gegenüber steht das Schloss,
1517 auf Anweisung der Reichss
Nürnberg auf den Grundma
einer alten Burganlage erric
wurde. Sie hatte den Pegnitzü
gang und das mittelalterliche Kl
geschützt und diente dem Pflege
Amtes Hersbruck als Residenz.
reichte offenbar der Platz nicht

Baum«, die um 1400 an der Stelle einer vorchristlichen Kultstätte errichtet wurde und hat beim Wachtfelsen eine großartige Sicht ins Rohrbachtal, ehe man zu den Häusern von Förrenbach absteigt. – Nach der Bachbrücke, am östlichen Dorfrand, wandert man rechts den Molsbach entlang, an der Kirche vorüber, im zauberhaften Molsberger Tal aufwärts zum Naturschutzgebiet der Molsberger Wacholderheide. Im scharfen Knick nach Norden führt der Weg über den Gemeindeberg zur Ruine Reicheneck und im Tal auf der Nordseite des grünen Seespiegels nach Happurg.

4. Stille Runde um das Aichatal

Pommelsbrunn (6 km Ö von Hersbruck) – Ruine Lichtenstein – Heuchling – Pommelsbrunn / 4–4½ Std. / Berg- und Waldwanderung, Sicht und Schatten

Neben der alten Pommelsbrunner Wehrkirche steht beim Gasthaus zum Roten Ochsen eine mächtige Kastanie (P.). Von dort, von dem schönen Fachwerkhaus läuft man erst auf der Hauptstraße nach Westen, dann rechts ab auf dem Weg mit den Bänken zum Postamt und den Bergsteig zur Ruine Lichtenstein. Ein einsamer Wanderweg leitet nun fast ohne Steigung vom Schleußberg über Pleßelberg und Leitenberg nordwärts zum Kreuzberg, von dem aus man das obere Aichatal nach Osten Richtung Heuchling quert. – Unter dem lichten Dach eines herrlichen Laubwaldes geht es jetzt südwärts über den Höhenrücken des Herrnberges und oberhalb Appelsberg zum Hofberg. Zum Schluß führt vom Zankelstein ein angenehmer Weg wieder ins Hägenbachtal zur Sommerfrische Pommelsbrunn.

Sehenswert

Hersbruck Ev. Stadtkirche (Anf. 15. Jh.), Langhaus (1738); berühmter »Kirchenväteraltar« des unbek. »Hersbrucker Meisters«; bemalte Flügeltafeln (um 1480); bemalte Scheiben der Chorfenster (15.–17. Jh.); Ölberg (1444) ▪ Ehem. Spitalkirche (1423); spätgotischer Flügelaltar (1510); barocker Hochaltar (1688); Zwölfbotenaltar (um 1480) ▪ Pflegerschloß, Renaissance (1618 bis 1622) ▪ Rathaus (13. Jh.), im 18. Jh. umgestaltet ▪ Fachwerkhäuser (16./17. Jh.), spätgotische Treppengiebel; Bürgerhaus in der Martin-Luther-Straße 15 mit Rokokostuck ▪ 3 Tortürme und Wehrmauer ▪ Deutsches Hirtenmuseum ▪ Heimatmuseum.

Kirchensittenbach Wasserschloß und befestigter Friedhof.

Henfenfeld St.-Nikolaus-Kirche, gotisch ▪ Mittelalterliche Burg.

Engeltal (7 km S von Hersbruck) Ehem. Dominikanerinnenkloster, Klosterkirche St. Johann Baptist (heute ev. Pfarrkirche), im Bau um 1270, 1747–1751 barockisiert; Bandwerkstuck von J. Chr. Reich aus Hersbruck; Orgelgehäuse (1714); Fenster mit Wappenscheiben (16. Jh.) ▪ Willibalds-Kapelle, Reste des gotischen Baus ▪ Dorf und Kloster innerhalb der Wehrmauer.

Happurg Houbirg, keltisches Oppidum, Fliehburg auf steiler Hochfläche, gewaltige Ringwallanlage aus Kalkstein (4 km lang, 13 m hoch); innerhalb des Walls die Felsgruppe Druidenberg; am Südhang der »Hohle Fels«, vorgeschichtliche Wohnhöhle, Fundort des Homo Norimbergensis (älter als Neandertaler) ▪ Reicheneck, Burgruine ▪ Molsberger Wacholderheide, Naturschutzgebiet.

Arzlohe Kapellruine »Zum Heiligen Baum« (um 1400) an Stelle einer vorchristlichen (keltischen?) Kultstätte.

Pommelsbrunn Alte Wehrkirche; schöne Stuckarbeiten und Decken-, Wand- und Glasmalerei; Steinbildwerke; Kanzelsanduhr ▪ Burg Lichtenstein (507 m), ehem. Sperrfestung des Höhenbachtals, zerstört um 1400 ▪ »Märchenwiese« mit alpiner Flora.

Sportmöglichkeiten

Hersbruck Schwimmbad; Hallenbad; Kurbad ▪ Tennis ▪ Paddeln ▪ Segelfliegen ▪ Trimm-dich-Pfad.

Happurg Hallenbad ▪ Minigolf ▪ Kegeln.

Förrenbach Baden ▪ Rudern ▪ Paddeln ▪ Angeln.

Pommelsbrunn Klettern ▪ Minigolf.

Veranstaltungen

Hersbruck Turmblasen, samstags 18 Uhr, sonntags 10 Uhr ▪ Hirtentreffen, jeweils 6. Januar.

Das Deutsche Hirtenmuseum sowie das Hersbrucker Heimatmuseum laden zur Besichtigung ihrer volkskundlichen Schätze ein: oben Jochbögen, unten fränkische Bauernstube.

29 Sulzbach-Rosenberg

Im Reiche der Pfalzgrafen: Dolomitfelsen und Wallfahrtskirchen

Beinahe 100 Jahre lang, von 1656 bis 1742, war Sulzbach Residenzstadt des selbständigen gleichnamigen Herzogtums, dessen eigene Linie sich von den Pfalz-Neuburgern abspaltete. Davor hatte es bereits eine wechselvolle Geschichte hinter sich. Nach der Gründung der Stadt im Jahre 1024 durch die Grafen von Kastl, regierten die Grafen von Sulzbach ab 1125 das Land. Berengar I. war die hervorragende Gestalt dieser Epoche. 1305 wurde die Grafschaft bayerisch, 1329 pfälzisch. Kaiser Karl IV. machte sie 1347 zur Hauptstadt von »Neuböhmen«, doch schon 1410 wurde sie wittelsbachsche Pfalzgrafenresidenz und gelangte so 1505 an Pfalz-Neuburg. Die große Pfälzer Erbschaft Karl Theodors brachte für Sulzbach die Vereinigung mit der Kurpfalz. 1777 trat Bayern endgültig die Herrschaft an. – So spiegelt Sulzbach über fast acht Jahrhunderte die politischen Schachzüge der Herrscher im ostbayerischen Raum mit seinen zwei geschichtlichen Bezugspunkten Pfalz und Bayern wieder. – Zwei Berggipfel überragen das Land. Die beiden auf ihnen erbauten barocken Wallfahrtskirchen, zu denen der Wanderer hinaufsteigt oder zumindest immer wieder hinaufschaut, entstanden fast zur selben Zeit. Auf dem Annaberg (500 m) zwischen den Stadtteilen Sulzbach und Rosenberg ist es die Anna-Kirche und in Amberg auf dem Mariahilfberg (517 m) Wolfgang Dientzenhofers monumentale Mariahilf-Kirche mit den prachtvollen Stukkaturen von Carlone und d'Angelo und den herrlich leuchtenden Fresken Cosmas Damian Asams, in denen er die Geschichte der Wallfahrt erzählt. – Um diese beiden Attraktionen liegen die schönsten Wandergebiete zwischen Etzelbach und Vils, zwischen der verfallenen Burg Rupprechtstein, der alten Wehrkirche in Illschwang und der einsamen Wüstenau. Still sind in diesem Land die Rastplätze, neben leise plätschernden Bächen, an mild glänzenden Seespiegeln, vor bizarr sich aufreckenden Dolomitfiguren, unter stattlichen Buchen und verkrüppelten Kiefern.

1. Burg Rupprechtstein und Schloß Neidstein

Etzelwang (13 km W von Sulzbach-Rosenberg) – Kirchenreinbach – Neidstein – Etzelwang / 3–3½ Std. / Bergwanderung mit teilweise Schatten und Aussicht

Etzelwang ist ein kaum bekannter Ort 13 Kilometer westlich von Sulzbach-Rosenberg. Beim Gasthaus Pürner (P.) marschiert man die Schulstraße geradeaus aufwärts zum Felsengarten und zur

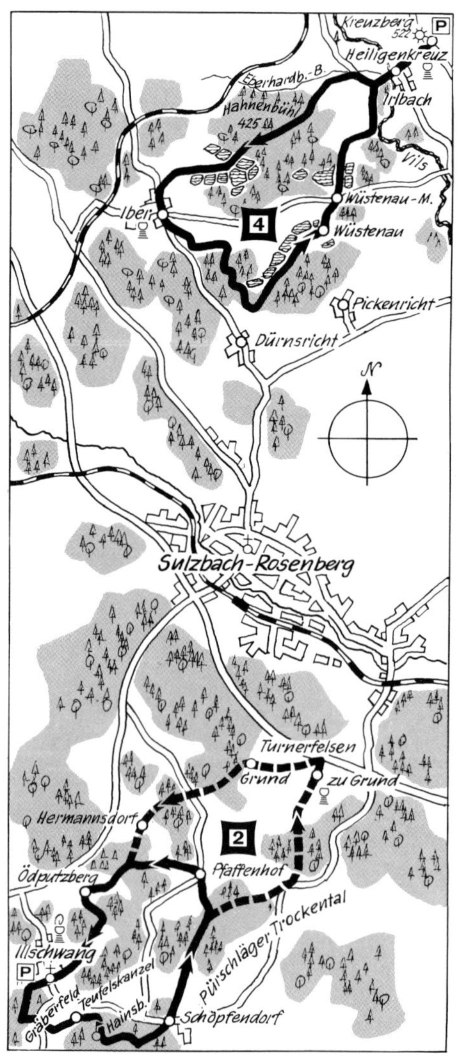

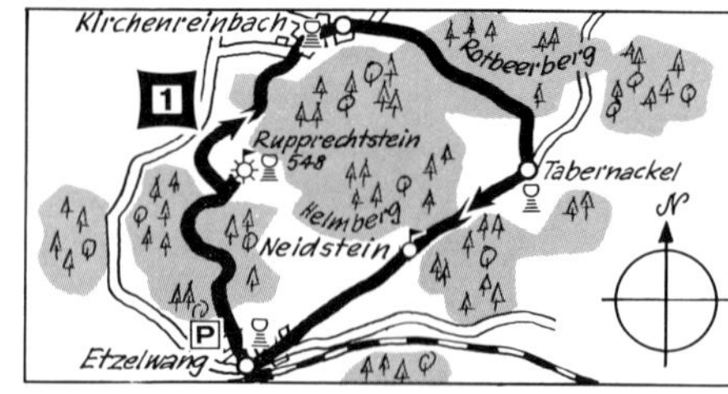

Burggaststätte der Ruine Rupprechtstein. – Um nach Kirchenreinbach zu kommen, wendet man sich vom Gasthaus auf gleichem Weg etwa 5 Minuten wieder abwärts, umrundet dann nach rechts, also nordwärts, im Waldbogen den Burgberg, erst eben, später talwärts ins Reinbachtal zur bereits sichtbaren Ortschaft. Auf dem Teersträßchen wandert man jetzt schnurstracks zwischen Helmberg und Rotbeerberg ins winzige Tabernakel mit seiner Schloßwirtschaft unterhalb von Schloß Neidstein. – Richtung Südwesten wird der Ort wieder verlassen und nach 500 Metern rechts bei einer Buschgruppe auf dem Feldweg der Wald erreicht. Da geht es beinahe stangengerade bergab in die Talweite des Etzelbaches nach Etzelwang.

2. Kalmusfels und Teufelskanzel – groteske Kalkspitzen der sagenumwobenen Hainsburg

Illschwang (8 km S von Sulzbach-Rosenberg) – Hainsburg – (Turnerfelsen) – Illschwang / 4–4½ Std., evtl. – 6 Std. / sonnige Höhenwanderung, kaum Steigungen

Der 900 Jahre alte Turm der Illschwanger Wehrkirche (P.) ragt massiv über die grünen Auen des Heubischgaus. Von der Kirchenmauer nimmt man einige Minuten lang den Fahrweg nach Westen, durchstreift beim Heustadel links das Trockental zum bewaldeten Kohlberg, auf dem es, versteckt zwischen Bäumen und Büschen, ein umfangreiches, geschlossenes Gräberfeld aus der Hallstattzeit zu finden gilt. Dann wird die Straße gequert und weglos unter dem lichten Walddach der Hainsburghügel Teufelskanzel, Kalmusfels und der niedrige Eingang der kirchengroßen Tropfsteinhöhle Osterloch besucht. Über Schöpfendorf läuft man östlich Gehrsricht ins sanfte Pürschläger Trockental hinein und muß sich 20 Minuten später entscheiden, ob

Die »Stadtbrille« verbindet in Amberg seit über 500 Jahren das Zeughaus mit dem ehemaligen Kurfürstlichen Schloß. ▷

man nach links aufwärts über Pfaffenhof und Ödputzberg direkt Richtung Illschwang zurückkehrt oder ob man im stillen Tal nochmals 20 Minuten dahinwandert, um die größere Runde, an der Ausflugsgaststätte bei Grund vorüber, zu den Grunder Turnerfelsen zu drehen, von denen ein schöner Wanderweg nach Südwesten über Hermannsdorf und Ödputzberg zum spitzen Turm der Illschwanger Kirche führt.

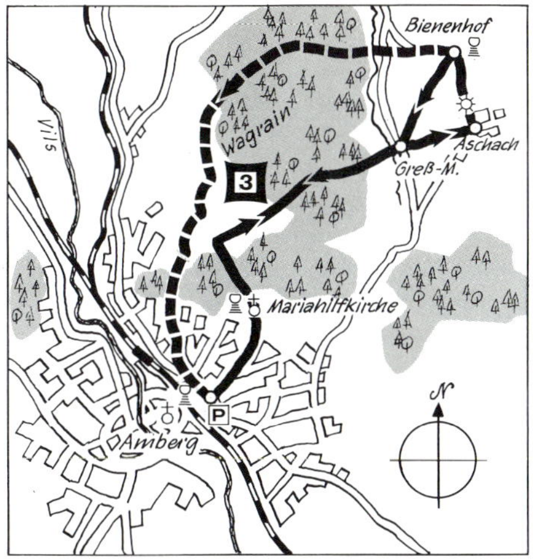

3. Auf dem Amberger Mariahilfberg

Amberg (11 km SÖ von Sulzbach-Rosenberg) – Mariahilfberg – Aschach – Amberg / $4^1/_2$–5 Std. / sichtreiche Bergtour, teils sonnig, teils schattig

Um diese Tour zu unternehmen, parkt man beim Amberger Krankenhaus und läuft auf dem Prozessionsweg an den Leidensstationen zur berühmten Mariahilf-Kirche bergauf. – Nach der wohl jeden Wanderer beeindruckenden Besichtigung geht's vom Parkplatz, beim Hydranten neben dem Fahrverbotsschild, nordwestlich kerzengerade durch den Wald und auf dem folgenden Teersträßchen im rechten Winkel bis zur Birkengruppe. Da hält man sich halblinks auf kaum sichtbarem Wiesenpfad abwärts in den Wald zur Greß-Mühle und geradeaus weiter, jetzt sichtreich bergauf, zur Ortschaft Aschach. – Von hier erreicht man im Nordbogen talwärts das Wirtshaus Bienenhof am Weiher, wendet sich wieder zur Greß-Mühle hinüber und geht auf dem gleichen Weg zurück. – Wanderer mit etwas Orientierungssinn finden westlich des Bienenhofes eine kleine Brücke über den Krumbach und herrlich ruhige Waldwege durch den Wagrain zurück.

4. Quer durch die Seenplatte Wüstenau

Kreuzberg (10 km N von Sulzbach-Rosenberg) – Wüstenau – Iber – Kreuzberg / 4–$4^1/_2$ Std. / flache, sonnige Seenwanderung / kurzer Anstieg, weite Sicht

Der Parkplatz Kreuzberg, 10 Kilometer nördlich von Sulzbach-Rosenberg, ist einer der allerschönsten Aussichtspunkte am Rand des Oberpfälzer Jura. Hinter der spätgotischen Pfarrkirche von Hahnbach erheben sich die runden Kuppen des Annaberges in Sulzbach-Rosenberg und des Mariahilfberges in Amberg; im Westen erstrecken sich, beinahe unendlich scheinend, die langen Höhenzüge

Der schöne Treppengiebel des gotischen Rathauses von Sulzbach-Rosenberg ist Zierde und Mittelpunkt der alten Herzogstadt.

der Fränkischen Alb. Zu Füßen aber liegt das weite offene Vilstal mit den glitzernden Wasserflächen der Wüstenau, wohin die nächste Wanderung von der reizenden Heiligenkreuz-Kapelle abwärts nach Irlbach führt. Dort geht's auf der Straße rechts und nach der Bachbrücke links über den Hahnenbühl zu den verträumten Wasserspiegeln der Wüstenau, die mit Eichen, Föhren und Birken eine melancholische Symbiose eingehen. – Im Bogen nach Süden durchwandert man Iber, wendet sich $^1/_2$ Stunde später nach Nordosten, an einer Weiherkette entlang, zur Fischzucht Wüstenau an den Kreuzweihern. Kaum einem menschlichen Lebewesen wird man begegnen, wenn man nun streng nordwärts, an der Wüstenau-Mühle und dem großen Moosweiher vorüber, nach Irlbach läuft. Da geht's auf dem Hangweg wieder zur Heiligenkreuz-Kapelle hinauf.

Wehrgang der Amberger Stadtmauer.

Sehenswert

Sulzbach-Rosenberg Stadtpfarrkirche Maria Himmelfahrt, gotisch (ab 1350); Statue Kaiser Karls IV.; Altarblatt (Anf. 18. Jh.) von H. G. Asam, dem Vater der berühmten Künstlerbrüder; Maßwerkfiguren der Fenster (14./15. Jh.); reich dekorierter Taufstein (15. Jh.); mit Spitzbogenfries und Laubwerkband; spätgotische Bildwerke; Fürstengruft ▪ Spitalkirche St. Elisabeth (1738) mit spätgotischen Bildwerken ▪ Klosterkirche St. Hedwig (1765) ▪ Ev. Pfarrkirche St. Johannes, gotisch ▪ Wallfahrtskirche St. Anna auf dem Annaberg (1686–1787) ▪ Schloß (14./17. Jh.) mit Schloßhof, Fürsten- und Gästetrakt und ehem. Kanzleigebäude; jetzt Heimatmuseum (besonders für Bergbau) ▪ Viele alte Bürgerhäuser; idyllisches Stadtbild am Philosophenweg; alte Lindenallee; Stadtbefestigung mit Wehrtürmen ▪ 13 ergiebige Karstquellen im Stadtgebiet.

Etzelwang Pfarrkirche, barock (1721) ▪ Burg Rupprechtstein (548 m), Ruine; Burggaststätte ▪ Neidstein, Schloß, neugotisch, mittelalterliche Burgreste.

Neukirchen (in der Nähe von Etzelwang) Gotische (1452) und neubarocke Pfarrkirche; mit spätgotischem Altarschrein.

Illschwang Wehrkirche (Simultankirche), romanischer Turm (1086), im 16. Jh. erweitert; Wehrmauer aus den Hussitenkriegen ▪ Interessante Einzelfelsbildungen.

Amberg Pfarrkirche St. Martin (1421 bis 1483), gewaltige, einheitliche Baumasse; außer dem Regensburger Dom bedeutendster gotischer Kirchenbau der Oberpfalz; 98 m hoher Turm; spätgotische Hallenkirche mit Hochgrab des Pfalzgrafen Pipan († 1397); 2 Konsolenfiguren: Maria und der Verkündigungsengel (Ende 13. Jh.); Einrichtung neugotisch (um 1870); Gemälde des Rubensschülers C. Crayer (um 1650) ▪ Paulanerkirche (1720) von W. Dientzenhofer ▪ Frauenkirche (1315) ▪ Spitalkirche mit Bürgerspital, von Kaiser Ludwig dem Bayern gestiftet (1317) ▪ Rathaus 14./16. Jh.), gotischer Giebel, breite Altane und Arkaden; Ratstrinkstube (18. Jh.) ▪ Alte Münze ▪ Herzogsschloß (1296–1315), jetzt Stadtmuseum ▪ Kurfürstliches Zeughaus (15./17. Jh.) ▪ Kurfürstliches Schloß (1603) ▪ Paulanerkloster (1652 bis 1802) ▪ Jesuitenkolleg (1622–1773) mit prächtigem Kongregationssaal (1678) und Bibliothek mit Stukkaturen (1730) ▪ Schulschwesternkloster mit zauberhafter Rokokokirche von W. Dientzenhofer (1694); Stuck: F. Schlott (1738–1758); Fresken: G. B. Götz ▪ Stadttore, zweitürmiges Nabburger Tor (15. Jh.), Vilstor (15. Jh.), Wingerhofertor (16. Jh.), Ziegeltor (15./16. Jh.) ▪ Heimatmuseum mit berühmten Sammlungen ▪ Außerhalb: St.-Katharinen-Kirche (1380) ▪ Dreifaltigkeitskapelle (1514), barock verändert ▪ Mariahilfberg (517 m), Wallfahrtskirche Mariahilf, barock (1697–1702), monumentales Werk von W. Dientzenhofer, Bauführer: G. Peimbl; Stuck und Hochaltar von G. Carlone und P. d'Angelo (1702–1717); Fresken von C. D. Asam (1717) ▪ Franziskanerkloster (1696) ▪ Waldlehrpfad.

Hahnbach (6 km nordöstlich von Sulzbach-Rosenberg) Pfarrkirche St. Jakob, spätgotische Basilika (15. Jh.); Altar (1740); sehr schöne Kanzel (1780).

Sportmöglichkeiten

Sulzbach-Rosenberg Freischwimmbad; Hallenbad ▪ Waldsportpfad Wagensaß ▪ Tennis in Hahnbach ▪ Eislauf.

Etzelwang Skilauf.

Amberg Hallenbad an der Kurfürstenbrükke; städt. Hockermühlbad; mehrere beheizte Schwimmbäder in der Umgebung ▪ Reiten ▪ Eislauf ▪ Skilauf, Lift in Freudenberg.

Veranstaltungen

Sulzbach-Rosenberg Annabergfest, Juli.

Amberg Bergfest auf dem Mariahilfberg, 1. Juliwoche ▪ Pfingst- und Herbstdult.

30 Schnaittenbach
Kalvarienberge und Kaolinhügel im Naabbergland

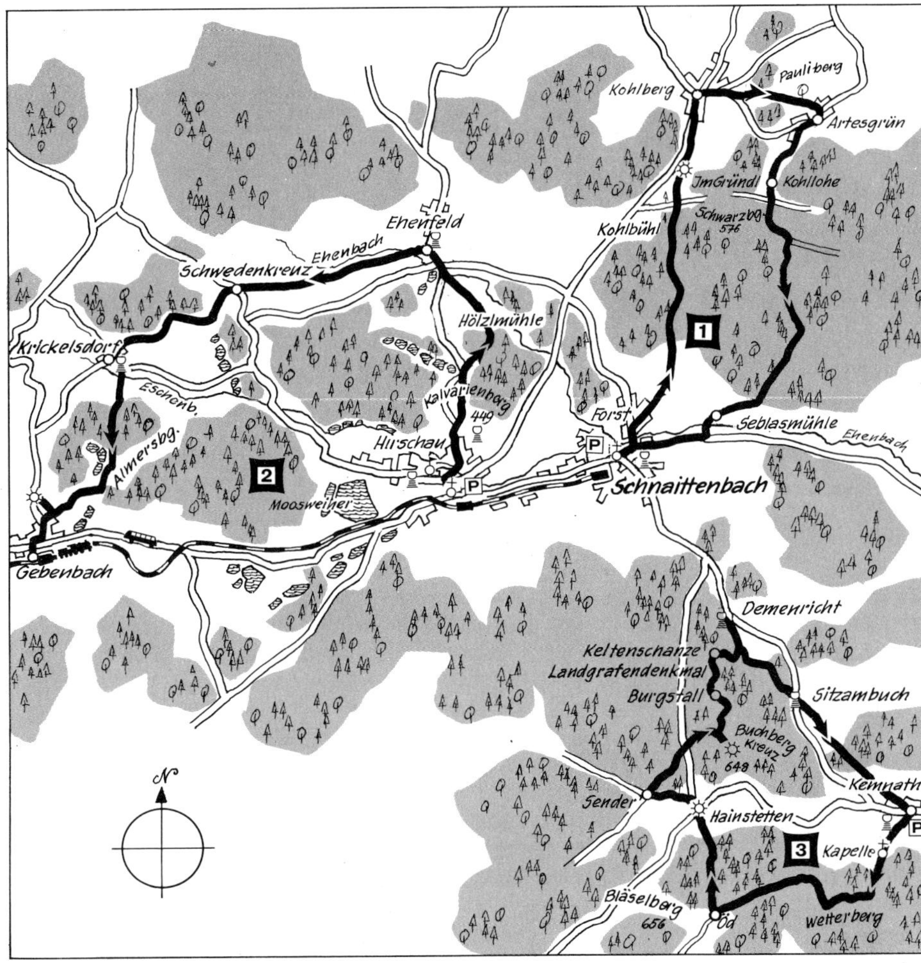

Fichtelnaab und Haidenaab kommen aus Franken, ehe sie, mit der Waldnaab zur Naab vereinigt, durch Luhe und Wernberg fließen. Die Flüsse kümmern sich nicht um politische Trennungslinien, im Gegenteil: die Regierungsbezirke Oberfranken und Oberpfalz werden durch die Wasser der Naab zu einer Landschaftseinheit verbunden. Die Schönheiten des fränkisch-oberpfälzer Grenzbereichs haben mich verführt, nach Osten über die »Grenzen« Frankens hinaus, eine Reihe Oberpfälzer Wanderungen in dieses Buch mit einzubeziehen. – Aber noch eine große Brücke gibt es von Franken zur Oberpfalz hinüber. Es ist die Fränkische Alb, deren Ostteil Oberpfälzer Jura heißt. Sie schiebt sich bis an die Naab-Sandsteinebene und die Oberpfälzer Senke heran, hinter denen dann die Urgesteinsgebirgszüge des Oberpfälzer Waldes mit seinen Gneisblockfeldern und Kissenblöcken aufsteigen. Wundervoll stille Wanderwege gibt es in diesem Übergangsland zwischen Vils und Naab, zwischen Jurakalk im Westen und Granit im Osten. An den grünleuchtenden Seespiegeln der Hirschauer Teiche werden Sie entlangziehen, und weiße Kaolinberge werden Sie dabei grüßen. In den Forsten um Kohlbühl, Buchberg und Luheberg werden Sie viel Einsamkeit finden – und vielleicht sogar dann und wann Karneole mit Bergkristall- und Amethysteinschlüssen. Freundliche Wiesentäler werden Sie neben Teppichen bunter Frühlings- und Sommerblumen zwischen Ehenfeld, Krickelsdorf und Gebenbach durchstreifen und vor den bunt bemalten Heiligen ländlicher Kalvarienberge stehen, ehe Sie am Abend bei gastlichen Oberpfälzer Wirten Gaumenfreuden genießen. Von herrlichen Fernsichthöhen können Sie unermeßlich weit über offenes Land Ausschau halten, zum Oberpfälzer und Bayerischen Wald – und bis nach Franken.

1. Über den Kohlbühl

Schnaittenbach – Kohlbühl – Kohlberg – Schnaittenbach / 4½–5 Std. / Wald- und Höhenwanderung, große Fernsicht

In Schnaittenbach läuft man von der Ortsmitte (P.) die Hauptstraße ostwärts, hält sich nach der Marienapotheke links, 200 Meter hinter dem Ehenbach rechts nach Forst und die Kohlberger Straße gen Norden über Wiesen in den Wald zum Kohlbühl. Wer Glück hat, kann da Karneole finden! Durch das Waldstück »Im Gründl« wird wenig später die grandiose Aussicht vorm Waldrand erreicht: Über das Flachland weitet sich der Blick bis zur Basaltsäule des Rauhen Kulm und zu den Vulkanpyramiden des Armesberges und des Waldecker Schloßberges, hinter denen bei klarer Sicht die schwarzen Höhen des Fichtelgebirges stehen. – Weiter nördlich wird der wuchtige altrosa Kirchturm am Ende des langgezogenen Kohlberger Marktplatzes erreicht. Beim Gasthaus Bösl geht's rechts in die Artesgrüner Straße und hinter dem Ortsende halblinks über den Pauliberg. – Das Teersträßchen am westlichen Artesgrüner Ortsausgang weist vom letzten großen Bauernhof südwärts bergauf zur Bankgruppe. Da ist eine große Rast fällig, denn einen noch schöneren Ruheplatz kann man sich kaum vorstellen. – Durch die Kohllohe am Schwarzenberg wandert man dann über die Sauhöhe bergab ins Ehenbachtal zur Seblasmühle und nach Schnaittenbach.

2. Vom Hirschauer zum Gebenbacher Kalvarienberg

Hirschau (5 km W von Schnaittenbach) – Krickelsdorf – Gebenbach – Hirschau / 4–4½ Std. / sonnige, aussichtsreiche Hügelwanderung

Der Hirschauer Bahnhof (P.) befindet sich am Südrand der Stadt, durch die es nach Norden und auf der Ehenfelder Straße, am Friedhof vorüber, unter Linden zum Wirtshaus Waldesruh geht. Nur wenige Schritte sind es noch hinauf zu den bunten Figuren des Kalvarienberges, der in Nordrichtung wieder verlassen wird. An der Hauptstraße läuft man halbrechts ins Ehenbachtal bis kurz vor die Hölzlmühle, hält sich zum Straßenkreuz hinüber und schwenkt jenseits der Straße nach links ein. Am Ehenbach entlang wird nun Richtung Kehlbrunnen und Schwedenkreuz gewandert und über Wiesen ins schon lange sichtbare Krikkelsdorf. Hier geht man auf der Teerstraße etwa 200 Meter nach Osten, marschiert rechts über die Steinbrücke zu den Weihern am Almersberg und steigt 5 Minuten später den Wiesenhang aufwärts zum Gebenbacher Kalvarienberg, den ein neugebautes Haus von unten ein wenig verdeckt. Da gibt es eine feine Sicht nach Osten und Süden ins Gebenbachtal und auf die weißen Kaolinberge bei Hirschau. – Von Gebenbach nimmt man Bahn oder Bus nach Hirschau zurück.
Bitte beachten: Vor Abmarsch die Fahrpläne studieren!

3. Kreuz und quer über den Buchberg

Kemnath am Buchberg (7 km SÖ von Schnaittenbach) – Buchberg – Sitzambuch – Kemnath / 4–4½ Std. / Bergtour mit viel Waldschatten und Sicht

Im Winter machen Skilifte den Buchberg zum Skifahrerparadies, während der anderen Jahreszeiten laden seine gepflegten und markierten Wege den Wanderer ein. Die schönste Buchbergtour beginnt bei der Rokokokirche von Kemnath (P.) und führt südwestlich über den Kreuzweg aufwärts zur Kapelle und weiter auf den Wetterberg. Da macht sie einen Bogen nach Norden und Westen und wendet sich in der Öd unter dem Bläselberg nordwärts nach Hainstetten. 10 Minuten weiter westlich erreicht man vom Sender Rothbühl Richtung Nordosten das Kreuz auf dem Buchberggipfel und läuft von hier streng nordwärts über Burgstall, Landgrafendenkmal und Keltenschanze zum Wirt in Demenricht. Am Waldrand geht's ein Stück zurück und abwärts nach Sitzambuch. Bei der kleinen Kirche führt die alte Straße nach Kemnath hinüber, ganz bequem und ohne Steigung.

Beim Aufstieg von Kemnath zum Wetterberg (Tour 3) werden Sie auch an der am Waldrand idyllisch unter Buchen gelegenen Sebastianskapelle mit ihrem schlichten Kalvarienberg vorüberwandern.

4. Auf den Naabhöhen nach Luhe

Wernberg an der Naab (11 km Ö von Schnaittenbach) – Glaubendorf – Luhe – Wernberg / 4–4½ Std. / Waldhöhenwanderung, meist Schatten

Vom Bahnhof Wernberg in Unterköblitz (P.) marschiert man los: Über die Naabbrücke und durch den Markt Wernberg,

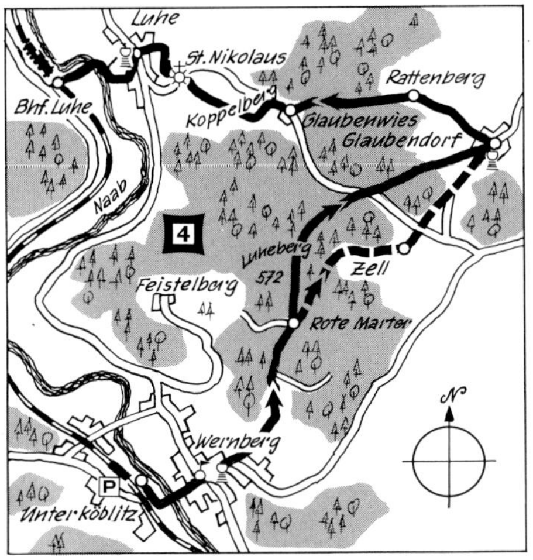

bei der Kirche die Vohenstraußer Straße 200 Meter weiter nach Osten, bis links die Bergstraße abzweigt. Steil geht's auf ihr in den Wald zur Roten Marter. Entweder über den Luheberg oder – wer nicht so viel Wald zum Weiterwandern wünscht – über Zell wird Glaubendorf erreicht, von wo man auf die Höhen von Rattenberg und Glaubenwies wandert, jetzt immer nach Westen. So gelangt man zum Koppelberg und vor das im Hochwaldhain stehende Kirchlein St. Nikolaus aus dem Jahre 1669. – Auf dem Hang steigt man ins 100 Meter tiefer liegende Luhe im Naabtal ab, durchschlendert das hübsche Städtchen mit seinen gemütlichen Wirtshäusern, quert Luhe und Naab, kommt an der Forstmühle vorbei und fährt mit der Bahn die eine Station nach Wernberg.
Bitte beachten: Ehe Sie losmarschieren, sollten Sie sich nach den Fahrplänen erkundigen!

Sehenswert

Schnaittenbach Pfarrkirche (1712), gotisch, barock verändert; Kastner-Epitaph, Hochrelief mit Darstellung der Erschaffung Evas ▪ Rathaus (17. Jh.) ▪ Schloßkirche Holzhammer (14./18. Jh.) ▪ Keltische Wallanlagen und Burgstall auf dem Buchberg bei Demenricht.

Kohlberg Pfarrkirche (1642) ▪ Mittelalterliche Friedhofsbefestigung.

Hirschau Pfarrkirche (15. Jh.), barock verändert; spätgotische Holzbildwerke (um 1520) ▪ Vierzehn-Nothelfer-Kirche; mit schönem Barockaltar (um 1700) ▪ Rathaus (15./16. Jh.) ▪ Ehem. Amtsschloß (15. Jh.) ▪ Stadtbefestigung ▪ »Monte Kaolino«, 120 m hohe Quarzsandhalde, 1955 als Sommerskigelände entdeckt.

Mausberg (1 km N von Gebenbach) Wallfahrtskirche auf dem Mausberg (1755/1843).

Kemnath am Buchberg Pfarrkirche (1780); Rokokoausstattung ▪ Schöne Lindenallee zum Kalvarienberg.

Wernberg Burg (13. Jh.) der Landgrafen von Leuchtenberg; Burgfried; Ruine des Pallas; Arkadenhof; Torbau, Brücke und Graben (jetzt Kuranstalt).

Pfreimd (6 km S von Wernberg) Pfarrkirche Maria Himmelfahrt, barock (1681–1688) von J. Schmuzer aus der Wessobrunner Schule; Wandpfeilerkirche mit Emporen; Anna-Selbtritt und Muttergottes, spätgotisch; Rotmarmorgrabplatte des Landgrafen Leopold von Leuchtenberg (†1463) ▪ Rathaus mit Renaissanceportalen ▪ Franziskanerkirche (1594).

Sportmöglichkeiten

Schnaittenbach Waldbad ▪ Eissport.

Hirschau Beheiztes Freischwimmbad ▪ Sommerskilauf am »Monte Kaolino« (1. Mai bis 10. Oktober), Schlepplift und Skiverleih.

Kemnath am Buchberg Freischwimmbad ▪ Reiten ▪ Skilauf am Buchberg (2 Lifte) ▪ Skilift in Freudenberg.

Zauberhaft stille Waldweiher locken zwischen Weidebach und Bienenleite den Kohlbühl-Wanderer zu erfrischendem Bad.

31 Feucht

Vor den Toren der Großstadt Nürnberg

Um 1040 erbaute Kaiser Heinrich III. mitten in den riesigen Urwäldern westlich der Frankenalb über der sumpfigen Pegnitzflußniederung auf zerklüfteten Felsköpfen die erste Königsburg. Sie war nicht nur als Bastion gegen die Herzöge von Böhmen gedacht, sondern sollte vor allem ein kaiserlicher Stützpunkt zwischen den Territorien der Hochstifte Bamberg und Eichstätt sein. Die Ansiedlung von Kaufleuten und Handwerkern unterhalb des Burgfelsens und der auf dem dürftigen Sandboden der linken Pegnitzhöhe bei St. Jakob erbaute Königshof zur Versorgung der Heere wuchsen rasch durch aufblühenden Handel und Gewerbe zur Sebalder und Lorenzer Stadt auf. Bereits 180 Jahre nach ihrer Gründung erhielt Nürnberg 1219 vom letzten großen Staufenkaiser Friedrich II. den »Großen Freiheitsbrief« ausgestellt. Die Rechte einer immer mächtiger werdenden Kaufmannsgilde führten zur Rechtsunmittelbarkeit der Stadt, die ihr bis zum Zusammenbruch des Reiches durch die Schaffung des Rheinbundes 1806 erhalten blieb. – Eine Erinnerung an diese große Nürnberger Zeit ist der Name des ehemaligen unmittelbaren Kronlandes Reichswald, in dessen südöstlichen Teil die nächsten Wanderungen führen. Zwischen dem vom Nürnberger Schottenkloster im 12. Jahrhundert erstellten Rundbau der Altenfurter Kapelle und der ein Jahrhundert später vom Bistum Eichstätt gestifteten Zisterzienserinnen-Klosterkirche Seligenporten sind dort die Sandsteinschlucht des Schwarzachtales und der poesievolle Wasserspiegel des Ludwigskanals neben den stillen Wegen durch den Lorenzer Wald und den menschenleeren Forsten um die Pyrbaumer Rodung die Quellen der Erholung. Überall riecht man hier im Sommer den Duft des Honigs, der die Grundlage der Nürnberger Lebkuchen ist.

1. Wildromantisches Schwarzachtal

Schwarzenbruck (3 km S von Feucht) – Gsteinach – Brückkanal – Schwarzenbruck / 3–3½ Std. / ebene Tal- und Waldwanderung, überwiegend Schatten

Zwischen Röthenbach und Schwarzenbruck versteckt sich im Süden Nürnbergs das Schwarzachtal in den weiten Flächen des Nürnberger Reichswaldes. Die Gegensätzlichkeit der Landschaften macht den Reiz dieser Wanderung aus.

Eng, ein wenig düster führt Sie der erste Teil der Tour im Taleinschnitt tief unter dichtem Laubdach nach Westen zum Waldgasthaus Brückkanal; hell und offen kommt der Rückweg, neben lieblichen Kiefernhainen auf der Höhe, am verträumten Wasser des Ludwigskanals ostwärts zurück. – Vorm Faberschloß (P.) in Schwarzenbruck geht's, vorbei am Altenheim, auf der Teerstraße zwischen roten Felswänden ins Tal, rechts über die Schwarzachbrücke, danach links den Hirtenweg bergauf und beim Bäcker gleich wieder abwärts zum Bachsteg. Flußabwärts gelangen Sie bei Gsteinach zum originellen Gasthaus Granitwerk, das bis 1922 als Hammer-

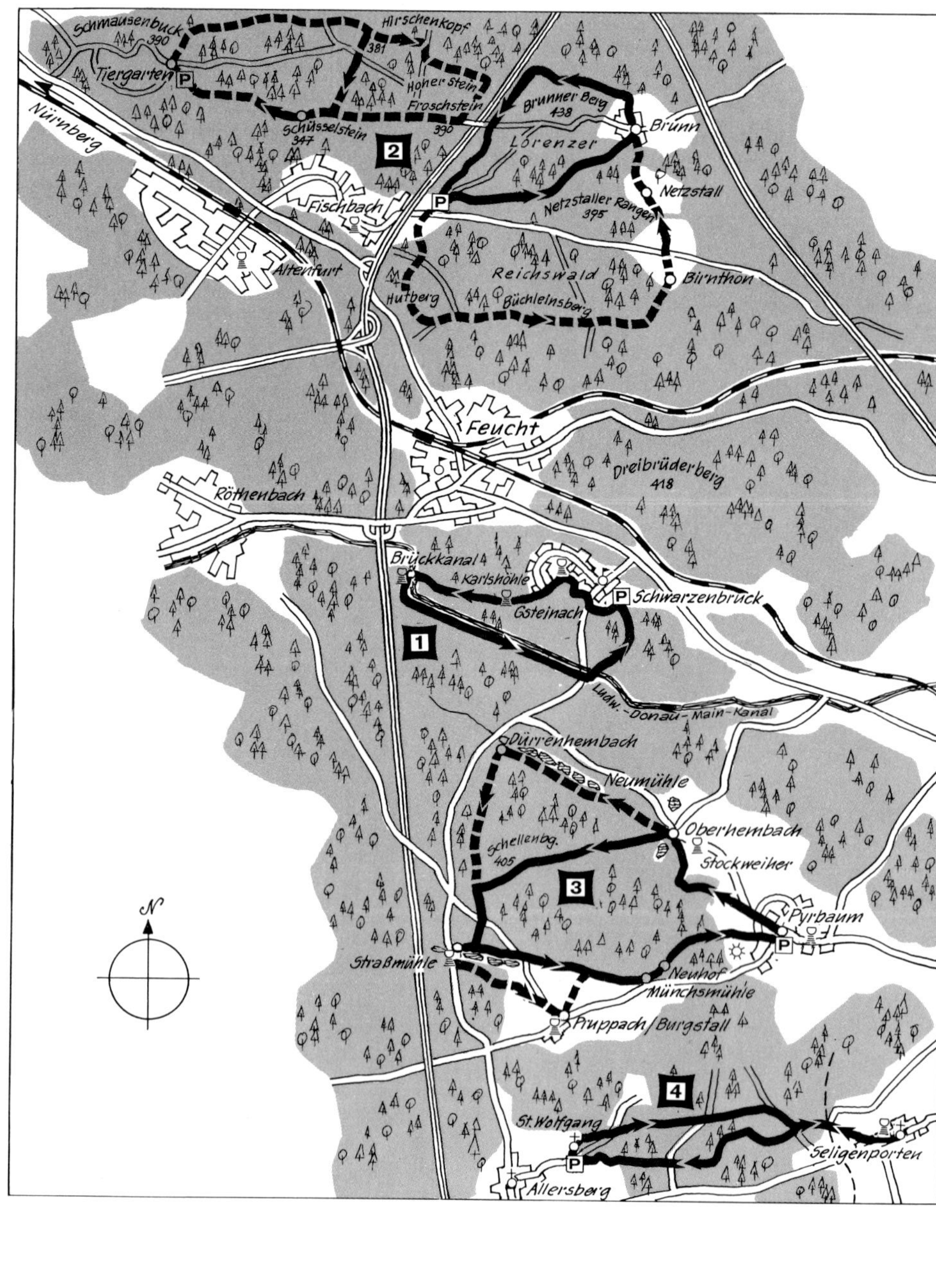

werk arbeitete. Den Schienen nach läuft man nun durchs Werk zum Wirtshaus Brückkanal. Der Ludwigskanal wurde hier auf großartig angelegtem Aquädukt über den Taleinschnitt geführt. Jenseits leitet Sie ein kerzengerader Weg etwa 3 Kilometer nach Osten, bis Sie bei der großen Steinbrücke links einschwenken und halbrechts das Altersheim erreichen.

2. Wanderziele im Lorenzer Wald

Zerzabelshof oder Fischbach (4 bzw. 8 km Ö der Nürnberger Stadtmitte) – Lorenzer Reichswald / 2–7 Std. / ebene, schattige Waldwege

Die Zerzabelshofer haben's gut, denn gleich hinter ihren letzten Häusern beginnt am östlichen Nürnberger Stadtrand ein umfangreiches Wanderareal. Bis zum ersten großen Inselberg der Fränkischen Alb, den Moritzberg (siehe Tour 27/3) kann man da hinauslaufen (5 Std., Rückfahrt mit der Bahn von Lauf oder Röthenbach) oder man macht die kleine Runde um den Tiergarten zum Schmausenbuck und den Valzner Weihern. Aber auch vom Rundbau der Altenfurter Kapelle gibt es schöne Wege über Hutberg und Büchleinsberg nach Birnthon und zum Netzstaller Rangen. – Die höchste Erhebung des Forstes, den Brunner Berg (438 m), erreicht man von Brunn und läuft an Froschstein und Schüsselstein vorüber nach Fischbach: herrlich schattige Waldwege für warme Frühlingstage. Aber auch für kristallglänzende Wintertage, wenn man sich vom verschneiten Wald in die rechte Stimmung zum anschließenden Besuch des Nürnberger Christkindlesmarktes versetzen lassen will.

3. Große oder kleine Tour vom Hembachtal ins Finsterbachtal

Pyrbaum (11 km S von Feucht) – Oberhembach – Straßmühle – Pyrbaum / 4–4½ Std. oder 5–5½ Std. / eben, wald- und schattenreich

Kennen Sie den Dürrenhembacher Wald? Da gibt es nichts außer Bäumen, leise murmelnden Bächen und Wild. Und dazu viel Ruhe. – Markt Pyrbaum liegt wie auf einem Balkon über dieser Idylle. Beim alten Fachwerkgasthaus Rotes Roß am Marktplatz (P.) beginnt es: Hinter dem Kriegerdenkmal den Oberhembacher Weg unter Birken bergab zum Friedhof und gerade über den Wiesenweg weiter. Jenseits der Teerstraße geht's zwischen Feldern auf dem Fahrweg zum Wald und am Waldrand um die Stockweiher herum nach Oberhembach. Hier kann man nun die große Tour entlang der Hembachweiher Richtung Neumühle und Dürrenhembach unternehmen, oder man läuft westwärts Richtung Birkenlach und trifft hinterm Schellenberg mit der großen Tour zusammen. – Gegenüber dem feudalen Gasthaus Faberhof können Sie ein Wildgehege besuchen, ehe Sie im Finsterbachtal nach Neuhof und Pyrbaum zurückkehren. Oder gar noch einen Abstecher auf den Burgstall machen.

Großartige gotische Bauten erinnern an die glanzvolle reichstädtische Vergangenheit Nürnbergs: Frauenkirche und Schöner Brunnen.

4. Ausflug nach Seligenporten

St. Wolfgang bei Allersberg (17 km S von Feucht) – Seligenporten – St. Wolfgang / 3½–4 Std. / kaum Steigungen, viel Wald und Schatten, zwischendurch auch Sonne

Für den Hinweg ist etwas Orientierungssinn notwendig, aber wenn man sich immer genau ostwärts hält, kann eigentlich nichts schiefgehen, denn man stößt zwangsläufig nach etwa 1 Stunde auf die breite Öffnung des Schwarzachtales, in

dem die ehemalige Zisterzienserinnenabtei Seligenporten gerade gegenüber liegt. – Allersberg wird durch die »Vorstadt« und auf der Neuburger und Eppersdorfer Straße in Nordrichtung verlassen. Nach 1½ Kilometern (P.) wandern Sie links auf dem Kreuzweg zur St.-Wolfgangs-Kapelle, schwenken dort rechts auf schmalen Pfaden (jenseits der Eppersdorfer Straße im Hochwald manchmal weglos) zur Forststraße ein und gelangen hinter der abgebauten Bahnlinie zu zwei Weihern. Am Bachgraben geht's jetzt nach Seligenporten hinüber und auf dem gleichen Weg wieder zurück, der Abwechslung halber diesmal vielleicht etwas mehr südlich.

Sehenswert

Feucht Schlösser ehem. Nürnberger Patrizier: Zeidlerschlößchen, turmartiges Herrenhaus; Tucherschloß (16. Jh.); Pfinzingschloß (1568) mit »Hermann-Oberth-Museum« (Raumfahrtentwicklung seit 1929) ▪ Rathaus (1652) und viele schöne Fachwerkhäuser.

Schwarzenbruck Schlösser der Herren von Petz und von Faber-Castell ▪ Durchbruchsschlucht der Schwarzach mit interessanten Buntsandsteinverwitterungen und Höhlenbildungen (Gustav-Adolf-Höhle, Karlshöhle) und Brückkanal: großer Bogenaquädukt, Führung des Ludwigskanals über die Schlucht, für die damalige Zeit eine beachtliche Ingenieurleistung.

Altenfurt Kapelle St. Johannes Baptist und St. Katharina, ursprünglich Taufkapelle (1225) des Nürnberger Schottenklosters, gewölbter Rundbau mit eingetieftem Rundbogenfries, Apsis im Dreiviertelkreis.

Pyrbaum Hochgiebelige Fachwerkhäuser und Torhäuser der alten Ortsbefestigung ▪ Wildgehege beim Faberhof.

Allersberg Kath. Pfarrkirche Allerheiligen, romanischer Turm (12. Jh.), Langhaus (1498), barockes Obergeschoß; wertvolle Holzplastiken: Pietà und Vespergruppe (1400–1420), Madonna mit Kind (1460) ▪ Friedhofskirche St. Sebastian (1680) mit neuzeitlichen Totentanz-Fresken; in einer kleinen Kapelle an der Friedhofsmauer Vespergruppe (1400–1420) ▪ Neue kath. Pfarrkirche Mariä Himmelfahrt (18. Jh.) mit neuzeitlichem Monumentalfresko ▪ Gilardihaus (1723–1728) und Heckelhaus (1722), schloßartige Bauten des Eichstädter Hofbaumeisters G. de Gabrieli ▪ Gasthof »Zum Roten Ochsen« (Rokokoschild); Unteres Tor und Altes Spital ▪ Außerhalb: Wallfahrtskirche St. Wolfgang (Anf. 18. Jh.); in der Nähe seltene Flora.

Hochragende Kiefern, bunte Laubwälder und immergrüne Fichtenforste verbinden sich im Lorenzer Wald mit dem herbsüßen Duft des Harzes und absoluter Ruhe zu einem herrlichen Erholungspark.

Seligenporten Ehem. Zisterzienserinnenabtei, von der Säkularisation stark betroffen, Kirche mit Langhaus (Ende 13. Jh.); hochgotischer Chor mit Chorgestühl (14. Jh.); barocker Hochaltar; Holztreppe zur Empore ▪ Ostflügel der Klosterbauten (15. Jh.) ▪ Torturm; Teile der Ringmauer.

Sportmöglichkeiten

Feucht Freischwimmbad ▪ Tennis ▪ Trimm-dich-Pfad.

Allersberg Hallenbad; beheiztes Freischwimmbad ▪ Tennis ▪ Eislauf.

32 Altdorf

Am Westrand der Frankenalb

Beinahe 200 Kilometer lang wird sich die neue Großschiffahrtsstraße Rhein-Main-Donau-Kanal durch fränkisches und Oberpfälzer Land ziehen, wenn sie Anfang der 80er Jahre, unter Einbeziehung von Pegnitz und Altmühl, fertiggestellt ist. Von Nürnberg aus soll sie als Stillwasserkanal bei Hilpoltstein die Jurascheitelhöhe von 406 Metern erreichen. Mit Hilfe von 18 Schleusen, die bis zu 25 Meter Hubhöhe haben, werden dann Schiffe bis 1500 Tonnen Tragfähigkeit die Häfen Bamberg, Nürnberg und Kelheim verbinden. Es ist sicher ein gewaltiges Bauwerk, das da erstellt wird. Und trotzdem, mir gefällt der alte, vor fast 150 Jahren erbaute Ludwigskanal wesentlich besser. Und ich glaube, so geht es auch manch anderem Wanderer. Bescheiden und gemütlich schwingt sich dieser schon lange stillgelegte Kanal durch den Lorenzer Reichswald, begleitet die Schwarzach bis nach Neumarkt und schlängelt sich dabei zwischen fernsichtreichen Inselbergen und dem Westrand der Fränkischen Alb ins Sulzbachtal und der Vereinigung mit der Altmühl entgegen. Träge ist sein Wasser, tief und dunkel. Doch zauberhaft spiegeln sich Buchen und Föhren darin, und reizvolle Rundbogenbrücken leiten darüber hinweg. Verlassen stehen grau verwitterte, bunt bemooste Schleusenanlagen aus massigen Jurasteinen dazwischen, vergessen träumen die niedrigen, einfachen Schleusenwärterhäuschen daneben.
Diese Idylle aus längst versunkener Zeit, als nur »120-Tonner« die Wasserstraße befuhren, werden Sie beim Wandern von Burgthann nach Schwarzenbach entdekken. Aber auch immer wieder auf vielen anderen Touren zwischen Worzeldorf, Neumarkt und Berching. Die vereinsamten Kanalziehwege sind heute die schönsten Wanderpfade.

Eine gewaltige Ingenieurleistung war 1836–46 der Bau des Ludwig-Donau-Main-Kanals, an dessen Ufern heute schöne Wanderwege entlang führen.

1. Den Ludwigskanal entlang

Burgthann (6 km SW von Altdorf) – Schwarzenbach – (Grünsberg) – Burgthann / 3–3½ Std., evtl. –5½ Std. / Tal- bzw. Bergwanderung, viel Sonne und Sicht

Zum Einlaufen geht es heute erst einmal knapp 1 Stunde eben am verträumten Wasserspiegel des Ludwigskanals entlang, ehe im Mittelteil ein sichtreicher Höhenrücken erstiegen wird. Vor der Burg, beim Gasthof zum Goldenen Hirschen (P.) in Burgthann beginnt die Tour: Nach Süden einige Minuten auf der Burgstraße, an der alten Eiche die Bergstraße weiter aufwärts, doch vor der Kurve halbrechts den Schafhofweg geradeaus und beim Sperrschild durch den Wald bergab. Nun am Gasthaus Silberwald in Rübleinshof vorbei zum Ludwigskanal. Ein bequemer Wanderweg leitet Sie in Ostrichtung an der idyllischen alten Schiffahrtsstraße zum Gasthaus Ludwigskanal in Schwarzenbach. Dort links abwärts, hinter der Bachbrükke von der Hauptstraße erst im Tal, dann auf dem Wiesenhang unter der elektrischen Fernleitung zu den alten Westheider Höfen auf dem Heinzelberg mit ihren langen, gegen den Wind tief zum Boden gezogenen Dächern. – Der kurze Rückmarsch wird nach Westen ins Schwarzachtal angetreten, aus dem man in Burgthann durch die Eichenstraße auf dem Fußweg aufwärts zur Burg gelangt.– Der längere Wanderbogen führt über die Teufelskirch nach Grünsberg oder von Lochmannshof im Schwarzachtal zurück.

2. Kammwanderung auf dem Ernhofer Berg

Weißenbrunn (7 km N von Altdorf) – Klingenhof – Ernhofer Berg – Weißenbrunn / 3½–4 Std., evtl. –4½ Std. / Berg- und Höhenwanderung, sicht- und sonnenreich

Auf stolze 562 Meter steigt der Ernhofer Höhenzug empor und beschert dem Wanderer von seinem Westabbruch einen fast schwindelerregenden Tiefblick weit über den Lorenzer Wald ins Mittelfränkische Becken. – Etwas abseits der großen Durchgangsstraßen liegt Weißenbrunn, direkt unmittelbar unter der bewaldeten Flanke des Berges. Dort, bei den zwei großen Linden vorm Gasthaus Lindenhof (P.) in Weißenbrunn, ist der Start. Erst marschieren Sie auf der Oberheidelbacher Straße 200 Meter nordwärts und bei der Metzgerei Keilholz rechts zum Haus Nr. 34, dann auf den Fahrspuren des etwas verwachsenen Hohlweges nordöstlich durch hellen Buchenwald bergauf zur Aussichtsbank am Rande der Hochebene. Ostwärts geht's weiter, zwischen Feldern nach Klingenhof (oder: lohnender Umweg auf der Höhenpromenade in Nordrichtung zum Wegkreuz (539 m) und im spitzen Winkel durch den Wald zu einem lichten Wiesenaltan unter mächtigen Buchen). – In Klingenhof gibt es ein prächtiges Gasthaus. Und ein Stück südlicher, bei zwei einzelnstehenden Ahornbäumen, eine noch prächtigere Aussicht, wenn man auf der Teerstraße Richtung Weißenbrunn läuft. 200 Meter hinter diesen Bäumen hält man sich links und wandert jetzt auf der Hangkrone 40 Minuten südwärts, dann rechts bergab nach Ernhofen und auf dem Trimmpfad am Waldrand zum Ausgangspunkt zurück.

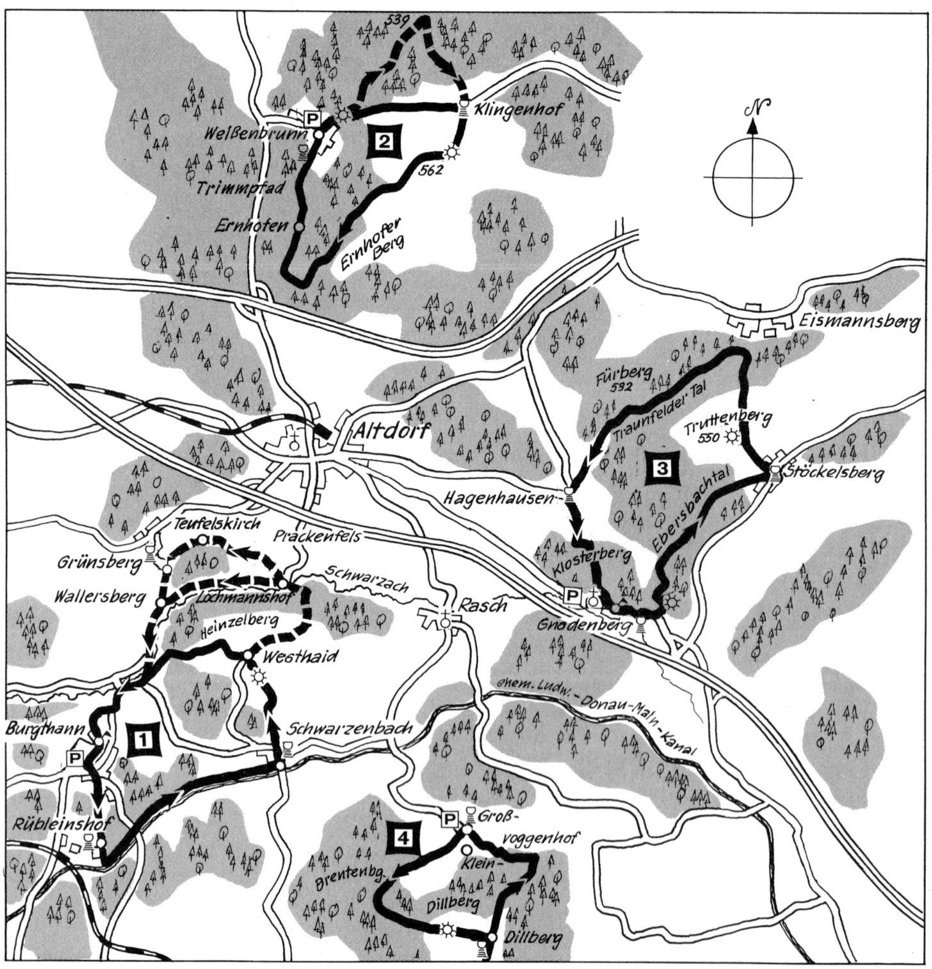

3. Hin und her durch einsame Täler zum und vom Truttenberg

Gnadenberg (4 km Ö von Altdorf) – Stökkelsberg – Hagenhausen – Gnadenberg / 4–4½ Std., teils schattige, teils sonnige Tal- und Höhentour mit schöner Fernsicht

Im Ebersbachtal erfolgt der Aufstieg, durchs Traunfelder Tal kommt man zurück. Dazwischen liegt ein Berg mit weitreichender Fernsicht zum Oberpfälzer Jura, am Anfang steht eine berühmte gotische Kirchenruine und das Gasthaus zum Kloster (P.) in Gnadenberg. Hier laufen Sie beim Osttor hinaus und gleich dahinter links zum Funkmast bergauf. Da gibt es die erste Aussicht und am Waldrand einen Weg talwärts zur Teerstraße. Unten am Waldeck rechts im spitzen Winkel zu den Ebersbachteichen und hinauf nach Stöckelsberg. – Dann (d.h. nach der Brotzeit beim Wirt) kommt der genüßliche Gang über den Truttenberg (550 m) nordwärts ins Traunfelder Tal und Richtung Hagenhausen. Auf der Teerstraße marschieren Sie südwärts weiter zur Bachbrücke, halten sich dort links und gelangen über den Klosterberg wieder zur Ruine Gnadenberg zurück.

4. Das große Erlebnis: der Dillberg

Großvoggenhof (7 km S von Altdorf) – Dillberg – Kleinvoggenhof – Großvoggenhof / 2–2 ½ Std. / sonnenreiche Bergtour mit großer Fernsicht

Die Wanderung ist kurz und kaum anstrengend. Aber sie ist eine der schönsten in der Frankenalb. Überrascht steht man nach dem relativ kurzen Aufstieg durch eine schattenspendende Waldzone auf dem baumlosen Hochplateau, geblendet von Sonne und Fernsicht. Das allerschönste aber ist, daß es dort droben auch noch eine recht gemütliche Gastwirtschaft gibt: die Rübezahlklause. – In Großvoggenhof fängt alles an: Nach dem Gasthaus Grüner Baum (P.) bei den Dorflinden steigen Sie rechts im weiten Westbogen auf dem Fahrweg erst flach und sanft, später ein wenig steiler zum UKW-Sender des Bayerischen Rundfunks bergan, wandern dann zu den Häusern der Ortschaft Dillberg hinüber und weiter zum besagten Gasthaus mit der schönen Gartenterrasse (ein Stück daneben steht der großzügigere »Berghof«). – Den Abstieg nehmen Sie in Dillberg bei der Straßenlinkskurve geradeaus auf dem Wiesenweg zum Wald und im Ostbogen abwärts nach Klein- und Großvoggenhof.

Sehenswert

Altdorf Ev. Stadtpfarrkirche Laurentius; Chor (Anf. 15. Jh.); Langhaus und Turm (1753–1755) ▪ Rathaus (1565) ▪ Ehem. Pflegerschloß (1585) ▪ Ehem. Universität (1571–1574); Uhrturm und Pallas-Athene-Brunnen im Hof (1575) von G. Labenwolf, Erzgießer aus Nürnberg ▪ 2 Stadttore.

Burgthann Burg (Ruine) der Hohenzollern-Burggrafen von Nürnberg (12. Jh.) mit eindrucksvollem Rundturm.

Grünsberg Herrensitz Schloß Grünsberg (16. Jh.) ▪ Sophienquelle, eine der stärksten Quellen Europas.

Rasch (3 km S von Altdorf) Wehrkirche, romanisch (12. Jh.) ▪ Schöne Fachwerkhäuser.

Gnadenberg Ruine der Birgittenklosterkirche, gotisch (1451–1483), 1635 Kloster und Kirche durch Feuer zerstört; Bildnisepitaph des Ritters Martin von Wildenstein (1466) ▪ Im ehem. Kloster Pfarrkirche St. Birgitta.

Sportmöglichkeiten

Altdorf Freischwimmbad ▪ Tennis ▪ Segelflug ▪ Trimm-dich-Pfad.

Burgthann Angeln ▪ Paddeln im Ludwigskanal.

Weißenbrunn Freischwimmbad.

Dillberg Skilauf (Lift).

Veranstaltungen

Altdorf »Wallenstein-Festspiele« im Hofe der ehem. Universität, alle 3 Jahre Juli/Aug.

Trotz der hochtechnisierten Zeit hat sich das Altdorfer Land viel Ursprünglichkeit bewahrt.

33 Kastl

Schweppermannsburgen südlich der Lauterach

Das Land rechts und links der Lauterach ist das Land der Schweppermänner. Der hervorragendste und bekannteste von ihnen war Seyfried Schweppermann. Er wurde in der alten Schweppermannsburg auf dem Dietrichstein bei Nattershofen geboren und diente Kaiser Ludwig dem Bayern als Feldhauptmann. In der von Graf Berengar I. von Sulzbach im 11. Jahrhundert gestifteten romanisch-gotischen Basilika St. Peter des ehemaligen Kastler Benediktinerklosters schläft er nun schon seit 1337 unter einem riesigen Grabstein den Schlaf des Gerechten. – Die auf steiler Kalkhöhe stehende Pfaffenhofener Schweppermannsburg, die von den beiden Söhnen Seyfried Schweppermanns bewohnt wurde, bildet den Anfang eines bequemen Spazierweges, den man in 1 ½ Stunden durch das malerische Tal der Lauterach mit seinen grotesken Dolomitkegeln ins mittelalterliche Lauterhofen hinüber läuft. Dort steht hinter dem Heiligen Nepomuk am Marktplatz das lüftlbemalte Rathaus, an dessen Wand der Gründungsspruch des Aventinus in Latein und Deutsch behauptet, daß Lauterhofen bereits im Jahre 725 von Karl Martell gegründet wurde. Auf der Ostseite hat der Maler neben Kaiser Karl dem Großen und Graf Berengar auch Seyfried Schweppermann dargestellt. – Das Schönste aber an all diesen Wanderungen durchs Schweppermannsland an der Lauterach oder durchs Sulzbacher Bergland sind die vielen vortrefflichen Aussichtspunkte, von denen man prachtvolle Fernsichten über die Fränkische Alb und den Oberpfälzer Jura hat. Und gleich daneben befinden sich die herrlichsten Rastplätze: Auf dem Höhenweg vom Enzenberg über den Kastler Berg zum Rechenfels und am Waldrand des Dietrichsteins oberhalb Nattershofen mit Blick auf die Türme des Habsberges; zwischen Poppberg und Ödamershüll oder auf der sonnigen Südseite des Lauterhofener Kalvarienberges. Da gibt es im Freien bei der Brotzeit aus dem Rucksack »für jeden ein Ei, für den braven Schweppermann zwei.«

1. Auf Umwegen ins Lauterachtal

Kastl an der Lauterach – Kalvarienberg – Lauterach – Kastl / 3 ½–4 Std. / sonnige Berg- und Talwanderung mit Aussichtspunkten

Der eindrucksvolle Bau der fast 1000 Jahre alten, ehemals reichsfreien Benediktinerabtei überragt imposant die einfachen Häuser des Kastler Marktplatzes, vor dessen spätgotischem Rathaus (P.) diese schöne Höhenwanderung beginnt und bis zu fast 600 Metern hinaufführt: Zuerst marschieren Sie südwärts über die Lauterachbrücke, danach hält man sich rechts – leider, aber es gibt keine andere Möglichkeit – auf der Bundesstraße 299 etwa 300 Meter bis zur Linkskurve und steigt dort halblinks den Bergweg hinauf vor die Schweppermannsburg, in der die beiden Söhne Seyfried Schweppermanns wohnten. Nach der Besichtigung wandert man südwärts zur umfassenden Aussicht vom Kalvarienberg (581 m), schlägt einen Ostbogen über den Enzenberg und Kastler Berg und macht oberhalb Mühlhausen eine Wegschleife um den Rechenfels. Dann laufen Sie auf flach fallendem Wanderweg zum Trimm-dich-Pfad beim hübsch gelegenen Gasthaus Lauterach bergab. Den Schluß der Tour bildet ein genußvolles, ebenes Gehen im Lauterachtal nach Kastl hinüber, immer am leise murmelnden Bach entlang.

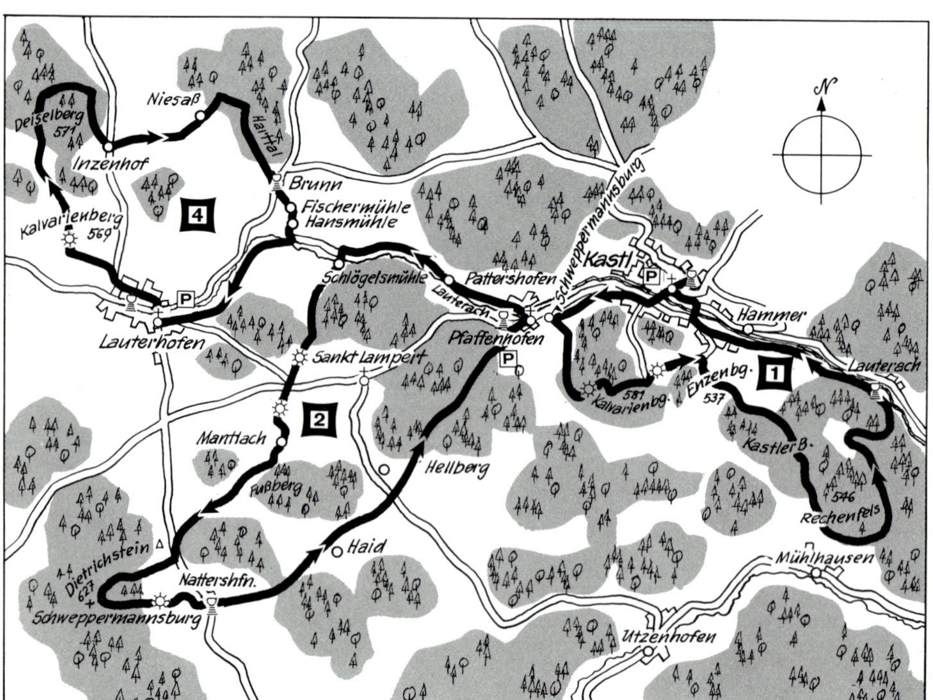

Geschmiedete Grabkreuze am Habsberg.

Selbst den müdesten Wanderer macht ein erfrischendes Untertauchen im modernen, beheizten Freibad von Kastl wieder fit.

2. Zur alten Schweppermannsburg auf dem Dietrichstein

Pfaffenhofen (1 km W von Kastl) – Mantlach – Dietrichstein – Pfaffenhofen / 5–5½ Std. / aussichts- und überwiegend sonnenreiche Berg- und Höhentour

Leider muß ich Sie gleich zu Anfang enttäuschen, denn die Burg existiert gar nicht mehr. Nur ein eisernes Kreuz steht auf einem Felssockel, an dessen verwitterten Narben man noch erkennen kann, daß dort einmal eine Burg stand; sie war der Geburtsort des Seyfried Schweppermann. Aber schön ist es hier trotzdem, in den lichten Wäldern und auf den freien Höhen. – Nur 1 Kilometer entfernt von Kastl liegt lauterachaufwärts Pfaffenhofen unmittelbar unter den Felsabstürzen der »neuen« Schweppermannsburg und vor der schwindelerregenden Kalkwand des Knipferfelsens, zu dessen Kreuz man von der aus grauen Jurablöcken gemauerten Kirche (P.) hinläuft. Doch nach der Lauterachbrücke geht's da nicht hinauf, sondern gleich links, immer auf der Nordseite des Tales, neben Wacholdersäulen und bizarren Felszacken an der mäandernden Lauterach zur Schlögelsmühle, zuerst auf schmaler Fahrstraße, dann auf der als Weg schön ausgebauten Bahntrasse. Hier beginnt in Südrichtung der Aufstieg zur Höhe von Mantlach jenseits der Bundesstraße 299. Südwärts geht es noch beinahe 1 Stunde zum schon lange sichtbaren Dietrichstein. – Beim Abstieg nach Nattershofen haben Sie rechts eine feine Sicht zu den Wallfahrtskirchen auf der bewaldeten Kuppe des Habsberges und vor sich ein fast ebenso feines Wirtshaus. – In 2 Stunden wandern Sie von Nattershofen ins Lauterachtal zurück.

3. Vorwerk des Oberpfälzer Jura: der Poppberg

Eckeltshof (12 km NW von Kastl) – Poppberg – Ödamershüll – Eckeltshof / 3–3½ Std. / Bergtour mit ausreichend Sonne und großer Fernsicht

Sie könnten es sich ganz leicht machen und den Poppberg in einer knappen halben Stunde von den Häusern des Ortes Poppberg aus ersteigen. Wer sich die schöne Aussicht durch einen weiteren Weg gewissermaßen erst »verdienen« will, läßt die Begehung des Poppberges in Eckeltshof beginnen. Gegenüber dem Gasthof zum Ritter (P.) wandert man auf

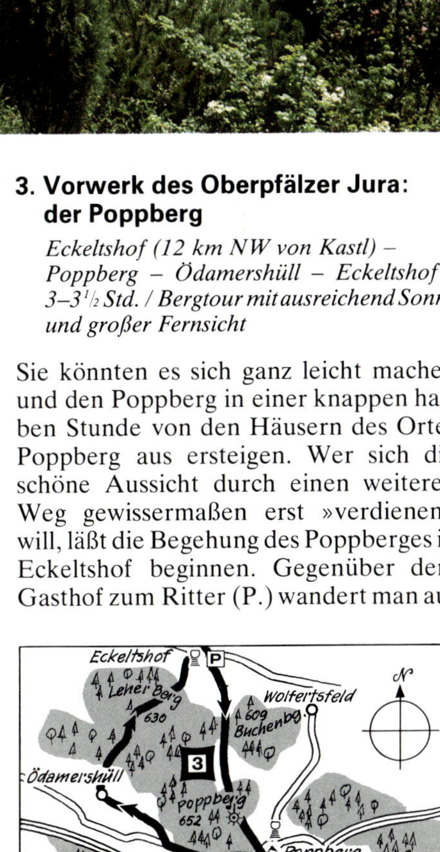

dem Feldweg zwischen Buchenberg und Leherberg, langsam und gleichmäßig steigend, zum Aussichtsturm der Burgruine Poppberg (652 m) hinauf, besucht nach dem Abstieg das 500 Jahre alte Gasthaus am Südhang und wandert dann von Poppberg wieder genauso langsam und genußvoll zurück – erst 40 Minuten nach Westen, ab Ödamershüll nochmals 40 Minuten in nördlicher Richtung.

4. Sonnige Tour zum Lauterhofener Kalvarienberg

Lauterhofen (6 km W von Kastl) – Inzenhof – Niesaß – Lauterhofen / 3½–4 Std. / Höhenwanderung, Sonne, Sicht

Nur gut ½ Stunde dauert der Aufstieg vom blitzsauberen Marktplatz (P.) in Lauterhofen auf den runden, sichtreichen Kalvarienberg. Beim Heiligen Nepomuk unter der Linde geht's diesmal los, die Jakob-Haffner-Straße bergab, über die Lauterach und die Hauptstraße. Dahinter durch die Alte Sulzbacher Straße aufwärts, doch gleich links eingeschwenkt und über die »Geißäcker«, auf der Höhe eben, westwärts zu zwei Kapellen unter Linden. Nun steigt der Prozessionsweg, an den Leidensstationen entlang, auf freier Südseite mit großartiger Fernsicht nach oben. – In enger Nordschleife geht es um die bewaldete Höhe des Deiselberges zur uralten Eiche am Wegkreuz bei Inzenhof und von Niesaß am – oder, wenn im Herbst die Wiesen gemäht sind, im – Harttal langsam talwärts zur Fischermühle bei Brunn. Hinter der Hansmühle marschiert man rechts zwischen Wiesen zur Bahntrasse, die Sie als gut hergerichteter Wanderweg wieder nach Lauterhofen bringt, ganz flach und ohne die geringste Steigung.

Sehenswert

Kastl Ehem. Benediktinerkloster, ältestes in Nordbayern, 1102 urkundlich erwähnt, 1219 reichsfreie Abtei; Klosterkirche St. Peter, 1129 geweiht, langgestreckte Basilika, gotische Apsis, romanische Nebenapsiden, gotische Vorhalle; das Hochschiff des Chores ist das älteste Tonnengewölbe in Süddeutschland; gotische Fresken mit Wappenfries der Stifter und Wohltäter des Klosters (14. Jh.); Stiftergrabmal der Markgräfin Luitgard (12. Jh.); Chorgestühl (Ende 13. Jh.); viele romanische und gotische Kunstschätze; Epitaphien des 13.–16. Jh. ▪ Klostergebäude mit Teilen des ehem. Burgberings (10. Jh.); Torturm mit hoher Dachpyramide (13. Jh.), Torbau (16. Jh.); Marienkapelle (13. Jh.), heute Landschulheim der Benediktiner ▪ Rathaus, spätgotisch.

Pfaffenhofen Pfarrkirche, romanisch, gotischer Chor; daneben gotischer Karner (13. Jh.) mit interessanten Malereien (um 1400) ▪ Schweppermannsburg (13./14. Jh.), 1633 zerstört, 1692 Wiederaufbau; Bergfried, Teile des Palas, Bering; Schweppermann-Sammlung; Wanderstützpunkt des DAV, Sektion Amberg.

Poppberg (652 m) Burgruine (13. Jh.), im Hussitenkrieg zerstört ▪ Im Ort Gasthaus aus dem 15. Jh. an der alten kurpfälzischen Landstraße Nürnberg-Amberg.

Fürnried (4 km N von Eckeltshof) Simultankirche (1797), romanischer Turm (12. Jh.).

Trautmannshofen (5 km SW von Lauterhofen) Wallfahrtskirche Maria Namen, barock (1786) von G. und W. Dientzenhofer; Fresken J. M. Wild (1760); Gnadenaltar mit Muttergottes (um 1400); viele Votivtafeln (ab 17. Jh.); im Pfarrhof Mirakelbuch (ab 1750).

Habsberg (621 m, 8 km S von Kastl) 2 Wallfahrtskirchen; Hauptkirche, Rokoko (1763) mit prachtvollem Hochaltar; Nebenkirche in den Ruinen der Burg der Grafen Kastl-Habsberg (1652), im 18. Jh. erweitert; Votivstandbild mit Darstellung der alten Oberpfälzer Bauerntracht.

Lauterhofen Pfarrkirche, romanisch/barock (11./17. Jh.).

Sportmöglichkeiten

Kastl Beheiztes Freischwimmbad ▪ Trimm-dich-Pfad.

Auf dem Pilgerweg zum sichtreichen Lauterhofener Kalvarienberg kommen Sie an dieser Kapelle mit ihrer zum Verweilen einladenden Rastbank vorüber.

34 Neumarkt in der Oberpfalz

Inselberge und Hochplateaus der Oberpfälzer Alb

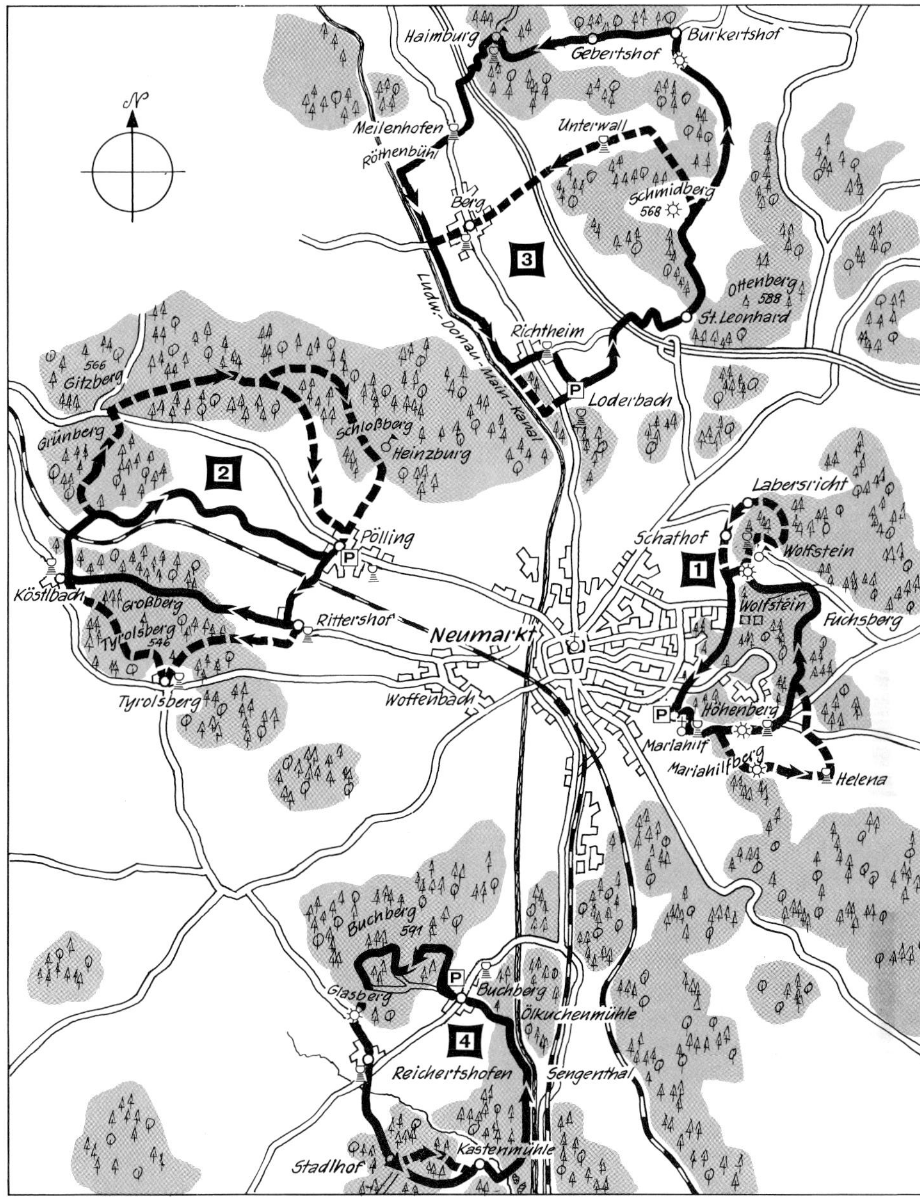

Der Raubritter Eppelein von Gailingen war nicht nur ein berühmter, oder besser ein berüchtigter, sondern auch ein frecher und unerschrockener Mann. Als er 1372 auf der Kaiserburg Nürnberg gehängt werden sollte, war sein letzter Wunsch, noch einmal sein Pferd reiten zu dürfen. Mit einem tollkühnen Sprung entkam er über den Stadtgraben auf Nimmerwiedersehen. Die stolze Reichsstadt aber wurde infolge der verwegenen Flucht des Herrn Eppelein mit einem Spottvers bedacht: »Die Nürnberger hängen keinen – es sei denn, sie hätten ihn zuvor!« Allerdings ereilte den Ritter neun Jahre später doch noch sein Schicksal. Auf dem langgezogenen typisch bayerischen Straßenmarktplatz von Neumarkt sprach im Jahre 1381 der Scharfrichter das letzte Wort über ihn. – Neumarkt war zu diesem Zeitpunkt seiner wechselvollen Geschichte seit 1329 pfälzisch, während es zuvor 1269 als Erbschaft Konradins aus staufischem Reichsbesitz wittelsbachisch geworden war. Als kurpfälzischer Statthalter residierte von 1513 bis 1544 hier der Pfalzgraf Friedrich, der 1539 das neue Schloß erbauen ließ, dessen imposanter Treppenturm mit seinem prachtvollen, von zwei Löwen flankierten Portal zu einem Wahrzeichen Neumarkts wurde. – Aber bereits in der Steinzeit waren die Westabhänge der Fränkischen Alb bei Neumarkt besiedelt, wie das 1959 freigelegte Gräberfeld auf dem Höhenberg (Tour 1) beweist. Glanzvoll ist dort oben die Aussicht nach Westen über die vorgelagerten Inselhöhen des Buchberges (Tour 4), Tyrolsberges und Grünberges (Tour 2) in die weit offene mittelfränkische Ebene. Glorios sind die Höhenwanderwege zur Burgruine Wolfstein und über den Ottenberg und Schmiedberg zur 800 Jahre alten Hainburg, die den Dreißigjährigen Krieg nur als Ruine überstanden hat. Und zauberhaft ist der flache Gang am Wasserlauf des Ludwigskanals, wenn man von Berg nach Loderbach zurückkehrt oder am Spätnachmittag dem Ende der Buchbergwanderung entgegenpromeniert.

1. Bergwanderung zur Ruine Wolfstein

Neumarkt – Mariahilfberg – Ruine Wolfstein – Neumarkt / 3–3½ Std. / Bergtour und sonnige Höhenwanderung mit Fernsicht

Vor dem Genuß ist meist der Schweiß gesetzt: hier der des Aufstieges vor dem prachtvollen Höhengang. Dieser Aufstieg zum Südpfeiler der Wanderung, dem Neumarkter Mariahilfberg (582 m), beginnt am Ende der Ferdinandstraße hinter den wuchtigen Doppeltürmen des Klosters St. Josef (P.), das von der Stadtmitte durch die Badstraße erreicht wird. Auf dem Treppensteig und Kreuzweg schnauft man zur Wallfahrtskirche hin-

auf und hat oben zwei Möglichkeiten weiterzuwandern: Entweder man läuft rechts vom Wasserbehälter über freies Feld (Aussicht!) nach Helena oder man erreicht über Höhenberg die Pelchenhofener Straße, marschiert ein Stück auf ihr und nimmt links den Fahrweg nach Fuchsberg. Jenseits der Bergstraße bringt Sie nun ein wunderschöner Hangweg zur Burg Wolfstein (589 m). – Ganz nach Wunsch gibt es zwei verschiedene Abstiegsmöglichkeiten: Die kürzere, jedoch steilere, leitet direkt Richtung Schafhof, die flachere, aber längere, macht einen Umweg nach Osten und Norden über Labersricht. – Durch den Ort Wolfstein gelangen Sie südwärts bestimmt wieder zum Kloster St. Josef; Sie können es nicht verfehlen.

2. Viele Wege führen nach Pölling zurück

Pölling (3 km W von Neumarkt) – (Tyrolsberg) – Köstlbach – Pölling / 3–3½ Std., evtl. 5–6 Std. / hügelige, schattige Waldwanderung

Spaziergänger, aber auch Wanderer, die gerne viel und lange laufen, kommen

Mit großer Fernsicht lockt der wuchtige Rundturm der Burg Wolfstein den Wanderer.

heute auf ihre Kosten, denn diese Touren können je nach Bedarf gestaltet werden. In jedem Falle ist der Startplatz vor der Pöllinger Kirche (P.). Sie laufen die St. Martin-Straße 100 Meter nach Westen, auf der Bergstraße links und am Bahnhof über das Gleis nach Rittershof. Hier kommt die erste Entscheidung: Die kürzere Großberg-Wanderung beginnt auf der Kapellenstraße, am cremefarbenen Kirchlein vorbei, Richtung Westen, leitet durch den Spitalwald auf den Großberg (573 m) und nach Köstlbach; die längere macht einen Südostbogen durch den Ort nach Tyrolsberg und über den gleichnamigen Berg weiter. – In 2 Stunden können Sie von dort bequem im Steinbachtal nach Pölling wandern. Oder Sie marschieren den großen Rundweg zum Grün- und Gitzberg (566 m), pirschen ostwärts auf einsamsten Waldhöhen durch das Quellgebiet von Steinbach und Flußbach zum Schloßberg der Heinzburg. Nach Süden erreichen Sie hier das grüne, weite Maierbachtal.

3. Schmidberg und Haimburg – oder nur eines von beiden

Loderbach (4 km N von Neumarkt) – Schmidberg – (Haimburg) – Loderbach / 6–6½ Std., evtl. 4–4½ Std. / erst Höhen- dann Talwanderung, teilweise Aussicht und Schatten

Die ganze Tour sollten Sie sich nur vornehmen, wenn Sie genügend vortrainiert haben, und dann auch möglichst zur Laubfärbungszeit im Herbst oder an einem milden Vorfrühlingstag, wenn es noch nicht allzu warm ist. – Vom nördlichen Loderbacher Ortsrand beim Telefonhäuschen (P.) an der Straßengabelung wandert man in der Nähe der nicht zu übersehenden Birke weiter nach Norden und auf der Kadenzhofener Straße unter der Autobahn durch. Gleich hinter der Brücke rechts, 100 Meter direkt neben der Autobahn, dann links und 3 Minuten später wieder rechts zur St. Leonhardskapelle auf dem Ottenberg. Jetzt geht's oben auf der Hangkrone nordwärts zum Schmidberg (568 m) und – wenn Sie die kürzere Tour machen wollen – von Unterwall im Wallerbachtal durch Berg zum Ludwigskanal. – Die Trainierten ziehen auf der Hochfläche weiter, steigen von der Ruine Haimburg nach Haimburg ab und queren bei Meilenhofen die Schwarzach. Den Schluß bildet ein bequemer, entspannender Weg entlang des Ludwigskanals nach Richtheim und Loderbach.

4. Auf dem Buchberg

Buchberg (5 km S von Neumarkt) – Reichertshofen – Ludwigskanal – Buchberg / 4–4½ Std. / halb Berg-, halb Talwanderung, meist Schatten, viel Sicht

Der Buchberg ist einer der schönsten und markantesten Inselberge, die dem Oberpfälzer Jura vorgelagert sind. In vorgeschichtlicher Zeit trug er eine starke keltische Befestigungsanlage, heute trägt er einen »Freizeiterholungspark«. – Auf dem Wanderparkplatz oberhalb des Ortes Buchberg findet man eine Übersicht über bezeichnete Wege zum Keltenturm und Meisenbrunn. Die Abstiegsmöglichkeit vom vorgelagerten Glasberg nach Reichertshofen bringt Sie südwärts in die reizvolle Wasser- und Heidelandschaft der Murnau um Stadlhof und die Kastenmühle, von der Sie 200 Meter südwärts eine kleine Brücke zu Fischweihern im Auwald und 10 Minuten weiter nördlich bei der Schleuse 32 den Ludwigskanal erreichen. Gute 20 Minuten läuft man in Nordrichtung an ihm entlang, ehe man sich links wieder hinüber nach Buchberg wendet.

Sehenswert

Neumarkt in der Oberpf. Stadtpfarrkirche St. Johann Baptist, 3schiffige spätgotische Hallenkirche (1404–1442); Turm 70 m hoch; 3 reich gegliederte Portale; vorgotischer Taufstein (um 1200); spätgotische Wandmalereien ▪ Hofkirche Mariä Himmelfahrt, spätgotischer Chor (15. Jh.); Turm (1555); Langhaus (1701/02) von J. Engel; Rotmarmor-Tumba das Pfalzgrafen Otto II. († 1499) ▪ Rathaus (15./16. Jh.) ▪ Anna-Kirche, barock (1708 bis 1748) ▪ Friedrichskirche St. Jobst (1654) ▪ Wallfahrtskirche Mariahilf auf dem Kalvarienberg (1718) mit Laub- und Bandwerkstukkaturen von J. Bajerna; Tafelgemälde (1478); Heilig-Grab-Kapelle (1684).

Wolfstein (589 m) Burgruine (12./14. Jh.), seit 16. Jh. verfallend; Bergfried; Burggaststätte; Aussicht.

Haimburg Burgruine (12. Jh.), im Dreißigjährigen Krieg zerstört.

Sportmöglichkeiten

Neumarkt in der Oberpf. Hallenbad; beheiztes Freischwimmbad ▪ Tennis ▪ Angeln ▪ Segelflug ▪ Skilauf bei Voggenthal (Lift) und am Dillberg (Lift).

Veranstaltungen

Neumarkt in der Oberpf. Juravolksfest mit historischem Festzug, August.

Wanderfreuden und Anglerglück bieten die stillen Juratäler.

35 Schmidmühlen

Strahlender Barock an Vils und Naab

Wie die Glieder einer Perlenkette reihen sich auf einer Strecke von nur 40 Kilometern in der nach Süden drängenden Talfurche von Vils und Naab zwischen Wolfgang Dientzenhofers Barockpfarrkirche in Ebermannsdorf und der prachtvollen Pielenhofener Zisterzienserinnenkirche des Vorarlberger Baumeisters Franz Beer die herrlichsten Sehenswürdigkeiten aneinander: romanische Landkirchen, gotische Burgruinen, elegant geschwungene Renaissancerathäuser und -schlösser. Dazwischen ist in Ensdorf und Vilshofen, in Schmidmühlen und Dietldorf immer wieder viel leuchtender Barockglanz und beschwingter Rokokofrohsinn gestreut. Somit bringt jeder der vier Wandervorschläge am Anfang und Ende herrlich stiller Wald- und Höhenwege rechts und links der zauberhaften Nord-Süd-Flußtalung vor allem für den Kunstfreund besondere Erlebnisse.

1. Vilsabwärts zu Schloß und Kirche Dietldorf

Schmidmühlen an der Vils – Lanzenried – Dietldorf – Schmidmühlen / 3–3½, evtl. –4 Std. / Höhenwanderung, Sonne und Sicht

Jenseits der Vilsbrücke, am östlichen Stadtrand von Schmidmühlen, beginnt beim Gasthof Lindenhof (P.) ein wundervoller Weg auf den Vilshöhen zur Aussicht bei Lanzenried. Die ersten Aufstiegsmühen haben Sie beim Weiler Archenleiten hinter sich, den Sie in einer guten halben Stunde erreichen: auf der Hauptstraße etwa 100 Meter südwärts, dann links die Eglseer Straße Richtung Teilberg, doch schon nach 200 Metern halbrechts auf begrüntem Feldweg im Bogen zum Wald. Beim Wegkreuz im Archenleitener Forst muß man spätestens überlegen, ob ein Abstecher zur romanischen Emhofer Kirche (und vielleicht auch zum Wirt?) gemacht werden soll (zusätzlich hinunter und wieder herauf eine reichliche halbe Stunde) oder ob man gleich zur Aussicht bei Hirschberg und Lanzenried hinüberläuft. – Immer weiter südwärts führt nun der Weg. Von Lanzenried zum Waldsaum am Schusterberg und durch den Greßbergforst im trockenen Greßtal nach Dietldorf. – Außer dem Barockschloß wartet hier vor allem am Spätnachmittag die renovierte, leuchtende Barockkirche auf ihren Besuch – und am Abend der Bus nach Schmidmühlen.

Bitte beachten: Notieren Sie vor dem Wanderstart die Busabfahrtszeiten von Dietldorf zurück!

2. Hirschwald oder Taubenbacher Forst

Ensdorf an der Vils (10 km N von Schmidmühlen) – Hirschwald bzw. Taubenbacher Forst – Ensdorf / je 5–6 Std., evtl. 2–2½ Std. / schattige Wald- und Höhentouren

Freunde stiller Waldwanderungen finden hier ein reichhaltiges und abwechslungsreiches Tourenprogramm, das sich zwischen Theuern und Vilshofen nach Westen erstreckt. Ausgangspunkt für diese Wanderung ist die Klosterbrauerei Ensdorf (P.), von der man 300 Meter in südlicher Richtung läuft, dann beim Gasthaus Dietz rechts ab über Vilsbrücke und Bahngleis. Dahinter nochmal rechts am Gleis entlang und gleich wieder links auf dem Kreuzweg bergauf zur Wallfahrtskirche Vierzehn Nothelfer. Da teilt sich der Weg:

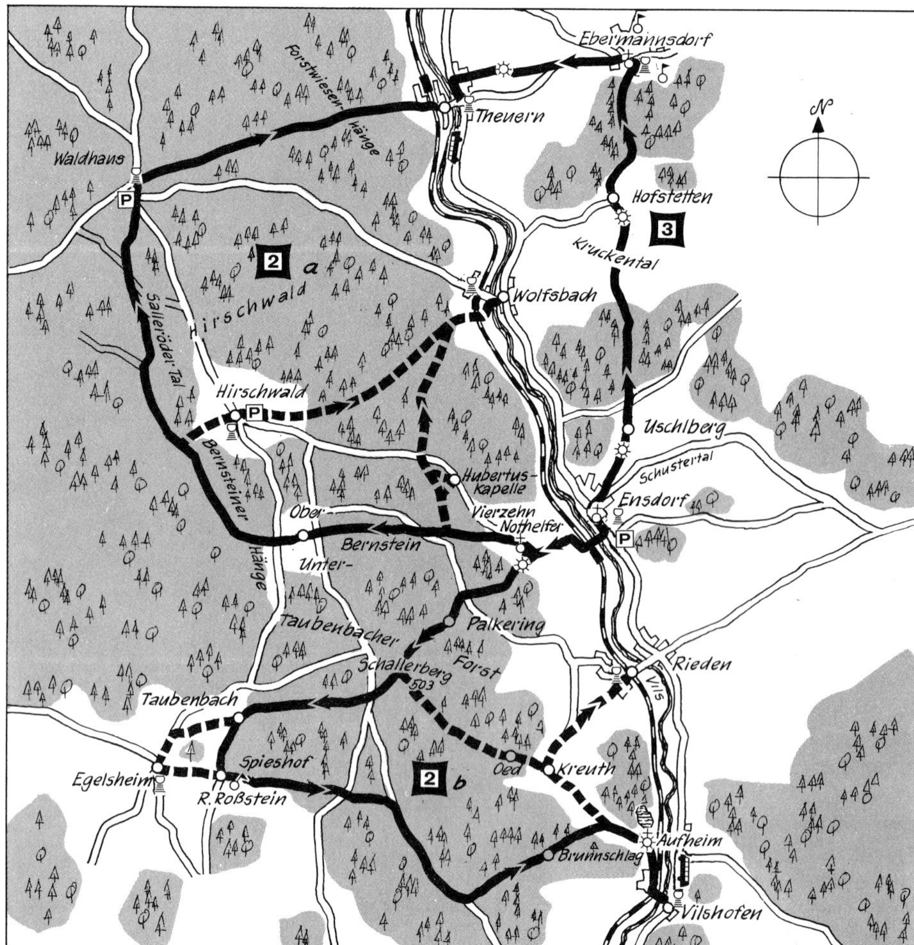

Neben dem Portal der Klosterkirche zu Ensdorf steht diese Putte an einer Bischofsfigur.

a) Zum Gasthaus Waldhaus und Richtung Theuern wandern Sie in 1 ½ Stunden westwärts nach Oberbernstein und, unterhalb der Bernsteiner Hänge, im Salleröder Tal 2 Stunden nordwärts (unterwegs Abkürzungsmöglichkeiten über Hubertus-Kapelle oder Jagdschlößchen Hirschwald nach Wolfsbach).
b) Die Tour durch den Taubenbacher Forst wird in Südwestrichtung über Palkering und den Schallerberg (503 m; von hier über Öd und Kreuth nach Rieden oder Vilshofen) zum Forsthaus im Taubenbachtal und nach Egelsheim fortgesetzt. – Von Spieshof, in der Nähe der Ruine Roßstein, erreicht man in großer Waldschleife nach Osten die Häuser von Brunnschlag und auf der Hangkrone des Vilstales die Wallfahrtskirche Aufheim. Ihr Kreuzweg leitet Sie zum Schluß bergab zur Bahnbushaltestelle an der Vils.
Bitte beachten: Vor Aufbruch in Ensdorf sollten Sie sich die Busabfahrtszeiten von den verschiedenen Talorten notieren! Die Rückkehr erfolgt von Theuern, Wolfsbach, Rieden oder Vilshofen, je nachdem, welche Tourenvariante Sie wählen.

3. Barocker Glanz über Ebermannsdorf

Ensdorf an der Vils (10 km N von Schmidmühlen) – Ebermannsdorf – Theuern – Ensdorf / 3 ½–4 Std. / sonnige, sichtreiche Höhenwanderung

Außer der 1705 von Wolfgang Dientzenhofer erbauten Barockpfarrkirche gibt es dort noch ein Schloß und eine Burgruine. Aber nicht nur deswegen lohnt sich eine Tour nach Ebermannsdorf, sondern auch wegen des reizvollen Wanderns von sichtreichen Höhen in verträumte Täler. Sie beginnen in Ensdorf, marschieren vom Kloster (P.) 300 Meter ins Schustertal bis zum Haus Nr. 49, dort halblinks den Feldweg bergauf zum eleganten roten Zwiebelturm der Uschlberger Kapelle. – Nun geht es, immer in nördlicher Richtung, auf der wenig befahrenen Autostraße gerade talwärts, jenseits der Götzenöder Straße auf dem rechten Grasweg im Jungwald nach oben und hinter dem Forst quer durch das obere Kruckental zu den Anwesen von Hofstetten. In 20 Minuten erreichen Sie schließlich die Burgruine Ebermannsdorf und in weiteren 50 Minuten den Bus in Theuern.
Bitte beachten: Busrückfahrtszeiten erkunden!

4. Eine wuchtige Burg und ein prachtvolles Kloster: Wolfsegg und Pielenhofen

Kallmünz an der Naab (10 km S von Schmidmühlen) – Wolfsegg – Pielenhofen – Kallmünz / 4 ½–5 Std. / Höhenwanderwege, Sonne, Sicht

Trutzig steht die Burgruine Kallmünz auf steilem Jurafels über dem Zusammenfluß von Vils und Naab, romantisch liegt das Städtchen Kallmünz auf enger Schwemmlandzunge, eingezwängt zwischen den Flüssen – ein unvergleichlicher Ausgangspunkt für die folgende Wanderung. Zwischen dem rotweißen Rathaus und der gelbweißen Kirche hindurch verläßt man den Marktplatz (P.), wandert über die Naabbrücke und vor der Bäckerei rechts auf der Alten Regensburger Straße zur Krachenhauser Straße. Jetzt rechts, immer am Fluß entlang, unter trockenen, felsigen Jurahängen ½ Stunde lang nach Süden. In Krachenhausen wenden Sie sich links ins Holzheimer Tal, doch gleich wieder rechts am Kesselberg aufwärts zum einsamen Berghof. – Von dort geht es eben über die Höhen nach Mühlschlag und hier, links haltend (nicht talwärts auf der Fahrstraße weiter!) über den Bergrücken nach Widlthal und gleich gegenüber wieder aufwärts. So dringt man in den Schwaighauser Forst ein, kann drinnen Dolmen und Höhlen su-

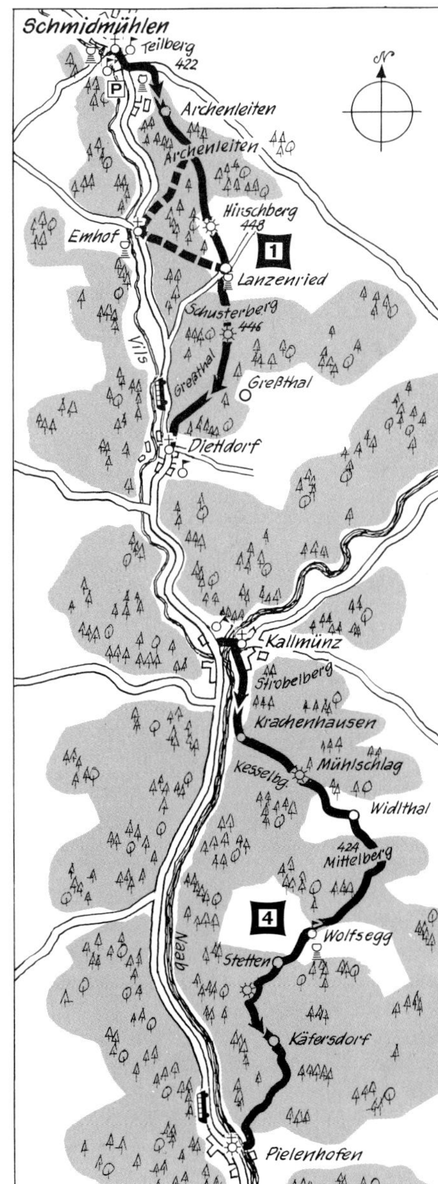

chen und steht plötzlich – sich etwas südwestlich haltend – vor der trutzigen Burg Wolfsegg. – Die Ortschaften Stetten und Käfersdorf sind die beiden nächsten Stationen vor dem Abstieg zum stattlichen Kloster Pielenhofen.
Bitte beachten: Auch diese Tour endet mit einer Busrückfahrt, daher am Morgen den Fahrplan beachten!

Sehenswert

Ebermannsdorf Barockpfarrkirche von J.W. Dientzenhofer (1705) ▪ Schloß und Burgruine.

Theuern Oberpfälzer Industrie- und Bergbaumuseum im Hammerherrenschloß (1781) des Freiherrn von Lochner (mit mehreren Außenstellen).

Ensdorf Ehem. Benediktinerkloster St. Jakob, 1121 von Pfalzgraf Otto von Scheyern-Wittelsbach gestiftet, 1507 durch Brand zerstört, 1695 Neubau der »Wandpfeilerkirche« von M. Funk und Chr. Grantauer (Mitarbeiter von J.W. Dientzenhofer); Stuck der 3 Landshuter Brüder Ehehamb, Ph.J. Schmuzer und Th. Aicher; Fresken von C.D. Asam (1714–1716) ▪ Stifterkapelle (1715–1721) mit Sarkophag Ottos und seiner Gemahlin Heilica in Stuckmarmor.

Schmidmühlen Geburtsort des großen Bildhauers der Spätgotik Erasmus Grasser (1450–1518) ▪ Oberes Schloß, Renaissance (1600) ▪ Unteres Schloß, ehem. Hammerschloß (1700) ▪ Zieglerschloß (1755) ▪ Wallfahrtskirche (1697) auf dem Kreuzberg (469 m) innerhalb eines keltischen Ringwalls.

Emhof Romanische Pfarrkirche.

Dietldorf Barockschloß (1700) und Barockkirche (1723).

Kallmünz Rathaus (1603) mit altem Turm (im Inneren Museum, Balkendecke) ▪ Pfarrkirche St. Michael (1756); Rokokoausstattung ▪ Alte Steinbrücke (1550) über die Naab ▪ Burgruine (13. Jh.), 1641 von den Schweden zerstört; gotisches Torhaus, spätgotische Zwingmauer mit Rundturm; Bergfried und Palas mit 3teiligen Spitzbogenfenstern (13. Jh.).

Burg Wolfsegg Malerisch über dem Häuserwinkel gelegen, bereits 1385 genannt: Eigentümer Ludwig von Brandenburg; 3geschossiger Palas; Spindeltreppe; tonnengewölbte Räume.

Pielenhofen Ehemalige Zisterzienserinnen-Klosterkirche zu Unserer lieben Frau (1719), Halle mit einschiffigem Chor, in der Mitte vom Querschiff gekreuzt, Seitenschiffe tragen Emporen; einheitliche Raumwirkung durch den reichen Stuck des Wessobrunner Meisters F. Schmuzer, schöne Altäre, prachtvolles Chorgestühl und Orgelprospekt.

Penk Jura-Naturlehrpfad Penkertal, 3 km südlich von Pielenhofen.

Malerisch liegt Kallmünz mit seiner Rokoko-Pfarrkirche St. Michael am Zusammenfluß von Vils und Naab. Darüber steht auf steilen Kalkhöhen die 800jährige gotische Burgruine.

Sportmöglichkeiten

Schmidmühlen Beheiztes Freibad in Rieden ▪ Angeln.

Kallmünz Freibad ▪ Angeln.

36 Velburg

Abseits der Fremdenverkehrsströme

Ein zauberhaftes Feenreich ist die 1895 bei St. Colomann entdeckte König-Otto-Tropfsteinhöhle, deren Stalagmiten und Stalagtiten wie Märchengestalten einer unwirklichen Welt erscheinen.

Noch vor wenigen Jahren war das Juraland um Velburg am Südwestrand des Hohenfelser Truppenübungsplatzes als Wandergebiet fast gar nicht bekannt. Erst die neue Autobahn Nürnberg-Regensburg hat in dieser Beziehung einige Veränderungen gebracht. Aber viel besucht wird es auch heute noch nicht. Und überlaufen ist es gleich gar nicht. Auch in der Reisesaison nicht, obwohl zwischen Weißer und Schwarzer Laaber die schönsten Möglichkeiten für Wanderfeinschmecker bestehen, sich mit viel Genuß ein hervorragendes Tourenmenü nach ganz persönlichem Geschmack zusammenzustellen. Ich möchte Ihnen einen solchen vierteiligen Menüvorschlag unterbreiten. Als »Vorspeise« gibt es einen relativ kurzen Gang, der gleich aus drei Leckerbissen besteht: der Wallfahrtskirche St. Wolfgang mit ihren spätgotischen Flügelaltären, der König-Otto-Höhle bei St. Colomann und dem aussichtsreichen Weg von der Colomanner Höhe zum Velburger Schloßberg. Das erste »Hauptgericht« wird etwas länger dauern; es führt Sie über den Kreuzberg und an der Schloßruine Helfenburg vorbei zum Burgstall auf dem Plankenstein. Das zweite »Hauptgericht« ist eine umfang- und abwechslungsreiche (aber Gott sei Dank auch halbierbare) Wanderung von Parsberg nach Seubersdorf, von wo es über die Ruine Adelburg und durch das romantische Tal der Laaber zurückgeht. Zum »Nachtisch« gibt es dann noch zwei besondere Wanderschmankerl: westlich der Weißen Laaber die Kirche von Leutenbach mit ihren Fresken aus dem 14. Jahrhundert und die grandiose Aussicht vom Albrand bei Winnberg. Wohl bekomm's!

1. Wunder unter der Erde: Die König-Otto-Höhle

Velburg – St. Wolfgang – König-Otto-Höhle – Velburg / 3½–4 Std. / teils schattige, teils aussichtsreiche Höhenwanderung

Eine Besichtigung der märchenhaften unterirdischen Tropfsteinlandschaft bei

St. Colomann können Sie mit einer sicht- und sonnenreichen Wanderung verbinden, deren Anfang in Velburg sein sollte. Dort steht am Stadtplatz ein zinnengeschmücktes neugotisches Rathaus (P.) und daneben das Gasthaus Post. Hier geht es bergab zum Anna-Kirchlein, da links auf der Parsberger Straße bergan, später wieder links den Fahrweg weiter und über die Teerstraße. Schräg gegenüber kriecht ein befestigter Weg auf den Sperlasberg (629 m) und nordwärts in Richtung auf das schwarz-gähnende, riesige »Hohlloch« in der Felswand über den Häusern von St. Wolfgang. Unter der Colomanner Höhe wandern Sie jetzt am Hang nach St. Colomann und in wenigen Minuten vor den Eingang in das feenhafte Licht- und Schattenreich der König-Otto-Höhle. Den Rückweg nimmt man südwärts über die Colomanner Höhe, besucht unterwegs die Steinernen Jungfrauen, studiert die vielen Tafeln des Waldlehrpfades und schlendert zum Schluß über den Burgberg abwärts.

2. Nördlich der Schwarzen Laaber

Velburg – Lengenfeld – Deusmauer – Velburg / 4 1/2–5 Std., evtl. 3 Std. / sichtreiche Bergwanderung, überwiegend Schatten

Runde grünbewaldete Hügel sind es, die heute überwandert werden sollen. Dazu gibt es kostenlos herrliche Fernsichten, und für wenig Geld hervorragende Brotzeiten in Lengenfeld oder Deusmauer. Doch am Anfang steht zunächst einmal ein Aufstieg: unterhalb der Stadt Velburg vom Transformatorenhaus (P.) unter neun Pappeln gerade bergauf, oben am Waldrand rechts – vorbei an einem einzelnen Haus – erst eben, dann ein ganz klein wenig abwärts zu einer Bank und jetzt auf Treppenstufen oder über den Kreuzweg zur Wallfahrtskirche auf dem Hohenberg. Dort steigt man beim schönen schmiedeeisernen Wegkreuz nach links aufwärts zum Sendemast und zur spitztürmigen Bergkapelle. – In Westrichtung erreichen Sie mitten im Tal die Lengenfelder Straße, laufen links und gleich wieder rechts über den Eichelberg Richtung Schwaighof zur Ruine Helfenburg und machen vielleicht unter der Autobahn durch den ersten Wirtshausabstecher nach Lengenfeld. Im Nordwestbogen gelangen Sie durchs Brunnenholz (zweiter Abstecher nach Deusmauer?) zum Burgstall auf dem Plankenstein und abwärts zu den Häusern von Bogenhof. Jetzt geht es immer in Südostrichtung zurück: in der Kühbärnlohe und um den Kramertsbügel nach Schafhof. Und in weiteren 25 Minuten zum Auto.

3. In zwei Tagen von Parsberg nach Seubersdorf und retour

Parsberg (7 km S von Velburg) – Seubersdorf – (Klapfenberg) – Parsberg / 4 bis 4 1/2 Std., evtl. 8–9 Std. / Höhen-, Tal- und Waldwanderung, teilweise Schatten und Aussicht

Schön wär's schon, wenn Sie zwei Tage hintereinander Zeit hätten, um diese Wanderung in einem Zuge durchzuführen. Aber wenn Sie in Seubersdorf nicht übernachten wollen, können Sie von dort mit der Bahn zurückfahren. Und die Eintagestour ist auch sehr reizvoll. – Der erste Tag würde so aussehen: Den Bahnhof Parsberg (P.) verläßt man in Richtung Stadt, marschiert hier auf der Alten Seestraße nach Süden, dann rechts »Am Anger« bis zu dessen Ende, da links und später rechts über Treppen den Pilgerweg aufwärts zum Kalvarienberg. Dort gibt es allerhand feine Sachen: eine hübsche Kapelle, drei hochragende Kreuze, drei herrliche Vesperbänke und eine schöne Aussicht nach Süden. – Egelwang und Daßwang erreichen Sie, erst 1/4 Stunde südwärts, in Westrichtung. Dolinen und Grabhügel gilt es 1/2 Stunde hinter Daßwang am Hang des Rödelsberges zu finden. Da schwenkt man auch nach Norden ein und kommt jenseits der Hauptstraße zum Ort und Bahnhof Seubersdorf. – Der zweite Tag würde Sie weiter nordwärts um den Öchselberg herum nach Eichenhofen und auf die Adelburg führen. In Kapfenberg beginnt die reizvolle Talwanderung, unmittelbar an den vielen Flußschleifen der Schwarzen Laaber Richtung Gastelshof und über den Katzenfels nach Darshofen. Im Endspurt erreichen Sie die Steinmühle und die Bienmühle und über den Buchenberg, schließlich und endlich, auch Parsberg.

Bitte beachten: Falls Sie nur die Tagestour machen, sollten Sie vor Abmarsch den Fahrplan erkunden!

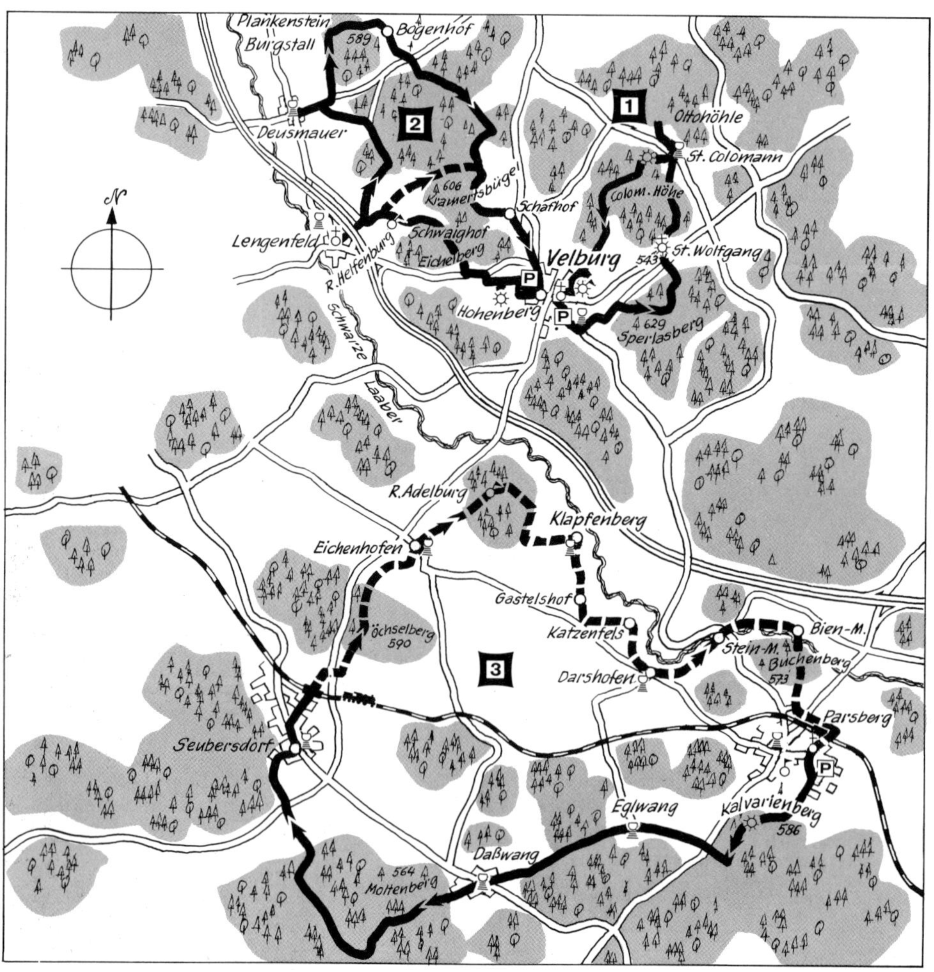

Otto II. aus dem österreichischen Geschlecht der Velburger erbaute um 1440 die erste Burg, deren Ruinenreste noch heute das Wahrzeichen der Stadt Velburg sind.

4. Sonnenweg über den Weichselberg

Deining an der Weißen Laaber (11 km W von Velburg) – Winnberg – Weichselberg – Deining / 4–4½ Std. / sonnige Bergtour mit großer Fernsicht

Der Weichselberg (594 m) ist das richtige Terrain für eine sonnige Frühjahrswanderung, die wir in Deining an der Weißen Laaber beginnen lassen: Beim Gasthaus zum Hahnenwirt (P.), in der Nähe der Kirche, auf der Leutenbacher Straße westwärts, hinter der Brücke links am Bach entlang und nach dem Fischweiher rechts am Waldrand zur dominierenden Eiche an der Waldwiese. Dort den linken

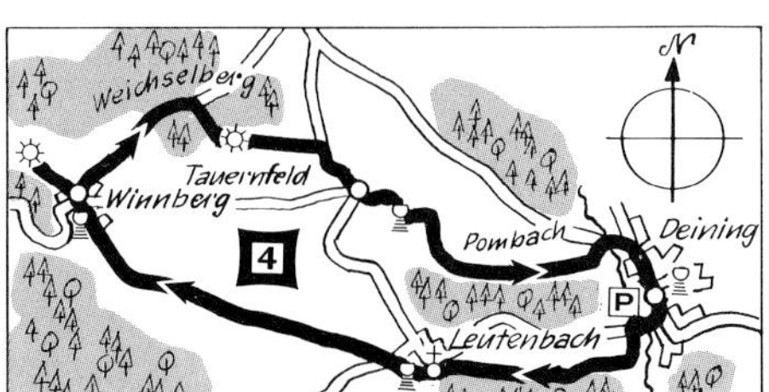

Bergsteig im Jungwald aufwärts nach Leutenbach und weiter in Westrichtung. An der Feldkapelle unter drei alten Linden wandern Sie nun halbrechts auf grandiosem Höhengang zur nicht enden wollenden Winnberger Fernsicht über das grüne Meer des Mittelfränkischen Beckens, aus dem der Buchberg (Tour 34/4) wie eine Insel unmittelbar vor Ihnen emporsteigt. – Vom Weichselberg im Nordosten pilgern Sie nach Tauernfeld und bei der Kapelle und der mächtigen Linde im Pombachtal wieder bergab.

Sehenswert

Velburg Pfarrkirche St. Johannes Baptist (13. Jh.); Mittelschiff (Ende 15. Jh.); Seitenschiff (16. Jh.); barocke Turmhaube (1665); Innenbarockisierung (1717–1721) mit schönem Stuck; Fresken; Hochaltar und Kanzel unbekannter Meister; Anna-Selbdritt (um 1530) ▪ Friedhofskirche St. Anna (Anf. 17. Jh.) mit 3 spätgotischen Flügelaltären (Anf. 16. Jh.) ▪ Burgruine (12. Jh.), seit 17. Jh. verfallend; Bering und Bergfried ▪ Stadtbefestigung (Anf. 14. Jh.); Hinteres Tor (14. Jh.) und Vortor (16. Jh.) ▪ Auf dem Kreuzberg: Wallfahrtskirche Herz Jesu, von 2 Eremiten 1730 gegründet, Anbau an Rundkapelle (1770 und 1791/92), ▪ Waldlehrpfad auf der Colomanner Höhe.

St. Wolfgang Wallfahrtskirche (1467) von P. Maurer aus Weiden; Turmhaube und Langhausausstattung im 17. und 18. Jh. verändert; bedeutende spätgotische Flügelaltäre.

St. Colomann König-Otto-Höhle, 186 m lang; entdeckt 1895; elektrisch beleuchtet.

Lengenfeld Pfarrkirche, barock ▪ In der Nähe Schloßruine Helfenburg (um 1700) an der Stelle einer mittelalterlichen Burg.

Günching (5 km NW von Lengenfeld) Pfarrkirche, barock (1716); Fresken von C. D. Asam.

Parsberg Pfarrkirche St. Andrea (1459), barock/neubarock (1920–1927); Taufstein (um 1500); Stiftergrab des Ritters Hans von Parsberg, Rotmarmor (1469) ▪ Schloß der Herren von Parsberg, ausgestorben 1730, dann würzburgisch, bambergisch, wittelsbachisch; Reste aus dem 12. Jh., Erneuerung 15./16. Jh., im 30jährigen Krieg zerstört und wiederhergestellt.

Leutenbach Pfarrkirche, gotisch; mit wertvollen Fresken (14. Jh.).

Sportmöglichkeiten

Velburg Freibad an der Laaber ▪ Angeln.

Parsberg Hallenbad; Freischwimmbad ▪ Sport- und Freizeitzentrum ▪ Tennis ▪ Trimm-dich-Pfad ▪ Eissport.

37 Beratzhausen

Trockentäler und Wacholdergärten im Laaberjura

Bis zur Donau stoßen im Süden die Kalkmassen der Fränkischen Alb vor, deren südöstlichste Ausläufer zwischen Altmühl und Naab den Laaberjura bilden. Das ist eine Frankenalb »en miniature«, mit langgezogenen, sichtreichen Höhenkuppen und zerklüfteten Talschluchten, in denen sich kleine Flußläufe von einer romantisch gelegenen Mühle zur anderen nach Süden winden. Nur ein wenig trokkener als der fränkische Teil der Alb ist dieses Oberpfälzer Land. Heideartig ist der Hangbewuchs in den Talungen. Mächtige, skurrile Säulenwacholder stehen wie Märchenfiguren neben klotzigen Felsnasen und eleganten, spitzen Dolomitnadeln. Höhlen, Dolinen und herrlich frische Karstquellen gibt's überall. Dazwischen ziehen die schönsten Wanderwege, interessante Wald- und Naturlehrpfade und Trittsicherheit erfordernde alpine Klettersteige durch den Jurakalk. – Das romantischste Tal dieser Albecke ist der enge Einschnitt, den die Wasser der Schwarzen Laaber in die ehemaligen Meeresablagerungen gesägt haben. Nun strebt darin der Fluß in unzähligen Schleifen und Bögen der Donau zu und verbindet dabei so stimmungsvolle Orte wie Lupburg auf der Laaberhöhe und den mittelalterlichen Sitz der Herren von Laaber. Im 14. Jahrhundert wuchs dort der Minnesänger Hadamar III. in der steil über dem Ort stehenden Burg auf, die schon im Jahre 1003 urkundlich erwähnt wurde. Damit ist Laaber genau 22 Jahre älter als Beratzhausen, das »erst« 1025 in den Annalen erscheint. Dieser reizvolle Erholungsort war oft unser Wandermittelpunkt. Sternförmig ziehen sich von ihm prächtige Wege bergwärts auf Fernsichthöhen oder eben und bequem flußauf- oder abwärts zu den Mühlen (und Gastwirtschaften) an der Laaber. Sonnig und mild sind dort die Tage auch im Winter. Was gibt es also schöneres, als hier schon im Januar oder Februar die ersten Touren zu wagen.

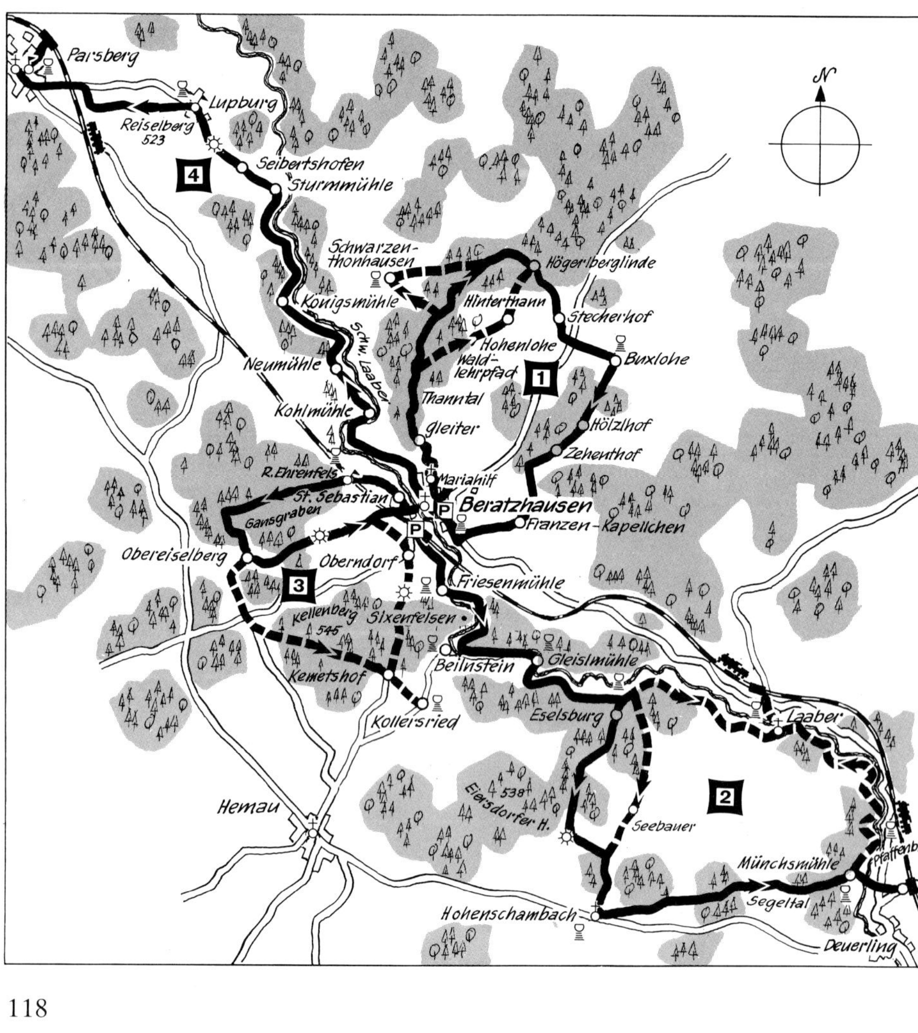

1. In der Nachsaison zum Högerlberg

Beratzhausen – Högerlberg – Buxlohe – Beratzhausen / 4½–5 Std. / Höhenwanderung, Sonne und Sicht

Garantiert ruhig wandern Sie hier durch ein landschaftlich besonders reizvolles Gebiet. Und wenn die Laubwälder sich in ihr buntes Gewand kleiden, gibt es dazu noch einen prachtvollen Augenschmaus. Das Gasthaus Drei Tannen (P.) steht in der Beratzhausener Ortsmitte bei der Kirche und somit am Anfang dieser ersten Tour, die Sie – 50 Meter westwärts – nach dem rosa Kaffeehaus rechts, dann gleich wieder links und hinter dem Gasthof Ehrenfels nochmal rechts, auf dem Obermühlweg über die Schwarze Laaber und den Kreuzweg bergauf zur Mariahilf-Kirche führt. Nordwestlich, etwas unterhalb der Kirche, geht es rechts den Feldweg auf der Hangleite zum Kreuz der Hohen Felsen und bei den zwei Höfen von Gleiter links abwärts ins Thanntal. Im Tal oder über den Waldlehrpfad am Thonberg erreichen Sie nördlich Hinterthann das einsame Gratzerhäusl neben der Högerlberglinde. – Der Sonne entgegen wandern Sie nun zurück: Von Stecherhof und Hohenlohe zum Wirt in Buxlohe und über Hölzlhof, Zehenthof und das Franzen-Kapellchen ins Tal.

Idyllische Täler und sichtreiche Höhen, duftende Wälder und lichtdurchflutete Auen durchwandert man im Laaberjura, in dem auch der Thannweiher bei Beratzhausen liegt.

2. Großer Umweg nach Laaber mit Abkürzungen

Beratzhausen – Hohenschambach – Laaber – Beratzhausen / 3 ½, 5 oder 6–8 Std. / Tal- und Höhentour, viel Sonne, weite Sicht

Es geht auch ohne diesen Umweg, wenn Sie von der Schafbruckmühle nicht rechts bergauf, sondern im Laabertal weiter nach Osten laufen. Aber entscheiden Sie das doch erst an Ort und Stelle, je nach dem Grad von Müdigkeit und Muskelkater. Um sich diese Entscheidung zu erleichtern, sollten Sie möglichst zeitig am Morgen vom Bahnhof Beratzhausen (P.) abmarschieren: Nach Südwesten auf der Birkenstraße bis zu ihrem Ende, dort rechts bergab ins Laabertal zur Friesenmühle. In den nächsten 1 ½ Stunden geht es nun auf jeden Fall unten im Tale entlang. Um den Sixenfelsen herum auf dem Ostufer zum Gasthaus Hammermühle in Beilnstein und vom Wirtshaus Gleislmühle an der anderen Flußseite zur Wegteilung beim Gasthaus Schweiger. Da gibt es drei Möglichkeiten weiterzuwandern: a) Flußabwärts an der Papiermühle vorbei in 1 Stunde nach Laaber b) im Seitental aufwärts zum Seebauern oder c) von der Eselsburg zur Aussicht Eiersdorfer Höhe. Die beiden letzten Routen vereinigen sich noch vor Hohenschambach wieder und führen genau ostwärts unter dem Steinbühel durch das Segeltal zum Wirtshaus Münchsmühle. – Von hier erreicht man über den Pfaffenberg auf der Höhe den Haltepunkt Deuerling in 20 Minuten. Oder man läuft, ½ Stunde länger, im Tal aufwärts zum Bahnhof Laaber.

Bitte beachten: Vor Abmarsch in Beratzhausen die Rückfahrtszeiten von Bahn und Bus notieren!

3. Zur Ruine Ehrenfels

Beratzhausen – Ruine Ehrenfels – Obereiselberg – Beratzhausen / 2 ½ Std., evtl. –4 ½ Std. / Höhentour, Sonne, Aussicht

Sicher wird manchem Wanderer dieser 2 ½-Stunden-Weg zu wenig Auslauf bieten. Nun, so mag er noch eine zusätzliche Wanderschleife um den Kellenberg anhängen. Die Spaziergänger laufen die kleine Runde vom Kirchplatz (P.) in Beratzhausen 150 Meter nach Westen, rechts in die Färbergasse und durch den Torbogen links die Parsberger Straße aufwärts zum Haus Nr. 16. Da wiederum rechts über die Treppe, dann den Hennenbergweg hinauf zu St. Sebastian. 200 Meter dahinter geht es links auf der Schloßbergstraße über die Bahn und weiter, an der Waldschenke vorüber, zur Ruine Ehrenfels auf dem Schloßberg. – Jetzt durch den Gansgraben erst 20 Minuten südwärts, dann links hinüber zu den Häusern von Obereiselberg und an Neurufenried vorbei durch den Bahnviadukt in Richtung Beratzhausen.

Schon in der ersten Hälfte des 10. Jahrhunderts herrschten die Ritter von Parsberg über das Tal der Schwarzen Laaber, deren Burg im 15. und 16. Jahrhundert schloßartig erweitert wurde.

4. Durch die Talschleifen der Schwarzen Laaber

Beratzhausen – Seibertshofen – Lupburg – Parsberg – Beratzhausen / 4 1/2–5 Std. / flache, sonnige Talwanderung, teilweise Schatten

Diese Wanderung bringt ein beschauliches, entspannendes Gehen am glitzernden Wasser. Wieder geht's am Gasthaus Drei Tannen (P.) in Beratzhausen los und auf dem Obermühlweg über die Schwarze Laaber. Doch dann unterhalb des Mariahilfberges links ins Laabertal und den Windungen des Flusses entgegen. Die nächsten Wanderstationen sind eine Kette von Mühlen am Wasser, bis Sie nach fast 3 Stunden reizvoller Talwanderung von der Sturmmühle nach Seibertshofen aufsteigen und über das Hochplateau zwischen den Rundungen des Bichlberges und Bloßenberges zu den gemütlichen Lupburger Wirtschaften hinlaufen. – Dann marschieren Sie am westlichen Ortsausgang von der Sparkasse links den Reiselbergweg kerzengerade zur breiten Fahrstraße, auf ihr rechts und durch die Bahnunterführung nach Parsberg hinein. Dort gibt es eine 1000 Jahre alte Burg und eine barocke Pfarrkirche zu besichtigen. Schließlich fahren Sie mit der Bahn retour.
Bitte beachten: Vergessen Sie nicht, vor dem Wanderstart die Bahnrückfahrtszeiten zu notieren!

Sehenswert

Beratzhausen Pfarrkirche, Rokokoausstattung (1764) ▪ Wallfahrtskirche Mariahilf, barock (um 1700) ▪ Friedhofskirche St. Sebastian, gotisch ▪ Rathaus (1786) ▪ Marktbefestigung ▪ Eisenbahnbrücke, 42 m hoch, dritthöchste in Bayern ▪ Außerhalb: Burgruine Ehrenfels (14. Jh.) mit Wall und Graben, im 30jährigen Krieg zerstört ▪ Naturlehrpfad Thonberg ▪ Viele schöne, alte Mühlen an der Laaber zwischen Lupburg und Deuerling.

Laaber Pfarrkirche, gotisch (15. Jh.), um 1760 barockisiert; Grabplatte des Ritters Hademar IV. (1420) ▪ Burg der Herren von Laaber, romanisches Quaderwerk, Umbau im frühen 13. Jh.; Bergfriedunterbau und Bering aus mächtigen Buckelsteinen mit Randschlag; alte Kapelle; ab 17. Jh. verfallend.

Hohenschambach Pfarrkirche, barock (1711).

Eilsbrunn (12 km S von Laaber) Alpiner Wander- und Klettersteig in den »Eilsbrunner Mini-Dolomiten«.

Lupburg Burgruine, 1129 urkundlich erstmals erwähnt.

Parsberg Pfarrkirche St. Andrea (1459), barock/neubarock (1920–1927); Taufstein (um 1500); Stiftergrab des Ritters Hans von Parsberg, Rotmarmor (1469) ▪ Schloß der Herren von Parsberg, ausgestorben 1730, dann würzburgisch, bambergisch und wittelsbachisch; Reste aus dem 12. Jh., Erneuerung 15./16. Jh., im 30jährigen Krieg zerstört und wiederhergestellt.

Hemau (7 km S von Beratzhausen) Pfarrkirche, gotisch/barock (15. Jh./1721); Holzreliefs aus der Schule des Veit Stoß, Nürnberg ▪ Rathaus, spätgotisch, Erneuerung 18. Jh. ▪ Ehem. Rentamt (um 1600).

Sportmöglichkeiten

Beratzhausen Beheiztes Freischwimmbad ▪ Tennis ▪ Reiten ▪ Eisstockschießen.

Laaber Freibad an der Laaber.

Parsberg Hallenbad; Freischwimmbad ▪ Sport- und Freizeitzentrum ▪ Tennis ▪ Trimm-dich-Pfad ▪ Eissport.

Hemau Freibad Lauberhard im Hemauer Stadtwald ▪ Waldsportplatz ▪ Eissport.

38 Beilngries

Romantischer Naturpark Altmühltal

Über den alten Bürgerhäusern aus dem 16. Jahrhundert mit ihren Treppengiebeln zum Beilngrieser Markt zeigen die bunten Spitztürme der Pfarrkirche in den Himmel.

Vom hochragenden Schloß Spielberg am Hahnenkamm-Westabhang bei Wassertrüdingen bis zu der zerklüfteten Weltenburger Donaudurchbruchs-Schlucht reicht der Naturpark Altmühltal über den gesamten Südbogen der Fränkischen Alb. Darin schlängeln sich, 136 Kilometer weit, die langsam und ein wenig träge dahinfließenden Wasser der Altmühl in tausend Schleifen von Gunzenhausen nach Kelheim hinunter und »bewältigen« dabei einen Höhenunterschied von nicht einmal 70 Metern. Während dieser langen Reise sagt der Fluß unterwegs auch ein freundliches Grüß Gott nach Beilngries hinüber, das im Nordostteil des mit 3000 Quadratkilometern größten deutschen Naturparks liegt. Es ist ein Übergangsland zwischen Franken und Bayern, auf deren Urbesiedlung immer wieder die Endsilbe »ing« in den Ortsnamen hindeutet, obwohl in den Orten meist fränkisch gesprochen wird. – Die belebten, fruchtbaren Täler haben hier ein mildes Klima, doch die Hochflächen zwischen den Talschluchten sind rauh und trocken, und der Ostwind kann manchmal an klaren Herbst- oder Frühlingstagen ganz schön darüber hinwegpfeifen. Aber sie sind unberührt und einsam. Was gibt es also reizvolleres, als immer wieder aus der Geborgenheit der herrlichen Täler hinaufzusteigen auf sichtreiche Höhenzüge um Hirschberg, Holnstein und Eichelberg und sich dabei am Abwechslungsreichtum der Pflanzen- und Tierwelt zu erfreuen. – Vielleicht denken Sie auf dem Weg nach Berching auch daran, daß einst vom nahen Erasbach ein armer Försterbub auszog, die Welt mit seiner Musik zu erfüllen. Sein Name war Christoph Willibald Ritter von Gluck.

1. Mittelalterliches im Sulztal

Beilngries an der Altmühl – Plankstetten – Berching – Beilngries / 4–4½ Std., evtl. –6 Std. / sichtreiche Höhen- und sonnige Talwanderung

Drei lohnende Ziele sollen heute angesteuert werden: die mächtige Burganlage der Grafen von Hirschberg, die romanische Pfeilerbasilika der Benediktinerabtei Plankstetten und Berching, das »Oberpfälzer Rothenburg«. Es beginnt in Beilngries. Vom Rathaus (P.) links der buntgedeckten Doppeltürme der Kirche durch die Pfarrgasse, dann rechts in die Lange Gasse und vor dem quadratischen Sauhüterturm wieder links durch den Torbogen. Gleich gegenüber geht's im Pauligäßchen zum Trafohaus, da rechts und nun stangengerade zur Eichstätter Straße und jenseits an der Brauerei vorbei im Waldtal nach Hirschberg. – Dort steht wieder ein Trafohaus und ein Wegweiser »Lämmerberghütte« am für Kfz gesperrten Fahrweg, der erst als Teersträßchen, dann als Pfad zum Bergkreuz und im Bogen ums Birkental herum über das Waldstück Sichelberg zur massiven, bunten Kirchenburg in Biberbach leitet. Jetzt sieht man schon die Plankstettener Türme vor sich, zu denen ein Höhenweg unterhalb des Jungwaldes neben der Straße hinleitet. – Vorm Kaufhaus Heiß

An die mittelalterliche Vergangenheit von Beilngries erinnert seine Stadtbefestigung mit gut erhaltenen Toren und Türmen.

bricht man über Eglasmühle entlang der Sulz nach Berching auf und nimmt hier Bus oder Bahn retour. Oder läuft gar noch nach Pollanten weiter, über Sollngriesbach und Rappersdorf. Das ist dann insgesamt ein ganz schöner Marsch.
Bitte beachten: Bahn- und Busrückfahrzeiten von Berching bzw. Pollanten notieren!

2. Keltenschanzen und Bauernkirchen nördlich der Tillyburg Holnstein

Holnstein an der Weißen Laaber (11 km W von Beilngries) – Waldkirchen – Simbach – Holnstein / 3½–4 Std. / bequeme Höhenwege, viel Sicht, viel Sonne

In der Nähe der spitztürmigen Holnsteiner Kirche steht das uralte Wirtshaus Kienlein (P.) auf einer Felsterrasse. Hier lassen wir die Wanderung beginnen: Die Steintreppe ins Tal der Weißen Laaber hinunter, über die Brücke und rechts zum Gasthaus Sammiller. Doch gleich dahinter geht das Steigen los, scharf links zu den gewaltigen Fundamenten der Keltenfliehburg und ostwärts im Wald des Högelberges, bis Sie auf eine Forststraße treffen. Die laufen Sie links nach Staufersbuch abwärts, und vom grauweißen Zwiebelkirchturm streng nordöstlich zu einem Holzkruzifix an der Gimpershausener Straße. Da gerade weiter zum Wald und auf den Petersberg in Waldkirchen. – Nach Westen abwärts wird die Hauptstraße auf einer Brücke überquert, dann Richtung Hermannsberg und ins Laabertal abgestiegen. Über die Biermühle (oder abkürzend über nasse Wiesen und einen Bachsteg) erreichen Sie die Simbacher Barockkirche. – Der Rückmarsch erfolgt auf dem Teersträßchen durch Matzenhof, Altmannsberg und Butzenberg, immer genau südwärts.

3. Wallfahrtskirchen östlich der Wissinger Laaber

Breitenbrunn an der Wissinger Laaber (15 km NÖ von Beilngries) – Eichlberg – Hamberg – Breitenbrunn / 5–5½ Std., evtl. 4–4½ Std. / Höhenwanderung, überwiegend Sonne

St. Sebastian steht am Anfang der Tour auf vorgeschobener, felsiger Anhöhe in Breitenbrunn – die Kirche zur Heiligsten Dreifaltigkeit krönt den Gipfel des Eichlberges (582 m) und ist der große Aussichts- und Wendepunkt dieser Wanderung, die vom Breitenbrunner Gasthaus zur Post (P.) beim wuchtigen Kirchturm über den Marktplatz und hinter der Kirche zum Unteren Markt führt. Vor der reizenden, rot-weißen Kapelle marschieren Sie links und auf der Nebenstraße gleich wieder rechts am Bach entlang in Richtung auf die grazilen, roten Zwiebeltürme von St. Sebastian. Im Ehtal geht es nun langsam aufwärts bis zur Talbiegung nach Norden. Hier kann man zum Gasthaus in Langenthonhausen im Tale weiter wandern oder geradeaus den Höhenweg über Mungenhofen wählen. In Eichlberg besteht die Möglichkeit, Hamberg nordwärts, an der Waldkapelle vorbei, über Herrnried anzusteuern, oder schnurgerade nordwestwärts den Herrnrieder Grund zu queren und, am Schafsee vorüber, auf direktem Wege nach Hamberg zu gelangen. Sichtreich und bequem laufen Sie zum Schluß unter der runden Kuppe des Spitzberges ins romantische Bachhaupter Tal abwärts und nach vielen Kehren wieder den Zwiebeltürmen von St. Sebastian entgegen.

4. Wacholder und Ulmen auf dem Wege nach Bettbrunn

Kasing (24 km S von Beilngries) – Bettbrunn – Köschinger Waldhaus – Kasing / 4–4½ Std., evtl. 5–5½ Std. / ebene, schattige Waldtour

Die Kasinger Wacholderheide ist die malerische Ouvertüre einer wundervollen Wanderung in den Köschinger Forst. Selbstverständlich gibt es viele Möglichkeiten, den Forst zu durchwandern, doch scheint mir die schönste Wanderroute von der weiß-grauen, eckigen Kasinger

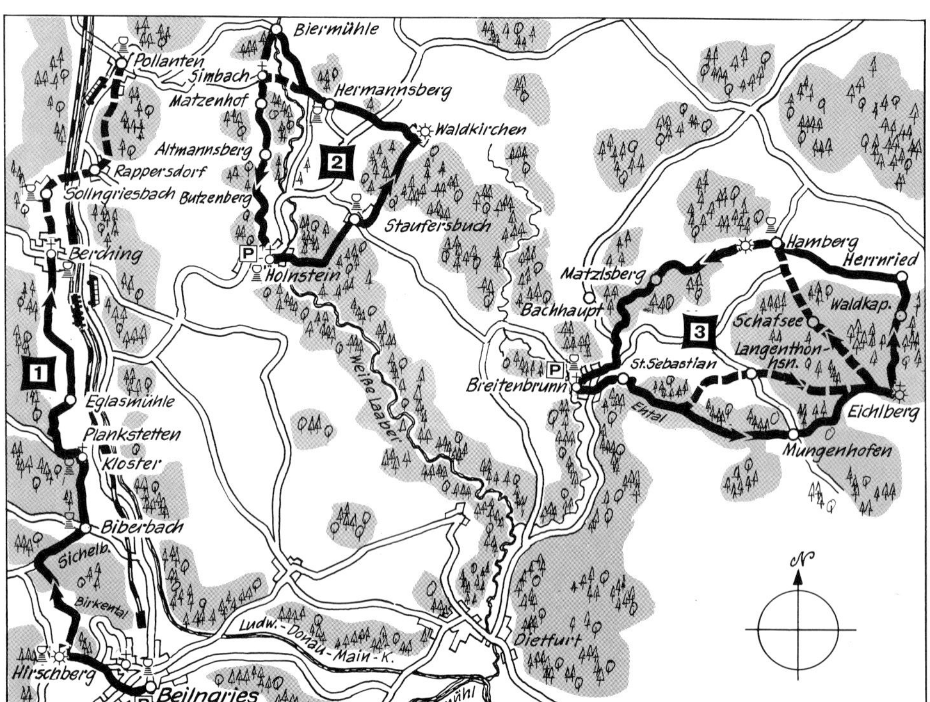

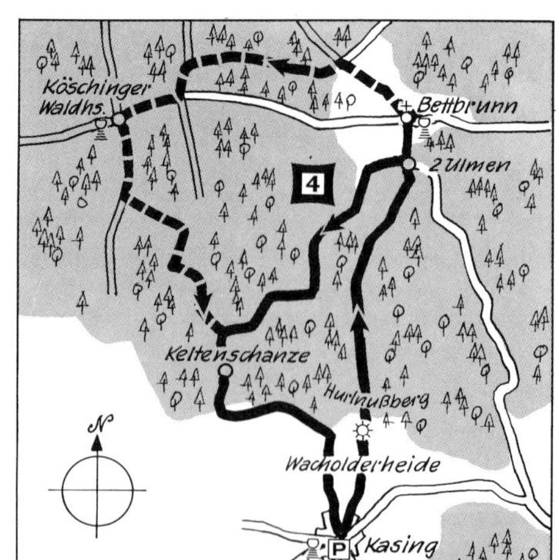

Kirche aus zu beginnen (P.). Sie gehen durch die Oberdollinger Straße 200 Meter nach Osten, beim Flachbau links auf dem Feldweg zwischen Feldern zu den skurrilen Figuren der Wacholder, die im Stillgestanden über den Heidehang verstreut sind. An der Weggabelung, beim Holzkreuz unter der Baumgruppe, müssen Sie halbrechts aufwärts zum Waldrand und in einem 1stündigen Waldmarsch in genauer Nordrichtung zu den beiden 700jährigen Ulmen vor Bettbrunn, von denen bei einer aus lauter Altersschwäche nur noch der Stumpf übriggeblieben ist. – Von der imposanten Bettbrunner Wallfahrtskirche wandert man entweder über die am Südrand des Forstes versteckte Keltenschanze zurück – oder dreht noch eine größere Waldrunde weiter, und zwar am Nordende von Bettbrunn links zu den Wildgehegen am Köschinger Waldhaus. Auf dem Rückweg – stets nach Süden – kommen Sie dann auch an der Keltenschanze vorbei.

Ein lohnendes Ziel für Maler und Fotografen: Der originelle Berchinger »Chinesenturm« ist einer der zwölf Wehrtürme, die zusammen mit der 500 Jahre alten Wehrmauer das 1000jährige Städtchen im Sulztal umgürten.

Sehenswert

Beilngries Pfarrkirche St. Walburga (1913); Turm (1693) ▪ Marien-Kapelle (1683), erweitert 1753 ▪ Friedhofskirche, gotisch (1469–1476); Stuck des Langhauses (1740) ▪ Ehem. Franziskanerklosterkirche (1763) ▪ Wohnbauten mit breiten Treppengiebeln der Altmühltalbauweise; kunstvolle Wirtshausschilder ▪ Stadtbefestigung (Anf. 15. Jh.) mit Türmen ▪ Waldlehrpfad Arzberg.

Hirschberg Burg der Grafen von Hirschberg (15. Jh.), 2 Türme, Ringmauer; umgebaut und erweitert zum Rokokoschloß (1760–1764) von M. Pedetti, Eichstätter Hofbaumeister; elegantes Gitterportal, prunkvoller Ehrenhof; kostbare Innenausstattung des Eichstätter Hofbildhauers J. J. Berg; Rittersaal, Kaisersaal, Musiksaal; Schloßkapelle; Stiegenhaus.

Kottingwörth (4 km Ö von Beilngries) Pfarrkirche St. Vitus, Neubau 1760, ehem. quadratischer Chor im Turm (13. Jh.), heute Taufkapelle; frühgotische Fresken (um 1300); prachtvoller Hochaltar (1768).

Plankstetten Benediktinerabtei Mariä Himmelfahrt; Umgestaltung der Klosterbauten (1696–1727); Pfeilerbasilika, romanisch (1138); eigenartige Vorhallenanlage mit Turmkapellen, Hauptportal mit Skulpturen; polygonaler spätgotischer Chor (1493 bis 1495); barocker Rocaillestuck (1728); Kanzel (1651); Hochaltar (Anf. 18. Jh.) ▪ Heiligkreuzkapelle, Rokoko (um 1760) ▪ Reste des Kreuzgangs, spätgotisch (Ende 15. Jh.); 3teilige Arkadengruppe (12. Jh.).

Berching Pfarrkirche Mariä Himmelfahrt, frühgotisch, Langhaus (1756) von M. Seybold; schöner Rocaillestuck ▪ St.-Lorenz-Kirche (11. Jh.), Turm (13. Jh.), Umbau (1680); Altarschnitzarbeiten (um 1500–1520); Tafelgemälde in den Seitenaltären (1515); Stein- und Holzreliefs (um 1400) ▪ Friedhofskapelle (1706) mit schönem Stuck ▪ Wallfahrtskirche Mariahilf (1796); Schmerzensmanngruppe (um 1480) ▪ Wohnhäuser mit hohen Giebelfronten (16./17. Jh.); Stadtmauer, 12 Türme, 2 Tortürme (14. und 15. Jh.), »Chinesenturm«.

Holnstein Burg (12. Jh.), im Besitz Tilly (1631–1728) ▪ Schloß (1769) ▪ Romanische Kirche ▪ Keltische Fliehburg mit Ringwall.

Simbach Rokokokapelle (1765) von J. J. Berg, Eichstätter Hofstukkateur.

Waltersberg (5 km N von Simbach) Pfarrkirche, barock (1759).

Breitenbrunn Pfarrkirche Mariä Himmelfahrt, barock (1716–1720), Turm (12. Jh.); 3 Kalksteinepitaphien aus der Werkstatt L. Herings (1532–1547) ▪ 2geschossige Friedhofskapelle St. Michael (um 1500) ▪ Wallfahrtskirche St. Sebastian (14. Jh.), barock verändert und erweitert (1702–1708); spätgotische Bildwerke ▪ Wohnhäuser mit steilen Giebelaufbauten (16. Jh.) ▪ Burgruine Breitenegg (13. Jh.) ▪ Waldlehrpfad Mayerholz.

Eichlberg Wallfahrtskirche zur Heiligen Dreifaltigkeit; Gnadenkapelle (1693–1695); Kirche (1697–1711) von G. B. Camesino; Altäre und Kanzel (1710–1720).

Bettbrunn Wallfahrtskirche St. Salvator, spätbarocker Neubau (1744) von L. M. Gießl, München; Fresken von C. Winck (1777); Holzbild des St. Salvator (13. Jh.) auf dem Tabernakel; Kruzifixus von T. Hering (um 1540) in der Sakristei ▪ Am Ortsrand zwei 700jährige Ulmen ▪ Wacholderheide bei Kasing ▪ Schaugehege am Köschinger Waldhaus.

Sportmöglichkeiten

Beilngries Beheiztes Freischwimmbad; Hallenbad; Freibad an der Altmühl ▪ Tennis ▪ Angeln ▪ Segelflug ▪ Reiten ▪ Eissport ▪ Trimm-dich-Pfad.

Berching Freischwimmbad ▪ Tennis ▪ Reiten ▪ Angeln ▪ Minigolf.

Breitenbrunn Beheiztes Freischwimmbad ▪ Angeln ▪ Reiten ▪ Trimm-dich-Pfad.

39 Riedenburg

1000jährige Eichen – trutzige Burgen – einsame Täler

Gleich drei Burgen stehen hoch über der Einmündung des Schambachs in den Riedenburger Talkessel, den die Altmühl – aus Dietfurt kommend – in weitausholendem Schwung zwischen Eggersberg und Prunn durchströmt. Von steilen Felsnasen hat man auf beiden Anhöhen der Flußschleifen erhebende Tiefblicke zu den hellen Talauen, in denen schmucke Dörfer am mattschimmernden Wasserband liegen. Bequeme Wanderwege führen bergauf zu grün-bunten Wäldern, romantischen Ruinenresten, offenen Wiesenfluren und herrlichen alten Bäumen. Aber auch außerhalb Riedenburgs gibt es prächtige Wanderziele. An den Mündungen von Weißer und Wissinger Laaber in die Altmühl beschert das historische Dietfurt dem Wanderer exzellente Landschafts- und Kunstgeschichtsgenüsse. Aus dem lieblichen Schambachtal leiten sonnige Höhenwege durch Wacholdergärten zur stolzen Ottersdorfer Eiche. Ausgangspunkt dafür ist der Erholungsort Altmannstein. Hier steht das Geburtshaus des größten deutschen Rokokobildhauers Ignaz Günther, der vor allem für die Kirchen südlich der Donau mit der unfaßbaren Schaffenskraft und rauschhaften Gestaltungsfreude eines kurzen Lebens seine anmutigen, schwebend entspannten Figuren in Holz schnitt.

1. Schwindelerregende Sicht vom Teufelsfelsen

Riedenburg an der Altmühl – Jachenhausen – Schloß Prunn – Riedenburg / 5–5 ½ Std., evtl. 3 ½–4 Std. / aussichtsreiche Bergwanderung im Halbschatten

Es fällt einem die Wahl schwer, so viele schöne Touren gibt es in Riedenburgs Umgebung zu unternehmen. Eine der allerschönsten (aber leider auch längsten) ist die über den Teufelsfelsen und Mandlberg nach Schloß Prunn. Aber wenn sie Ihnen zu lang ist, machen Sie sie doch an zwei verschiedenen Tagen und benutzen das verträumte Emmertal als Ab- bzw. Aufstiegsmöglichkeit. – Vom Kriegerdenkmal beim Kloster (P.) an der Riedenburger Altmühlbrücke muß man gleich steil den Berghang hinaufstapfen, wird aber dabei durch immer großartiger werdende Ausblicke entschädigt. Es geht über die Bergstraße und 50 Meter auf der Sonnenleite, dann folgen Treppen, ein schmaler Steig, und schon steht man, sich links haltend, vor der Schneider-Kapelle neben der Straße. Jetzt wandern Sie immer oben am Hang weiter, zur ersten großen Aussichtskanzel, dann zum Teufelsfelsen und nach Jachenhausen. Hier gäbe es nun die Tourenverkürzungsmöglichkeit durch das Emmertal zum Bus nach Riedenburg. – Fühlen Sie sich noch frisch, ziehen Sie ostwärts weiter über Ried zum Mandlberg, erreichen von dort nach 1 ½ Stunden in genauer Südrichtung Baiersdorf und Schloß Prunn. – Direkt unterhalb der Felswand befindet sich an der neuen Nusshausener Altmühlbrücke die Bushaltestelle. Allerdings kann man den Bus auf einem herrlichen Steig durch das Prunner Naturschutzgebiet auch in Prunn erreichen. (Wegen der gemütlichen Wirtschaften!)
Bitte beachten: Studieren Sie in Riedenburg den Busfahrplan!

2. Ruine Tachenstein und die 1000jährige Eiche bei Schloß Eggersberg

Riedenburg an der Altmühl – Eggersberg – St. Agatha – Riedenburg / 4–4 ½ Std., evtl. 2 ½ Std. / erst Berg-, dann Talwanderung, sonnig und sichtreich

Um die alte Eiche zu finden, muß man ein wenig suchen. Aber es wird Ihnen sicher gelingen, obwohl sie sich am Rande einer zauberhaften Waldwiese mitten im Hälmenriedholz versteckt. Hier der Weg dorthin: Vom Amtsgericht (P.) am Riedenburger Marktplatz hält man sich beim Hotel Schwan rechts auf der Austraße 300 Meter bis zum Beginn des Katzensteiges. Nun links auf ihm zu den Jägerfelsen und zur Ruine Tachenstein und gerade westwärts nach Harlanden und Georgenbuch. Dort wandert

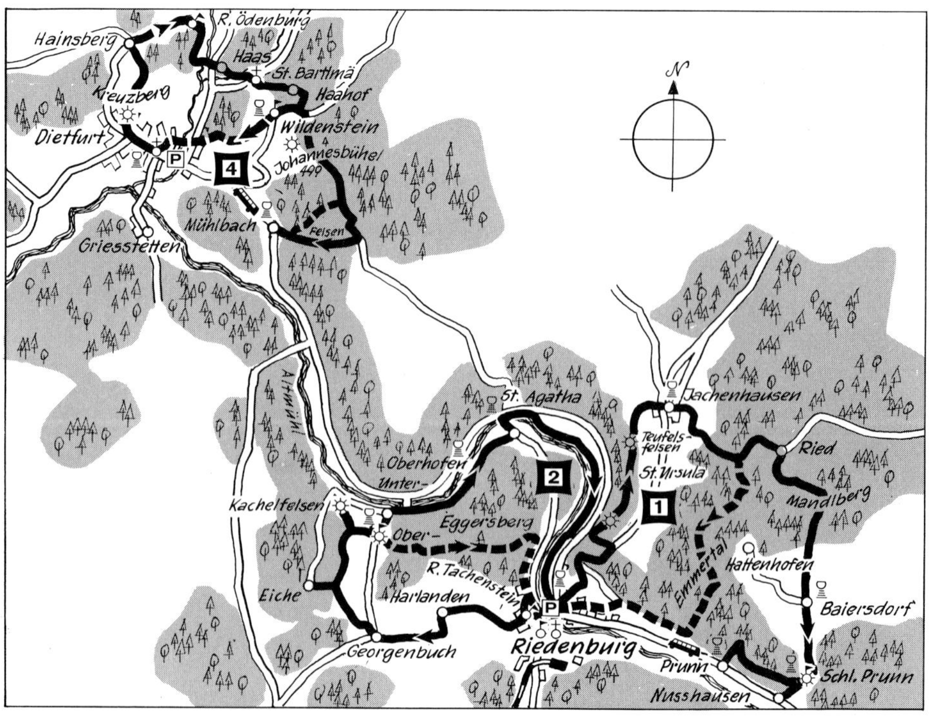

Auf steiler Juraklippe hoch über der Altmühltalschlucht steht Schloß Prunn. In ihm wurde 1575 der »Prunner Codex« entdeckt, eine Handschrift des Nibelungenliedes aus dem 10. Jahrhundert.

man in Nordwestrichtung zum Waldrand und an ihm genau nach Westen zu einer Wegkreuzung im Wald. Nun noch einige Schritte, und Sie betreten die herrliche Lichtung, an der gleich rechts der uralte, prachtvolle Baum steht – und gleich daneben eine Vesperbank. – Der Rückweg erfolgt vom Waldrand zum Schloß Obereggersberg. Ein kurzer Weg leitet hier auf der Höhe Richtung Riedenburg, ein längerer, aber viel schönerer in Obereggersberg beim letzten gelben Haus rechts steil bergab zu den Höfen von Untereggersberg und jetzt wie auf einer Kurpromenade über Oberhofen zu St. Agatha bei Gundelfing. Da wird die Uferseite gewechselt und auf der Altmühldammkrone nach Riedenburg spaziert.

3. Riesige Säulenwacholder und die alte Eiche am Schnelzerberg

Altmannstein (9 km S von Riedenburg) – Hexenagger – (Tettenwang) – Altmannstein / 2½–3 Std., evtl. 5–5½ Std. / hügelig, sonnig, fernsichtreich

Noch majestätischer als die Eggersberger Eiche wirkt die 1000 Jahre alte Eiche bei Ottersdorf. Vom Waldsaum aus schaut sie freistehend über Täler und Hügel des Naturparks Altmühl. – Bei der Altmannsteiner Kirche lassen wir die Wanderung auf dem Marktplatz (P.) beginnen. Es geht durch die Ingolstädter Straße Richtung Freibad, dort rechts den Fußweg zum Galgenbergring, dann über die Bahn und vis-à-vis im Taubental etwa 500 Meter aufwärts. Jetzt nimmt man links den geraden Flurbereinigungsweg am Hopfengarten aufwärts nach Berghausen und erreicht jenseits des Ortes das einmalig schöne Wacholdertal, um das ein Bogen auf den Schnelzerberg (456 m) und zur Kapelle bei den zwei Höfen von Ottersdorf gezogen wird. Nun sieht man schon den gewaltigen Eichenbaum am Waldrand stehen. – Auf schmalem Steig erreichen Sie nordostwärts die Talstraße und schräg gegenüber auf flachgezogenem Hangweg das Schloß Hexenagger. – Unten gibt es eine Busverbindung nach Altmannstein. Oder für Gehtrainierte einen großartigen Rückweg über die Tettenwanger Höhe.
Bitte beachten: Schon in Altmannstein die Busrückfahrtszeiten erfragen!

4. In der Sieben-Täler-Stadt Dietfurt

Dietfurt an der Altmühl (11 km NW von Riedenburg) – Hainsberg – Wildenstein – Dietfurt / 3½–4 Std., evtl. 3 Std. / aussichtsreiche und meist sonnige Bergwanderung

Wie die Strahlen eines Sterns von ihrem Mittelpunkt zeigen die Täler von Dietfurt in alle Himmelsrichtungen. Gleich drei davon werden Sie bei dieser Wanderung kennenlernen. Wenn Sie vor dem roséfarbenen Rathaus (P.) auf der Hauptstraße zur Pfarrgasse und zur Kirche laufen, erreichen Sie nach der Klostergasse das alte Schulhaus. Dort rechts und vor den Kastanien gleich wieder links den Kreuzberg (495 m) hinauf zur

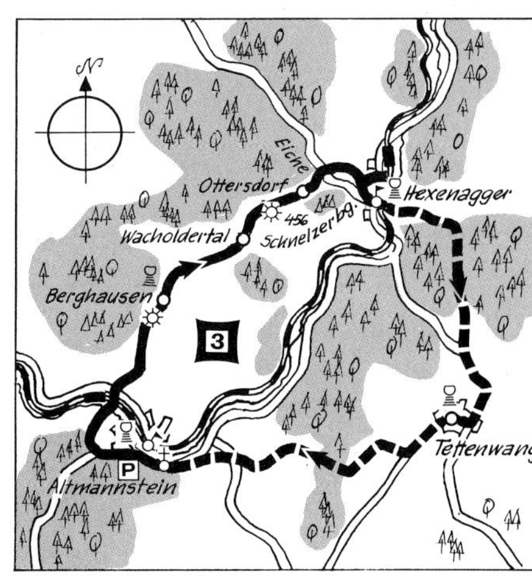

Zu St. Agatha am Altmühlufer führt Sie die 2. Riedenburger Wanderung.

Dietfurter Rundsicht. Auf dem Hangweg gelangen Sie nun nordwärts nach Hainsberg und zur Ruine Ödenburg. Auf engem Steig geht es danach ins Tal der Weißen Laaber und flußabwärts nach Haas am jenseitigen Ufer und zum Kirchlein St. Bartlmä. Da finden Sie am Zaun entlang eine Brücke über die Wissinger Laaber und auf der anderen Seite eine Straße über Haahof nach Schloß Wildenstein. – Wer von Mühlbach nicht mit dem Bus zurückfahren will, steigt in den Dietfurter Talkessel ab. Besonders schön ist allerdings die beinahe ebene Waldwanderung über den Johannesbühel zu den Mühlbacher Felsen. Dort gibt es dann außer dem Schloß auch ein Wirtshaus. Bitte beachten: Busrückfahrtszeiten von Mühlbach erkunden!

Sehenswert

Riedenburg Die »Perle des Altmühltales« ▪ Pfarrkirche St. Johann Baptist, barock (1739); Bandwerkstuck ▪ Freistehendes Rathaus (1731) ▪ Rosenburg (12. Jh.), Bergfried (13. Jh.), Wohngebäude (1556–1558), heute Heimatmuseum mit Burgschenke ▪ Ruine Tachenstein (13. Jh.), Bergfried, seit 16. Jh. verfallen ▪ Ruine Rabenstein (12. Jh.), Reste eines Wohn- und Wehrturmes.

Schloß Prunn 70 Meter steil über dem Tal; 1575 wurde hier der Prunner Codex gefunden (Teil der Handschrift des Nibelungenliedes); erbaut im 12. Jh., im 16./17. Jh. erneuert, sehr gut erhalten; sehenswerte Innenräume; barocke Schloßkapelle (1700) ▪ Im Dorf Prunn Kirchlein mit spätgotischem Grabdenkmal des Prunner Burgherren Hans den Frauenberger (15. Jh.).

Schloß Eggersberg Im 13. Jh. erbaute Burg, anfangs 17. Jh. abgebrochen und Neubau, heute Hotel-Restaurant.

Dietfurt Mittelalterliches Stadtbild; schöne Bürgerhäuser (15./18. Jh.) mit Treppengiebeln zur Straße ▪ Franziskanerklosterkirche (1660) ▪ Gotische Stadtpfarrkirche, 1736 umgebaut; mit Kirchenschatz ▪ Ruine Oedenburg (13. Jh.) ▪ Griesstetten: Wallfahrtskirche zu den drei elenden Heiligen (1747), Rokoko ▪ Schloß Wildenstein (1558).

Altmannstein Geburtsort des berühmten Rokokobildhauers I. Günther (geb. 1725) ▪ Burgruine mit Bergfried (13. Jh.) ▪ Kalvarienberg mit Kreuzigungsgruppe von I. Günther ▪ In der barocken Pfarrkirche ein Holzkruzifix des Meisters.

Hexenagger Schloß, bereits 982 genannt, im 30jährigen Krieg zerstört, im 18. Jh. erweitert.

Sportmöglichkeiten

Riedenburg Hallenbad ▪ Angeln ▪ Minigolf ▪ Kegeln ▪ Tennis ▪ Reiten ▪ Trimm-dich-Pfad.

Dietfurt Beheiztes Freischwimmbad; Hallenbad in Mühlbach (3 km).

Altmannstein Beheiztes Freischwimmbad ▪ Minigolf.

Prunn Beheiztes Hotel-Freischwimmbad.

40 Kelheim

Römisch-keltische Impressionen am Strand der Donau

Mein Vorschlag: Erwandern Sie sich doch auch einmal die Kelheimer Umgebung mit ihren mannigfaltigen Erinnerungen an Kelten und Römer zur Winterszeit, wenn die Touristenströme verebbt sind. Sie werden überrascht sein, wie schön es um diese Jahreszeit dort ist. Der Parkplatz Wörth am Kelheimer Schiffslandesteg ist dann nur halb besetzt, der romantische alte Hafen des Ludwigskanals liegt verlassen da, und beim Aufstieg zum Michelsberg begegnet man niemandem. Der Parkwächter bei der Befreiungshalle sitzt dann allein in seinem Häuschen. Aber der Hienheimer Forst dahinter strahlt im Winterglanz. Winzige Eiskügelchen blitzen an den Ästen der Bäume, und überall bricht sich das Sonnenlicht in Milliarden Schneekristallen. – Wir wanderten an einem solchen Tag im Advent einmal zum Kloster Weltenburg. Verwandelt war das Land vom Schnee, und melancholisch einsam. Um so überwältigender war der Kontrast, als wir das Innere der Klosterkirche betraten. In den weichen Formen des Raumes schienen die Pastelltöne der Fresken des Architekten und Malers Cosmas Damian Asam noch intensiver zu leuchten, schienen die Plastiken und der zarte Stuck des Bildhauers und Stukkateurs Egid Quirin Asam lebendig zu werden. Dem Genie der Brüder ist es hier gelungen, durch Verschmelzen von Raumgliederung und Raumgestaltung mit Farbe, Licht und beglückender Ornamentik, die Idee des Gesamtkunstwerkes zu verwirklichen.

Über dem Essinger Brucktorturm mit der davorstehenden hölzernen Altmühlbrücke türmen sich die wuchtigen Zinnen von Burg Randeck.

41 Ansbach

Reizvolles Markgrafenland im Norden der jungen Altmühl

Im Jahre 1694 kam ein junger, erst 23jähriger Architekt an den markgräflichen Hof zu Ansbach. Er stammte aus Graubünden, erhielt seine Ausbildung in Wien im Dienste des Fürsten Liechtenstein und begann Ansbach in eine Barockresidenz zu verwandeln. Ehrgeizig und glänzend begabt, mit viel Geschmack und Schönheitssinn ausgestattet, arbeitete er sich zum markgräflichen Oberbaudirektor empor. Es war Gabriel de Gabrieli, der für den südfränkisch-nordschwäbischen Raum das gleiche wurde wie die Dientzenhoferbrüder, Balthasar Neumann und Johann Michael Küchel im Norden zwischen Würzburg und Bamberg: einer der großen Begründer des fränkischen Barock. Von Abenberg bis Augsburg und von Allersberg bis Neuburg a. d. Donau überzog er das Land mit den herrlichsten Schlössern, Kirchen und Bürgerhäusern. 20 Jahre lang arbeitete er in Ansbach, dann ging er, nach einem Streit mit der Markgräfin Christiane Charlotte an den Eichstätter Hof. Dort wandelte sich in nochmals über drei Jahrzehnten, bis zu Gabrielis Tod 1747, auch Eichstätt unter seinen Händen zu einer Barockstadt. Anders als der protestantisch-schlichte, pietistisch-klare »Markgrafenstil« mit seinem unauffällig eleganten Stuck des markgräflichen Bayreuth, sind Gabrielis Bauten palladianisch-grandios und lebensbejahend. Eine Kostprobe erhalten Sie auf dem Weg von Herriden nach Hohenberg in St. Martin.

1. Die Kreuzeiche, der schönste Baum Frankens

Schalkhausen (3 km W von Ansbach) – Kreuzeiche – (Wiedersbach) – Schalkhausen / 4½–5 Std., evtl. 4 Std. / hügelige Höhenwanderung, viel Wald, Schatten und Aussicht

Breit ausladend, stolz und vom Morgenlicht angestrahlt, steht die Kreuzeiche auf dem Hürbelrangen über dem weiten Talbecken der Fränkischen Rezat, wenn man sich ihr am Vormittag von der Gumbertus-Hütte her nähert. Und am schönsten schmeckt die Vesper auf der Bank darunter, wenn sich Ende Oktober ihre riesigen Arme goldgelb in den blauen Himmel recken. Dann ist man dort ganz allein. – Beim Bahnhof Schalkhausen (P.) ist Start für diese Tour: Am Bahnkörper, dann im Eichenwald nach Westen und südlich Steinsdorf (die Steinsdorfer Eiche am Waldrand ist leider zerborsten, nur ein kurzer Stumpf erinnert noch an sie) auf der Höhe immer geradeaus nach Nordwesten, vorbei am Naturfreundehaus Gumbertus-Hütte, zur Eiche. – Dort kann man verschiedene Wege zur Weiterwanderung einschlagen. Man läuft entweder gerade zum Horn und auf seinem Südabhang nach Oberramstadt hinunter. Über den Heuberg und durch das Zobelholz erreichen Sie dann in 2 Stunden die Pfaffenweiher und den Bahnhof Wiedersbach. Oder Sie steigen, an den Gumbertusbrunnen vorüber, nach Hinterholz ab und gelangen durch Tiefenthal und Neunkirchen an das Straßenwirtshaus beim Haltepunkt Neunkirchen. – Passionierte Waldwanderer werden den langen Weg von Hinterholz durch den Schalkhausener Forst stets südostwärts nach Dornberg und Schalkhausen wählen.

Bitte beachten: Vor dem Wanderbeginn sollten Sie die Bahn- und Busabfahrtszeiten notieren!

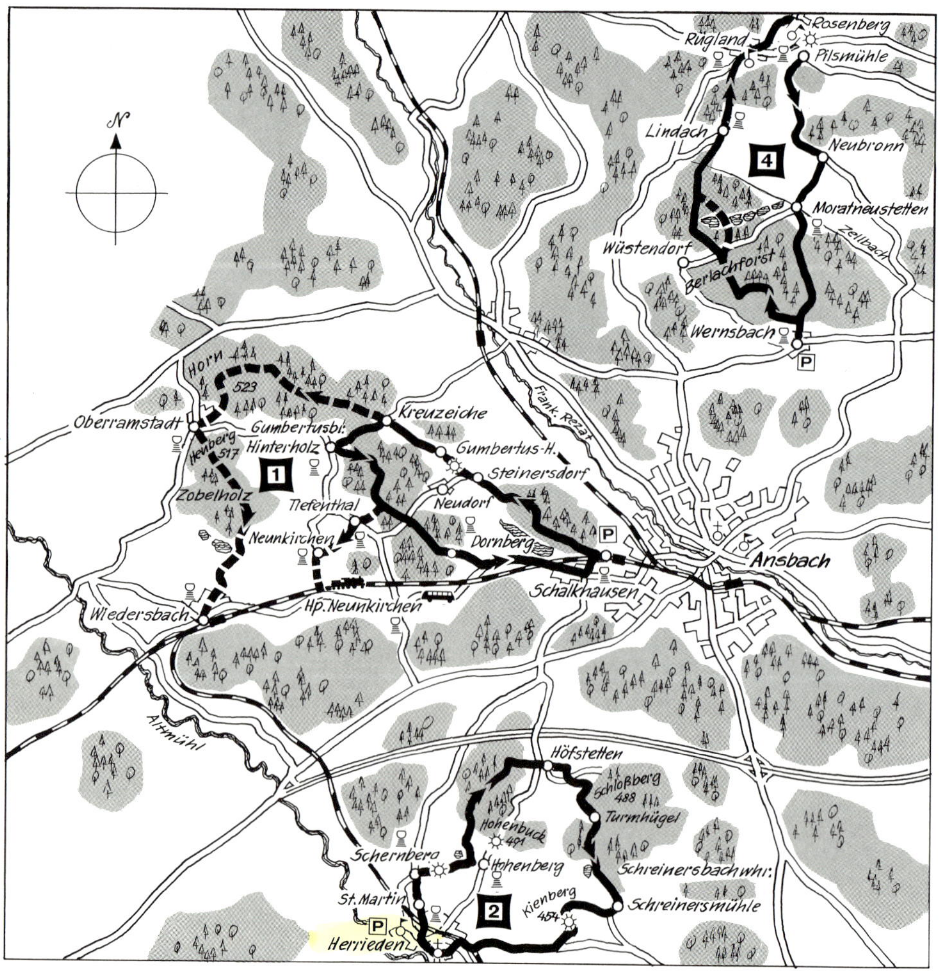

2. Hohenbuck und Kienberg – Feldherrnhügel außerhalb Herrieden

Herrieden an der Altmühl (10 km S von Ansbach) – Hohenberg – Kienberg – Herrieden / 4–4½ Std. / sichtreich, hügelig, überwiegend Sonne

Weit entfernt von der engen Talschlucht um die Solnhofener Lithobrüche fließt die junge Altmühl träge im offenen, weiten Wiesental durch Herrieden. Hier soll es diesmal losgehen: Vor den rot-weißen gotischen Schieferdoppeltürmen der Stiftskirche, die im eckigen Kontrast der sie umgebenden runden Landschaft stehen. Vom Gasthaus zum Hirschen (P.) auf der Ringstraße nach Westen, die Ansbacher Straße nordwärts und gerade weiter den Steinbergweg aufwärts zur St.-Martin-Kirche. Nach dem Gasthof Bergwirt in Schernberg wandern Sie rechts 100 Meter auf der Höhe, später links und gleich wieder rechts abwärts nach Hohenberg. Aber noch vor den ersten Häusern wird links vom Weiher aus der Hohenbuck bestiegen und im Wald bis kurz vor die Autobahn gelaufen. – Ostwärts erreichen Sie jenseits der Straße Höfstetten und vom Schloßberg, am Turmhügel vorbei, im Süden den Schreinersbachweiher und die Schreinersmühle. Vom Kienberg schließt sich der Kreis in Westrichtung.

Die drei gotischen »Türme ohne Dach« der St.-Gumbertus-Kirche zu Ansbach sind das Wahrzeichen der Stadt.

3. Vom Lustschloß Triesdorf zum Wasserschloß Sommersdorf

Triesdorf (12 km SÖ von Ansbach) – Weidenbach – Sommersdorf – Triesdorf / 3½–4 Std. / ebene, sonnige Talwanderung

Am Rande des flachen Talbeckens der oberen Altmühl liegt auf wasserreicher Anhöhe zwischen den vielen Seespiegeln idyllischer Karpfenweiher das ehemals markgräfliche Schloß Triesdorf. Vor dem Schloß steht an der Bundesstraße 13 das ziegelrote Gasthaus zum Adler (P.), von dem man auf der Markgrafenstraße westwärts kerzengerade nach Weidenbach hinmarschiert. Dort an der Straßenteilung rechts bergab und gleich wieder links auf der Esbacher Straße zum einfachen Bauerndorf Esbach. Da hält man sich vor der großen Eiche nochmals links, läuft unter Birken zum Waldeck und wandert nun in die sich weit öffnende Altmühltalebene hinein. Als mächtige Wehrbastion stehen die runden Türme des Sommersdorfer Schlosses über den saftigen Wiesen. – In Sommersdorf geht es vor dem Schloß auf der Hauptstraße 100 Meter links, dann die Birkenallee neben dem Bach in Nordostrichtung zu den Fischweihern vor Kolmschneidbach und rechts durch den Ort. Die letzte Wanderstunde marschieren Sie nun immer geradeaus nach Osten, durch bäuerliches Acker- und Wiesenland.

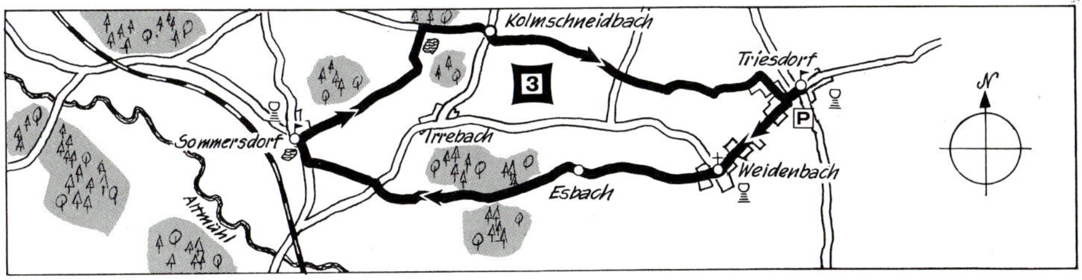

4. Im Mettlachtal: Schloß Rügland, Burgruine Rosenberg und das Mausoleum der Freiherrn von Crailsheim

Wernsbach (8 km N von Ansbach) – Rügland – Moratneustetten – Wernsbach / 4½–5 Std. / hügelige Waldtour, Halbschaften

8 Kilometer nördlich von Ansbach liegt in einem unberührten Wiesental das lang hingestreckte Straßendorf Wernsbach. Hier wird an der Kirche geparkt, die Dorfstraße 200 Meter ostwärts gelaufen und links eingeschwenkt. Hinter der Bachbrücke wandern Sie nun den sonnigen Hangweg aufwärts in den Berlachforst Richtung Wüstendorf, ziehen östlich daran vorbei und machen einen Wegknick nach Norden zur Weiherkette im Wald. Da gibt es herrliche Vesperplätze! – Beim Weiterwandern über Lindach zur Geißleiten bietet sich Ihnen im November ein selten schönes Farbenschauspiel: cadmiumgelb leuchten die Eichenhaine zum satten Dunkelgrün der Fichtenforste und dem seidigen Blau des Himmels. – Den ersten Teil der Wanderung beenden Sie mit dem Abstieg ins Mettlachtal zu Schloß und Kirche im romantischen Rügland. Nachmittags steigen Sie dann zum runden Turm der Ruine Rosenberg auf und besuchen östlich des Gasthauses zur Linde an der Straßengabelung das Mausoleum der Familie von Crailsheim, das eindrucksvoll auf dem Sonnenhang hoch über der Talsohle steht. Dann marschieren Sie zur Pilsmühle bergab und auf dem Höhenweg über Neubronn nach Moratneustetten im Zellbachtal. Jetzt geradeaus zum Wald und südwärts über den Seelasbuck nach Wernsbach.

Sehenswert

Ansbach Ehem. Stiftskirche St. Gumbert, das 3türmige Wahrzeichen Ansbachs (gotische »Türme ohne Dach«); romanische Krypta (1050); gotischer Umbau und Erweiterung (15. Jh.); gotischer Chor (1501–1521); barockes Langhaus (1738) von L. Retti; Schwanenordensaltar (1484 / Schule M. Wohlgemut); Fürstengruft mit 25 Sarkophagen ▪ St.-Johannis-Kirche, gotisch (15. Jh.) ▪ Friedhofskirche Heilig Kreuz (1461–1476) ▪ St.-Ludwigs-Kirche, klassizistisch (1834 bis 1840) ▪ Markgrafenschloß (1709–1749), italienischer Barock von Gabrieli; Fertigstellung durch L. Retti, mit glanzvoller Rokokoausstattung (Prunksaal, Spiegelkabinett, Kachelsaal); wertvolle Sammlungen ▪ Hofgarten mit Orangerie (ab 1726) von K.F. v. Zocha; 250jährige Lindenallee; Gedenkstein für Kaspar Hauser ▪ Prinzenschlößchen (1699) von Gabrieli ▪ Ehem. markgräfliche Kanzlei, Spätrenaissance (1594) ▪ Stadthaus (1532) ▪ Rathaus (1622/23) ▪ Viele schöne alte Wohnhäuser von Gabrieli, Zocha, Retti und Steingruber ▪ Historische Höfe (Schnitzleinhof, Kronenhof, Behringerhof) ▪ Markgrafenbrunnen ▪ Herrieder Tor (18. Jh.) ▪ Kreis- und Stadtmuseum.

Herrieden Ehemalige Stiftskirche St. Veit (12. Jh.), barock umgestaltet (1740–1748) von M. Seybold aus Eichstätt; Hochaltar (1695) von J. Engel; Deocarus-Schrein (1482) ▪ Frauenkirche (1474), barockisiert (1700–1714) ▪ Stadtbefestigung ▪ Stiftsches Schloß (Anf. 15. Jh.) ▪ Storchentor, spätgotisch ▪ Altmühlbrücke, barock ▪ Außerhalb: St.-Martins-Kirche (1668), von Gabrieli erweitert (1721), Turm (1733/34); Epitaphien des Ehepaars Mang (1733) vom Bamberger J. B. Mutschele.

Triesdorf Markgrafensommerresidenz, ein weitläufiges Konglomerat von Bauten, u.a. Weißes Schloß (ab 1682), Rotes Schloß (1730–1732) von Zocha; Marstall (1762 bis 1765) von Steingruber.

Weidenbach Ev. Pfarrkirche, ehem. Hofkirche (1735/36) und Pfarrhaus von Retti.

Sommersdorf Wasserschloß (um 1300) mit wuchtigen Türmen und Graben.

Rügland Schloß mit Rokokogarten ▪ Burgruine Rosenberg.

Colmberg (15 km NW von Ansbach) Schloß (13. und 16. Jh.), eine der schönsten erhaltenen Burgen Frankens ▪ Wildpark.

Leutershausen (15 km W von Ansbach) Stadtpfarrkirche, gotisch ▪ Altfränkisches Stadtbild, Fachwerkhäuser, Stadtmauer, Türme, Tore und Brunnen ▪ Heimatmuseum.

Sportmöglichkeiten

Ansbach Hallenschwimmbad; unbeheiztes und beheiztes Freischwimmbad ▪ Tennis ▪ Golf ▪ Minigolf ▪ Reiten ▪ Segelfliegen.

Leutershausen Freischwimmbad; Hallenbad ▪ Angeln ▪ Minigolf.

Veranstaltungen

Ansbach Internationale Bachwoche, alle 2 Jahre, Ende Juli; Rokokospiele.

Zum Wasserschloß Sommersdorf im sanften Tal der jungen Altmühl leitet Sie ein bequemer Spazierweg vom ehemals markgräflichen Lustschloß Triesdorf.

42 Schwabach Wanderziele im Rangau

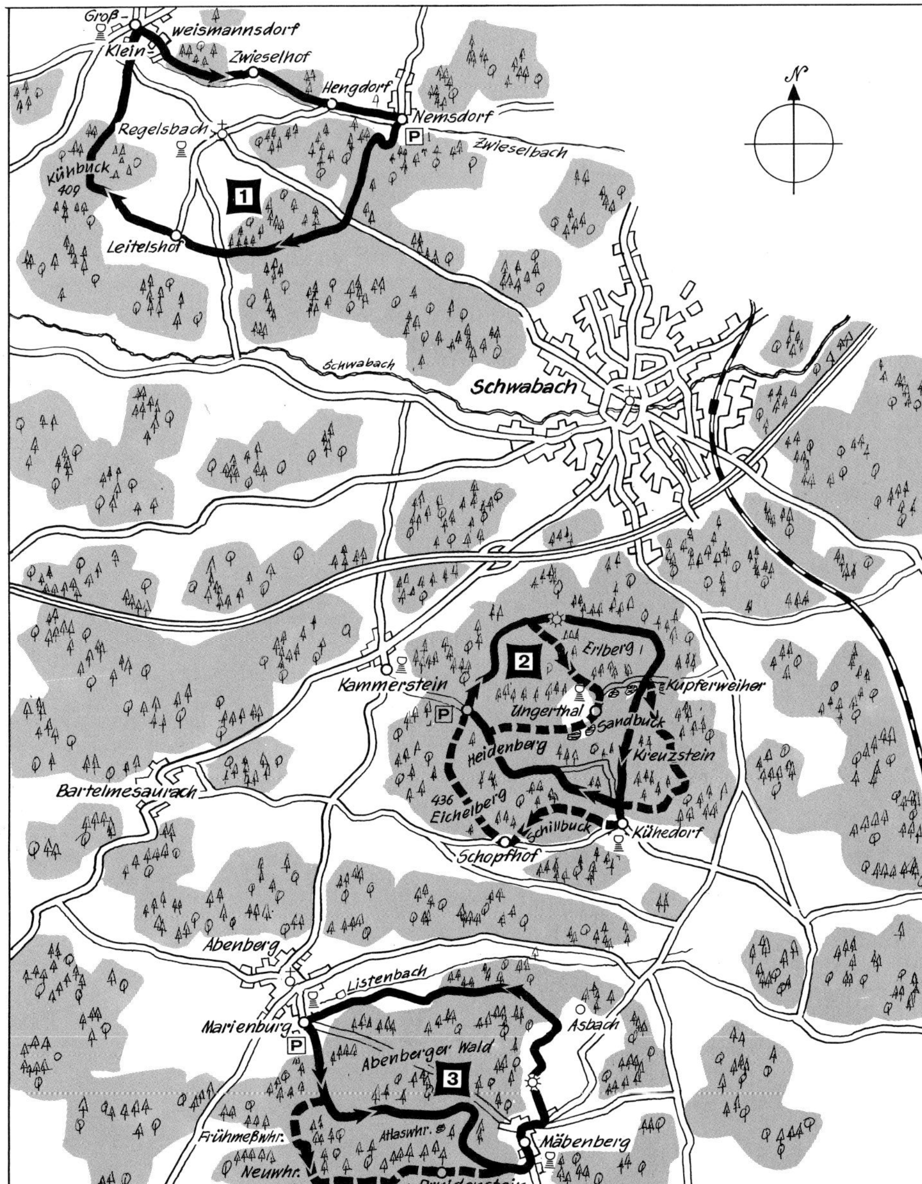

Bereits vor 800 Jahren hat Wolfram von Eschenbach den Rangau als »Rahgau« besungen. Aisch, Altmühl, Rezat und Regnitz heben dieses Stück Frankenland rhombenartig hervor. Bewaldete Berge, auf denen Ruinen von besseren Zeiten träumen, mit dicken Mauern bewehrte Dörfer, viele unbekannte Kunstschätze in Schlössern, Höhenburgen und winzigen Dorfkirchen machen den Reiz dieser Landschaft aus. Das in der Mitte des Rangaus liegende Windsbach ist vor allem durch die glockenhellen Stimmen seines Knabenchors bekannt geworden. Die folgenden 4 Touren sollen Ihnen einen, wenn auch nur ganz kleinen Einblick in den südlichen Teil des Rangaus geben. Ihn wirklich kennenzulernen, zwischen Höchstadt und Gunzenhausen, von Bad Windsheim bis Fürth, würde Jahre dauern.

1. Unbekanntes Zwieseltal

Nemsdorf im Zwieseltal (8 km NW von Schwabach) – Leitelshof – Großweismannsdorf / 4–4½ Std. / Höhen-, Wald- und Talwanderung, meist im Schatten

Beinahe unmittelbar vor dem nordwestlichen Stadtrand von Schwabach liegt das stille Zwieseltal. Es soll den zweiten Teil dieser Wanderung bilden. Vorher ist es besonders erholsam im Bogen nach Südwesten durch unberührte Waldpartien von Nemsdorf, 5 Kilometer westlich Wolkersdorf, zum Talanfang zu wandern. Der Beginn der Tour befindet sich am westlichen Ortsende, jenseits der Zwieselbachbrücke bei der Trafostation (P.). Vom Idyll des alten Fachwerkhauses mit der melancholischen Trauerweide am Weiher geht es in S-Kurven auf der Kottensdorfer Straße bergan oben links zur Schwabacher Straße und jenseits im Wald weiter – jetzt westwärts – nach Leitelshof. Dort hält man sich am Feuerwehrhaus erst in Nordwestrichtung zum Forst, dann auf der Waldhöhe streng nordwärts zu den jetzt vom Waldsaum aus sichtbaren Häusern von Großweismannsdorf und marschiert noch bis zur Bundesstraße 14 aufwärts. Hier, bei der Bushaltestelle, gleich wieder scharf rechts zur Mauer und auf schmaler Straße zum Eichenwaldspitz über dem flachen, sich immer mehr verengenden Wiesental. Da beginnt ein leichtfüßiges Bergabwandern neben dem Wasser, an Zwieselhof vorbei nach Hengdorf, bis zur Bachbrücke in Nemsdorf.

2. Wanderparadies Heidenberg

Kammerstein (9 km SW von Schwabach) / Heidenberg – Ungerthal – Kühedorf / 2, 3 oder 5 Std. / hügelig, Wald, viel Schatten und Aussicht

Kammerstein ist das Zentrum des Schwabacher Tabakanbaugebietes, dessen höchste Erhebung der 462 Meter hohe Heidenberg ist. Auf ihm hat das Forstamt Schwabach beim Fernsehturm, 1,5 Kilometer östlich von Kammerstein, einen großen Wanderparkplatz eingerichtet, an dem einige gut markierte Rundwanderwege beginnen. Je nach Zeit und Ausdauer wird man sich die Wanderwünsche selbst zusammenstellen: Sie können den Höhenweg wählen, sich die Hügelgräber oder die Marienquelle erwandern oder einen Spaziergang zur Aussicht in die Fränkische Alb, auf Schwabach und zur Nürnberger Burg machen. – Trainierte werden die große 5-Stunden-Tour Richtung Kupferweiher, Ungerthal und Kühedorf (jeweils Gastwirtschaften) unternehmen und über Schopfhof und den Eichelberg zurückkehren. Dort soll es sogar noch im Oktober die schönsten Pilze geben.

3. Durch den Abenberger Wald

Marienburg bei Abenberg (14 km S von Schwabach) – Abenberger Wald – Mäbenberg / 4–5 Std. / hügelige, schattige Waldwanderung

Das zauberhaft um einen großen Talbogen herum gelegene Dorf Mäbenberg mit seinen stimmungsvollen Gastwirtschaften ist das Ziel dieser großen Waldwanderung, die hinter dem Kloster Marienburg mit dem schönen Namen »Genossenschaft von der schmerzhaften Mutter« beginnt (Parken auf dem Prälat-Sperber-Platz, in der Nähe der Mariahilf-Kapelle unter Ahornbäumen, 2 km südlich der Burg Abenberg). Auf der Mäbenberger Straße laufen Sie nach Süden weiter, doch gleich hinter zwei grünen Bänken am Waldrand rechts von der Straße ab und dann auf dem Forstweg 1/4 Stunde weiter südwärts, später in Westrichtung am Atlasweiher vorbei. Oder Sie machen den lohnenden Umweg zu Frühmeß- und Neuweiher und zwischen im Wald versteckten alten Kohlenmeilern zum Druidenstein. Im langen, romantischen Straßendorf Mäbenberg finden Sie dann viele herrliche Bauernhöfe mit uralten Backöfen, in denen die Bäuerinnen heute noch ihr Brot backen. – Der Ort wird in Ostrichtung verlassen, 200 Meter nach der Kirche – hinter dem Brechtelbauerhof – geht's links auf der Landwirtschaftsstraße hinauf, jetzt nordwärts an Hopfengärten vorüber, zum Kiefernwald. Bei den Wiestaler Weihern öffnet sich das Listenbachtal und am Ziegelweiher entlang kommen Sie wieder zur Mariahilf-Kapelle.

Auf den fruchtbaren Ackerböden des Rangaus begegnet der Wanderer immer wieder den »Langen Kerls« der Hopfenstangen. Hier vor dem berühmten Mühlreisighaus, ein Hopfenspeicher bei Spalt.

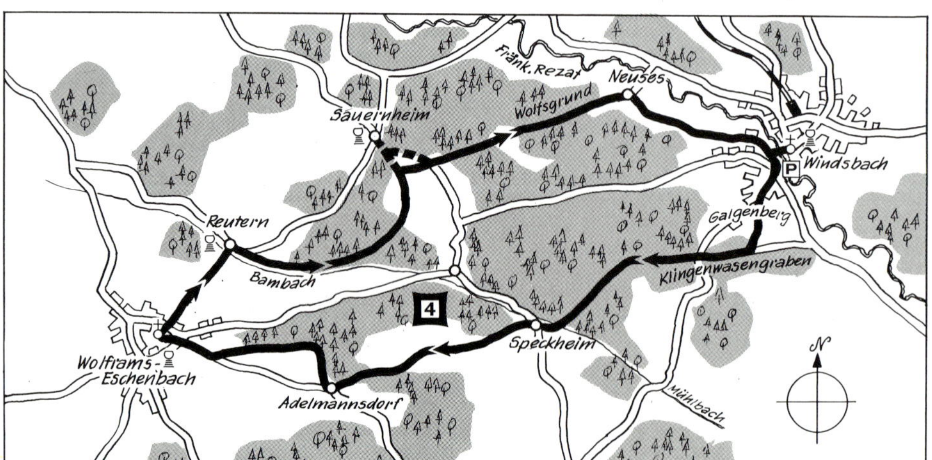

4. Berühmte Namen an der Fränkischen Rezat

Windsbach an der Fränkischen Rezat (19 km SW von Schwabach) – Speckheim – Wolframs-Eschenbach – Windsbach / 4 1/2 bis 5 Std. / flach mit kleinen Steigungen, teilweise Wald

Zwei Höhepunkte deutscher Kunst und zwei selten schön erhaltene altfränkische Städte stehen am Anfang und in der Mitte dieser beglückenden Wanderung: der berühmte Windsbacher Knabenchor, der in dem hübschen Markgrafenstädtchen Windsbach sein Domizil hat, und Wolfram, der Minnesänger und Dichter des Parzival, der in Eschenbach um 1170 geboren wurde. Dazwischen gibt es viel gesundes, ertragreiches Bauernland und duftende Laub- und Nadelwälder. In beides laufen Sie vom Windsbacher Rathaus (P.) aus hinein, auf der Hauptstraße über die Rezatbrücke, die Spalter Straße nach links, hinter dem Gasthaus zur Linde auf der Mitteleschenbacher Straße 300 Meter bis vor die rote Bank. Hier links auf dem Feldweg zum Galgenberg und im Tal des Klingenwasengrabens rechts nach Speckheim. Nun geht's beinahe kerzengerade in Westrichtung über Adelmannsdorf nach Wolframs-Eschenbach. – Verlassen wird das Städtchen mit seinen Renaissancegiebeln und Fachwerkhäusern beim bunt gedeckten

Kirchturm nordostwärts durch das Schulgäßchen und den Mauerdurchschlupf in den Wiesengrund. Gegenüber benutzt man die Reuterner Straße nach Reutern. Dort, hinter dem Dorfweiher, rechts und gleich wieder halbrechts ins Wiesental Richtung Sauernheim, aber noch davor im rechten Winkel ostwärts durch den Wolfsgrund ins Rezattal nach Neuses. Auf kaum befahrener Straße erreichen Sie jetzt in 20 Minuten Windsbach.

Sehenswert

Schwabach Ev. Pfarrkirche St. Johannes und St. Martinus, gotisch (1469–1495) von H. Kugler aus Nördlingen; 72 m hoher Turm; wertvolle Innenausstattung: Hochaltar, ein spätgotischer Schreinaltar aus der Werkstatt M. Wohlgemuts (1507/08); St. Veits-Altar (um 1450); »Altar der schönen Maria« (Gemälde von H. v. Kulmbach); Schusteraltar (1510); Sebastiansaltar (um 1490); Katharinenaltar (um 1465); Sippenaltar (um 1510); Kreuzaltar (um 1500); Speisealtar (1534); Sakramentshäuschen (1505) ▪ Rathaus (1509) mit Fachwerkobergeschoß (1799), in einem Arkadenpfeiler alte Schwabacher Maße ▪ Spitalkirche (1404), Langhaus von 1755/56 ▪ »Franzosenkirche«, für die Hugenotten erbaut (1686/87) ▪ Friedhofskirche (1607–1609) ▪ »Schöner Brunnen«, barock (1716) ▪ Ehem. Fürstenherberge (1726 bis 1728).

Dietersdorf (im Zwieseltal) Pfarrkirche; Altar mit Figuren (16. Jh.); spätgotische »Maria mit dem Kind« (um 1400) ▪ Schöne Fachwerkgebäude.

Regelsbach Pfarrkirche, Turm (1295), Langhaus (15. Jh.); Ummauerung des befestigten Friedhofs mit Torturm (15. Jh.).

Kammerstein Pfarrkirche St. Georg, barock (1749) ▪ Tabakanbau.

Abenberg Pfarrkirche St. Jakob, romanisch (um 1200), erweitert im 15. Jh., Verlängerung des Schiffs 1624–1627; Turm (14. Jh.) mit Helm (1769); spätgotische Holzbildwerke ▪ Burg (Anf. 13. Jh.), Stammsitz der Grafen von Abenberg, von Wolfram von Eschenbach oft besucht; Ringmauer; frühgotisches Tor; 30 m hoher Burgturm ▪ Rathaus (1744) von G. de Gabrieli ▪ Stadtbefestigung (14./15. Jh.) mit 2 Tortürmen ▪ Kloster Marienburg, gegründet Ende 15. Jh. zu Ehren der heiligen Stilla derer von Abenberg; nach einem Brand neuer Kirchenbau (1675) des Eichstätter Hofbaumeisters J. Engel; gemalter Wandteppich; Grabstein der Hl. Stilla (1250) ▪ Nonnengruft (Katakomben mit 68 Gräbern aus fast 5 Jahrhunderten ▪ St.-Josephs-Kapelle; Opalglasfenster.

Im Wolframs-Eschenbacher Liebfrauenmünster befindet sich nicht nur dieser schöne gotische Flügelaltar, sondern nach der Überlieferung auch das Grab des Minnesängers Wolfram von Eschenbach.

Windsbach Stadtpfarrkirche, barock ▪ Gottesruh-Kapelle; gotische Fresken (14. Jh.) ▪ Rathaus (1749); mit markgräflichem und städtischem Wappen und 2 eisernen Prangern ▪ Stadtturm (um 1300) und Stadtbefestigung.

Wolframs-Eschenbach Liebfrauenmünster (1230), romanisch/gotisch; Halle (1280); Turm 81 m hoch mit glasierten Ziegeln (1429–1450); Rosenkranzrelief (um 1490) ▪ Deutschordensschloß, jetzt Rathaus, Spätrenaissance (1623) ▪ Ordensvogtei, spätmittelalterlich, Erdgeschoß Renaissance ▪ Altes Rathaus (1471) ▪ Pfründehaus (»Arche Noah«) ▪ Denkmal des berühmten Minnesängers und Parzivaldichters Wolfram von Eschenbach ▪ Wolframs-Archiv ▪ Geschlossener Mauerring; Unteres und Oberes Tor (13. und 14. Jh.); Türme und Zwinger.

Merkendorf (4 km SW von Wolframs-Eschenbach) Mittelalterliches Kleinstadtidyll mit vollständig erhaltener Ummauerung; Tor und Türme.

Sportmöglichkeiten

Schwabach Hallenschwimmbad; beheiztes Freischwimmbad ▪ Tennis ▪ Reiten.

Abenberg Tennis ▪ Angeln ▪ Segelfliegen.

Windsbach Waldfreischwimmbad.

43 Wendelstein

Die großen Waldgebiete des Nürnberger Südens

Seinen Namen erhielt der Reichswald im Mittelalter, als er noch »Reichsgut« der deutschen Kaiser war. Östlich von Regnitz und Rednitz zieht er sich als ein auch heute noch zusammenhängendes Forstareal vom südlichen Stadtrand Erlangens an Nürnberg vorbei bis ins Tal der Roth hinein. Nur das belebte Pegnitztal trennt davon einen Nordteil ab, den Sebalder Reichswald (Touren 20/3, 27/1 und 27/2). Dort wachsen nördlich Lauf, Rükkersdorf und Behringersdorf auf wasserreichem Feuerletten lichthelle Laubwälder mit prachtvollen Buchen; am Rande zahlreicher Quellen stehen zartgrüne Erlen; im Ortsdreieck Röckenhof – Kalchreuth – Heroldsberg und in der Nässenau beleben Farne und die bunten Blüten seltener, üppig gedeihender Sumpf- und Wasserpflanzen das Waldgrün. – Um Wendelstein und weiter im Süden des Lorenzer Waldes ist das Land sandig und trocken. Die Föhre dominiert auf dem mageren Buntsandstein- oder Räthböden. Dazwischen sind sonnige Heideflecken getupft. Und einfache kleine Ortschaften in herrlich stillen Waldrodungen, wie Furth am Hembach oder Harrlach im Finsterbachtal, Brunnau und Eichelburg, die Sie auf erholsamen Wanderwegen erreichen und umwandern. Das Zusammenspiel von Licht und Schatten in bizzar geformten Baumkronen, der kienige Harzgeruch der Kiefernstämme im Sonnenglast, die Geräusche des Wildes beim Durchbrechen der Unterhölze und der Lufthauch des Windes in den langen Nadeln der Astspitzen beruhigen die Sinne streßgeplagter Großstädter. Und für den Gaumen gibt es dazu ganz spezielle Freuden bei trefflichen Wirten zwischen Steinbrüchlein und Zwiefelhof, ehe man am Abend müde, aber erholt wieder nach Hause fährt.

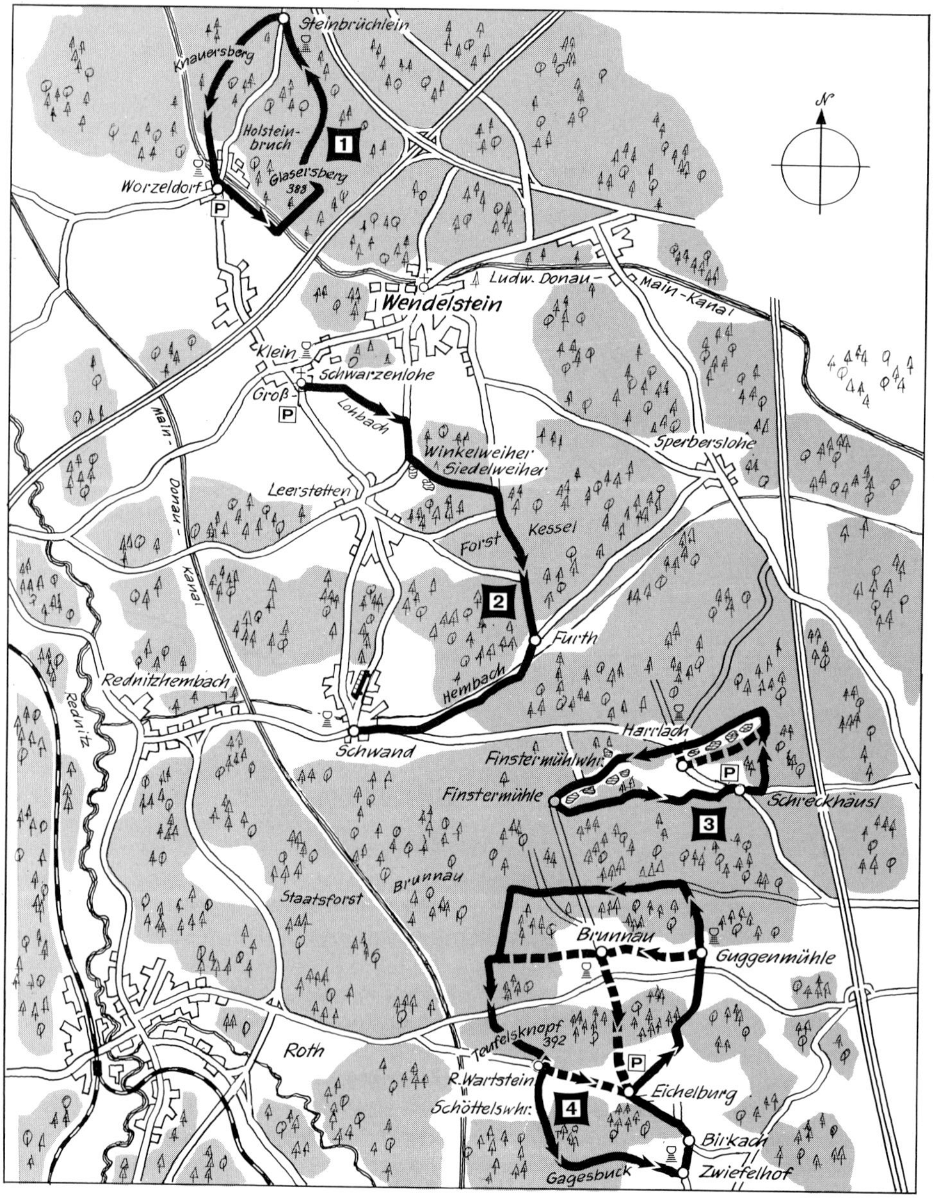

1. Über den Glasersberg zum Gasthaus Steinbrüchlein

Worzeldorf (5 km W von Wendelstein) – Glasersberg – Steinbrüchlein – Worzeldorf/ 2–2½ Std. / Tal- und Höhenwanderung durch schattenspendenden Wald

Gleich hinter der letzten Nürnberger Verkehrsampel beginnt der Lorenzer Reichswald, in dessen südlichem Teil Sie trotz unmittelbarer Großstadtnähe einen kurzen und ruhigen Wanderspaziergang unternehmen können. Der Anfang dafür ist neben der Worzeldorfer Ortsübersichtstafel (P.) an der Hauptstraße bei der Kanalbrücke. Man marschiert rechts auf dem südlichen Damm des Ludwigskanals ¼ Stunde am flimmernden Wasserband bis zur poesievollen Steinbrükke. Da geht es links über den Kanal und am ehemaligen Schleusenwärterhaus halblinks auf den Glasersberg und im Wald jenseits der Riesenwunde, die dem Forst für eine Hochspannungsleitung geschlagen wurde, weiter in Nordrichtung zum Wirtshaus Steinbrüchlein.
Über den Knauersberg wird auf der anderen Seite der Hauptstraße der Rückweg nach Worzeldorf angetreten, immer südwärts.

Die im Jahre 1448 erbaute, äußerlich unscheinbare Allerheiligen-Kirche in Kleinschwarzenlohe beherbergt drei herrliche gotische Altäre aus dem Anfang und der zweiten Hälfte des 15. Jahrhunderts.

Im schmucken Ausflugsort Wendelstein bei Nürnberg steht neben blitzsauberen Fachwerkhäusern auch dieses frühbarocke Sandsteinportal der ehemaligen Wendelsteiner Papiermühle.

2. Weiher und Forste nördlich des Hembaches

Großschwarzenlohe (3 km SW von Wendelstein) – Furth – Schwand – Großschwarzenlohe / 3–3½ Std. / flache Wiesen- und Waldwege, teils sonnig, teils schattig

Das Hembachtal kennen Sie sicher. Aber kennen Sie auch den Forst Kessel, Winkelweiher und Siedelweiher oder den Lohbach? Wenn nicht, sollten Sie da einmal wandern. Vielleicht in den Weihnachtsfeiertagen, vor oder nach dem Gänsebraten in Schwand. Oder auch im Vorfrühling. – In Großschwarzenlohe, beim Gasthaus zum Roten Ochsen (P.), am südlichen Ortsrand beginnt es. Vor dem Haus mit dem Uhrturm geht man auf dem »Mittelweg« ostwärts, an dessen Ende rechts über die Bachbrücke, zwischen dem Feld und den Lohbachwiesen in südöstlicher Richtung zu einer weithin sichtbaren Birkengruppe, unter der sich der Winkelweiher versteckt. Nun einige Schritte zum Siedelweiher am Waldsaum und in den Forst Kessel. In ihm laufen Sie gute 10 Minuten ostwärts, dann im rechten Winkel schnurgerade in Südrichtung bis nach Furth. Bei dem dunkelbraunen Fachwerkhaus aus dem Jahre 1808 mit dem rosa Sockel geht es über die Brücke und dahinter rechts auf dem Fahrsträßchen in der freundlichen Talaue des Hembaches zu den Gasthöfen zum Schwan oder zum Roten Roß in Schwand, direkt an der Bushaltestelle nach Großschwarzenlohe.
Bitte beachten: Vor dem Abmarsch den Busrückfahrplan einsehen!

3. Spaziergang um die Harrlacher Weiherplatte

Schreckhäusl bei Harrlach (12 km S von Wendelstein) – Harrlach – Finstermühle – Schreckhäusl / 2½–3 Std. / fast ebene Wald- und Talwanderung, meist Schatten

Tief in den Staatsforsten Lach und Brunnau liegt in einer sonnigen Rodung der Ort Harrlach. Nach Osten und Westen erstreckt sich von ihm aus eine Kette reizvoller Fischweiher, die es diesmal zu umwandern gilt. Beim Schreckhäusl am Waldrand (P.), 1 Kilometer südlich von Harrlach, ist dafür der Start: Auf dem Fahrweg etwa 300 Meter ostwärts, beim Sperrschild links, kerzengerade in der Waldschneise nach Norden zum Bachtal. Da muß man mangels Brücke den Bach überspringen und hält sich danach links – oder promeniert vor dem Bach am Waldrand im lieblichen Finsterbachtal nach Harrlach und jenseits beim ockerfarbenen Häuschen an der Bachbrücke auf dem Forstweg weiter nach Westen zum Wald. Dann umrundet man die zweite Weiherkette zur Finstermühle und wandert in knapp 1 Stunde wieder zum Schreckhäusl.

4. Erst ins Brunnbachtal, dann auf den Teufelsknopf

Eichelburg (19 km S von Wendelstein) – Guggenmühle – Teufelsknopf – Eichelburg / 5–5½ Std., evtl. 2–2½ oder 4–4½ Std. / hügelige Wald- und Höhentour

Im Südostbogen, den die neue Großschiffahrtsstraße Main–Donau–Kanal in Richtung Hilpoltstein zieht, befindet sich um Eichelburg ein stilles Wanderrevier, das sich so recht für eine beschauliche Sonntagstour eignet. Vom Gasthaus Meyer (P.) am östlichen Ortsende läuft man 200 Meter westwärts, beim alten Stadel auf dem Feldweg zu einer Buschgruppe und am Wiesenrain zu den Häusern von Heubühl am Waldrand. Jetzt in Nordrichtung weiter den Forst gequert und nach Guggenmühle jenseits des Autobahnzubringers. Hier können Sie entlang des Brunnbaches über Brunnau westwärts pilgern oder von Wirt, Weiher und Kapelle im würzigen Kiefernhochwald eine Runde durch den Brunnauer Forst drehen, 20 Minuten nordwärts, 40 Minuten westwärts, 40 Minuten südwärts, bis zu den Resten der Ruine Wartstein auf dem Teufelsknopf. Dann wandert man am Schöttelsweiher vorbei über den Gagesbuck und hinüber zum Gasthaus Zwiefelhof. – Auf der Höhe nördlich Birkach gelangen Sie, noch vor dem Feuerwehrhaus, links zum Wald und zum Meyerwirt in Eichelburg. – Sollte diese lange Tour jemandem zu anstrengend sein, wird er eine der Abkürzungsmöglichkeiten wählen: vom Teufelsknopf direkt nach Eichelburg oder die ganz kleine Runde über Wagnermühle zurück.
Allerdings verpaßt er dann leider den erstklassigen Zwiefelhofer Wirt.

Sehenswert

Wendelstein Pfarrkirche St. Georg (1357), im 16. Jh. verändert; spätgotischer Flügelaltar (1510); Sakramentshäuschen (Ende 15. Jh.) ▪ Schlößchen der Herren von Wendelstein ▪ Der »Wendenbrunnen« auf dem Marktplatz ▪ Wendelsteiner Brüche, mineralogisch und tektonisch interessant.

Kleinschwarzenloh Kirche Allerheiligen (1448); Turm (1513); Hochaltar (1491); spätgotischer Flügelaltar; Katharienaltar (1420); Kreuzigungsaltar (1480); Sakramentsnische mit schmiedeeisernem Korbgitter (1473).

Katzwang Pfarrkirche, frühgotisch (um 1300); Hochaltar (1480–1490); Sakramentshäuschen aus weißem Kalkstein (1518); im Chor altes Kruzifix ▪ Friedhof mit Wehrmauer, frühgotischem Karner, Sühnekreuz und Bildstock.

Kornburg Schloß (1686), privat ▪ Mußthalersches Gasthaus (1708) mit Rokokostucksaal im Obergeschoß und gobelinartigen Gemälden.

Röthenbach Pfarrkirche, gotisch (15. Jh.); barocke Ausstattung; Glasmalereien; »Schlupfaltar« für Sünder und Kranke ▪ Patrizierschloß Gugelhammer, benannt nach einem Kugel- (Munitions-) Hammerwerk.

Roth Schloß Ratibor, Frührenaissance (16. Jh.), von Markgraf Georg dem Frommen nach seinen Besitzungen benannt; Kaiserturm (1585); Glockenspiel im Hof; Heimatmuseum ▪ Ev. Pfarrkirche (Baubeginn 1510), 1732–1738 von J. D. Steingruber aus Ansbach zur Saalkirche umgebaut ▪ Rokokobrunnen am Markt ▪ Riffelmacherhaus (1492)

Nicht nur zwischen Kiefern und Fichten, sondern auch durch lichtglänzende Eichen- und Buchenhaine werden Sie in den großen Waldungen des Nürnberger Südens wandern.

Sportmöglichkeiten

Roth Freischwimmbad ▪ Rudern ▪ Trimm-dich-Pfad im Weinberg ▪ Eisstockschießen.

44 Hilpoltstein

Auf und ab im Lande des Herren Hilpolt von Stein

Über 200 Kilometer lang zieht sich die Scheitelhöhe der Frankenalb südwärts. Vom Staffelberg am Main über die Fränkische und Hersbrucker Schweiz und den Oberpfälzer Jura bis zu den langezogenen Bergrücken des Hahnenkamm östlich des flachen Riestellers. So umschließt sie das Mittelfränkische Becken von drei Seiten. Nordwestlich Berching ist dem großen Schwenk der Alb in Westrichtung die Burg des Ritters Hilpolt von Stein vorgelagert. Sie gab um die Wende des 13. Jahrhunderts der heutigen Stadt Hilpoltstein ihren Namen, ehe das Geschlecht der Herren von Stein bereits 1385 für immer das Zeitliche segnete. Dann fiel der gesamte Besitz an den Herzog von Bayern. Aber der mächtige quadratische Bergfried der Burg derer von Stein steht heute noch und weist keck in die Landschaft. Es ist ein stiller Flecken, dieses Land im Süden des lieblichen, von Wäldern gesäumten Tals der Roth, in dem ihr Wasser behäbig langsam der Rednitz zustrebt. So als möchte es sich viel Zeit lassen, die vielen achteckigen, weiß-gelben Zwiebeltürme der Dorfkirchen zu bewundern, in denen oft die herrlichsten Kunstwerke aus Gotik und Barock verborgen sind. Aber auch paradiesische Aussichtspunkte findet man ringsum, 600 Meter hoch und noch darüber. Den Schloßberg bei Heideck und den Thalmässinger Burgstall, die Ruine Stauf und den Albrand bei Reinwarzhofen.

Weite Sicht ins Mittelfränkische Becken und zur Frankenalb bietet der Turm der ehemaligen Burg der Herren Hilpolt von Stein.

1. Ein wenig bekannter Weg nach Heideck

Hilpoltstein – Laffenauer Wald – Heideck – Hilpoltstein / 4½–5 Std. / etwas hügelig, viel Wald, meist Schatten

Laffenau ist eine runde Rodung im gleichnamigen Waldgebiet westlich der Roth. Stundenlang kann man in diesem großflächigen Areal laufen, ohne einem Menschen zu begegnen. Einer der schönsten Wanderwege durch den Laffenauer Forst soll hier genannt werden. Er führt vom Hilpoltsteiner Amtsgericht unterhalb der Pfarrkirche (P.) südwestwärts durch die Stadt. Nach etwa 20 Minuten verlassen Sie die Heidecker Straße, kurz vor der Anhöhe halbrechts, auf dem Bauernweg zwischen Feldern zum Wald. So läuft man gerade auf die Schweizermühle zu, hält sich vor ihr rechts über die Bahn und gleich danach links am Waldrand zu dessen Spitze. Hier einige Schritte nordwärts zum einfachen Brücklein über den Minbach und kerzengerade hin zur idyllisch auf einer Waldlichtung gelegenen Fuchsmühle mit ihrem sonnigen Wirtsgarten. – Dann wird die Roth gequert und an verträumten Waldseen entlang entweder Richtung Waldhaus (Trimm-dich-Pfad), oder besser zum Gasthaus im blitzsauberen Laffenau marschiert. Nun geht es 1½ Stunden südwärts durch den Forst nach Heideck hinein und mit dem Bahnbus zurück.

Bitte beachten: Vor dem Abmarsch in Hilpoltstein die Busrückfahrtszeiten notieren!

2. Von der Roth über den Schloßberg zur Roth

Heideck an der Roth (8 km SW von Hilpoltstein) – Schloßberg – Liebenstadt – Heideck / 4½–5 Std., evtl. 3½–4 Std. / hügelige Berg- und Talwanderung mit Fernsicht, halb Sonne, halb Schatten

»Erholungsschwerpunkt« nennt sich der Schloßberg auf den Rothhöhen. Wenn Sie ihn ganz für sich alleine haben wollen, empfehle ich Ihnen, einmal im November oder an einem warmen Vorfrühlingstag zu ihm hinaufzusteigen. Von Heideck aus, vom westlichen Ortsausgang, bei der Brauerei Barth an der Hauptstraße (P.) geht man 200 Meter nach Westen zur großen Linde. Dort wandern Sie links die Rudletzholzer Straße entlang, dann halbrechts auf dem Feldweg, anfangs im Tal, später aufwärts zum Ort Schloßberg. Doch bei den ersten Häusern nicht bergauf, sondern links, an der Kapelle vorbei, und hinüber zum südlichen Dorfteil. Gleich vor dem alten Stadel schnauft man jetzt auf der Schotterstraße steil aufwärts, am Trafohaus links zum oberen Parkplatz. Da gibt es einige markierte Spazierwege und einen Aussichtspavillon mit weitem Fernblick über den Südwestrand der Alb. – Anschließend spurtet man ins Rothtal Richtung Liebenstadt hinunter und erreicht im Waldbogen, erst nordöstlich, dann südöstlich Schloß Kreuth auf dem Weinberg und schließlich auch Heideck. – Oder man nimmt vor Liebenstadt den Abschneider im Rothtal. Da spart man fast 1 Stunde Gehzeit.

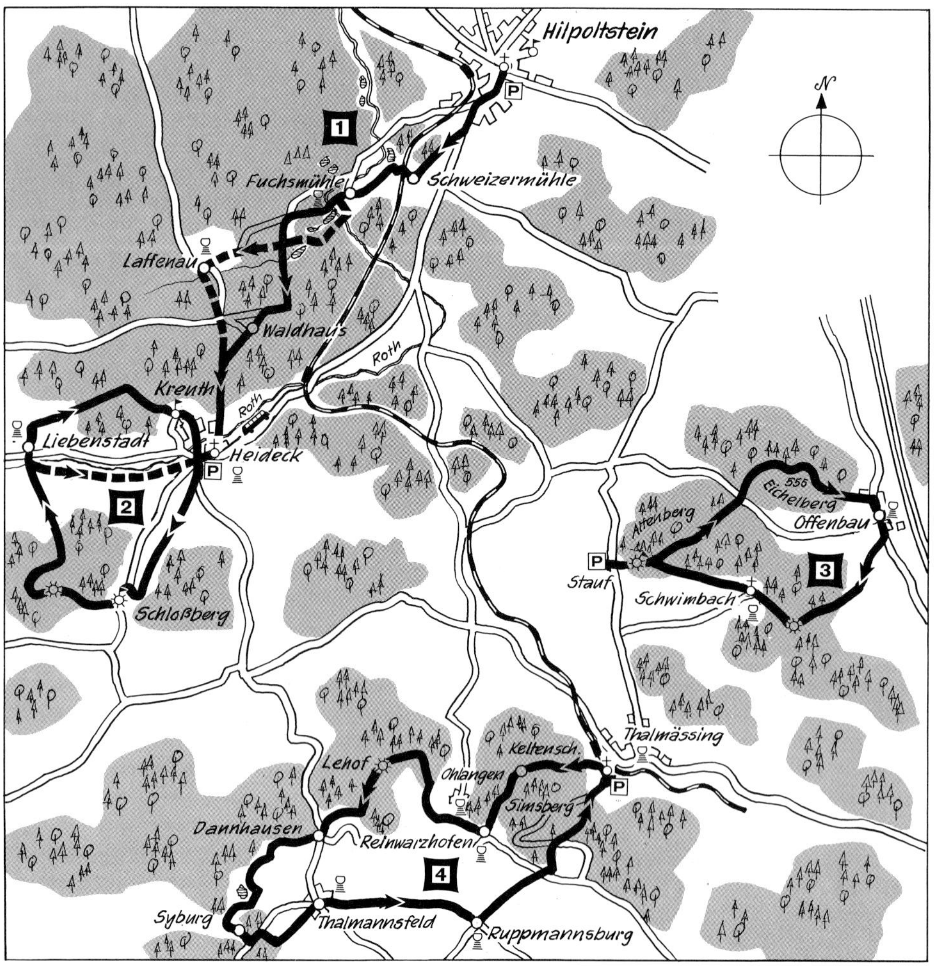

3. Schattenwege vom Eichelberg ins Schwimbachtal

Stauf (10 km S von Hilpoltstein) – Offenbau – Schwimbach – Stauf / 4–4½ Std. / Wald- und Höhentour mit viel Sicht, teilweise Schatten

Wie eine Insel steigt die Burgruine Stauf (534 m) aus den Ackerböden auf und würde einen exzellenten Aussichtpunkt abgeben – wenn sie zugänglich wäre. Aber von dem etwas niedrigeren Südhang der Ortschaft Stauf aus gibt es auch allerhand zu sehen und eine Menge Bergkuppen und Albtäler zu studieren. Vorher laufen Sie zwischen den Häusern des Ortes (P.) zum östlichen Dorfrand, nach dem Genuß der Fernsicht steigen Sie 200 Meter hinter dem letzten Haus bei der mächtigen Kastanie halblinks zwischen Felsmauern unter Buchen im dunklen Hohlweg bergauf, immer nordostwärts. Bis auf den Eichelberg (555 m), den Sie im Ostbogen 20 Minuten jenseits der Eysöldener Straße erreichen. Weiter östlich liegt Offenbau im Eichelbachtal, das nach der Bäckerei Distler, gegenüber der Kirche, auf der Schwimbacher Straße verlassen wird. Ein grandioser Höhenweg leitet Sie nun bergauf und bergab ins wundervoll ruhige Schwimbachtal. Dort am Lagerhaus 200 Meter rechts und beim wuchtigen, achteckigen, weiß-gelben Kirchturm (die meisten Kirchtürme in der Umgebung sind achteckig und weiß-gelb) links aufwärts. Eine Wald- und Aussichtspromenade leitet Sie jetzt ganz bequem hinüber nach Stauf.

4. Keltenschanze Thalmässing – Fernsichtbalkon Lehof – Wasserschloß Syburg

Thalmässing (14 km S von Hilpoltstein) – Thalmannsfeld – Ruppmannsburg – Thalmässing / 4½–5 Std. / wald- aber auch sonnenreicher Höhenweg mit weiter Sicht

Außer den drei oben genannten Attraktionen unterwegs, enthält die Wanderung noch drei weitere: Am Anfang steht der Burgstall Landeck, zu dem man von Thalmässing in wenigen Minuten aufsteigt; im Ort glänzt dem Besucher der beiden Pfarrkirchen prachtvoller Ansbacher Barock entgegen. – Unterhalb des roten Zwiebelturms der St.-Michaels-Kirche (P.) schwenkt man auf der Ohlanger Straße nach Westen ein, marschiert den Simsberg aufwärts zur Keltenschanze am Waldeck. Dort halblinks durch den Forst nach Reinwarzhofen und nun um das Ohlanger Hochtal herum zum Aussichtshügel Lehof (606 m). Dann nimmt man südwärts den Albrandweg Richtung Wasserschloß Syburg, wandert auf der Höhe hinüber nach Thalmannsfeld und erreicht Richtung Osten auf schnurgeradem Weg Ruppmannsburg. Von dort beginnt 20 Minuten nordostwärts der Abstieg vom Hochplateau ins Thalachtal.

Sonne, Sicht und Störche – drei Wanderbegleiter durch das Land der Herren Hilpolt von Stein.

Sehenswert

Hilpoltstein Kath. Stadtpfarrkirche, spätgotisch (1279), barock umgebaut (1732/33) vom Neuburger Hofbaumeister J. Puechter; 4 steinerne Apostel an Treppe, Südportal und Fassade und Tonmuttergottes (15. Jh.); innen schöne Barockausstattung und gotische Bildwerke; Grabmal des Jörg von Leonrod (1540) von L. Hering ▪ Ehem. fürstlich-pfalzgräfliches Residenzschloß (ab 1619), heute Amtsgericht ▪ Burg (13. Jh.), im 18. Jh. als Steinbruch verwendet, Haupt- und Vorburg; hohe Ringmauer, quadratischer Bergfried ▪ Mittelalterliches Rathaus ▪ Jarsdorferhaus (1523) ▪ Brunnenmännchen (1560) ▪ Stadtmauer mit Töttelsturm.

Heideck Frauenkirche, gotisch; spätgotische Fresken und Schnitzwerke (15. Jh.); Grabmäler der Herren von Heideck ▪ Rathaus, spätgotisch ▪ Schöne Fachwerkbauten ▪ Außerhalb: Schloß Kreuth (18. Jh.) auf dem Weinberg.

Schloßberg Inselberg am Albrand, ehem. reichsunmittelbare Burg (13. Jh.); Aussichtspavillon ▪ Südlich davon: Reuth, Kirche mit spätgotischem Sakramentshäuschen ▪ Ruine Neuhaus ▪ Schloß Geyern, mittelalterlich.

Stauf Burgruine (534 m), einst reichsritterlich (13./14. Jh.) ▪ 2 km nördlich: Eysölden, Barockkirche (1749); spätgotisches Schloß.

Schwimbach Pfarrkirche mit spätgotischem Altar.

Thalmässing 2 Pfarrkirchen, Ansbacher Barock ▪ Burgstall Landeck ▪ Keltenschanze auf dem Simsberg ▪ 10 km westlich: Wasserschloß Syburg (14. und 18. Jh.); Nennslingen, Wehrkirche (13. Jh.), spätgotische Fresken; ehemaliges Amtshaus (1651) ▪ Heidevegetation auf dem Albrand.

Sportmöglichkeiten

Hilpoltstein Freischwimmbad ▪ Tennis.

Heideck Freischwimmbad ▪ Angeln ▪ Tennis ▪ Reiten ▪ Trimm-dich-Pfad Waldhaus.

Thalmässing Freischwimmbad.

Veranstaltung

Hilpoltstein Burgfest mit historischem Festzug, 1. Sonntag im August.

45 Feuchtwangen

Weites Land zwischen Franken und Schwaben

Mit einem einzigen Geniestreich erstellten die großen Baumeister des Barock innerhalb weniger Jahre die herrlichsten Schlösser, Klöster und Kirchen: Banz und Vierzehnheiligen, Schloß Pommersfelden und die Residenzen in Würzburg, Bamberg und Ansbach oder die Klosterkirchen von Michelsfeld und Weltenburg, um nur einige zu nennen. Dazu Wallfahrtskirchen ohne Zahl. Zwischen ihrem Glanz stehen die anderen grandiosen Kirchenbauten, die in Jahrhunderten gewachsenen. Die Dome der fränkischen Hochstifte und die Stiftskirchen in Forchheim, Ansbach und Münchaurach, und viele andere. Ihre romanischen Krypten, gotischen Chorräume und barocken Langhäuser mit spätgotischen Flügelaltären und Renaissance-Schnitzwerken vermitteln einen atemberaubenden Querschnitt durch die deutsche Kunstgeschichte. So auch die Feuchtwanger Benediktinerstiftskirche. Um 1180 entstand sie als romanische Basilika; das 14. Jahrhundert brachte die Bauten des gotischen Chors und Langhauses, und im Laufe der nächsten 200 Jahre erhielt sie ihre wertvolle Ausstattung. –

In Gedanken an solche Schönheiten steigt man aus dem Sulzachtal auf die Wörnitzhöhen und nach Hohenkreßberg hinauf, durchstreift den Dentleiner Forst und das Quellgebiet von Tauber und Wörnitz um Schillingsfürst, dem höchstgelegenen Ort der Frankenhöhe. In Dinkelsbühl aber erinnert man sich, daß von hier die Nachbarstadt Feuchtwangen im 14. Jahrhundert gleich zweimal zerstört wurde. Dabei sehen die Dinkelsbühler gar nicht so kriegerisch aus!

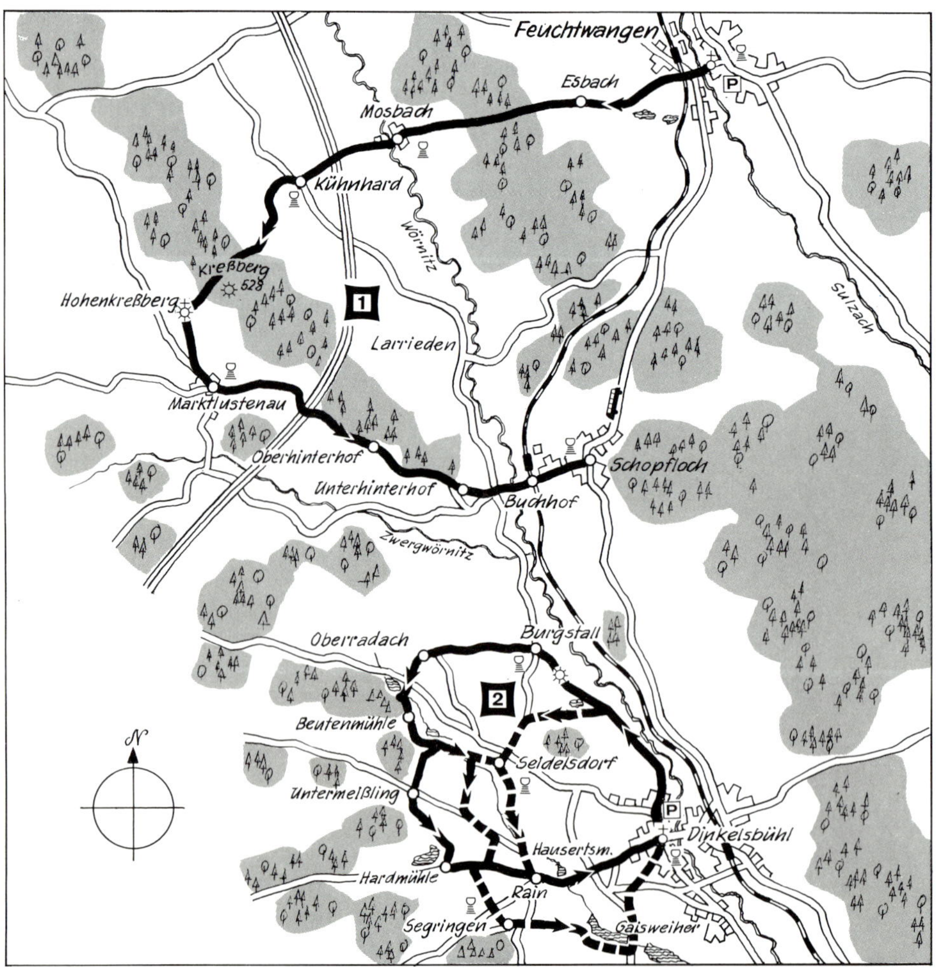

1. Auf den Wörnitzhöhen

Feuchtwangen – Hohenkreßberg – Schopfloch – Feuchtwangen / 5½–6 Std. / Höhenwanderung, überwiegend sonnig und aussichtsreich

In unzähligen Kehren und Schleifen windet sich die Wörnitz in ihrem breiten, hellen Talboden zwischen fruchtbaren Wiesen nach Süden. Rechts und links begleiten sie rundliche Wald- und Ackerhöhen, die auf gemütlichen Wanderwegen überschritten werden können. Einer von ihnen beginnt auf dem Feuchtwanger Marktplatz (P.) beim buntbemalten Brunnen: Durch die »Untere Torstraße« geht es über die Sulzach nach Westen, beim Gasthaus Naser die Crailsheimer Straße rechts, aber noch vor dem Bahngleis die erste Straße zum Sportplatz. Nach einer Birkengruppe bei einer weißen Bank wandern Sie jetzt zwischen Wiesen Richtung Esbach und über den Weinberg ins Kirchdorf Mosbach an der Wörnitz. Hinter Kühnhard beginnt, erst einige Minuten westwärts, dann nach Südwesten, der langsame Aufstieg auf die Anhöhe des Kreßberges und zur ehemaligen Burg Hohenkreßberg, die steil über der Marktlustenauer Talsenke jahrhundertelang Wache hielt. – Der Markt wird südwärts verlassen, der Hirschberg nördlich umrundet, die Autobahn gekreuzt und Oberhinterhof links liegengelassen. Nun marschiert man von Unterhinterhof im Tal der Zwergwörnitz in einer knappen Stunde zur Bahnbushaltestelle in Schopfloch.

Bitte beachten: Vor Aufbruch die Busverbindung Schopfloch–Feuchtwangen notieren!

2. Dinkelsbühler Rundweg ins Hausertsmühlbachtal

Dinkelsbühl (11 km S von Feuchtwangen) – Burgstall – Segringen – Dinkelsbühl / 3½–4 Std. / sichtreiche Höhenwanderung mit viel Sonne

Zwischen der Wörnitz und dem Gaisweiher reiht sich Mühle an Mühle. Daneben liegen mattglitzernde, verträumte Bachgräben und adrette Weiler, aber leider kaum Gastwirtschaften. Die Wege dort sind sichtreich und sonnig und auch im Winterhalbjahr trefflich geeignet, sich während des Wanderns ein wenig frische Farbe zu holen. Dinkelsbühl, das in dieser Jahreszeit recht ruhig ist, verlassen Sie auf der Martin-Luther-Straße (P.) nach Norden durch das Rothenburger Tor. Dahinter die Larrieder Straße geradeaus, 30 Minuten später beim Weiher entweder links Richtung Seidelsdorf oder halblinks auf der Teerstraße nach Burgstall. Da westwärts weiter durch Oberradach ins Hausertsmühlbachtal zum Fischteich vor der Beutenmühle. Viele stille Sträßchen und Feldwege führen Sie jetzt zur Knorren-, Hauserts- oder Reichertsmühle und direkt nach Dinkelsbühl oder über die Hardmühle nach Segringen und vorbei an der Schekken- und Gaismühle wieder zurück.

3. Oasen der Ruhe im Dentleiner Forst

Dentlein am Forst (7 km Ö von Feuchtwangen) – Wehlmäusel – Schwaighausen – Dentlein / 2½–3 Std., evtl. 4 Std. / ebene Waldwanderung, meist Schatten

Eine relativ kurze Tour möchte ich Ihnen hier vorschlagen, die Sie aber weit in reizvolle Teich- und Waldlandschaft hinein ausdehnen können. Auf jeden Fall sollten Sie in Dentlein am Forst beginnen. Hier, vom goldgelben Rathaus auf dem Kirchenhügel (P.) hinüber zur Kirche, bergab zum Gasthaus Meckler und 5 Minuten auf der Dinkelsbühler Straße südwärts. Jetzt beim Trafohaus rechts die Wehlmäuseler Straße zum Wald und quer hindurch zum Weiher bei der Unterlottermühle. Nun wandern Sie im Bachtal wieder nach Süden und von Wehlmäusel im Forst ostwärts zu den gotischen Resten der Cyriacus- oder Zirkelkapelle, die schon 1581 als Ruine genannt wurde. Das Forstamt hat sie mit viel Einfühlungsvermögen gegen weitere

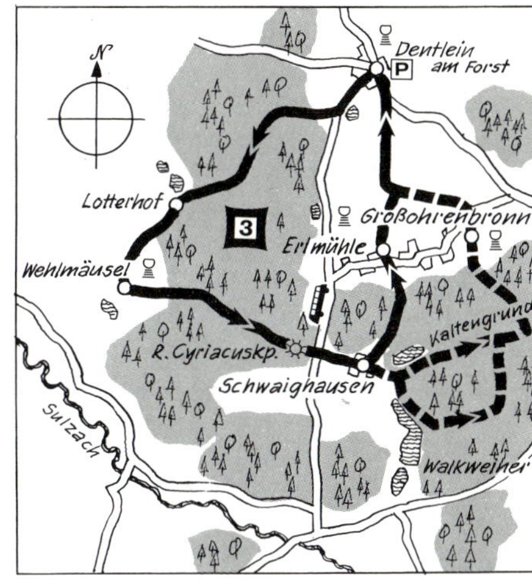

Schäden abgesichert. Daneben gibt es eine sonnige Vesperbank und rundherum eine herrliche Aussicht, vor allem zum Hesselberg. Von Schwaighausen können Sie mit dem Bus zurückfahren oder auf einsamen Waldwegen weiterpirschen. Etwa zur Seenplatte der Walkweiher oder jenseits des Kaltengrundgra-

Die romanisch-gotische Stiftskirche zu Feuchtwangen ist eines der großartigsten Beispiele abendländischer Baukunst. In ihrem Chor wurde 1483 Michael Wohlgemuts Marienaltar aufgestellt.

Alljährlich im Sommer werden die Feuchtwanger Festspiele im romanischen Kreuzgang des früheren Benediktinerklosters veranstaltet.

bens nach Erlmühle oder Ölmühle, ganz wie Sie noch Lust haben. – Bitte beachten: Vorher die Busverbindung von Schwaighausen zurück erkunden!

4. Wo Franz Liszt oft zu Gast war

Schillingsfürst (16 km N von Feuchtwangen) – Faulenberg – Billershausen – Schillingsfürst / 3½–4 Std., evtl. –4½ Std. / hügelig, sonnig, sichtreich

Weithin die umliegenden Berge beherrschend, steht die riesige spätbarocke Schloßanlage von Schillingsfürst burgartig als höchste Ansiedlung der Frankenhöhe über dem Quellgebiet von Wörnitz und Tauber, die in der Nähe die Wasserscheide zwischen Nordsee und Schwarzem Meer bilden. Ein besonders schöner Wanderweg eignet sich dort insbesondere für die Frühjahrszeit, denn er ist sonnig, warm und angenehm. Er beginnt am roten Schillingsfürster Kriegerdenkmal von 1870 (P.) und führt über die »Steinerne Stiege« bergauf zum Schloß, in dem Franz Liszt des öfteren den Fürsten von Hohenlohe-Schillingsfürst nebst Anhang mit seinen brillanten Klavierkünsten beeindruckte. – Nach der Schloßbesichtigung geht es beim Kartenverkaufshäuschen links bergab und unter Kastanien durch den Schloßpark zu den Häusern von Schafhof. Da nimmt man die Straße in nördlicher Richtung, läuft wenige Minuten später links auf dem Feldweg am Hang nach Wohnbach im Tale und geradeaus weiter zum Gasthaus Pfeffer in Faulenberg. – Der Rückweg bringt Sie auf großer Westrunde über Bellershausen im weitausschwingenden Wohnbachtal parallel, doch in sicherer Entfernung zur Autostraße, wieder hinauf nach Schillingsfürst.

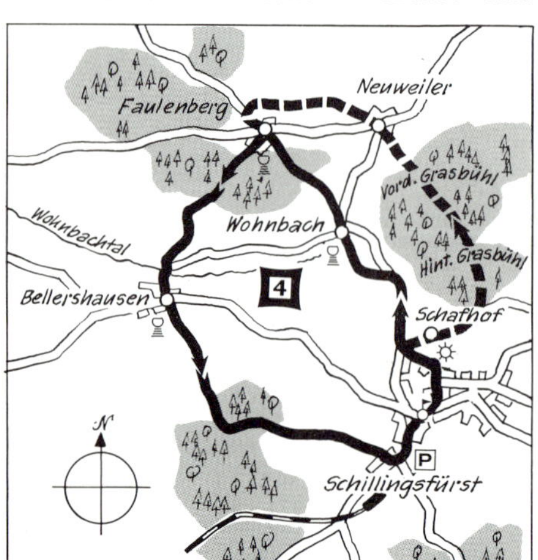

Sehenswert

Feuchtwangen Ehem. Benediktinerstift, gegründet um 780; Stiftskirche (12. Jh.) als 3schiffige, 2türmige romanische Basilika erbaut, Gotisierung des Chors und Langhauses (14. Jh.); Erweiterung der Seitenschiffe und Wiederaufbau der Türme (1532–1561); Purifizierung und Wiederherstellung ab 1865 ▪ Vorhalle mit Deckenfresken (13. und 15. Jh.); spätgotisches Chorgestühl; prachtvoller Marienaltar des Nürnberger Meisters M. Wohlgemut (1484); schöne Epitaphien (u.a. von L. Hering), ▪ Kreuzgang des Klosters, spätromanisch; 6 original eingerichtete Handwerkerstuben ▪ Johanniskirche, gotisch, romanischer Turm; gotische Fresken; Sakramentshäuschen, Kanzel, Chorgestühl, Taufstein, spätgotisch ▪ Zehntkasten, Fachwerkbau (1565) ▪ Oberes Tor ▪ berühmtes Heimatmuseum (Volkskunst!).

Dinkelsbühl Altes Rathaus (13. Jh.) mit Kellerverließen ▪ Bäuerleinsturm ▪ Deutsches Haus, Fachwerkbau der deutschen Renaissance (1440/1543) ▪ Deutschordensschloß am Föhrenberg (1761–1764) ▪ Dreikönigskapelle (1378) ▪ Geburtshaus und Denkmal Christoph von Schmids ▪ St.-Georgs-Kirche, spätgotische Hallenkirche (1448–1499) ▪ Hetzelhof (schöner Patrizierhof) ▪ Grüner Turm ▪ Heiliggeistspital, Spitalkirche (1383) ▪ Heimatmuseum ▪ Karmeliterkloster mit Renaissanceportal ▪ Ehem. Kornhaus (1508) ▪ Nördlinger Tor mit Stadtmühle ▪ St.-Pauls-Kirche (1844) ▪ Ratstrinkstube, Renaissance ▪ Rothenburger Tor ▪ Segringer Tor ▪ Schranne ▪ Stadtmauer mit Wehrgang und Stadtgraben ▪ Wörnitztor.

Schillingsfürst Residenzschloß der Fürsten von Hohenlohe, barock (1723–1750), 3geschossige Dreiflügelanlage mit prachtvoller Innenausstattung; Kardinalsgarten mit Denkmal Franz Liszts; Hofgarten ▪ Pfarrkirche (1683), erweitert 1726, Gruftkirche der Grafen und Fürsten von Hohenlohe ▪ Wasserturm (um 1700) mit hölzernem Getriebe.

Sportmöglichkeiten

Feuchtwangen Freischwimmbad ▪ Angeln ▪ Hallenschwimmbad mit Sauna ▪ Reithalle ▪ Tennis ▪ Minigolf ▪ Trimmpfad in Schopfloch.

Feuchtwangen Freischwimmbad ▪ Angeln.

Dinkelsbühl Freischwimmbad; Hallenbad ▪ Tennis ▪ Minigolf ▪ Trimm-dich-Pfad.

Schillingsfürst Bad am Waldsee mit Gastwirtschaft ▪ Minigolf.

Veranstaltungen

Feuchtwangen Festspiele im romanischen Kreuzgang der Stiftskirche, Schauspielinszenierungen, Juli/August ▪ Heimatfest »Mooswiese« mit Festzug, im September.

Dinkelsbühl Festwoche »Kinderzeche« zur Erinnerung an die Rettung Dinkelsbühls im 30jährigen Krieg, Mitte Juli, mit Festzug der Dinkelsbühler Knabenkapelle.

Regionalinitiativen zur Vermarktung arbeiten unter unterschiedlichen Bedingungen

Der Kleinkrieg um das liebe Geld

„Franken Pro" staatlich gefördert — Ideengeber „Alles" geht leer aus — Alle unter einem Dach?

VON HARTMUT LEUSCHNER

In Mittelfranken gibt es bereits 16 Regionaltheken wie diese hier. Auch ohne amtliche Fördermittel laufen sie sehr gut. Foto: Leuschner

FEUCHTWANGEN — Zwischen den großen Regionalinitiativen in Mittelfranken ist ein regelrechter Kleinkrieg ausgebrochen.

Während die staatlich geförderte Firma „Franken Pro" sechsstellige Fördersummen erwartet, wird der Ideengeber, der Verein „Artenreiches Land — Lebenswerte Stadt" (Alles) nach eigenen Angaben „gezielt kaltgestellt". Die parallel arbeitende Regionalagentur des Vereins „Die Region Nürnberg e.V." hat sich nun demon- bundesweite Anerkennung für die Förderung regionaler Wirtschaftskreisläufe erntete, wetterte gegen die „ungerechte einseitige Förderung einzelner Initiativen".

Wen Sindel damit meint, ist klar: die erst vor wenigen Monaten gegründete Firma „Franken Pro", an der 13 Unternehmen aus der Region beteiligt sind und deren maßgeblicher Initiator nur eine halbe Autostunde von Sindel entfernt arbeitet. Es ist Claus-Rudolf Spranger, der Leiter des einfluß- ausgeht, wurmt ihn gewaltig. Sindel: „Das ist eine Wettbewerbsverzerrung. Wir möchten zumindest die gleichen Chancen wie andere bekommen." Schließlich kann „Alles" im Gegensatz zum Konkurrenten einiges vorweisen. So haben die 16 initiierten „Regionaltheken" bereits einen sechsstelligen Umsatz gemacht. Die Umsätze der mit dem „Alles"-Signum versehenen Produkte wie Bier oder Joghurt gehen in die Millionen.

Doch Claus-Rudolf Spranger, der angeblich nur „beratend" für „Franken Pro" tätig ist, winkt ab. Zur Höhe der Fördersumme gebe er keine Auskünfte. Es seien noch keine Mittel geflossen. Er gibt zwar zu, daß die Regionalstudie aus öffentlichen Geldern finanziert wurde. „Franken Pro" sei aber „nur das Ergebnis" davon.

Mitarbeiter abgeworben?

Auch daß zwei seiner Mitarbeiter im Rahmen einer ganzseitigen PR-Anzeige der Firma im Mai „Auskünfte rund um Franken Pro" gaben, stört Spranger wenig. Schließlich biete man auch den Landwirten, die unter dem „Alles"-Logo vermarkten, Beratung an. Auch den Verein habe man zur Zusammenarbeit aufgefordert. Hans Zwanzger, Sprecher des Feuchtwangener Gewerbevereins, bestreitet dies. „Ganz massiv gegen uns hat man gearbeitet", erregt er sich. Er hat konkrete Hinweise darauf, daß Mitarbeiter Sprangers versucht hätten, Firmen von „Alles" abzuwerben.

Jetzt hat sich die Lage nochmals zugespitzt. Mit „Original Regional" des Vereins „Die Region Nürnberg e.V." hat die größte derartige Initiative Partei für Sindel ergriffen. Deren

---

uben aus den Betten holen

geschoben

lt Ausweisung für rechtswidrig

CH RACH

So kamen diese vor einigen Jahren nach Deutschland.

Die Stadt Gladbeck bereitete der Familie Bektas aber Schwierigkeiten bei der Aufenthaltserlaubnis für die Buben. Sie verweigerte den Kindern das Bleiberecht. Das Verwaltungsgericht Gelsenkirchen bestätigte auch die sofortige Vollziehbarkeit dieser Behördenanordnung. Der Vater legte jedoch Widerspruch gegen die Bescheide der Gladbecker Stadtbehörde ein. Und darüber ist nach Angaben von Rechtsanwalt Becker bis heute noch nicht entschieden. Für den Juristen sind daher diese Bescheide „nicht bestandskräftig".

Der Rechtsstreit liegt ohnehin schon zwei Jahre zurück. Damals zog die deutsch-türkische Familie mit ihren insgesamt sechs Kindern (zwei stammen aus der bestehenden Ehe) von Gladbeck nach Fürth. *Fortsetzung Seite 20*

Oder was zählt die Meinung der betroffenen Kinder, bei welchem Elternteil sie lieber leben möchten? Gefragt hat sie bei der Abschiebung sicher keiner. Wer garantiert eigentlich, daß der Unterhalt der vier Jungs, der nach Meinung der Behörden hierzulande gefährdet ist, in der Türkei sicher ist? Aber was sollen all diese Fragen. Der Staat hat sich doch ohnehin durch die Ausweisung der Buben seiner Verantwortung entledigt.

Es ist ein Horror. Und das rigide Vorgehen der Behörden, wie wir wissen, ist kein Einzelfall. Wenn es Kinder betrifft, sind wir nur besonders hellhörig. Die vier Buben zäh-

EN 20/21. VI 98 Samstag/S

Höhenluft mit Alpenblick

Hesselberg die höchste Erhebung Mittelfrankens – „Natur" 49

WITTELSHOFEN (hma) – Mit knapp 630 Metern überragt der Hohenstein in der Hersbrucker Alb weit das Land, doch der Superlativ der höchsten Erhebung Mittelfrankens gebührt dem 689 Meter großen Hesselberg im Kreis Ansbach. Dieser Zeugenberg bietet ein unvermutetes, einmaliges Erlebnis: Bei optimalen Sichtverhältnissen ist am Horizont das fast 200 Kilometer entfernte Wettersteingebirge nebst Zugspitze auszumachen. So gesehen ist der Gipfel der einzige Ort Frankens mit Alpenblick.

Fundort Natur

An den Wochenenden zieht das Plateau unterhalb des Sendemasts viele Ausflügler an, die an klaren Tagen das Panorama vom Staffelberg im Norden zum Nördlinger Ries im Westen, vom östlich gelegenen Hahnenkamm bis übers breite Wörnitztal im Süden auf sich wirken lassen. Drachen- und Modellflieger schätzen die günstigen Windverhältnisse der weithin sichtbaren Landmarke, die der südlichen Frankenalb vorgelagert ist. Das Spiel mit dem Wind hat Tradition: Von den zwanziger Jahren bis Kriegsende befand sich auf dem Inselberg eine Segelflugschule. Jahrzehntelang unterhielt die US-Armee hoch droben einen Stützpunkt. 1951 ließ sich die evangelische Landvolkshochschule am Südhang nieder.

Seinen Namen bezieht der Hesselberg angeblich von der Bedeutung „kahler, unbewohnter Berg". Doch Reste einer ausgedehnten Wallanlage sind Zeugnis einer mächtigen Höhensiedlung, die ihre Blüte in der Bronze- und Urnenfelderzeit erlebte. Sie lassen sogar auf einen Herrschersitz vor 3000 Jahren in luftiger Höhe schließen.

Botaniker sind überrascht von der Mannigfaltigkeit der Vegetation. Fast 500 Farn- und Blütenpflanzen hat man gezählt, darunter ein Dutzend Rosenarten. Charakteristisch für den Hesselberg sind die Halbtrokkenrasen. Unweit von nassen und feuchten Bereichen bei Quellen konnten sich Kalkflachmoore entwickeln, in denen sich Seggen verschiedener Art wohlfühlen.

Am Nordhang sorgt der Bärlauch zur Blütezeit im Mai für unzählige weiße Tupfer, den oberen Teil südexponierter Hangpartien ziert die Edel-Schafgarbe, die im südlichen Franken nur hier am Hesselberg zu finden ist. Mit dem Fränkischen Löwenzahn führt überdies eine exklusive Pflanze den Regionsbegriff „Franken" in ihrem Namen, die man nach einem Exemplar von dort beschrieben hat.

Ein Steinbruch am Ortsrand von Wittelshofen ist Ausgangspunkt für einen geologischen Lehrpfad. Auf dem drei Kilometer langen Weg hinauf zum Gipfel ist ein Höhenunterschied von 200 Metern zu bewältigen. Im Vorbeigehen streift der Wanderer in eineinhalb Stunden gut 45 Millionen Jahre Erdgeschichte: Informationstafeln und Erdaufschlüsse im Gelände führen das Säulenprofil durch die Juraschichten am Hesselberg vor Augen.

In unserer Serie „Fundort Natur" brachten wir zuletzt den Trainmeuseler Brunnen in der Fränkischen Schweiz. Beitrag Nr. 50 befaßt sich mit der Maximiliansgrotte.

Panoramablick in die weite Umgebung: An klaren Tagen bietet sich Ausflüglern auf dem Hesselberg eine außergewöhnliche Fernsicht. Foto: Horst M. Auer

46 Wassertrüdingen

Frankens stolzester Berg

Das Zauberwort heißt Föhn. Er ist das Wunder, das dem Hesselbergwanderer ein einzigartiges Naturschauspiel beschert, das in Europa nicht oft seinesgleichen hat. – Es war der Abend eines milden Novembertages, der uns einmal dieses berühmte Ereignis in seiner ganzen Pracht schenkte. Aus dem vorgelagerten, weit geöffneten Wörnitztal schimmerten die Silberschleifen des Flusses im matten Abendlicht. Jenseits davon woben die Bodennebelschleier im deutlich sichtbaren Rieskrater. Und dahinter zeigten sich – in einer Entfernung von mehr als 150 Kilometer Luftlinie – die tausend weißglitzernden Schneezacken des Wettersteingebirgs und der Allgäuer Alpen vor dem Gluthimmel der untergehenden Sonne im Westen, während vom Osten her, vom Berchtesgadener Land und vom Chiemgau der Abend empordämmerte und versuchte, die dunkle Bergmauer des Hahnenkamm zu überspringen. Allein saßen wir oberhalb des Keltenringwalls auf dem Ostgipfel des Berges, spürten den sanften Lufthauch des Föhns und erlebten das Aufleuchten der Eisflanken um die Zugspitze im letzten Abendschein und das Abstürzen der Talbrüche in die Schwärze der Nacht. Ein Sattsehen war einfach nicht möglich. Auch als die Strahlenbündel der Sonne schon lange hinter der Frankenhöhe versunken waren. Da zeigten unter blauschwarzem Sternenhimmel die Täler ringsum mit ihren Lichttupfen weit ins Land hinein. – Ich wünsche Ihnen für Ihre Hesselbergwanderung einen ebensolchen Abend.

1. Alpensicht vom Hesselberg

Gerolfingen (7 km W von Wassertrüdingen) – Geologischer Lehrpfad – Hesselberg – Gerolfingen / 3 ½–4 Std. oder 2 ½–3 Std. / sonnige Bergwanderung mit umfassender Fernsicht

Die schönste und umfassendste Hesselbergtour ist natürlich die längste. Und sie fordert seine Besteiger auch ein wenig, denn schließlich beträgt der Höhenunterschied von Gerolfingen am Fuß des Berges bis zum Gipfel (689 m) immerhin 360 Meter. Nun kann man sich die Sache leicht machen und mit dem Auto einfach hinauffahren. Aber welcher Wanderer tut das schon? So werden Sie bestimmt die längere Hesselbergüberwanderung wählen, diejenige, die an der Einmündung der Hesselbergstraße in Gerolfingen (P.) beginnt. Dort marschieren Sie auf der Hauptstraße nach Westen zur alleinstehenden Linde, dann halbrechts zwischen Feldern zum Parkplatz auf der Westflanke des Berges und beginnen hier in 460 Meter Höhe am Schwarzjura-Schieferbruch den eigentlichen Aufstieg auf dem Naturlehrpfad zur grandiosen Fernblickbastion des Ostgipfels. – Der glänzende Abstieg erfolgt, bei stets freier

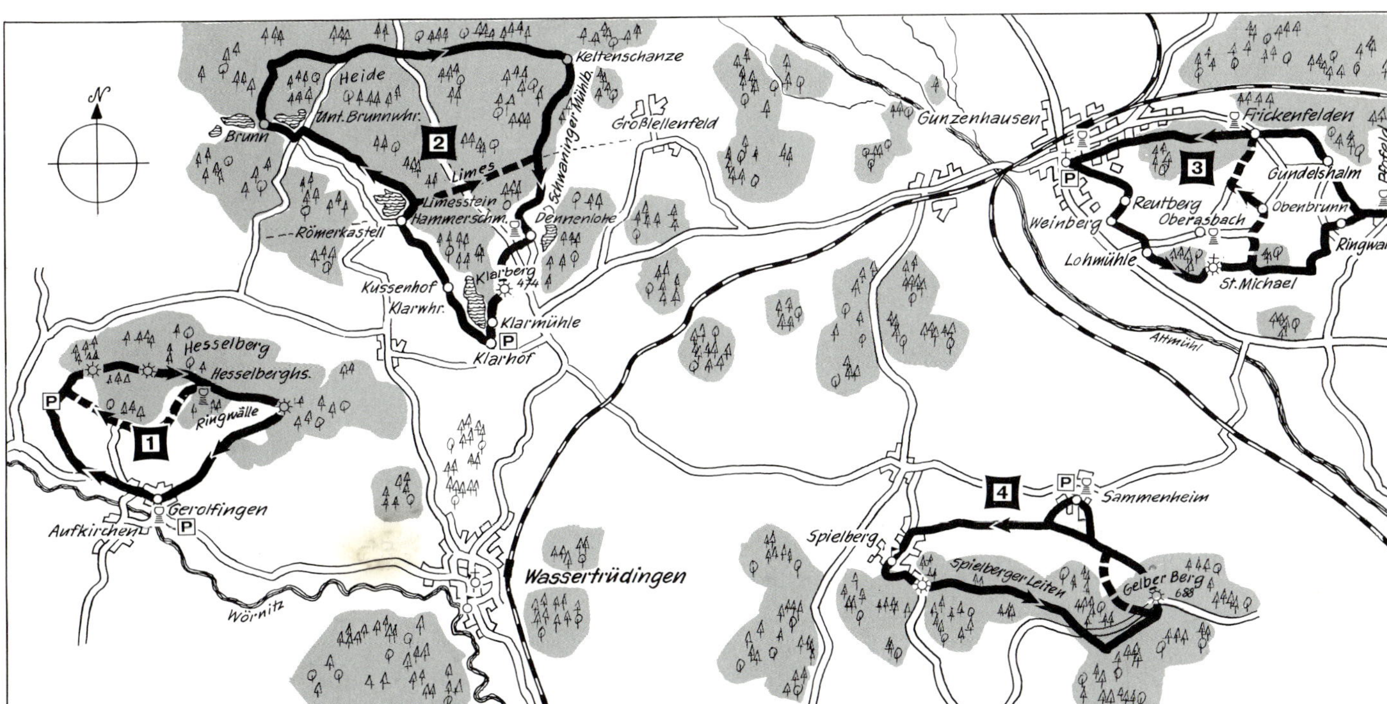

Sicht, durch einen heideartigen Vegetationsgürtel, anfangs ostwärts, dann unter der ehemals gewaltigen keltischen Ringwallanlage über die Südflanke auf prachtvollem Höhensteig nach Gerolfingen, zuletzt flach ins Wörnitztal ausschwingend.

2. Limesspuren und Keltenschanzen in der Heide

Klarhof (7 km N von Wassertrüdingen) – Heide – Dennenlohe – Klarhof / 5½–6 Std., evtl. 3–3½ Std. / flache, schattige Waldwanderung

Gar nicht weit vom Hesselberg entfernt liegt bei Dennenlohe das etwa 25 Quadratkilometer große Waldgebiet Heide, das in seinem südlichen Teil von der früheren Staatsgrenze des Römischen Reiches, dem Limes, durchzogen wird. Eine Wanderung in die Heide sollte man mit einem Gang durch das ihrem Westrand vorgelagerte, liebliche Weiherland beginnen, am besten in Klarhof (P.), 7 km nördlich von Wassertrüdigen. Zum ersten Weiher hält man sich dort links auf dem Fahrweg am Klarweiher entlang nach Kussenhof und weiter in Nordrichtung im sanften Bachtal aufwärts zu den Fischteichen der Hammerschmiede, in denen ein ganzes Römerkastell gefunden wurde. Rechts am Waldrand entdecken Sie auch den Limesstein. Er erinnert an den ehemaligen Grenzwall, von dessen Fundamenten Sie vor allem im Forst noch deutliche Spuren finden. Ein Pfad führt am Limes entlang zum Schwaninger Mühlbach, der den Forst auf der anderen Seite einrahmt. – Um den Kreutweiher wandern Sie nun teilweise weglos am lichten Waldsaum bis zum Unteren Brunnweiher. Da geht es auf der Straße links nach Brunn und vom Oberen Brunnweiher in den Wald, erst einmal ¼ Stunde genau nordwärts, dann im rechten Winkel fast 2 Stunden lang in exakter Ostrichtung zur Keltenschanze. Südwärts gelangen Sie im Schwaninger Mühlbachtal zum Seespiegel des Dennenloher Mühlweihers. Hier erwarten Sie ein barockes Schloß, eine gotische Kirche und – endlich – auch eine Gastwirtschaft. Über den Klarberg (474 m) erreichen Sie wieder den Wagen.

3. Kurzer oder langer Weg von St. Michael nach Gunzenhausen

Gunzenhausen (12 km NÖ von Wassertrüdingen) – Pfofeld – Frickenfelden – Gunzenhausen / 4–4½ Std., evtl. 3½ Std. / hügelig, aussichtsreich, nur teilweise schattig

Nach so viel Steigen und Wandern der Touren 1 und 2 könnte ich mir vorstellen, daß Sie den kürzeren Weg wählen werden. Aber schauen Sie sich die Sache erst einmal an: der längere Weg hat auch seine Reize. Wanderstart ist in Gunzenhausen beim Burkhard-von-Seckendorf-Heim an der Sonnenstraße/Ecke Reutberger Straße (P.). Auf ihr geht es stadtauswärts nach Reutberg, dort rechts zum Gasthaus Weinberg, dann wieder südostwärts und jenseits der Straße, oberhalb der Lohmühle, am Waldrand zur Spitzhaube des Turmes der St.-Michaels-Kirche, die eindrucksvoll auf der Altmühltalhöhe steht. Nördlich der Kirche marschiert man auf der Flurbereinigungsstraße stangengerade nach Osten zur roten, sonnigen Ruhebank am Waldrand. Die Sicht geht hier bis zum Schloß Spielberg am Hahnenkamm und zum Hesselberg. – Nun müssen Sie sich entscheiden: Laufen Sie nordwärts, kommen Sie über Obenbrunn direkt nach Frickenfelden; wandern Sie in Ostrichtung weiter, erreichen Sie im Weihertal den Keltenringwall und dahinter den Wirt in Pfofeld und gelangen über Gundelshalm nach Frikkenfelden. Von hier führt ein herrlicher Wanderweg durch den Burgstallwald zurück, vorbei an zwei Römerkastellen und dem Bismarckturm.

Auf steilem Bergrücken ragt am Abhang des Hahnenkamm, weithin sichtbar hoch über der Altmühl-Talsohle, Schloß Spielberg auf.

Die Türme des Altmühlstädtchens Gunzenhausen erzählen von der reichen, tausendjährigen Vergangenheit des Ortes.

4. Die Spielberger Leiten

Spielberg (10 km Ö von Wassertrüdingen) Gelber Berg – Sammenheim – Spielberg / 3–3½ Std. / Bergwanderung mit weiter Fernsicht, teilweise Waldschatten

Schloß Spielberg und Gelber Berg sind die aussichtsreichen Höhepunkte dieser einfachen Tour. Von der Brauerei Gentner (P.) in Spielberg steigt man zum Schloß auf, wandert oben in Richtung Wasserbehälter weiter und von der roten Bank im Wald ostwärts auf der Spielberger Leiten in 1½ Stunden zur ehemaligen Keltenfestung Gelber Berg (628 m). Von dort bringt Sie ein genußvoller Abstiegsweg nach Sammenheim oder davor links auf der Höhe zur Brauerei Gentner.

Sehenswert

Wassertrüdingen Ehem. Wasserburg, noch heute als »Schloß« erhalten ▪ Barockkirche (1740); Stadtmauer mit Oberem Tor ▪ Schöne Fachwerkhäuser.

Hesselberg Mit 689 Metern höchste Erhebung der Fränkischen Alb, Inselberg im Grenzgebiet der Franken und Alemannen, 3 Gipfel; exponierte Lage mit umfassender Sicht auf 100 Ortschaften; Reste einer fast 3000 Jahre alten Bronzegießerwerkstätte wurden 1938 entdeckt; Keltenfliehburg mit riesiger Ringwallanlage; in der Römerzeit Wachtturm des Limes; Gaststätte der ev.-luth. Volkshochschule; Nato-Beobachtungsstelle; 4 km langer geologischer Lehr- und Wanderpfad: Einblick in die wichtigsten Entwicklungsphasen der Erdgeschichte.
Bitte beachten: Wegen großen Andranges sollte die Wanderung nicht in der Hochsaison und nicht an Sonntagen durchgeführt werden! Benutzer des Westparkplatzes müssen leider auch wieder dorthin zurückkehren und somit auf den großartigen Südabstieg verzichten.

Gunzenhausen Stadtkirche (1448–96) mit gotischem Netzgewölbe und interessanten Gräbern ▪ Spitalkirche (1352) mit Grab des Stifters Graf Seckendorf, feine Stuckdecke ▪ Blasturm mit Ansbacher Tor (1603); Diebsturm (15. Jh.); Storchenturm ▪ Heimatmuseum mit prähistorischen Sammlungen ▪ Im Burgstall Reste römischer Befestigungsanlagen des Limes (233 v. Chr. zerstört) ▪ »Das Kreuz des Altmühltales«, Gebetsäule (1482) ▪ Ehem. markgräfliches Jagdschlößchen ▪ Keltenwall bei Pfofeld ▪ Römerbad und Kastell bei Theilenhofen.

Spielberg Mittelalterliches Bergschloß (14. Jh.), der Herren von Oettingen-Spielberg; barockes Tor und barocke Schloßkapelle, auf der Höhe über dem Altmühlbecken gelegen ▪ Ringwallanlage am Gelben Berg.

Sportmöglichkeiten

Wassertrüdingen Freischwimmbad an der Wörnitz ▪ Tennis ▪ Minigolf.

Gunzenhausen Beheiztes Freischwimmbad; Hallenbad ▪ Tennis ▪ Minigolf ▪ Angeln ▪ Reiten ▪ Segelfliegen ▪ Trimm-dich-Pfad.

47 Weißenburg

Viel Geschichte um Wülzburg und Fossa Carolina

»Daran erkenn' ich meine Pappenheimer«, läßt Schiller den Wallenstein sagen. Er meint damit die Truppen des Reiterführers Marschall Gottfried Heinrich Graf von Pappenheim, der 1594 im Treuchtlinger Unteren Schloß geboren wurde. Nur wenige Kilometer nördlich davon zeigte sich noch im 18. Jahrhundert der fränkische Partikularismus in der reinsten, aber auch kunstschöpferischsten Form seiner reichsstädtischen, geistlichen und weltlichen Mini-Territorien, von denen im Einzugsgebiet der jungen Schwäbischen Rezat gleich vier mit ihren Grenzen zusammentrafen. Mittelpunkt solch territorialer Vielfalt war eine der fünf fränkischen Reichsstädte, das seit 1338 reichsfreie Weißenburg. Schon Kaiser Karl der Große besuchte 793 die Baustelle seines Main-Donau-Kanals – die heute noch erhaltene, von knorrigen Eichen umrahmte Fossa Carolina – bei Weißenburg, das bereits 867 in einer Urkunde Ludwigs des Deutschen als Königshof genannt wird. Prähistorische Funde weisen sogar bis in die Jungsteinzeit zurück und dokumentieren eine Besiedlung im 4. und 3. Jahrtausend v. Chr. – Außer den fürstbischöflichen Landen des Hochstifts Eichstätt jenseits des Raitenbucher Forstes sind es vor den Toren Weißenburgs zwei Machtbollwerke, die geschichtsinteressierte Wanderer anziehen: Ellingen, bis 1796 Sitz des Landkomturs der Ballei Franken des Deutschen Ordens. Es wandelte sich ab 1708 in noch nicht einmal 50 Jahren unter der Leitung seines genialen Stadtbaudirektors Fr. J. Roth zu einer der glanzvollsten deutschen Barockresidenzen. Die markgräflich-ansbachische Wülzburg aber hing wie ein drohendes Damoklesschwert fast unmittelbar über Weißenburg, und der Markgraf konnte mit besitzgierigen Gedanken mitten in die freie Reichsstadt hineinschauen. Zur Wülzburg hinauf, die heute nicht mehr Verteidigungs-, sondern nur noch Fernsichtbastion ist, führt gleich der erste Wandervorschlag.

1. Auf der Römerstraße von der Wülzburg zum Burgus

Weißenburg an der Schwäbischen Rezat – Wülzburg – Burgus – Weißenburg / 4–4 1/2 Std., evtl. –5 1/2 Std. / sichtreiche Bergwanderung, zum größten Teil schattig

Die Besteigung der Wülzburg beginnt unten am östlichen Weißenburger Stadtrand von der Eichstädter Straße (B13) aus. Vor dem Haus Nr. 56, bei der Bushaltestelle (P.), marschiert man los: Am Fahrverkehrssperrschild halblinks auf dem Wülzburger Weg erst flach, dann steiler aufwärts zur Festungsmauer. Über die Steigmühen des Schweißtropfenpfades tröstet unterwegs eine immer großartiger werdende Fernsicht hinweg. – Nachdem man droben alles angeschaut hat, geht es südlich des Flugplatzes auf der Straße zum Parkplatz im Wald und nun kerzengerade über die Römerstraße zum Burgus, einer ehemaligen Kompanieunterkunft der römischen Armee. Den rekonstruierten Limes nebst Wachtturm würden Sie von hier in einer weiteren halben Stunde erreichen. – Der Rückweg kann entweder über Oberhochstatt und Kehl zur Wülzburg angetreten werden, oder Sie wandern auf gleichem Weg zum Parkplatz zurück und nehmen dort nach links abwärts den Steig zum Gasthaus Sigwartskeller in der gro-

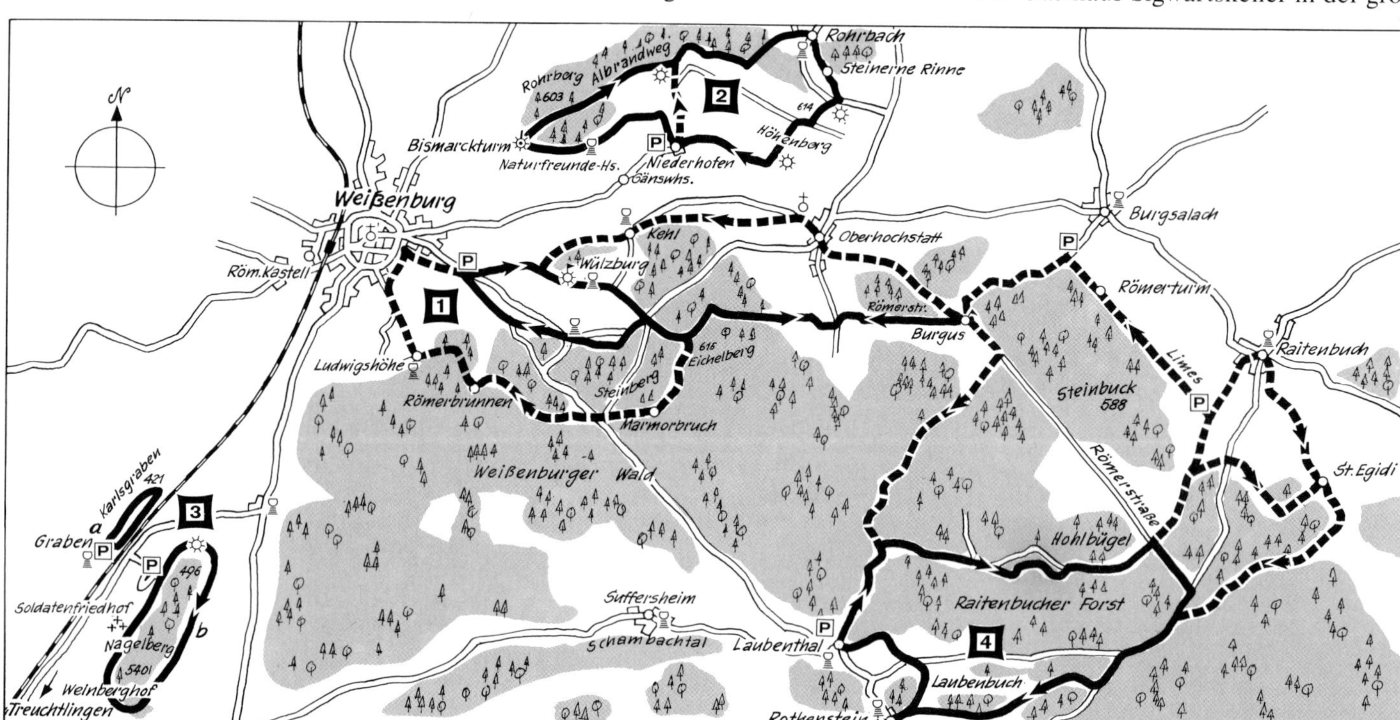

ßen Straßenkurve und weiter an Badeweiher und Zeltplatz vorbei Richtung Weißenburg. – Ein längerer und stillerer Weg führt auf der Höhe des Weißenburger Waldes westwärts zum Römerbrunnen und vom Gasthaus Ludwigshöhe bergab.

2. Den Albrandweg zur Steinernen Rinne

Niederhofen (4 km Ö von Weißenburg) – Bismarckturm – Rohrbach – Niederhofen / 4–4½ Std., evtl. 3–3½ Std. / sonnig, bergig, aussichtsreich

Freundlich und elegant schwingt sich das Rohrbachtal vom Höhenberg nach Weißenburg hinunter. In seinem oberen Teil liegt das Bauerndorf Niederhofen. Vorm Bräustübl Wank (P.) klettert ein Fahrweg auf den Südhang des Tales. Da erreichen Sie, wenn Sie sich auf halber Höhe links halten, westwärts das Naturfreundehaus und noch ein Stück westlich der Heilanstalt den feinen Aussichtspunkt Bismarckturm. Dort schwenkt man scharf nach Nordosten ein, wandert jetzt ganz gemächlich auf der Höhe den Albrandweg über den Rohrberg (603 m) und gelangt – nach 1¼ Stunden links abwärts – zu den Häusern von Rohrbach. Hier beginnt am Parkplatz beim Ortsanfang rechts der interessante Steig entlang der Naturwasserleitung »Steinerne Rinne« (Bitte nichts zerstören!) hinauf zur Fernsicht vom Höhenberg. Ganz unten liegt Niederhofen wie ein Spielzeugdorf. Da hinab »lustwandeln« Sie in ½ Stunde.

3. Zwei Treuchtlinger Spaziergänge

Treuchtlingen an der Altmühl (6 km S von Weißenburg) – Fossa Carolina – Treuchtlingen / 1 Std. / flach, Halbschatten
Treuchtlingen – Nagelberg / 2 Std. / hügelig, schatten- und aussichtsreich

a) Die Fossa Carolina: Als vor 1200 Jahren Karl der Große den Befehl gab, seine berühmte Fossa zu graben, hätte er auch nicht gedacht, daß auf den damals aufgeschütteten Erdwällen mehr als 1000 Jahre später Treuchtlinger Familien ihre Sonntagsspaziergänge unter rauschenden Eichen um die Reste seines gigantischen Kanalprojektes unternehmen. Hier, an der Wasserscheide Main–Donau, wollte er das unter seinem Zepter zwar politisch geeinte, aber geographisch in einen Nord- und Südteil zerfallende Riesenreich auch verkehrsmäßig ganz vereinigen. Aber leider, wie das nun einmal in unseren Breiten so ist, regnete es oft und stark und lange in diesem Sommer. So rutschte die lehmige Erde immer wieder nach, und die vielen tausend Arbeiter, die aus ganz Europa zusammengezogen worden waren, kapitulierten. Obwohl sich die beiden Flußsysteme hier auf nur wenige hundert Meter nähern, wurde aus der ganzen Sache nichts. Das heißt es wurde doch etwas: Ein wehmütig-romantischer und über die Großen der Welt und ihre Gelüste ein wenig nachdenklich stimmender Spaziergang für Sie, den Sie gut beschildert vom Ort Graben (P.) aus rund um die Fossa Carolina, den Karlsgraben, unternehmen können.

Das Ellinger Tor kündet vom Reichtum und Stolz der ehemals Freien Reichsstadt Weißenburg.

b) Der Nagelberg: Gleich gegenüber der Fossa Carolina erhebt sich vor der Mündung des Schambachtales der Nagelberg, um den ein neuangelegter Naturlehrpfad herumführt. Er stellt auf seinen Tafeln viel Wissenswertes über Tiere und Pflanzen aus Wald und Fluren dar. Wer ihn durchbummelt, wird auch zum Erholungsgebiet Hexentanzplatz (P.) kommen und im Südwesten zum eindrucksvollen, erschütternden Treuchtlinger Soldatenfriedhof.

4. Römerreste im Raitenbucher Forst

Gasthaus Laubenthal im Schambachtal (7 km SÖ von Weißenburg) – Raitenbucher Forst – Gasthaus Laubenthal / 3½, 5, evtl. – 7½ Std. / flache, schattige Waldwanderung

Das Gasthaus Laubenthal im Schambachtal (P.), erreichbar von Weissenburg oder Eichstätt auf der Bundesstraße 13, ist der Start für eine Reihe einsamster Waldwanderungen zu Glanzpunkten germanisch-römischer Geschichte, zum Burgus und zu den rekonstruierten Wehranlagen des Limes, aber auch zur zauberhaften Kapelle St. Egidi. Viele Variationsmöglichkeiten gibt es, diese Ziele zu erreichen. Der Wanderfreund wird sich die Wege zu ihnen sicher selbst zusammenstellen wollen. Einige Vorschläge können Sie auch der Kartenskizze entnehmen. – Für uns endete ein solcher Wandertag stets in einem der urgemütlichen Gasthäuser von Raitenbuch oder Burgsalach. Oder bei einem Suffersheimer Wirt im idyllischen Schambachtal.

Sehenswert

Weißenburg Ev. Pfarrkirche St. Andreas; basilikales Langhaus (1327); achsversetzter Hallenchor (1440); Chorturm (1465 und 1520); Taufkapelle mit spätgotischem Taufstein; spätgotische Altäre (um 1500); Reformationsbild (1600) ▪ Ehem. Karmelitenkirche (ab 1325), Langhausbarock (1711–1791) ▪ Spitalkirche (1460) mit Fresken (15. Jh.), von Gabrieli neu gestaltet (1729); Muttergottes und St. Barbara (um 1450–1460) ▪ Kath. Pfarrkirche St. Willibald (1869/70), neugotisch mit spätgotischen Tafelbildern (um 1510) ▪ Rathaus (1470–1476) mit reichgeschmücktem Giebel ▪ Kaiser-Ludwig-Brunnen und Schweppermannbrunnen ▪ Römisches Auxiliarkastell Biriciana (Anf. 2. Jh. bis 253) ▪ Stadtmauer mit Wehrgängen und Türmen; Ellinger Tor ▪ Heimatmuseum mit prähistorischen und römischen Sammlungen.

Wülzburg Markgräflich-ansbachische Festung, nach dem Vorbild der Antwerpener Zitadelle erbaut (1588–1604); tiefer Brunnen (166 m); große Zisternenanlage; Trokkengraben mit 5 Bastionen.

Weißenburger Wald / Raitenbucher Forst Alte Bürg, Burgreste (11. Jh.) ▪ Römerbrunnen; Burgus, römisches Kohortenkastell;

Die unter Markgraf Georg Friedrich nach dem Vorbild des Antwerpener Kastells als Fünfeck ab 1588 erbaute Festung Wülzburg. *(Luftbild, freigegeben durch die Regierung von Oberbayern, Luftamt Nordbayern; Freigabe-Nr. GS 3529/12.)*

Die Herbststimmung am verträumten Wasserspiegel des Karlsgraben bei Treuchtlingen lädt zu einem Spaziergang um die Fossa Carolina ein.

»Römerparkplatz« bei Burgsalach mit markierten Rundwegen im Bereich des Rhätischen Limes (Rekonstruktion) ▪ Hohler Stein, prähistorische Wohnanlage; ehem. Erzgrube Grubschwart ▪ Kapelle St. Egidi ▪ Marmorbruch Steinberg.

Rohrbach Steinerne Rinne, Bachversinterung, über 100 m lang, bis 1 m hoch, Naturschutzgebiet ▪ Märzenbecherwiese »Märchenwald« bei Hundsdorf.

Treuchtlingen Ev. Pfarrkirche, barock, Markgrafenstil (1757) ▪ Lambertus-Kirche (16. Jh.) mit barocker Ausstattung (1708) ▪ Marien-Kirche (1934) mit kostbaren spätgotischen Tafelbildern und Holzbildwerken ▪ Unteres Schloß (13. Jh.), 1575 im Renaissancestil umgebaut ▪ Burgruine (13. Jh.) auf dem Schloßberg, Sitz der Ritter von Treuchtlingen, seit 16. Jh. verfallend ▪ Frühmittelalterliche Fliehburg auf dem Burgstall ▪ Heimatmuseum ▪ Ehrenfriedhof Nagelberg; Naturlehrpfad.

Graben Fossa Carolina, Karlsgraben; Verbindungskanal Rezat–Altmühl, von Karl dem Großen 793 begonnen.

Ellingen Sehr reizvolles Städtchen mit stilistisch einheitlichen Barock- und Rokokobauten, ehemalige Deutschordensresidenz der Ballei Franken; Schloß, barock (1711–1725), bedeutendster Ordensbau Süddeutschlands von eindrucksvollen Ausmaßen; Baumeister F. Keller und F. J. Roth, Innenausbau M. d'Ixnard; prachtvolle Südfassade, großartiges, bis zum 3. Stock reichendes Treppenhaus, glanzvolle Repräsentationsräume mit zum größten Teil originaler Ausstattung ▪ Schloßkirche, gotisch, im 18. Jh. barock verändert; Hochaltar (1748) von F. X. Feichtmayr aus Augsburg ▪ Pfarrkirche St. Georg, barock (1729–1731) von F. J. Roth ▪ Max-Kapelle (1733) ▪ Franziskanerkloster (1738) ▪ Orangerie am Hofgarten (1740) ▪ Rathaus, barock (1744 bis 1747) von F. J. Roth ▪ Gasthof Römischer Kaiser (1748) und viele schöne Bürgerhäuser ▪ Heiligenbrücke (1750) ▪ Pleinfelder Tor (17. Jh.).

Sportmöglichkeiten

Weißenburg Hallenbad; beheiztes Freischwimmbad ▪ Minigolf ▪ Tennis ▪ Angeln ▪ Segelflug ▪ Reiten ▪ Paddeln ▪ Eislauf.

Treuchtlingen Flußbad an der Altmühl; Hallenbad ▪ Rudern, Paddeln ▪ Angeln ▪ Tennis ▪ Segelflug ▪ Reiten ▪ Trimm-dich-Pfad ▪ Eissport.

Veranstaltungen

Weißenburg Freilichtaufführungen im Bergwaldtheater, Juni/Juli.

48 Oettingen

Auf den Kraterhöhen des Ries

Die ehemalige Residenzstadt Oettingen liegt am Durchbruch der Wörnitz durch die nordöstlichen Kraterhöhen hinaus in die ebene Weite des Ries.

Die Versinterungen der Steinernen Rinnen bei Wolfsbronn (Tour 48/4) und Rohrbach (Tour 47/2) zählen zu den Naturwundern der Frankenalb.

Der Hainsfarther Kirchenberg ist der letzte Berg im Süden der Fränkischen Alb, so sagt man. Jenseits des Taleinschnitts der Wörnitz beginne die Schwäbische Alb. Doch man kann eigentlich keine gravierenden Unterschiede zu den Bergen im Norden des brettebenen Riestellers feststellen. Auch die Fernsicht ist überall gleich schön, allenfalls anders. Je nachdem, auf welchem Höhenbuckel des Ries man steht, von dem die einen sagen, es wäre ein riesiger Meteorkrater, andere aber behaupten, es sei ein gewaltiges Vulkanloch. Mir gefällt die Idee vom Riesenmeteor, der hier vor 15 Millionen Jahren vom Himmel gefallen sein soll, eigentlich besser. Und auch die Amerikaner scheinen dran zu glauben, denn sie schicken ihre Mondfahrer hierher zum Trainieren. – Ganz oben auf dem Hainsfarther Höhenzug kann man bei Föhn die Spitzen der Alpen sehen, wie vom Hesselberg. Der reckt sich als einsamer Inselberg nördlich des Ries empor und ist nun wirklich der allerletzte Berg der Frankenalb und mit 689 Metern zugleich ihr höchster. Ganz nahe im Nordosten stehen die dunklen Hahnenkammhöhen über der lichtgrünen Wörnitzsenke, zu denen eine großartige Bergwanderung hinaufführt (Tour 4). Von Heidenheim ersteigt man über den Vogellehrpfad am Roten Berg die gotische Kapellenruine St. Katharina und hat wieder eine feine Aussicht, ehe man zum Naturwunderwerk der Steinernen Rinne bei Wolfsbronn weiterwandert. Bis zum Ipf bei Bopfingen kann man von St. Katharina aus sehen und zur 90 Meter hohen Turmnadel Daniel der Nördlinger St. Georgs-Kirche. Und auf den breiten Rücken des »fränkischen Montblanc«, den Hesselberg, der – wohin man hier in diesem herrlichen Land zwischen Ries, Wörnitz und Frankenhöhe auch wandert – immer im Mittelpunkt steht und stets aufs neue Bergsteigersehnsüchte weckt.

1. Zum Hainsfarther Aussichtsbalkon

Hainsfarth bei Oettingen im Ries – Kirchenberg – Wornfeld – Hainsfarth / 3–3½ Std. / Höhenwanderung mit viel Aussicht und viel Sonne

Nur wenige Schritte jenseits der Oettingener Wörnitzbrücke beginnen die Rieshöhen. Zwischen dem Loherkopf bei Siegenhofen und dem Hainsfarther Kirchenberg hat sich die bis dahin im breiten Tal endlos mäandernde Wörnitz tief eingeschnitten und wird infolge solcher Einengung sogar für ein kurzes Stück zu geradem Lauf gezwungen. Das alles können Sie genau studieren, wenn Sie in Hainsfarth von der Kirche (P.) auf der Römerstraße einige Minuten nach Nordwesten marschieren und hinter dem Kreuz rechts auf dem Feldweg über den Kirchenberg wandern. Obwohl Sie kaum 100 Meter über der Riesebene stehen, ist die Aussicht gewaltig: zu Hesselberg und Hahnenkamm und weiter oben am Waldrand sogar bis zu den Alpenspitzen, die sich über dem flachen Ackerteller des Ries aufbauen – wenn Föhn ist. Auf dem Bergrücken geht's ostwärts, dann bei der Baumgruppe rechts zum Forst und an ihm in Südrichtung nach Wornfeld. Im rechten Winkel erreichen Sie über den Büschelberg in noch nicht einmal 1 Stunde, bis zuletzt sicht- und sonnenreich, die Hainsfarther Kirche.

2. Am Kraterrand oberhalb Herblingen

Hochaltingen (9 km W von Oettingen) – Utzwingen – Herblingen – Hochaltingen / 3–3½ Std. / sonnen- und sichtreiche Höhentour

Hackenberglein heißt die Anhöhe, die Sie heute überwandern wollen. Von da oben hätte man eine schöne Sicht auf den riesigen Wasserspiegel des Riessees – wenn es noch einen See gäbe. Aber so ist der Blick über das fruchtbare Ackerland des Rieser Fleckerlteppichs auch recht beeindruckend. – Der gelbrote Doppelzwiebelturm der Hochaltinger Kirche (P.) ist Start- und Zielpunkt der Rundtour: Bei der Madonna am Friedhof vorbei, 300 Meter nordwärts bergauf zum Marienschrein unter Kastanien am Waldsaum. Dort nach Westen zum Holzkreuz auf dem Hügel (Hesselbergsicht!) und in Südrichtung zu drei Linden beim Straßenabzweig. Jetzt promeniert man die kaum befahrene Straße auf eine weitere Lindengruppe hin und wendet sich vom Doppelsteinkreuz rechts bergauf und am Sportplatz vorbei im großen Südostbogen bis vor einen Fichtenjungwald. Hier geht's, wieder einmal rechts, auf der Straße nach Utzwingen (Gastwirtschaft). Das Trafohaus ist die Wanderwendemarke: im spitzen Winkel auf dem Höhenweg erst einige Minuten nordostwärts, dann langsam bergab und gerade durch Herblingen hindurch, immer auf den eleganten Zeigefinger der Hochaltinger Kirche zu.

3. Nach Schloß Hirschbrunn am Dornstadter Forst

Auhausen an der Wörnitz (7 km N von Oettingen) – Oberaumühle – Dornstadt – Auhausen / 3–3½ Std. / flache, schattige Tal- und Waldwanderung

Beinahe trotzig reckt die dreischiffige romanische Basilika Auhausen (P.) ihre wuchtigen Türme unmittelbar am Wörnitzufer in den Himmel und kontrastiert hart zur glänzenden, weichen Wiesenaue des Flußes. Sie bedarf natürlich einer eingehenden Besichtigung, ehe Sie sich auf den Weg machen. Vor der Kirche marschieren Sie 100 Meter nach Norden zum Kriegerdenkmal, dort links über die Wörnitzbrücke und zwischen Wiesen zum Forstrand. Hier geht's rechts im Wörnitztal aufwärts, immer in Sichtweite des flimmernden, in Windungen stets neue Formen zeigenden Flusses. Hinter der Oberaumühle wandert man links in den Wald hinein, entweder auf dem Forstweg oder direkt an der Weiherkette, erst 20 Minuten südwestwärts, dann ½ Stunde kerzengerade in Südrichtung zum fürstlichen Jagdschloß Hirschbrunn und zum Wirt in Dornstadt. – Den Rück-

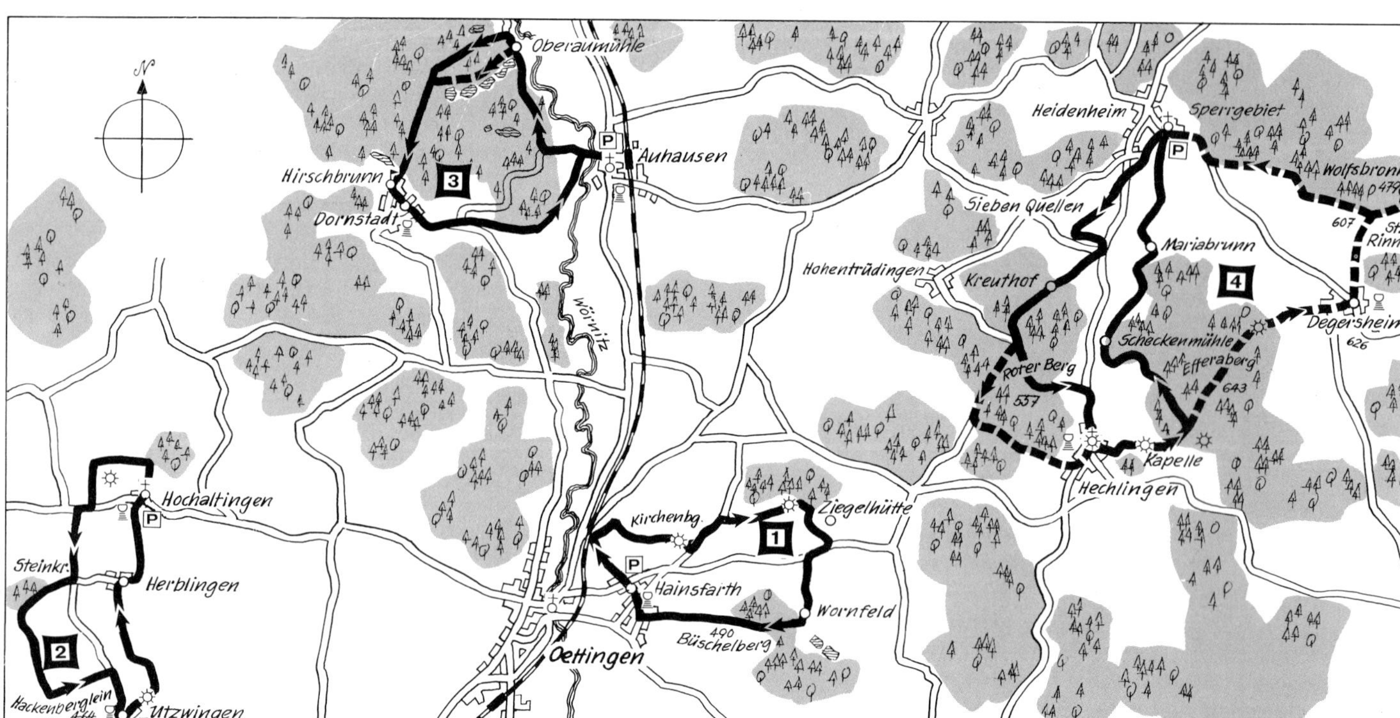

Seit über 850 Jahren steht in Auhausen die mächtige romanische Benediktinerklosterkirche St. Maria an der Wörnitz.

Oettingen: der barocke Marienbrunnen im Schloßhof.

weg nimmt man in Westrichtung bis ans Waldende. Am Schluß wandern Sie in der Talweite, an der Wörnitz entlang, immer auf die Türme der Basilika zu.

4. Ein abwechslungsreicher Aufstieg zur Hechlinger Katharinen-Kapelle

Heidenheim am Hahnenkamm (15 km N von Oettingen) – Hechlingen – (Wolfsbronn) – Heidenheim / 3½–4 Std., evtl. –5½ Std. / Berg- und Höhentour, sonnig und aussichtsreich

Wenn Sie bis zur »Steinernen Rinne« bei Wolfsbronn wollen, wird es eine lange Tour. Zu empfehlen ist jedoch ein solches Vorhaben unbedingt. Und Sie können sich ja bei der Katharinen-Kapelle immer noch endgültig entscheiden. – Heidenheim am Hahnenkamm ist diesmal der Startplatz. Vom Markt (P.) mit dem bunten Brunnen ziehen Sie auf der Hechlinger Straße südwärts bergab bis zur Steinbrücke, beim Trafohaus halbrechts auf die Höhe oberhalb »Sieben Quellen« und nun wieder ins Tal zu den Weihern vor Kreuthof, immer in Richtung auf die gotische Hechlinger Kirche im Rohrachtal, die Sie von Kreuthof über den Roten Berg nach einer Gesamtgehzeit von 2 Stunden erreichen. – Vom Gasthaus Hofer steigen Sie in 20 Minuten zur gotischen Kapellruine St. Katharina (585 m) auf, die, renoviert und vor Einsturz bewahrt, Ihnen eine umfassende Sicht bietet, weit über den Rieskessel hinaus bis zu den Höhen der Schwäbischen Alb. – Über Scheckenmühle, Eggenthal und Mariabrunn können Sie im Rohrachtal zurückbummeln. Oder Sie marschieren nach Degersheim hinüber, erleben die Versinterungswunder der »Steinernen Rinne« (Naturschutzgebiet) und erreichen auf bequemem Höhenweg Heidenheim.

Sehenswert

Oettingen Ev. Pfarrkirche St. Jakob; gotischer Chor (Anf. 13. Jh.); Turmunterbau und Halle (1461–1494), Turm (1565); Deckenstuck (1680) von M. Schmuzer aus Wessobrunn; spätgotische Kreuzigungsgruppe (um 1500) auf dem Hochaltar; barocke Kanzel (1677) und Taufstein (1689) ▪ Gruftkapelle (um 1300), Rest der ehemaligen Burg des Deutschen Ritterordens ▪ Kath. Pfarrkirche St. Sebastian (1467), Wallfahrtskirche; Chor und Turm spätgotisch (15. Jh.), Schiff (19. Jh.) ▪ Neues Schloß (15./16. Jh.); innen glanzvoller Stuck von M. Schmuzer, Festsaal (1690), Goldener Saal (1720); Marienbrunnen (1720); englischer Hofgarten mit Orangerie (1726) von G. de Gabrieli aus Eichstätt ▪ Rathaus, kunstvoller Fachwerkbau (1431) mit Heimatmuseum ▪ Mauerring mit Schloßtor und Königstor.

Hochaltingen Pfarrkirche Mariä Himmelfahrt, Chor und Turm (1520), barockes Langhaus (1730); schöner Stuck (1735); Seitenaltar mit Renaissancedekor; Sakramentshäuschen, Renaissance (1540); Chorbogenkruzifix (um 1500) ▪ Gruftkapelle, sehenswertes, prunkvolles Marmorepitaph (1526) der Herren von Hürnheim mit gespenstischem Totenreigen ▪ Ehem. Schloß der Fürsten Oettingen-Spielberg (16./18. Jh.); Schloßkapelle mit Ulmer Schreinaltar (Anf. 16. Jh.).

Maihingen (5 km S von Hochaltingen) Ehem. Minoritenklosterkirche Maria Immaculata, barock (1712–1719) und Konventsgebäude (1702–1706) von U. Beer; Deckenbilder (1752) von M. Speer, Regensburg; Hochaltar (1719/20); Rokokotabernakel (1763) mit Muttergottes (1510); Orgelprospekt (1765) ▪ Kath. Pfarrkirche (1721–1723) mit Gottesmutter (um 1430).

Auhausen Benediktinerklosterkirche St. Maria, 3schiffige romanische Basilika (um 1120), Nordturm (13. Jh.), Südturm (1334), spätgotischer Chor und Seitenkapellen (1519); nach der Reformation Getreidespeicher, später evangelischer Emporeneinbau; Glasmalerei (1527); Marienaltar (1513) von H. Schäufelin; Sakramentshäuschen mit Renaissanceüberbau (1521) von L. Hering; schöne Epitaphien ▪ Torbau der Klosteranlage (Ende 12. Jh.) und »Neue Abtei« (1521).

Heidenheim am Hahnenkamm Münster-Klosterkirche der Benediktiner, spätromanisch-gotisch (12. Jh.), spätgotischer Chor; Grab der Hl. Walburga, gotisch; viele andere interessante Grabmäler ▪ Kloster (1722 bis 1730) mit schönem Kreuzgang (1481–1487) ▪ Heidenbrunnen, Taufbrunnen des Hl. Wunibald; spätgotische Halle.

Hechlingen Kapellruine St. Katharina, gotisch (585 m); Aussicht ▪ Natur- und Vogelschutzlehrpfad Roter Berg ▪ Geologischer Lehrpfad am Hahnenkammsee ▪ Wolfbronn, Naturwunder »Steinerne Rinne«.

Sportmöglichkeiten

Oettingen Parkflußbad an der Wörnitz.

49 Solnhofen

Lithosteinbrüche und Fossilienfunde im Plattenkalk des Südjura

Petrefakt ist ein griechisch-lateinisches Kunstwort und heißt ganz einfach Versteinerung. Auf dieses Wort trifft man immer wieder beim Wandern zwischen Main und Donau, zwischen den Museen von Banz und Solnhofen. Die berühmtesten Vertreter aller Petrefakten sind die im Solnhofener Plattenkalk gefundenen Exemplare des Archaeopteryx. Es war ein eigenartiges Lebewesen, dieses Mittelding zwischen Vogel und Reptil, das vor 150 Millionen Jahren als fliegende Echse durch die Lüfte segelte. Und es ist dadurch »unsterblich« und weltberühmt geworden, weil es, wie die anderen 600 Arten, die mit dem Urvogel zusammen lebten, von der Natur für die Ewigkeit in Stein gepreßt wurde. – Anders als der »Treuchtlinger Marmor« (der gar kein kristalliner Kalkspatmarmor ist, aber dessen bis zu 1,50 Meter starke »Bänke« sich vorzüglich polieren lassen) eignete sich der Solnhofener Jurakalkschiefer nach Alois Senefelders Erfindung der Lithographie besonders gut zum Steindruckverfahren. Heute wird er vor allem wieder für Bauzwecke benutzt. Zu seinen Brüchen werden Sie beim Wandern zwischen der Pappenheimer Altmühlschleife und dem Wellheimer Trockental gelangen.

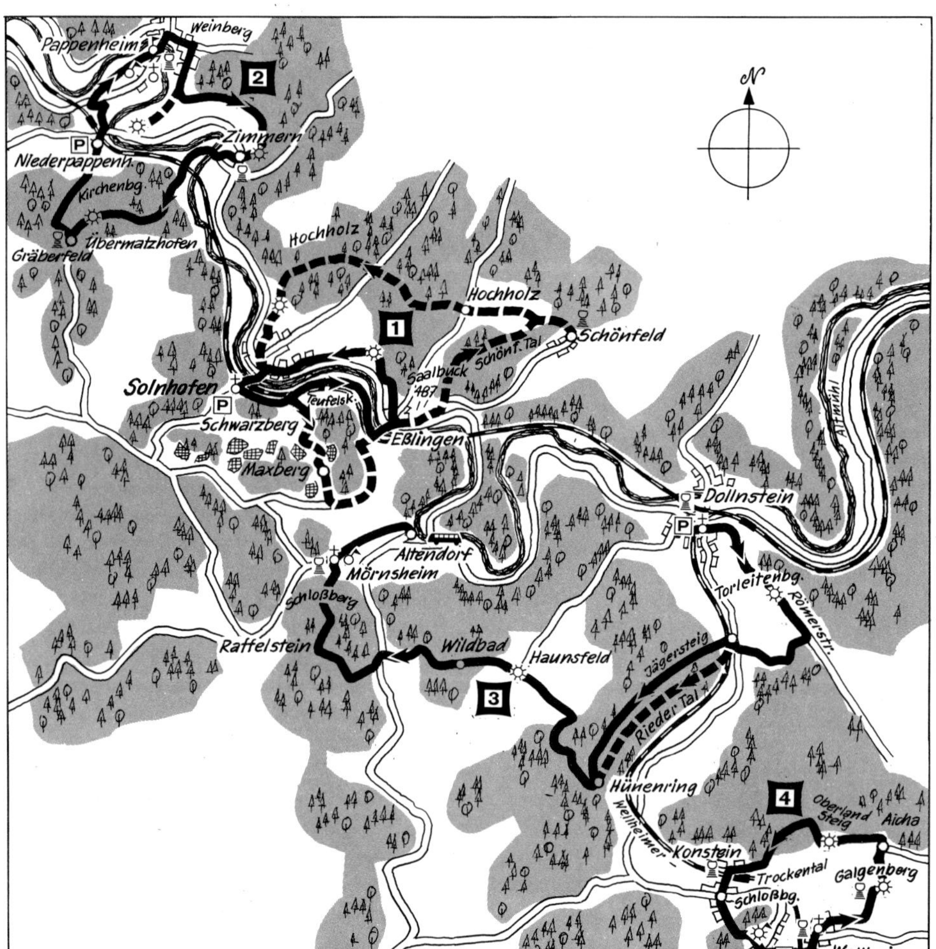

1. Die 12-Apostel-Tour

Solnhofen an der Altmühl – Eßlingen – 12 Apostel – Solnhofen / 2–2½ Std., evtl. –4½ Std. / sonnige Tal- und Höhenwege mit Aussicht

Sicher wird auch auf Sie die wundervolle Schlichtheit der karolingischen Säulenkapitelle der Sola-Basilika (P.), die vier noch vorhandene Rundbogenarkaden tragen, nachhaltigen Eindruck hinterlassen. Vom Eingang wenden Sie sich rechts zum Senefelder-Denkmal. Dort links den Mühlenweg, am Gasthaus Eisenbahn (hier rechts Aufstiegsmöglichkeit zu Schwarzberg, Teufelskanzel und Museum Maxberg) bergab, über die Bahn und nun erst am Hang, dann in den Flußauen mit großartiger Sicht auf die Apostelfelsszene hinüber ins romantische Eßlingen. Da gibt es malerische, bunte Häuser mit Legschieferdächern, aber leider kein Gasthaus. – Nun heißt es überlegen: Rechts geht's – nach einem 5-Minuten-Gang auf der Hauptstraße, dann links – im verträumten Schönfelder Tal Richtung Schönfeld (Wirtshaus) und Hochholz (zusätzlich 2–2½ Std.); gerade bergauf, nach 400 Metern beim Sperrschild links, erreichen Sie die Altmühltalsicht über den 12 Aposteln und weiter auf der Höhe westwärts bald auch wieder Solnhofen.

2. In und um die Mini-Residenz Pappenheim

Pappenheim an der Altmühl (6 km N von Solnhofen) – Zimmern – Übermatzhofen – Pappenheim / 3–3½ Std. / sichtreiche Höhentour, viel Schatten

Ein überdimensionales »M« müssen die Wasser der Altmühl um drei Felsrippen herum zwischen Zimmern und Pappenheim in den Jurakalk schreiben und brauchen dadurch für eine Entfernung von 1700 Meter Luftlinie gut 4 Kilometer Flußtal. Solch imposante Laune der Natur während einer beschaulichen Tour zu studieren, ist für jeden Wanderer eine besondere Freude. Man beginnt am Pappenheimer Bahnhof (P.), hält sich davor vom Bahnhofsplatz halblinks bergab, beim Stoppschild rechts und hinter der

Straßenunterführung scharf links bergauf. Doch schon nach wenigen Metern wird im spitzen Winkel rechts die Höhe der Felsrippe erreicht, auf der Sie nun immer nordwärts geradeaus marschieren: den Dr.-Wilhelm-Kraft-Weg zur Burg, hinter dem Burgtor die Klosterstraße abwärts zum Marktplatz, um den man noch deutlich die Atmosphäre der ehemaligen Duodez-Residenzkleinstadt spürt. – Nach der Altmühlbrücke geht's rechts auf der Beckstraße, an der Gallus-Kirche und dem Altenheim vorbei, bis nach 500 Metern von der Lindenallee wieder rechts die Charlotte-Nestler-Straße abzweigt. Auf ihr, später den Hang- und Höhenweg, wandert man in großer S-Kurve nach Zimmern hinunter. Dort wird vom Telefonhäuschen aus, an der Mühle vorüber, mittels schmaler Brücke die Altmühl gequert und auf der östlichen Bergrippe südwestwärts hoch über dem Bahntunnel Richtung Übermatzhofen mit seinem keltischen Gräberfeld marschiert. – Am westlichen Dorfrand führt Sie, hinter dem letzten Haus rechts von der Straße abzweigend, ein Feldweg in einer muldenartigen Senke zwischen prachtvollen Föhrenhainen nach Niederpappenheim ins Tal zum Bahnhof bergab.

3. Weite Sicht vom Torleitenberg – Kraxlmüh' am Jägersteig

Dollnstein an der Altmühl (8 km Ö von Solnhofen) – Jägersteig – Mörnsheim – Dollnstein / 4½–5 Std. / teils sonnige, teils schattige Höhen- und Klettertour

Idyllischer als im Dollnsteiner Felsenkessel ist das Altmühltal woanders auch nicht. Umrahmt von Kalkzinnen, Wacholdergärten und Heideparklandschaft liegt der kleine Ort Dollnstein ruhig und ein wenig abseits der großen Durchgangsstraße an der Einmündung des Wellheimer Trockentals. Aber das schönste dort sind die zahlreichen Aussichtsberge. Zu einem von ihnen leitet Sie diese Tour gleich am Anfang hinauf. – Von Dollnstein mit dem Auto kommend, fährt man auf der Wellheimer Straße durch zwei Bahnunterführungen, parkt beim Gasthaus Eisenbahn und läuft den Antoniusweg zur schmucken Antonius-Kapelle hinter. Da links, gleich darauf halbrechts Richtung Wasserbehälter, und schon stehen Sie auf dem freien Fernsichtrücken des Torleitenberges. Über die Römerstraße geht's gut 10 Minuten weiter nach Süden, hinter der Wegkapelle dann rechts zum Parkplatz im Rieder (Wellheimer) Trockental und vom Kinderspielplatz am Weiher auf der anderen Seite wieder bergwärts zum harmlosen Gelenkigkeits- und Klettertest am Jägersteig (andere, bequemere Wandermöglichkeit unten im Tal). Ein etwas verwachsener Waldpfad bringt Sie von der Keltenschanze Hünenring am Hang des Bäckertals Richtung Haunsfeld

Die bezaubernde Sommerfrische Dollnstein ist Ausgangspunkt vieler schöner, stiller Wanderungen an der mittleren Altmühl.

In Reih und Glied stehen die »Zwölf Apostel« am Ufer der Altmühl bei Solnhofen.

(= Hünenfeld). Nun gibt es keine Probleme mehr. Hinter Wildbad wird nach Westen die Hauptstraße gequert und über den Abschnittswall Raffelstein und den Schloßberg ins tief unten liegende Mörnsheim abgestiegen. Da läuft man zum Bus nach Altendorf vor.
Bitte beachten: In Dollnstein die Busrückfahrtzeiten notieren!

4. Im Urstromtal der Donau

Wellheim im Urdonautal (20 km SÖ von Solnhofen) – Oberlandsteig – Konstein – Wellheim / 2–2½ Std. / sichtreiche Höhentour mit leichter Kletterei und viel Schatten

So lange nagte die Donau an der Juraschulter bei Stepperg, bis sie es geschafft hatte. Seitdem fließt sie geradeaus durch Neuburg und nicht mehr durch Eichstätt. Und Wellheim liegt im Trockenen. Aber das ist schon ein paar 100000 Jahre her. So können Sie heute im ehemaligen Donautal diese schöne Wanderung unternehmen. Vom Wellheimer Marktplatz (P. unterhalb der frischrenovierten Kirche) bergab, über Bahn und Brücke, nun links auf der Harderstraße, dann nach 200 Metern bei Farben-Mader halblinks auf der Wittmeßstraße. Noch vor dem Straßenabzweig außerhalb des Ortes links zwischen Feldern zu zwei alleinstehenden Bäumen und über den Galgenberg (Ingolstädter Naturfreundehaus) zum Wirtshaus »Klettergarten« in Aicha und an der Ansbacher Hütte vorüber auf die Höhe. Jetzt beginnt in Westrichtung der Oberlandsteig durch den grandiosen Aichaer Klettergarten (Vorsicht!) nach Konstein. Hier wandern Sie kerzengerade durch den Ort gen Süden und haben von der Wellheimer Burg zum Schluß noch eine feine Sicht auf die große Trockentalschleife.

Sehenswert

Solnhofen Ehem. Benediktinerkloster an der Stelle, an der der Hl. Sola in einer Klosterzelle wohnte und 794 starb; Rest der Sola-Basilika (Anf. 9. Jh.), 4 karolingische Rundbogenarkaden mit Teilen des Mittelschiffs, korinthische Kapitelle; im Seitenschiff die Tumba des Heiligen ▪ Denkmal Aloys Senefelders (1771–1834) ▪ Bürgermeister-Müller-Museum im Rathaus (Fossiliensammlung; Urweltfunde) ▪ Museum Maxberg des Solnhofener Aktienvereins ▪ Lithosteinbrüche südlich von Solnhofen.

Pappenheim St.-Gallus-Kapelle, karolingischer Bau (9. Jh.), Filiale des Klosters St. Gallen; Fresken (13. Jh.); Marienaltar (1520) ▪ Ev. Pfarrkirche, spätgotisch (1476); Grabmäler der Reichsmarschälle von Pappenheim ▪ Augustinerkirche (1372); Altar und Chorgestühl, spätgotisch; Epithapien der Grafen von Pappenheim ▪ Burg mit romanischem Bergfried (12. Jh.); Vorburg (14. Jh.), durch Rundtürme erweitert (15./16. Jh.); tiefer Brunnen ▪ Altes Schloß, Renaissance (1608) ▪ Neues Schloß, klassizistisch (1819/20) von L. v. Klenze erbaut mit guter klassizistischer Ausstattung ▪ Oberes Tor (14. Jh.).

Dollnstein Pfarrkirche (12. Jh.), Turm und gotischer Chor mit Wandmalereien (Anf. 14. Jh.), erweitert (19. Jh.); Pfarrhaus (1744) wahrscheinlich von Gabrieli ▪ Gotische Ringmauer mit Türmen ▪ Burgruine.

Mörnsheim Pfarrkirche (1065), Turm (13. Jh.), Umbau (1956) ▪ Burgruine (Anf. 12. Jh.), seit 1354 verfallend ▪ Kastenhof (1612), mit prähistorischen Sammlungen ▪ Geologischer Lehrpfad.

Wellheim Im Urstromtal der Donau, jetzt Trockental ▪ Pfarrkirche (12. Jh.), barock verändert ▪ Burgruine (12.–15. Jh., seit 18. Jh. verfallend); 2 Felsentunnel ▪ Klettergarten Oberlandsteig bei Aicha.

Bergen (7 km S von Wellheim) Ehemalige Benediktinerinnenklosterkirche und Wallfahrtskirche Heilig Kreuz, romanische Halle mit Krypta (12. Jh.), barocker Umbau (1755 bis 1758) von G. D. Barbieri schöne Barockausstattung.

Sportmöglichkeiten

Solnhofen Freischwimmbad an der Altmühl ▪ Rudern, Paddeln.

Pappenheim Freischwimmbad an der Altmühl ▪ Rudern, Paddeln ▪ Minigolf ▪ Tennis ▪ Kegeln ▪ Trimm-dich-Pfad.

Dollnstein Trimm-dich-Pfad ▪ Klettern.

Breitenfurt Freischwimmbad ▪ Angeln ▪ Rudern, Paddeln.

Mörnsheim Freischwimmbad an der Altmühl ▪ Angeln ▪ Rudern, Paddeln.

Wellheim Beheiztes Freischwimmbad ▪ Klettern.

Veranstaltungen

Pappenheim »Weltumsegelung der Vereinigung Niderlandt«, letzter Sonntag im Mai ▪ Pappenheimer Volksfest, letzte Juliwoche.

Mörnsheim Freilichtspiele »Harte Fron«.

50 Eichstätt

Am Limes – Grenzwall des Römischen Reiches

An der Via dei Fori Imperiali in der Nähe des Forum Romanum in Rom ist auf einer Tafel die größte Ausdehnung des römischen Imperiums im 2. nachchristlichen Jahrhundert aufgezeigt. Unter Hadrian, dem großen, reisefreudigen Kaiser und Bewahrer des Reiches, erstreckte es sich von Lusitanien am Atlantik bis nach Mesopotamien jenseits des Euphrat und von der Sahara bis zum Hadrianswall beim heutigen Newcastle in Nordengland. Nach Nordosten wurde dieses gewaltige Reich durch den Limes gegen die anbrandenden Germanenstämme abgeschirmt, nachdem es den römischen Legionen schon seit 100 Jahren infolge der verlustreichen Schlacht des Varus im Jahre 9 n. Chr. gegen den Cheruskerfürsten Arminius im Teutoburger Wald nicht möglich war, die Reichsgrenzen Richtung Ostsee vorzuschieben. Dieser Limes (= Grenze) begann bei der Hadrianssäule am Weltenburger Donaudurchbruch und querte über Weißenburg und Gunzenhausen den fränkischen Raum zu Main und Rhein. Sein nordöstlicher Eckpfeiler war die berühmte Saalburg im Taunus, seine interessanteste Stelle der Übergang über die Altmühl in Kipfenberg, der durch starke Kastelle, Schanzen und Wachttürme gesichert war. Und trotzdem gelang es den Alemannen im Jahre 233 den Limes – vielleicht gerade an dieser Stelle– zu durchbrechen und die Römer zu zwingen, ihre Gebiete nördlich der Donau aufzugeben. – Die Reste dieser mächtigen Wallanlage sind in ihren Fundamenten erhalten und laden die Wanderer in Böhming, Pfünz und Kipfenberg, am Pfahlbuck und im Eichstätter Museum Willibaldburg zu ausführlicher Besichtigung ein. – Wenn Sie aber in Eichstätt sind, dann lassen Sie sich doch die Barockkostbarkeiten nicht entgehen, mit denen der fürstbischöfliche Hofbaudirektor Gabriel de Gabrieli die Stadt zierte. Eichstätt ohne Gabrieli wäre nicht Eichstätt.

1. Tal- oder Höhenweg nach Breitenfurt

Rebdorf an der Altmühl (3 km SW von Eichstätt) – Obereichstätt – Breitenfurt – Eichstätt / 3½–4 Std., evtl. 5–6 Std. / sonnige Höhen- und Talwanderung mit Aussicht

Entscheiden, ob sie den Tal- oder Höhenweg nehmen wollen, müssen Sie sich erst kurz vor Obereichstätt, denn vorher geht's auf alle Fälle über die Höhe des Blumenberges, um den Mariensteiner Felssporn »abzuschneiden«. Vom Parkplatz vor der Barockfassade des Augustiner-Chorherrenstiftes Rebdorf wandert man Richtung Eichstätt, am Mariensteiner Kloster vorüber, doch gleich hinter der »Tafernwirtschaft« links den Rosenweg schnurgerade bergan in den Wald und auf die Höhe und immer weiter westwärts Richtung Obereichstätt. Hier beginnt nun, aussichts- und sonnenreich, der große Höhenbogen hinüber nach Schernfeld und über den Spitzelberg zum Breitenfurter Burgstein. Wer dann immer noch voller Wanderlust ist, der marschiere über duftendes Heideland, zwischen Säulenwacholder und Kalkzinnen, nach Dollnstein weiter. – Spaziergänger werden den Talweg von Obereichstätt nach Breitenfurt, am Flußentlang, bevorzugen.

Das Tal beherrschend, lagerte das Römerkastell Vetoniana bei Pfünz auf den freien Höhen über der Altmühl und bewachte die Brücke zum Limes.

2. Über den Frauenberg in den Park

Willibaldsburg über Eichstätt – Frauenberg – Moritzbrunn – Willibaldsburg / 4–4½ Std. / ebene, meist schattige Waldwanderung, doch auch Aussicht

Die ehemals fürstbischöfliche Bergresidenz Willibaldsburg (P.) ist der rechte Ausgangspunkt, um auf Eichstätter Höhen eine prächtige Fernsicht- und Waldtour zu unternehmen. Kerzengerade geht es nach Süden über den Frauenberg, vorüber am 1000-Jahr-Stein und an Gabrielis Frauenberg-Kapelle zum Parkhaus beim Flugplatz. Und immer weiter geradeaus in den Wald, das obere Augustental querend, über den Steinkopf zur Waldhütte an der Fasanerie (das Wirtshaus gibt es dort leider nicht mehr). – Hier westwärts über die Bahnbrücke auf der Straße ins nahe Moritzbrunn und dahinter von der Straße ab, genau nordwestwärts, erst zwischen Feldern, dann durch Wald ins Tal unterhalb des Eichstätter Bahnhofs. Jetzt geht es rechts auf schmaler Teerstraße zu einer Häusergruppe am Hang, dort halbrechts auf dem Fußgängerpfad steil weiter und durch die niedrige Bahnunterführung. An deren Ende links, doch noch vor dem Bahnhof wieder rechts und nun stangengerade in Nordostrichtung auf den Frauenberg zurück. Als Finale bringt Sie der schon bekannte Weg wieder zur Willibaldsburg.

3. Waldrunde im Pfünzer- und Hofstettner Forst

Pfünz an der Altmühl (7 km Ö von Eichstätt) – Römerkastell Vetoniana – Hofstetten – Pfünz / 4–4½ Std., evtl. 2½–3 Std. / schattenreiche, wellige Waldrunde

Der Name Pfünz kommt aus dem lateinischen »pons« und heißt Brücke. An dieser Brücke trafen vor 1800 Jahren zwei wichtige Römerstraßen zusammen. Die eine kam von Nassenfels und Pietenfeld, die andere von Kösching und Hofstetten. Diese strategisch wichtige Stelle wurde vom Kastell Vetoniana bewacht, zu dessen talbeherrschender Höhe man von der Pfünzer Pfarrkirche (P.), unter dem Felsenkreuz über die Brücke, in wenigen Minuten aufsteigt. Die Römerstraße geht es noch ¼ Stunde weiter, bis man sich an der Straßenrechtskurve halblinks in den Wald hinein wendet (ganz links: Abkürzung über Bismarckhütte und Keltenschanze). So kommt man wieder eine ¼ Stunde später ins Webertal, quert beim Parkplatz im Eitensheimer Tal die Straße, wendet sich nun ostwärts (unterm Bettelmannstein den oberen Wirtsgrund kreuzend) nach Hofstetten. Gleich bei den ersten Häusern, am Westrand des Dorfes, marschiert man links wieder zum Wald, quert eine leichte Talmulde, das Geisental, schräg zum Osterberg hin und gelangt abwärts wieder nach Pfünz.

4. Dreimal auf den Spuren der Römer

Kipfenberg an der Altmühl (20 km Ö von Eichstätt) – Arnsberg – Gungoldinger Heide – Kipfenberg / a) 4–4½ Std., b) 3–3½ Std., c) 2½–3 Std. / halb Schatten, halb Sonne, viel Sicht, mehrere Steigungen

a) An die Altmühlüberquerung des Limes erinnert in Kipfenberg vorm ockerfarbenen Gasthaus Limes eine quadratische Steinsäule. Zu ihr gelangen Sie vom Großparkplatz am Frankenring über den Marktplatz. Hier läuft man den Limesweg bergauf zu einer blauen Bank. Rechts geht's direkt zur Burg, links auf einem Umweg über die Limes-Hütte. Nun wendet man sich südostwärts ins Wassertal und gelangt an der Arnthöhle vorbei (Abkürzungsmöglichkeit nordwärts zum Bus in Arnsberg) über Attenzell ins Schambachtal. Von hier laufen Sie durch den Gungoldinger Forst in einer knappen Stunde nach Gungolding.
b) An einem weiteren Wandertag werden Sie vielleicht von Gungolding durch die Gungoldinger Wachholderheide zum Kersberg wandern und über Ziegelhof und den Krafetsbuck am Pfahlbuck den Limes erreichen. An ihm entlang leitet ein interessanter Weg Richtung Kipfenberg.
c) Ein etwas längerer Spaziergang führt von der Felskrone des Michaelsberges (Nordaufstieg am Keltenweg in Kipfen-

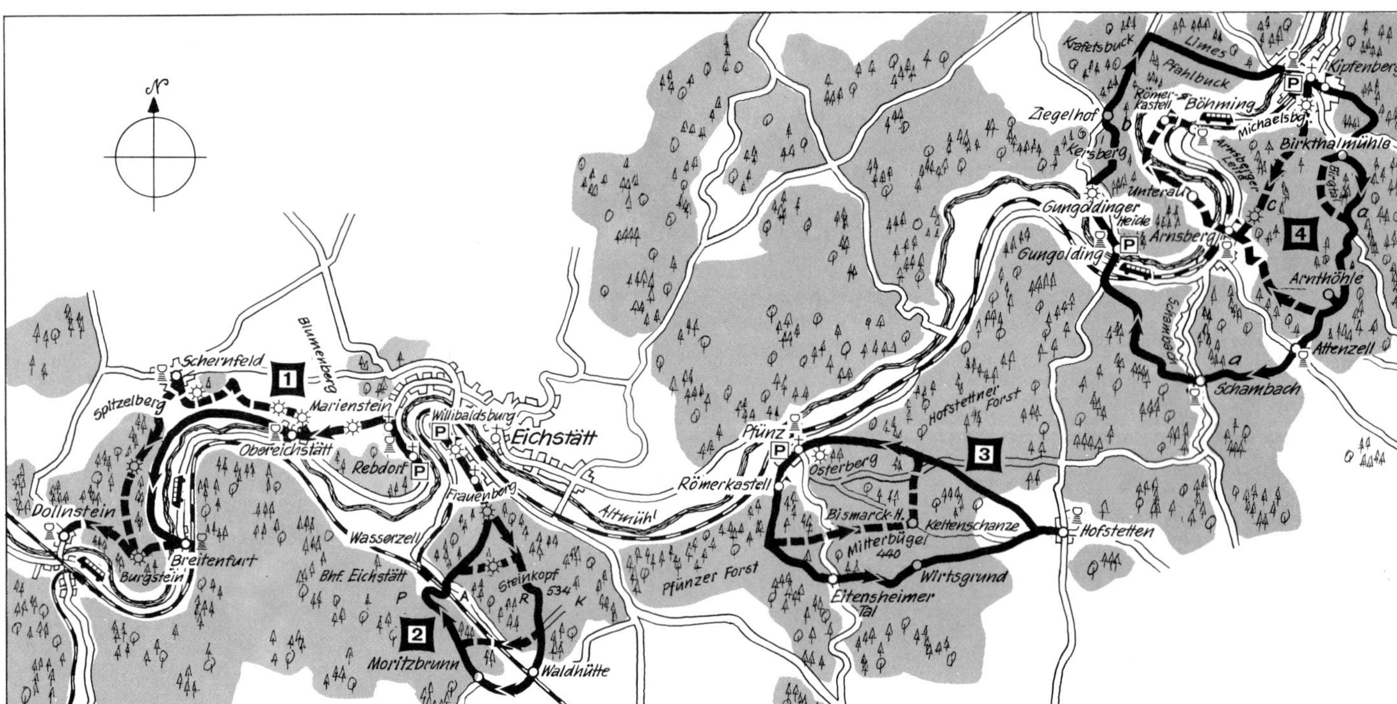

berg) nach Arnsberg und entlang der wildzerklüfteten Arnsberger Klettertürme altmühlaufwärts über Regelmannsbrunn zum Römerkastell Böhming.
Bitte beachten: Alle drei Wanderungen können Sie mit einer Busrückfahrt zum Ausgangspunkt abschließen.

Sehenswert

Eichstätt Dom, Anfänge auf den hl. Willibald zurückgehend (741–781), umgestaltet in 3schiffige Pfeilerbasilika (11 Jh.), davon heute noch die Türme vorhanden; Umbau in spätgotische Hallenkirche (1410 vollendet); glanzvolle Barockfassade (1718) des Eichstätter Hofbaudirektors G. de Gabrieli; romanisches und spätgotisches Portal; innen kostbare Werke (um 1500) von L. Hering, V. Wirnsperger und H. Peuerlein; Mortuarium mit vielen wertvollen Einzelkunstwerken und Glasfenstern (Entwürfe H. Holbein d. Ä., 1502); Domkreuzgang (1420–1450), Obergeschoß mit gotischen Schlitzfenstern ▪ Residenz (ab 1725) von Gabrieli; Treppenhaus; Spiegelsaal; Fürstbischöfliche Kanzlei (1729) und Kavaliershöfe (1732), beides von Gabrieli ▪ Großartige Brunnenanlage (1777) von M. Pedetti ▪ Rathaus, spätgotisch (1444) ▪ Willibaldsbrunnen (1695) ▪ St.-Wolfgangs-Kirche (1631) ▪ Kapuzinerklosterkirche mit Grab Christi (12. Jh.) ▪ Sommerresidenz (1735) von Gabrieli, mit Hofgarten ▪ Klosterkirche Notre Dame (1719) von Gabrieli ▪ Stadtfriedhof mit selbstentworfenem Grab Gabrielis ▪ Willibaldsburg (14. Jh.), erweitert 1609 von E. Holl, mit prähistorischen und römischen Sammlungen ▪ Kapelle Frauenberg, barock (1739) von Gabrieli ▪ Museum Berger in Harthof ▪ Schwarzwildgatter »Geländer« an der B 13 ▪ Natur- und geologischer Lehrpfad ▪ Waldlehrpfad Rosental.

Rebdorf Ehem. Augustinerchorherrenstift (12. Jh.), 3schiffige romanisch-gotische Pfeilerbasilika, barocker Umbau (1732–1757) von M. Seybold.

Marienstein Ehem. Augustinerinnenkloster (1460–1470), von der Eichstätter Bürgerstochter Walburga Eichhorn gestiftet.

Pfünz Römerkastell Vetoniana, angelegt 81–96 n. Chr. unter Kaiser Domitian für die 3. breukische Kohorte, 2,74 ha groß, mit Türmen und befestigten Toren, Mauern und Graben (Grundmauern); Ansiedlung mit 3 Tempeln ▪ Barockschloß (1710), heute Jugendhaus ▪ Pfarrkirche (um 1500).

Walting Wehrkirche (13. Jh.); spätgotische Fresken; romanische Leonhard-Kapelle (12. Jh.).

Böhming Römerkastell ▪ Limesreste am Pfahlbuck.

Arnsberg Burgruine (13./16. Jh.) ▪ Klettergarten und Naturschutzgebiet »Arnsberger Leite« ▪ Arnthöhle, Besichtigung mit Taschenlampe ▪ Gungoldinger Wacholderheide, Natursschutzgebiet.

Kipfenberg Burg (13. Jh.), Bergfried mit Bering, quadratischer Buckelquaderbau der Hauptburg ▪ Michaelsberg, schon in vorgeschichtlicher Zeit besiedelt; Ruine der Michaels-Kapelle ▪ Kath. Pfarrkirche (1594) mit Rokokoausstattung ▪ St.-Georgs-Kirche, mittelalterlich, erneuert (Anf. 17. Jh.); Sebastiansaltar (1617) ▪ Limesstein am Marktplatz (Altmühlüberquerung des Limes) ▪ Lehrpfad »Auf den Spuren der Römer« ▪ Alpiner Schlossersteig vom Birgtal zum Michaelsberg.

Bischof Bertold von Zollern ließ im 14. Jahrhundert über der Eichstätter Altmühlschleife die Willibaldsburg als sichere Bergresidenz erbauen. Sie beherbergt heute interessante prähistorische und römische Sammlungen.

Sportmöglichkeiten

Eichstätt Beheiztes Freischwimmbad ▪ Rudern, Paddeln ▪ Angeln ▪ Kegeln ▪ Tennis ▪ Eissport.

Breitenfurt Freischwimmbad an der Altmühl.

Walting Freischwimmbad.

Kipfenberg Beheiztes Freischwimmbad ▪ Skilauf (Lifte) ▪ Eislauf ▪ Klettern.

Veranstaltungen

Eichstätt Walburgidult, 1. Sonntag im Mai ▪ Willibaldsdult, 2. Sonntag im Juli ▪ Volksfest, Anfang September.

Kipfenberg Limesfest mit Römerzug und historischen Trachten, Mitte August.

Empfehlenswerte Urlaubsorte für Franken-Wanderer:

2

Die 3-Flüsse-Stadt, Gemünden am Main, Tor zu Spessart und Rhön, lädt Sie zu einem Erholungs- und Wanderurlaub ein.
Idealer Wanderstützpunkt. Sehr gute Gebietswanderkarte. Gepflegte und ausgeschilderte Wanderwege. Hohes Freizeitniveau. Freibad, Ozonhallenbad, Tennisplätze, Freizeitzentrum mit Minigolf und Campingplatz. Flußwanderer- und Angelsportgebiet.

Noch unverdorbene Preise. Fragen Sie nach: Verkehrsamt, 8780 Gemünden Tel. 09351/3830

4

8703 OCHSENFURT

Bekannter Fremdenverkehrsort am südl. Punkt des Maindreiecks. Guterhaltene, mittelalterliche Befestigung mit Toren und Türmen. Berühmte Kunstuhr am Rathaus. Riemenschneider-Statue in der Stadtpfarrkirche. Campingplätze, geheiztes Freibad, Tennisplätze, Motor- und Segelboothafen, Kinderspielplätze, Hallenbad. Ausgebaute Waldspazierwege in Floraschutzgebieten (für Naturbegeisterte besonders interessanter Pflanzenschmuck).

Auskunft: **Stadtverwaltung, Telefon (09331) 688/689**

3

Naturpark Steigerwald

Das sind idyllische Dörfer und romantische Städtchen, eingerahmt von Laubwald und Weinbergen. Ein ideales Mittelgebirgswandergebiet mit über 1300 km vorbildlich markierten Wanderwegen.

Hier läßt's sich Gast sein

Im Naturpark Steigerwald – mitten in Franken. Zwischen Würzburg und Nürnberg.
Berühmte Namen, verbunden mit bekannten Baudenkmälern, und viele Schlösser und Herrensitze zeugen von alter Kultur in dieser Landschaft. Die herzhaft deftigen Spezialitäten der fränkischen Küche zeigen, daß man auch heute zu leben versteht. Denn wo der Wein wächst, sind Land und Leute freundlich.

* * * * * Information: Gebietsausschuß Steigerwald
Postfach 28 · 8602 Ebrach · Tel. 09553/217

4

Iphofen

Mittelalterliche Umwallung mit Gräben, Wehrgängen, Mauern, Türmen und Toren noch erhalten, 3 architektonisch herrliche Stadttore, barockes Rathaus (1716), gotische Pfarrkirche mit Grabdenkmälern und Arbeiten Tilman Riemenschneiders; schöne Anlagen, Rundgang um die Stadtmauer. Berühmte Iphöfer Frankenweine, Hallenbad, Naturlehrpfad, Wanderwege, Erholungsanlagen, Stadtführungen.

Information: Stadt Iphofen, Telefon: (09323) 3095.

6

Rothenburg ob der Tauber

die magische Stadt des deutschen Mittelalters
zu jeder Jahreszeit das besondere Erlebnis!

Auskunft: Kultur- und Fremdenverkehrsamt Marktplatz
D-8803 Rothenburg o. d. T. – Telefon 09861-2038

12

8581 Himmelkron

Kreis Kulmbach, liegt schön eingebettet im Tal des Weißen Mains mit dem Blick auf das Fichtelgebirge und den Frankenwald. Es ist Ausgangspunkt zu Fahrten und Wanderungen auch in die Fränkische Schweiz und den Bayr. Wald. Von der Bierstadt Kulmbach und der Richard-Wagner-Stadt Bayreuth liegt es jeweils 12 km entfernt. Beheiztes Schwimmbad mit Umwälzanlage vorhanden! Tennisplätze!
Stiftskirche mit Fürstengruft, spätgotischer Kreuzgang. Markgräfliches Schloß und altes Kloster.

Auskünfte: Gemeindeverwaltung: Telefon 09227/200

13

Eltmann, das nördliche Eingangstor zum Steigerwald

mit seinen Stadtteilen Dippach, Eschenbach, Lembach, Limbach, Roßstadt und Weisbrunn.
Günstige Verkehrslage an der B 26, leicht erreichbar über die Autobahnen Nürnberg–Frankfurt und Würzburg–Fulda, Bahnstation, Busverbindung nach Bamberg und Schweinfurt.
Direkt am Main gelegen bietet Eltmann ein beheiztes Freibad, erholsame Wanderungen auf markierten Wegen, Trimm-Dich-Pfad, Wasser- und Angelsport, Vierfach-Turnhalle, schöne Freizeitsportanlagen, mehrere Kinderspiel- und Bolzplätze.
Der Wallburgturm (das Wahrzeichen Eltmanns) bietet weiten Ausblick in das Frankenland.
Saubere und gemütlich eingerichtete Gaststätten, Cafès und Weinstuben laden zum Verweilen ein. Bestbekannte »fränkische Küche«.

Nähere Informationen: **Stadtverwaltung 8729 Eltmann, Tel. 09522/212**

14

Romantisches

BAMBERG

Geschenk eines Jahrtausends

Die wiederentdeckte Romantik findet hier Erfüllung: Lassen Sie sich verzaubern von der fränkischen Siebenhügelstadt in reizvoller Landschaft. Eine Fülle herrlicher Bauten, berühmter Kunstwerke von europäischem Rang, einzigartiger Museen sowie die lebensfrohe Bevölkerung und köstliche Gaumenfreuden der bekannt guten Bamberger Küche erwarten Sie.
Vom 15.4. bis 31.10. preisgünstige Pauschalangebote für 3, 5 oder 7 Tage. Genießen Sie echte Freizeitfreude und das abwechslungsreiche Jahresprogramm.
Auskünfte, Prospekte, Veranstaltungskalender und kostenlose Zimmervermittlung:
Städt. Fremdenverkehrsamt, 8600 Bamberg, Postfach 110153, Telefon 0951/26401

15

HOLLFELD

8601 Hollfeld Kreis Bayreuth. Höhe: 402–500. Einwohner: 5000. Autobus Bamberg, Bayreuth, Würzburg. Schiffverbindung: Bamberg (40 km). Autoverbindung Bayreuth (25 km) BAB München–Berlin. Flugzeug: Bayreuth und Nürnberg (60 km).
Sehenswürdigkeiten: Ehemaliges Rathaus mit Wappen, St. Gangolfskirche, das Wahrzeichen des Hollfelder Landes, Fachwerkhäuser, Pfarrkirche (blühendes Rokoko), Salvatorkirche.
Unterhaltung: Kino, Ausgangspunkt zu den Höhlen der Fränkischen Schweiz, Sanspareil, Maintal, Schloß Banz, Vierzehnheiligen, markierte Rundwanderwege.
Sport: Schießen, Schwimmbad, Hallenbad.
Ortsbeschreibung: Hollfeld, 1017 erstmals erwähnt, Eingangstor zur Fränkischen Schweiz.

Zimmervermittlung:
Fremdenverkehrsbüro und Stadtverwaltung, Telefon: (09274) 727

16

HÖCHSTADT AN DER AISCH **(Landkreis Erlangen-Höchstadt) 10000 Einwohner**

Sehenswert:	Schloß, mittelalt. Steinbrücke, Heimatmuseum, Pfarrkirche, Heldenfriedhof, Schloß Weißenstein in Pommersfelden etwa 7 km entfernt.
Sport:	Angeln, Tennis, Schwimmen im Ozonhallenbad und beheiztem Wellenfreibad, Reiten, Wandern, Trimm-Pfad, Kunsteishalle, Naturschutzgebiet Moorhof
Verkehrsmöglichkeiten:	Eisenbahnlinie Höchstadt–Forchheim, Busverbindungen von und nach Erlangen, Bamberg, Forchheim und Nürnberg. An der Autobahn Nürnberg–Frankfurt und der B 505 mit insgesamt 3 Ein- und Ausfahrten.
Unterkünfte:	2 Hotels (65 Betten) Preise zwischen 40,– DM und 55,– DM für Doppelzimmer · 5 Gasthöfe (120 Betten) Preise zwischen 17,– DM und 38,– DM für Doppelzimmer.
Auskünfte:	Stadtverwaltung Höchstadt a. d. Aisch 09193/921 und 922 und Herr Sebastian Schmidt, Am Spratzer 1, Höchstadt a. d. Aisch, Tel. 09193/462

18

Muggendorf-Streitberg (Markt Wiesenttal)

Ein ideales Urlaubs- und Wandergebiet für jedermann

Über 120 km markierte Wanderwege. Gepflegte Hotels und Gasthäuser sowie gemütliche Pensionen und Privatquartiere. Pauschalreisen mit Golf und Reiten.
Vielseitiges Unterhaltungsprogramm, zwei Freibäder, die Burgruinen »Neideck« und »Streitburg«, weltbekannte Tropfsteinhöhle Binghöhle. Angeln, Wildwassersport, Minigolf, Bundeskegelbahn, Vita-Parcours, Kneipp-Anlage, Massageinstitut, Waldwanderpfad, Rundfahrten, Urlaub auf dem Bauernhof, Kinderspielplätze, Kahnfahrten, Fahrradverleih, Wanderprogramm.
Pauschalangebote: »Höhlenabenteuer«, »Senioren-Aktiv-Urlaub« und »Lernen Sie Golf«

Auskunft: Verkehrsamt Muggendorf-Streitberg, 8551 Wiesenttal, Tel. 09196/716 oder 346

18

Ebermannstadt Fränkische Schweiz

staatl. anerkannter Erholungsort

Gepflegte Wanderwege – Grünanlagen – Kinderspielplätze – Naturlehrpfad – Trimm-dich-Pfad – Kneippanlage – Kurbad – Med. Bäder und Massagen – Krankengymnastik – Beheiztes Freibad (23°) – Hallenbad von Oktober–Ende April – Sportzentrum – Kegelbahn – Schießanlage – Tennisplätze – Fränkische Fliegerschule – Segel- und Motorfluglehrgänge, Rundflüge – Camping – Reiten – Golf – Fahrradverleih – Führungen – Gepflegte Hotels, Gaststätten und Pensionen

Bestens ausgest. Privatquartiere – Ferien auf dem Bauernhof

Auskunft: Städt. Verkehrsamt im Rathaus, Tel. 0 91 94 / 81 28

19

Müde Wanderer finden immer ein Quartier in

Betzenstein

im Naturpark Fränkische Schweiz, Veldensteiner Forst

Gemütliche Gasthöfe mit vorzüglicher Küche – gute Privatquartiere – Urlaub auf dem Bauernhof – neues beheiztes Schwimmbad – Reitschule.
Wir nehmen gerne auch Wandergruppen zum Übernachten bei uns auf

Prospekte – Zimmervermittlung – Verkehrsverein
8571 Betzenstein, Telefon 0 92 44 / 2 64

19

Alles, was Sie von einem modernen Luftkurort erwarten, bietet Ihnen das

FERIENZENTRUM
Gößweinstein -
Behringersmühle (330–500 m)

Informieren Sie sich durch Prospektanforderung

Verkehrsamt:
8551 Gößweinstein, Tel. 0 92 42/4 56
8551 Behringersmühle, Tel. 0 92 42/8 40

23

Neustadt am Kulm

Stadt zwischen den Vulkanen

Auf einem Höhensattel zwischen dem Rauhen und Kleinen Kulm, inmitten einer waldreichen Hügellandschaft, liegt das kleine anmutige Städtchen Neustadt mit seinem um so imposanteren Marktplatz, der zahlreiche Grünanlagen beherbergt. Gepflegte Gasthöfe und ein Café laden zu Rast und Erholung ein. Wahrzeichen der Landschaft ist der Rauhe Kulm mit einem architektonisch schönen Aussichtsturm (710 m), einem Basaltkegel mit zahlreichen Wanderwegen, Blockhütten, Ruhebänken, Wassertretbecken und einem Trimm-Dich-Pfad. Das nahe Prämonstratenserkloster Speinshart und eine reizvolle Kiefernwaldlandschaft, die »Heide«, sind weitere Wanderziele. Zur weiteren Erholung dienen ein Turnierplatz mit Reitkursen (Guttenthau 3 km), ein Hallenbad (Kemnath 6 km), ein Sportflugplatz mit Rundflügen (Speichersdorf 9 km) und der Rußweiher mit Bootsverleih (Eschenbach 10 km). Neustadt ist Mittelpunkt zahlreicher Tagesausflüge in die nahe Fränkische Schweiz, das Fichtelgebirge und den Oberpfälzer Wald sowie die Max-Reger-Stadt Weiden und die Richard-Wagner-Stadt Bayreuth.

Auskunft: Stadt Neustadt am Kulm, 8581 Neustadt a. K., Rathaus, Tel. 0 96 48/273

27

STADT LAUF AN DER PEGNITZ

Verwaltungsmittelpunkt des Großlandkreises »Nürnberger Land« mit 22 000 Einwohnern, 17 km östlich von Nürnberg am Eingang zur Hersbrucker Alb gelegen. Gute Verkehrsverbindung an die B 14, die Eisenbahnlinie Nürnberg–Bayreuth bzw. Amberg sowie 0,5 km zur Autobahn München–Berlin.
Lauf ist ein malerisches Städtchen mit mittelalterlichen Toren und Türmen, einer reizvollen Altstadt mit hochgiebeligen Bürgerhäusern und reizvollen Innenhöfen im geschmackvollen fränkischen Fachwerkstil. Besondere Sehenswürdigkeiten: Der altdeutsche Wehrbau der Kaiserburg Karl V. auf der Pegnitzinsel (1357 begonnen), das Glockengießerspital (1374 gegründet) sowie das alljährlich am 1. Sonntag und Montag im Juli stattfindende Kunigundenfest (historisches Heimat- und Jugendfest).
Dem Besucher bietet die ansässige Gastronomie gute Unterkünfte und Speisekarten mit reicher Auswahl sowie Spezialitäten der fränkischen Küche. Sport: Freibad.
Nähere Informationen bei der Stadtverwaltung 8560 Lauf, Tel. 0 91 23 / 20 61

28

Hersbruck lädt ein

Frankenalb

Das Urlaubsgebiet für Wander- Hobby- und Naturfreunde. Viel Wald, mittelhohe Berge, 25 markierte Wanderwege, Felsen und Burgen. Neues beheiztes Freibad (Urlauber freier Eintritt), Tennisplätze, Fahrradverleih, Ferienfahrschule, Veranstaltungen für Urlauber. Staatlich anerkannter Erholungsort Berge ca. 600 hoch.
»Vernünftige Preise«

Auskunft: Verkehrsamt Lohweg 29, 8562 Hersbruck
Telefon 0 91 51 / 47 55

29

Besucht

SULZBACH-ROSENBERG

die 950jährige Herzogstadt im Oberpfälzer Jura.

Wanderwege, Trimm- u. Waldlehrpfad, zwei Freibäder (beheizbares Waldbad), Hallenbad, Heimatmuseum, Literaturarchiv, 1. Bayer. Schulmuseum.

Frühlingsfest (Woche um Christi Himmelfahrt) –
Altstadtfest (Wochenende um Johanni) –
Annabergfest (letzte Juliwoche) – Woiz-Kirwa (23./24.8.) –
Alt-Rosenberger-Kirwa (5./6.9.)
Auskunft: Verkehrsamt und Verkehrsverein
Bühlgasse 5, 8458 Sulzbach-Rosenberg 1, Telefon (0 96 61) 40 55

Inhalt

Erläuterung der Kartensymbole

- Parkplatz
- Gasthaus
- Aussichtspunkt
- Aussichtsturm
- sehenswerte Kirche
- Burg, Schloß
- Ruine

Tips für zweckmäßige Wander-Bekleidung und -Ausrüstung

Bekleidung

Anorak (mit Kapuze, atmungsaktives, wasserabweichendes Gewebe)
Hose (Bundhose, bequeme lange Hose)
Hemd/Bluse (keine Stoffe mit hohem Kunstfaseranteil, bequeme Paßform)
Pullover, Weste, Strickjacke (je nach Witterung bzw. als Reserve)
Unterwäsche (Baumwolle, gut sitzend)
Strümpfe (Kniestrümpfe, mitteldicke Wollqualität)
Kopfbedeckung (Kälteschutz: Strickmütze; Sonnenschutz: breitkrempiger Leinenhut)
Regenschutz (Umhang mit Kapuze, Überanorak und Überhose, beschichtetes Perlon)
Handschuhe, Tuch/Schal (je nach Witterung)
Wanderschuhe (knöchelbedeckender Schaft, Profilsohle, Leder)

Ausrüstung

Proviant – zumindest »eiserne Reserve« (Brot, Kekse, Dosenwurst, druckfestes Obst, Salz)
Getränke (nach Belieben, in Reserve Zitronentee in Thermosflasche mit Trinkbecher-Aufsatz)
Traubenzucker, Bonbons, Schokolade, Dörrobst, Nüsse
Mehrzweck-Taschenmesser (mit Dosen- und Flaschenöffner)
Sicherheitsnadeln, Schnur
Papiertaschentücher, Erfrischungstücher, kleine Seife, Toilettenpapier
Allzweck-Plastiktüte(n)
Sonnenschutzmittel, Sonnenbrille
Ersatz-Brille (für Brillenträger)
Taschenlampe, Zündhölzer, Feuerzeug
Fotoapparat, Filme, Fernglas
Regenschirm (zusammenschiebbar)
Badebekleidung

Zusätzlich für mehrtägige Wanderungen

Schlafanzug
Turnschuhe/Hüttenschuhe
Waschzeug, Handtuch
Kleidung, Unterwäsche, Strümpfe zum Wechseln

Wanderapotheke

2 Verbandspäckchen (groß, klein)
1 elastische Binde (10 cm breit)
Schnellverband (Hansaplast, geschnitten) Heftpflaster
1 Dreiecktuch
Schmerzmittel (z. B. Thomapyrin)
Tabletten gegen Erschöpfung (z. B. Cardiazoltraubenzucker)
jodfreies Wunddesinfektionsmittel (z. B. Kodantinktur)

Nicht vergessen

vorliegendes Begleitbuch, topographische Karte und Bestimmungsbücher (Pflanzen, Tiere, Gesteinsarten)

1 Würzburg

1. Würzburg – Stadtrundgang – Festung Marienberg
Gehzeit: 3–4 Std. (ohne Besichtigungszeiten) ▪ *Karte:* Sonderkarte Würzburg und Umgebung ▪ *Anfahrt:* Bahn, Bus, Auto
Würzburg, Ob. Mainkai (P.) – bei der Polizeidirektion O in die Wirsbergstr. – (evtl. nach rechts Abstecher – Sandstr. – Karmeliter-Kirche) – Neubaustr. (»Zum Rebstock«, Franziskaner-Kirche, Alte Universität) – (evtl. Peterstr., St. Peter, St. Stephan) – Hofgarten – Residenzpl. – durch die Hofstr. W zum Dom (mit Schönborn-Kapelle) – in der Nähe »Lusamgärtchen« (Grab W. v. d. Vogelweide) – daneben das Neumünster – von der Schönbornstr. zum Marktpl. (Haus zum Falken, Marien-Kapelle) – links durch die Langgasse zum Rathaus – rechts über die Alte Mainbrücke – die Dreikronenstr. queren, halbrechts über die Tellsteige (links halten) zur Festung Marienberg (Mainfränkisches Museum) – auf dem Ob. Burgweg W, nach 10 Min. links auf dem Judenpfad ins Kühbachtal – links Fußweg neben der Leistenstr. zur Ludwigsbrücke – Mainkai.

2. Würzburg – Randersacker – Eibelstadt – Sommerhausen – Würzburg
Gehzeit: 4–4½ Std. (evtl. nur 3 Std.) ▪ *Karte:* Sonderkarte Würzburg und Umgebung ▪ *Anfahrt:* Bahn, Bus, Auto
Würzburg, Kranenkai (P.) – Alter Kranen – immer mit der Markierung »Blaues M auf weißem Spiegel«: Mainwanderweg) am rechten Mainufer mainaufwärts – Alte Mainbrücke – Ludwigsbrücke – Ludwigskai – Seb.-Kneipp-Brücke – Konr.-Adenauer-Brücke – Randersacker (Wanderinformationstafel; von hier evtl. in der Maingasse N durch den Ort – bergan zur Kapelle – Gerbrunner Weg – Gerbrunn – Busfahrt (Linie 14) nach Würzburg (etwa 1½ Std. kürzer) – Autobahnbrücke – Eibelstadt – 500 m S des Ortes nach links die B 13 queren und gleich rechts auf der Höhe durch Weinberge nach Sommerhausen (Torturmtheater) – über die Mainbrücke – Winterhausen – Bahn nach Würzburg (Hbf.) – durch die Kaiserstr. und Juliuspromenade zum Kranenkai ▪ *Bitte beachten:* Notieren Sie schon in Würzburg die Bahnrückfahrzeiten ab Winterhausen!

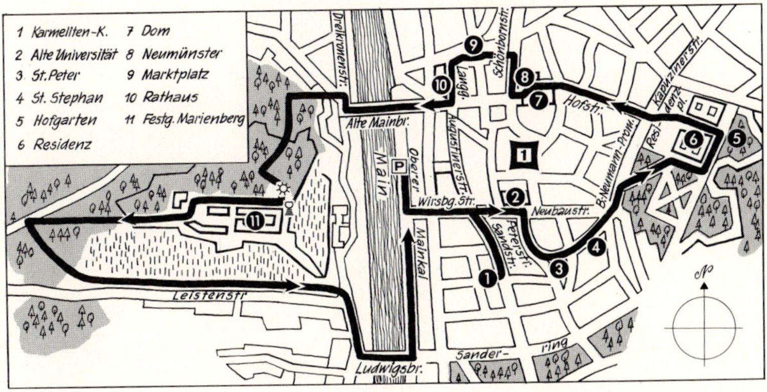

3. Würzburg – Frankenwarte – Guttenberg – Reichenberg – Würzburg
Gehzeit: 4–4½ Std. ▪ *Karte:* Sonderkarte Würzburg und Umgebung ▪
Anfahrt: Bahn, Bus, Auto
Würzburg, Ob. Mainkai (P.) – W über die Ludwigsbrücke – halbrechts durch die Nikolausstr. und links zum Kreuzweg (Treppen) – Käppele – dahinter beim Gasth. Molkenkur nach rechts durch Wald – Albert-Günther-Weg – Frankenwarte – W auf dem Kapellenweg (nach 200 m halblinks) mit der Markierung »Blauer Balken« bergab – Guggelesgraben –

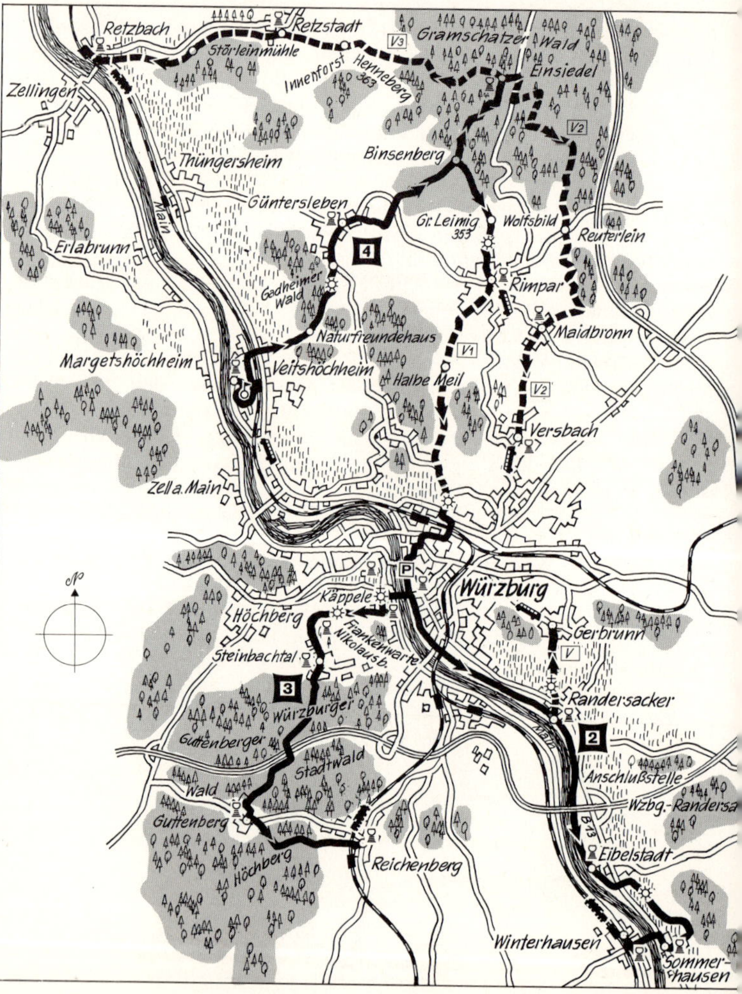

Wh. Waldesruh – rechts, neben der Straße, zur Bushaltestelle Hinterer Steinbach (Unterstellhütte, Göckersgraben) – mit der Markierung »Blauer Balken« in den Würzburger Stadtwald – Autobahn kreuzen – Guttenberger Wald – Wh. Guttenberg – mit der Markierung »Blauer Keil« über den Höchberg nach Reichenberg – Bahn nach Würzburg – Straßenbahn Linie 3 zur Ludwigsbrücke ▪ *Bitte beachten:* Vor Abmarsch Bahnfahrplan für die Rückfahrt notieren!

4. Würzburg – Veitshöchheim – Gramschatzer Wald – Würzburg

Gehzeit: 6–6½ Std. (Varianten jeweils bis 8 Std.) ▪ *Karte:* Sonderkarte Würzburg und Umgebung ▪ *Anfahrt:* Bahn, Bus, Auto

Würzburg (Hbf.) – Busfahrt (Linie 11) nach Veitshöchheim (Kirchpl.) – vom Rathaushof beim Ratkeller rechts in den Hofgarten (Rundgang: See, Schloß) – die Bahnhofstr. abwärts – beim roten Wegkreuz rechts die Herrnstr. entlang der Bahn – rechts durch die Unterführung – rechts die Sendelbachstr. (Wanderinformationstafel) in den Griesgraben und zum Naturfreundehaus (Waldsportpfad) – mit der Markierung »Gelber Keil« entlang des Gadheimer Waldes nach Güntersleben – Würzburger Str. – Rimparer Str., bei der Biegung rechts die Heulenbergstr. steil bergan zur alten Rimparer Str. – rechts 300 m bergab, am Kiefernjungwald links – die Rimparer Str. queren – Binsenberg/Gramschatzer Wald – Wh. Einsiedl – zurück zum Binsenberg – mit der Markierung »Blauer Balken« über den Gr. Leimig (Wolfsbild/Schutzhütte) – Steig – Rimpar (Marktpl.) – Bus nach Würzburg.

V1) Von Rimpar nach Würzburg (Markierung »Blauer Balken«): Kirchenstr. – Burgstr. – Alter Stadtweg – Halbe Meil – Rimparer Steig – Rimparer Str. – Würzburg (Hbf.)

V2) Von Einsiedl nach Würzburg (Markierung »Rotes Kreuz«): die Gramschatzer Str. nach O queren – S durch den Wald nach Maidbronn und Versbach – Bus nach Würzburg (Hbf.)

V3) Von Einsiedl nach Retzbach (Markierung »Rotes Kreuz«): W in den Ochsengrund – Geiersberg – Retzstadter Grund – Innerforst – Retzstadt – W durch den Ort – links des Retzbaches – Störleinmühle – Wallfahrtskirche Maria im Grünen Tal – Retzbach – Bahn nach Würzburg (Hbf.) ▪ *Bitte beachten:* Das Gasthaus Einsiedl ist nur im Sommer an Wochenenden bewirtschaftet (sonst Verpflegung im Rucksack mitführen!). – Vor Aufbruch in Würzburg Rückfahrpläne notieren! ▪ *Anmerkung für Autofahrer:* Dauerparkplätze gibt es in der Würzburger Innenstadt nur am rechten Mainufer (Kranenkai/Mainkai) bei den Mainbrücken (Friedensbrücke/Alte Mainbrücke/Ludwigsbrücke).

2 Volkach

1. Astheim am Main (1 km W von Volkach) – Vogelsburg – (Nordheim) – Astheim

Gehzeit: 2–2½ oder 4½ Std. ▪ *Karte:* L 6126 Volkach ▪ *Anfahrt:* Bus, Auto

Astheim, 1 km W der Volkacher Mainbrücke (P.) – auf der Hauptstr. W, nach 200 m rechts »Am Kloster« – oberhalb der Bahnlinie (ca. $^1/_2$ Std.) – links aufwärts weglos am Weinberg – jenseits der Hauptstr. zur Vogelsburg – S enges Tor – abwärts, 1. Weg links – auf der Hangkrone – Astheim. – Oder vom Tor gerade abwärts – Escherndorf – Fähre nach Nordheim – unterhalb Schloß Hallburg am Main entlang – Volkach – Astheim.

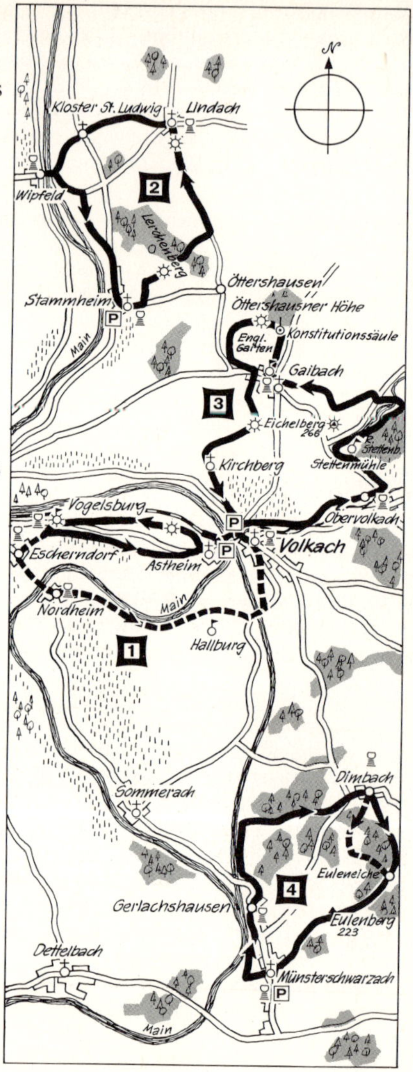

2. Stammheim am Main (7 km N von Volkach) – Lindach – St. Ludwig – Stammheim

Gehzeit: 3$^1/_2$ Std. ▪ *Karte:* L 6126 Volkach ▪ *Anfahrt:* Bus, Auto Stammheim, Rathaus (P.) – Goldener Stern O Richtung Öttershausen – 200 m nach dem letzten Haus links aufwärts bis zu einem Graben – nach der Brücke rechts entlang Weinberg im Bogen nach NO – Lerchenberg – flache Senke – bei Gebüschgruppe links, Straße nach Lindach – dort W abwärts – Kloster St. Ludwig – Mainaue – Fähre – im Bogen Richtung Grabenbrücke (nicht durch Pappelallee!) – rechts, am Graben entlang – Wiesenweg – Stammheim.

3. Volkach am Main – Eichelberg – Gaibach – Volkach

Gehzeit: 4$^1/_2$–5 Std.
▪ *Karte:* L 6126 Volkach
▪ *Anfahrt:* Bus, Auto Volkach, Großparkplatz Normaluhr am NW Stadtrand – 100 m Richtung Stadtmitte, bei Weinkellerei Dotzel halblinks – Alte Volkacher Str. – entlang der Volkach – Schaubenmühle – Herrnmühle – Gründleinsmühle – Obervolkach – gerade über Steinbrücke, dann links unterhalb Weinberg und Ruine Stettenberg – Stettenmühle, über Holzsteg – Weiherdamm O –

letzter Weiher – jenseits Str. W zum Eichelberg – bei Obstplantage links über die Höhe – Gaibach – N zur Konstitutionssäule – Englischer Garten – S Gaibach – beim Brunnen »Im Hohlweg« aufwärts – über offenes Feld und durch Weingärten – Kirchberg – Volkach.

4. Münsterschwarzach am Main (8 km S von Volkach) – Mainkanal – Dimbach – Münsterschwarzach

Gehzeit: 3½–4 Std. ▪ *Karte:* L 6126 Volkach ▪ *Anfahrt:* Bus, Auto Münsterschwarzach, Kloster (P.), nach Gasth. Benediktiner rechts – am Straßenende auf dem Feldweg links – Bachsteg, N – Mainkanal-Ostuferweg – Gerlachshausen, dort N, rechts der Str. im W-Bogen zur Schleuse – Kanaldamm – Brücke – O durch den Spessartforst – Dimbach – S – Euleneiche – SW – Kloster.

3 Ebrach

1. Ebrach im Steigerwald – Hofer Berg – Großgressingen – Ebrach

Gehzeit: 4–4½ Std. ▪ *Karte:* 6128 Gerolzhofen ▪ *Anfahrt:* Bahn, Bus, Auto Ebrach, Klosterbräu (P.), auf der Würzburger Str., 1 km W, hinter Sportplatz links – Lindengruppe – Weiherstr. – Mittelebrachtal – Kleingressingen – immer S – Hof – Hofer Berg – SO Großbirkach – NO Kohlmannsleite – Diebsgrund – Winkelhof – NW – Großgressingen – Ebrach.

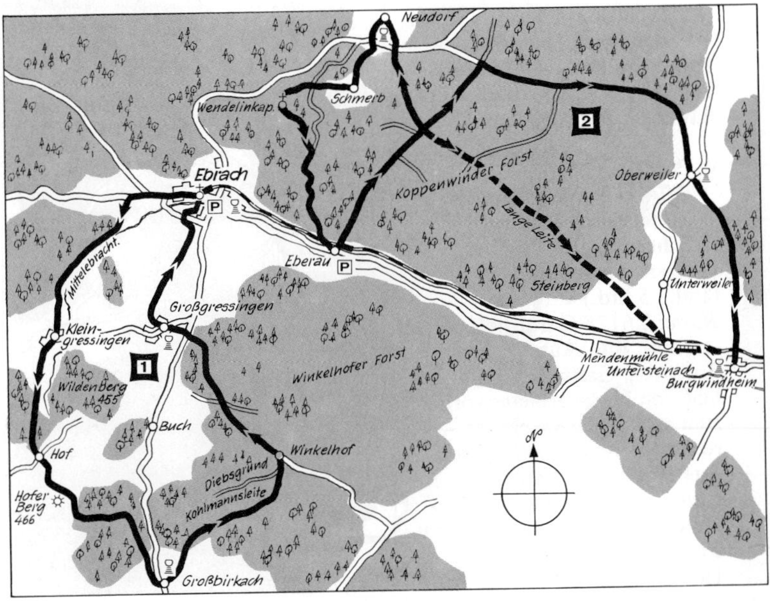

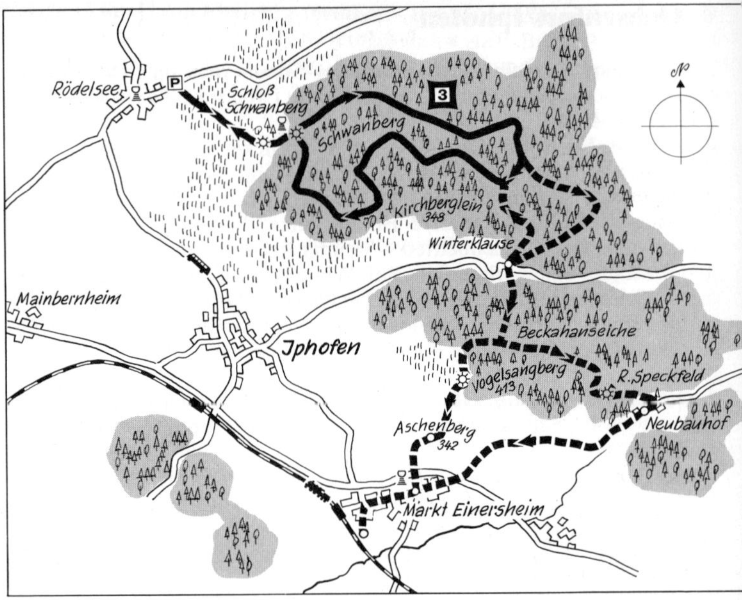

3. Rödelsee (3 km N von Iphofen) – Schwanberg – Rödelsee (oder vom Schwanberg weiter nach Markt Einersheim)

Gehzeit: 4–4½ Std. (evtl. 6 Std.) ▪ *Karte:* L 6326 Kitzingen ▪ *Anfahrt:* Bus, Auto

Rödelsee, NO Ortsende (P.) – »Café am Schwanberg« – Weinbergstr. aufwärts nach O und auf markiertem Steig zum Gipfelplateau – gut bezeichnete Rundwanderwege: Kammweg zum Keltenwall oder Naturlehrpfad Richtung Birkensee – Pavillon. – Oder S-Runde zur Bildereiche – Winterklause – die Iphofener Str. queren – S zur Beckahanseiche. – Entweder gerade weiter über den Aschenberg nach Markt Einersheim. Oder links (O) über den Voglsangberg zur Ruine Speckfeld/Schloßberg – Gut Neubauhof – W nach Markt Einersheim – Bahn über Iphofen nach Mainbernheim (vorher Fahrplan!) – zu Fuß N durch den Ort und in 30 Min. nach Rödelsee (auch Bus von Iphofen).

4. Bullenheim (10 km S von Iphofen) – Bullenheimer Berg – Schloß Frankenberg – Bullenheim

Gehzeit: 3½ Std. (evtl. 4–4½ Std.) ▪ *Karte:* L 6326 Kitzingen ▪ *Anfahrt:* Bus, Auto

Bullenheim, Ortsmitte, Gasth. Sonne (P.) – nach O, am Straßenende rechts – Bismarckeiche, 20 Min. nach Abmarsch links – zwischen Weinbergen zum Laubwald – Linksbogen auf die Höhe – Aussichtsturm – Kunigunden-Kapelle – im Bogen nach Osten – Kunigundenwald – Schneckenberg – Hexenstuhl am Steigerwaldwestabhang – (oder über den Bullenheimer Berg in SO-Richtung – Nenzenheimer Str.) – Schloß

Frankenberg – W zur Hutteneiche im Weinberg – Bullenheim. ▪ *Bitte beachten:* Der Schlüssel für den Kunigunden-Aussichtsturm kann im Gasthaus zur Traube mitgenommen werden. – Von Ende August bis Anfang Oktober sollten Sie diese Tour nicht unternehmen, da die Tore der Weinbergeinzäunungen in dieser Zeit geschlossen sind.

5 Uffenheim

1. Uffenheim an der Gollach – Custenlohr – Welbhausen – Uffenheim
Gehzeit: 3½–4 Std. (evtl. 5–6 Std.) ▪ *Karte:* L 6526 Uffenheim ▪ *Anfahrt:* Bahn, Bus, Auto
Uffenheim, Ansbacher Tor (P.) – Zollhaus – Ansbacher Str. – vor der Tankstelle rechts und gleich wieder rechts – Krankenhausstr. – Pappelallee und immer S – Custenlohr – vom W Ortsrand Höhenstr. W, 15 Min. später rechts am Bachgraben nach Welbhausen – N nach Uffenheim (evtl. zusätzlich von Custenlohr S – Keltenschanze/Vorderpfeinach – W zum »Altes Schloß« – Grimmelbachgraben – jetzt N – Buschholzbach – immer N – Welbhausen).

2. Weigenheim (6 km N von Uffenheim) – Hohenlandsberg – (Kapellberg) – Weigenheim
Gehzeit: 3½–4 Std. (evtl. –4½ Std.) ▪ *Karte:* L 6526 Uffenheim ▪ *Anfahrt:* Bus, Auto
Weigenheim, Trauerweide am Gasthaus Stern (P.) – 100 m N, beim Bäkker rechts – Dorfstr. bis zur großen Eiche, dort links – talwärts über den Bach – auf der schmalen Straße erst N, dann NO zu Weinbergen und weiter bergauf – Burg Hohenlandsberg – nun immer SO über den Heidebuck zum Marbacher See und Schwemmsee – W – Langer Berg – Kapellberg – Weigenheim.

6 Rothenburg ob der Tauber

1. Rothenburg ob der Tauber – Engelsburg – Vorbach – Rothenburg
Gehzeit: 3–3½ Std. ▪ *Karte:* L 6726 Rothenburg o. d. T. ▪ *Anfahrt:* Bahn, Bus, Auto
Rothenburg, Spitalbastei (P.) am S Stadtrand – hinter Gasth. Taube Fußweg ins Taubertal – Schmelzmühle – Taubertalweg flußabwärts – Eselsbrücke und Doppelbrücke, dahinter links – Fußweg durch Wald aufwärts – 2 Felsenkeller – oben rechts zur Engelsburg – Bismarckdenkmal – Vorbach – im spitzen Winkel O um das Vorbachtal Richtung Dürrenhof – am Hang Abstieg nach Detwang – Barbarossabrücke – »Kurze Stiege« – aufwärts zur Anlage »Neue Burg« – Klingentorbastei – Altstadt – Spitalbastei (Markierungen »Fuchs« und »Hase«).

2. Rothenburg ob der Tauber – Steinbach – Lug-ins-Land – Rothenburg
Gehzeit: 4½–5 Std. ▪ *Karten:* L 6726 Rothenburg o. d. T. und L 6526 Uffenheim ▪ *Anfahrt:* Bahn, Bus, Auto
Rothenburg, N Stadtrand, Großparkplatz Klingentorbastei – Bezoldweg – Mergentheimer Str. links abwärts bis zur Tankstelle – dort rechts – mittlerer Weg auf der Höhe N, dann talwärts – im Taubertal rechts – Steinbach – talaufwärts – Chauseehaus an der B 25 – Kleiner und Großer Lindleinsee – Haltepunkt Schweinsdorf – Bahnlinie queren – Schweinsdorf – SO die Autobahn kreuzen und auf den Schweinsdorfer Rangen – Wachsenberg – W Lug-ins-Land – Rothenburg (bis Steinbachtal Markierung »Vogel« – ab Wachsenberg Markierung »Blauer Strich«).

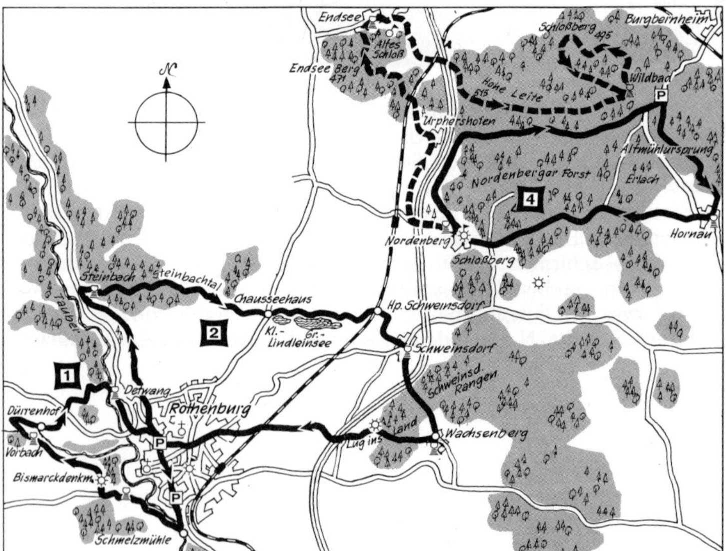

3. Creglingen an der Tauber (14 km NW von Rothenburg) – Münster – Craintal – Creglingen

Gehzeit: 5–5½ Std. (evtl. 3–3½ Std.) ▪ *Karte:* L 6526 Uffenheim ▪ *Anfahrt:* Bus, Auto

Creglingen, Gasth. Krone (P.) – 50 Schritte auf der Kreuzstr., rechts »Am Stadtgraben« immer S – Herrgotts-Kirche – weiter S (oder von der Kohlesmühle über den Grunerberg) – nach 200 m von der Straße rechts über den Bachsteg – Münster, beim Gasth. Traube rechts steil bergauf – am Hang flach – Staumauer des Münstersees – auf der Straße links und gleich wieder rechts – Kräuselberg – jenseits der Finsterlohrer Str. N talwärts – Archshofen – jetzt tauberabwärts – Craintal – Creglingen (Abkürzungsmöglichkeit Münster – N Craintal).

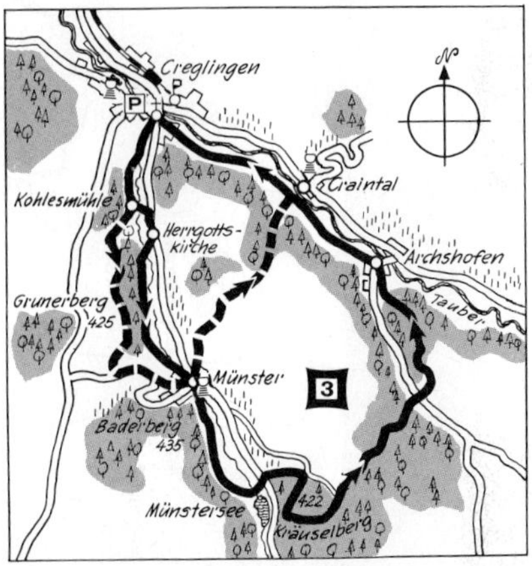

4. Burgbernheim, Kurhaus Wildbad (12 km NÖ von Rothenburg) – Hohe Leite – Kurhaus Wildbad

Gehzeit: 2–6 Std. ▪ *Karte:* 6526 Uffenheim ▪ *Anfahrt:* Bahn und Bus bis Burgbernheim, Auto bis Wildbad

Kurhaus Wildbad / Frankenhöhe (P.) – 4 gut markierte Rundwanderwege: 1. Teufelshäuschen – Himmelfahrtsberg. 2. Rolandseiche – Tiefenbachtal. 3. Schauersruh – Hirschteich. 4. Europäische Wasserscheide – Altmühlursprung. Oder Spazierwege zu den Gasthäusern in Hornau, Nordenberg und Endsee – Altes Schloß jenseits der neuen Autobahn; Karte angenehm!

7 Scheinfeld

1. Scheinfeld im Südsteigerwald – Schwarzenberger Wald – Kornhöfstadt – Scheinfeld

Gehzeit: 4–4½ Std. ▪ *Karte:* L 6328 Scheinfeld ▪ *Anfahrt:* Bus, Auto

Scheinfeld, Schloß Schwarzenberg (P.) – Schloßeinfahrt – N auf der geschotterten Allee – Wolfsee, rechts halten – Schwarzenberger Wald – Einsiedelei – auf der Hauptstr. einige Schritte S zurück, Fahrweg links – erst O, dann SO ins Steinachtal – Kornhöfstadt – jetzt S von der Straßenbrücke im Wiesental rechts aufwärts zum Feldweg nach Thierberg – weiter nach W – Schloß Schwarzenberg.

2. Oberscheinfeld (6 km N von Scheinfeld) – Ruine Scharfeneck – Schloßberg – Oberscheinfeld

Gehzeit: 3–3½ Std. ▪ *Karte:* L 6328 Scheinfeld ▪ *Anfahrt:* Bus, Auto

Oberscheinfeld, Schloßmühle (½ km N Oberscheinfeld / P.) – nach links im Bogen zum Aussichtsturm der Ruine Scharfeneck – NO weiter durch Wald

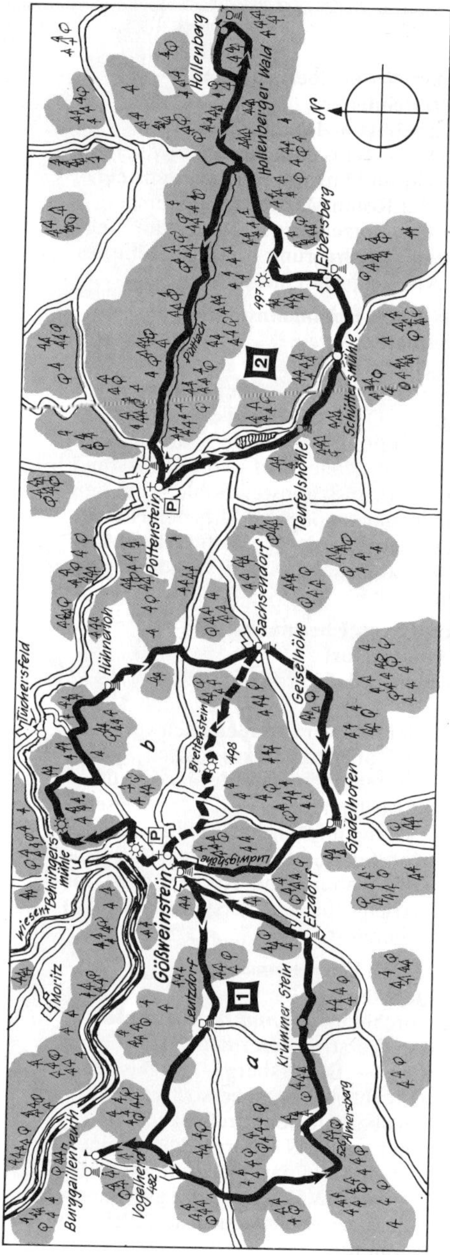

Hollenberg
Hollenberger Wald
Elbersberg
497
Püttlach
2
Schüttersmühle
Teufelshöhle
Pottenstein
Sachsendorf
Hühnerloh
Tüchersfeld
Geiselhöhe
Breitenstein
498
b
Stadelhofen
Behringersmühle
Ludwigshöhe
Wiesent
Gößweinstein
Etzdorf
Moritz
Leutzdorf
1
Krummer Stein
a
Allmersberg
526
Burggaillenreuth
Vogelherd
482

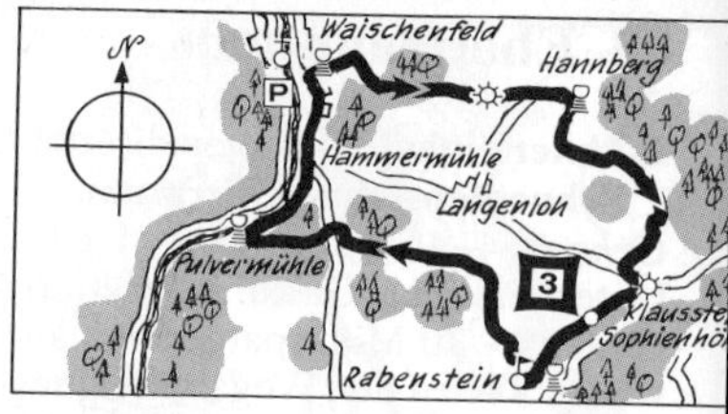

Waischenfeld
Hannberg
Hammermühle
Langenloh
Pulvermühle
3
Klausste
Sophienhö
Rabenstein

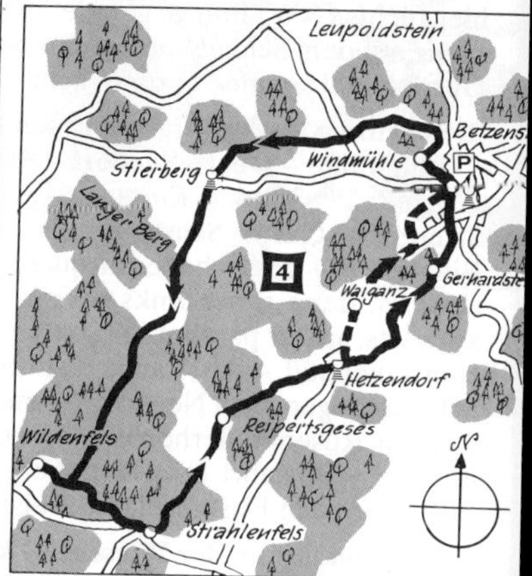

Leupoldstein
Betzens
Windmühle
Stierberg
Langer Berg
4
Gerhardste
Waiganz
Hetzendorf
Reipertsgeses
Wildenfels
Strahlenfels

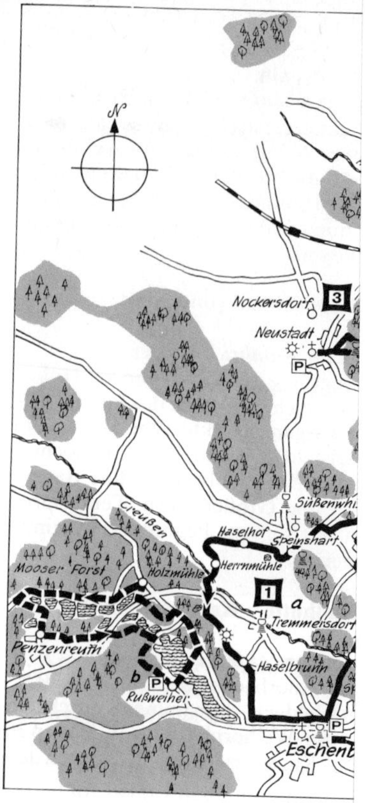

immer weiter N: von der Str. (Wegw
Altensteinreuth – Kuhweiher – Birk
Anzenberg – S Flötzholzweiher – Kö
stets N: Waldeck – Godas – Armesb
berg über Schönreuth zum P. (insge

19 Gößweinstein

1. Gößweinstein an der Wiesent – Burggaillenreuth bzw. Sachsendorf – Gößweinstein

Gehzeit: jeweils 4–4½ Std. ▪ *Karten:* L 6332 Forchheim und L 6334 Pegnitz ▪ *Anfahrt:* Bus, Auto

a) Gößweinstein, Markt (P.) – von der Klosterkirche auf der Petzoldstr. W – bei der Kapelle rechts – N eines neuen Hauses in den Wiesengrund – Leutzdorf – Burggaillenreuth – jetzt immer S (1½ Std.) – Almersberg – nun O – Krummer Stein – Etzdorf – NO über Nürnberger Kapelle nach Gößweinstein.

b) Gößweinstein, Markt (P.) – O durch die Burgstr. – Verkehrsverein, rechts – Wagnerhöhe – im Bogen abwärts zur Behringersmühler Str. beim Kirchlein unter der großen Linde links – Höhenbad – Sieghardtsfelsen – im Bogen zum Wegkreuz – dort scharf O und 10 Min. später rechts – Hühnerloh – Sachsendorf – S nach Geiselhöhe auf dem »Grasigen Weg« – Stadelhofen – Bärenstein – Ludwigshöhe – Gerner Fels – Gößweinstein; oder von Sachsendorf über den Breitenstein nach Gößweinstein.

2. Pottenstein im Püttlachtal (8 km Ö von Gößweinstein) – Teufelshöhle – Schloß Hollenberg – Pottenstein

Gehzeit: 4–4½ Std. ▪ *Karte:* L 6334 Pegnitz ▪ *Anfahrt:* Bus, Auto

Pottenstein, Rathaus (P.) – auf der Nürnberger Str. S – Café Mager – halbrechts auf schmaler Teerstr. am Bachufer, dann Fußweg – Stausee – Teufelshöhle – S auf Fußweg zur Brücke vor der Schüttersmühle – jenseits der B 470 bei 2 Fichten auf Steig aufwärts – Elbersberg – zum Heiligen Steg NO abwärts – Püttlachtal (zusätzl. im Herbstgrund zur Ruine Schloßberg bei Hollenberg, 2 Std.) – flußabwärts W – Pottenstein.

3. Waischenfeld an der Wiesent (12 km N von Gößweinstein) – Hannberg – Schloß Rabenstein – Waischenfeld

Gehzeit: 3½–4 Std. ▪ *Karte:* L 6134 Bayreuth ▪ *Anfahrt:* Bus, Auto

Waischenfeld, Markt (P.) – vom Bäcker Heckel nach O über die Brücke, rechts zur Vorstadt, beim Christophorusdenkmal (Kastanie und Linde) links aufwärts – Buchberg – Hannberg – Schweinsberg – am Feldkreuz an der Straße einige Schritte talwärts – Brotzeitplatz über dem Rabensteiner Tal – S auf dem Hangpfad – Sophienhöhle / Klausstein-Kapelle – Burg Rabenstein – jetzt erst NW, dann W – Pulvermühle an der Wiesent – N zur Hammermühle – Waischenfeld.

4. Betzenstein (14 km S von Gößweinstein) – Wildenfels – Strahlenfels – Betzenstein

Gehzeit: 4½–5 Std. ▪ *Karte:* L 6334 Pegnitz ▪ *Anfahrt:* Bus, Auto

Betzenstein, Gasth. Post (P.) – NO durch die Schloßstraße – Hinteres Tor – erst im Tal, dann auf den Windmühlenhügel (einzelnes Haus) – dahinter im Buchenwald links zur Leupoldsteiner Str. – im stumpfen Winkel rechts über Wiesen in den Wald – Stierberg – Langer Berg – Wildenfels – SO nach Strahlenfels – nun immer NO – Reipertsgeses – Hetzendorf – auf der Straße nach Betzenstein; oder weglos durch den Teufelsgrund – Waldgaststätte Gerhardstein – N nach Betzenstein.

23 Eschenbach i. d.

1. a) Eschenbach – Barbara
Gehzeit: 5–5½ Std. ▪ *Karte.*
Auto
Eschenbach, unterer Ortst
Straße nach W, dann Fußwe
N vom Trafohaus über Wie
Creußen – am Fuß des Mieg
Seitenthal – Barbaraberg –
weiter – Haselhof – S zur
weiter, später SO – Haselbru
Speinsharter Str.

b) Rußweiher (3 km NW vo
Penzenreuth – Rußweih
Gehzeit: 4–4½ Std. ▪ *Karte:*
Gasth. Rußweiher (P.) – erst
– Holzmühle – jetzt immer
Penzenreuth – nun stets O a

2. Pressath an der Haidenaa
Weihersberg – Pressath
Gehzeit: 3–3½ Std. ▪ *Kart*
Bahn, Bus, Auto
Pressath, Rathaus (P.) – N
geradeaus im Tal des Press
hinter den Fischweihern link
alleinstehenden Birke an de
N umrunden – W Schloß W
Waldrand – im S Waldbog
Haidenaabbrücke nach Zint
Wiesenweg oder auf dem Fa

3. Neustadt am Kulm (9 km
Neustadt
Gehzeit: 2 oder 3 Std. ▪ *Kar*
Neustadt am Kulm, Markt (
Markt O verlassen, beim Sch
zum Gasth. Sandberg – über
den Rauhen Kulm nach W a

4. Kemnath (16 km N von Es
Armesberg – Kemnath
Gehzeit: 3½–4 Std. (evtl. –6 St
Auto
Autofahrer fahren von Kemn
beim braunen Holzkreuz link
und Feldkreuz, P.) rechts an

31 Feucht

1. Schwarzenbruck (3 km S von Feucht) – Gsteinach – Brückkanal – Schwarzenbruck
Gehzeit: 3–3½ Std. ▪ *Karte:* L 6732 Schwabach ▪ *Anfahrt:* Bus, Auto
Schwarzenbruck, Faberschloß (P.) – Altenheim – W bergab, rechts über die Schwarzachbrücke, danach links den Hirtenweg bergauf – beim Bäcker gleich wieder abwärts zum Bachsteg – rechts (flußabwärts) immer W – Granitwerk, den Schienen nach durch das Werk – Brückkanal – über die Brücke und ca. 3 km am Kanal O – bei der großen Steinbrücke links und gleich wieder halbrechts – Altersheim / Faberschloß.

2. Zerzabelshof oder Fischbach – Lorenzer Reichswald
Gehzeit: 2–7 Std. ▪ *Karte:* L 6532 Nürnberg ▪ *Anfahrt:* Bus, Auto
a) Vom Tiergarten über den Schmausenbuck – O zum Hirschenkopf – (evtl. weiter bis zum Hohen Stein / Froschstein) – jetzt immer W – Schlüsselstein – Tiergarten; Karte nicht vergessen!
b) P. Ö Fischbach an der Autobahn: entweder S über den Hutberg und Ö über den Büchleinsberg nach Birnthon – jetzt N – Netzstall – Brunn; oder vom P. O über den Netzstaller Rangen nach Brunn – im W-Bogen zum Brunner Berg und entlang der Autobahn zurück (Karte!).

3. Pyrbaum (11 km S von Feucht) – Oberhembach – Straßmühle – Pyrbaum
Gehzeit: 4–4½ Std. oder 5–5½ Std. ▪ *Karte:* L 6732 Schwabach ▪ *Anfahrt:* Bus, Auto
Pyrbaum, Gasth. Rotes Roß am Marktplatz (P.) – hinter dem Kriegerdenkmal den Oberhembacher Weg unter Birken bergab zum Friedhof und gerade den Wiesenweg weiter – jenseits der Teerstr. auf dem Fahrweg links zum Wald – am Waldrand um die Stockweiher herum N – Oberhembach; entweder W direkt zum Schellenberg und nach Birkenlach oder NW an der Weiherkette weiter – Neumühle – Dürrenhembach – nun stets S zu den Weihern bei Straßmühle; entweder genau O entlang des Finsterbaches oder SO durch den Wald – Pruppach / Burgstall – Münchsmühle / Neuhof – jetzt im N-O-Bogen nach Pyrbaum.

4. St. Wolfgang bei Allersberg (17 km S von Feucht) – Seligenporten – St. Wolfgang
Gehzeit: 3½–4 Std. ▪ *Karte:* L 6732 Schwabach ▪ *Anfahrt:* Bus, Auto
Mit dem Auto durch die Allersberger »Vorstadt« und auf der Neuburger und Eppersdorfer Str. 1,5 km in N-Richtung (P.) – links auf dem Kreuzweg zur Kapelle St. Wolfgang – jetzt immer O durch den Wald (jenseits der Eppendorfer Str. im Hochwald manchmal weglos) zur Forststr. – hinter der abgebauten Bahnlinie zu 2 Weihern – am Bachgraben SO – Seligenporten – auf dem gleichen Weg oder auf etwas südlicherer Trasse zurück.

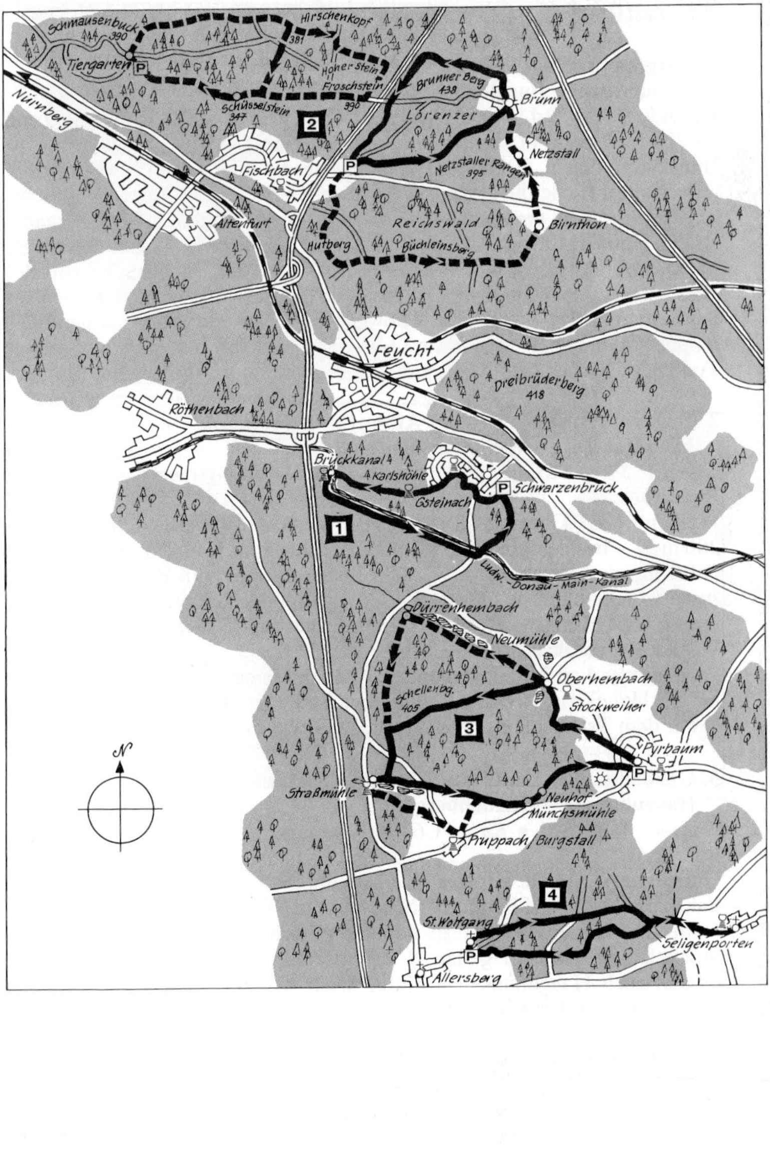
Schmausenbuck
390
Hirschenkopf
381
Tiergarten
Hoher Stein
Froschstein
390
Schüsselstein
347
Brunner Berg
438
Brünn
Nürnberg
Lorenzer
Netzstall
Fischbach
Netzstaller Rangen
395
Altenfurt
Reichswald
Birnthon
Hutberg
Büchleinsberg
Feucht
Dreibrüderberg
418
Röthenbach
Brückkanal
Karlshöhle
Gsteinach
Schwarzenbruck
Ludw.-Donau-Main-Kanal
Dürrenhembach
Neumühle
Oberhembach
Stockweiher
Schellenbg.
405
Pyrbaum
Straßmühle
Neuhof
Münchsmühle
Pruppach/Burgstall
St. Wolfgang
Seligenporten
Allersberg
1
2
3
4
N

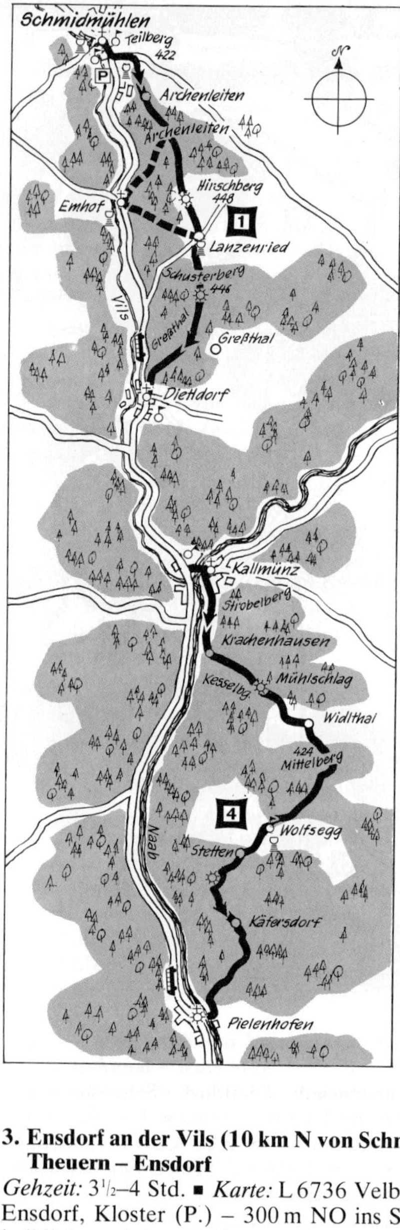

Wald abwärts ins Greßthal – Dietldorf – Bus nach Schmidmühlen. Vorher Abfahrtszeiten!

2. Ensdorf an der Vils (10 km N von Schmidmühlen) – Hirschwald oder Taubenbacher Forst – Ensdorf

Gehzeit: je 5–6 Std. (evtl. nur 2–2½ Std.) ▪ *Karte:* L 6736 Velburg ▪ *Anfahrt:* Bus, Auto Ensdorf, Klosterbrauerei (P.) – 300 m in S-Richtung, beim Gasth. Dietz rechts, über Vilsbrücke und Bahngleis, dann wieder rechts am Gleis entlang – links den Kreuzberg bergauf – Wallfahrtskirche:
a) 1½ Std. W durch den Forst nach Oberbernstein / Bernsteiner Hänge (evtl. Abkürzung über Hubertus-Kapelle nach Wolfsbach) – N im Salleröder Tal (evtl. über Hirschwald) zum Waldhaus – nun stets O, erst eben durch den Forst, dann abwärts ins Vilstal – Theuern – Bus nach Ensdorf.
b) S nach Palkering – Schallerberg (von hier evtl. SO über Öd und Kreuth nach Rieden oder Vilshofen) – W zum Forsthaus Taubenbach – Egelsheim – nun immer O – Spieshof / Ruine Roßstein – im O-S-O-Bogen durch den Taubenbacher Forst – Brunnschlag – Aufheim – Vilshofen – Busfahrt nach Ensdorf ▪ Bitte beachten: Busrückfahrtszeiten notieren; Karte mitnehmen!

3. Ensdorf an der Vils (10 km N von Schmidmühlen) – Ebermannsdorf – Theuern – Ensdorf

Gehzeit: 3½–4 Std. ▪ *Karte:* L 6736 Velburg ▪ *Anfahrt:* Bus, Auto Ensdorf, Kloster (P.) – 300 m NO ins Schustertal bis Haus Nr. 49, dort halblinks auf dem Feldweg aufwärts – Uschlberg – immer weiter N, erst

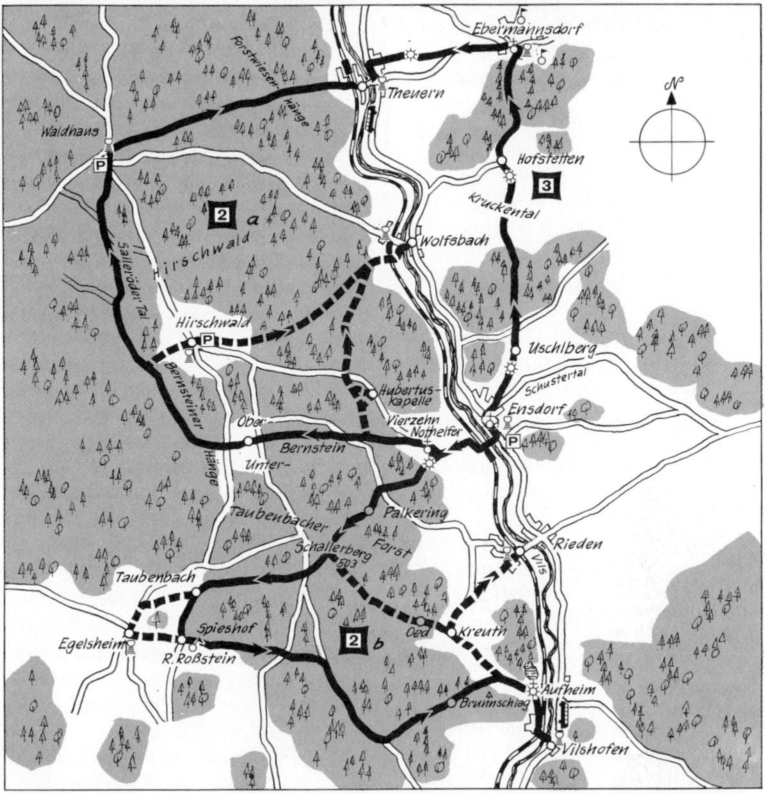

talwärts, jenseits der Str. auf dem rechten Grasweg im Jungwald bergwärts – durch den Forst ins Kruckental – Hofstetten – Ebermannsdorf – jetzt W nach Theuern – Busfahrt nach Ensdorf ▪ Bitte beachten: Busrückfahrtszeiten erkunden!

4. Kallmünz an der Naab (10 km S von Schmidmühlen) – Wolfsegg – Pielenhofen – Kallmünz

Gehzeit: 4½–5 Std. ▪ *Karte:* Umgebungskarte Regensburg-West ▪ *Anfahrt:* Bus, Auto

Kallmünz, Markt/Rathaus (P.) – O über die Naabbrücke, vor der Bäckerei rechts auf der Alten Regensburger Str. zur Krachenhausener Str. – rechts immer am Fluß abwärts – Krachenhausen, links ins Holzheimer Tal, doch gleich wieder rechts am Kesselberg aufwärts – Berghof – Mühlschlag, links (nicht talwärts!) über den Bergrücken – Widlthal – gegenüber S bergan – Mittelberg/Schwaighauser Forst – Wolfsegg – Stetten – Käfersdorf – Abstieg nach Pielenhofen – Busfahrt nach Kallmünz ▪ Bitte beachten: Auch diese Tour endet mit einer Busrückfahrt, daher am Morgen den Fahrplan notieren!

36 Velburg

1. Velburg – St. Wolfgang – König-Otto-Höhle – Velburg

Gehzeit: 3½–4 Std. ▪ *Karte:* L 6736 Velburg ▪ *Anfahrt:* Bus, Auto

Velburg, Stadtplatz / Rathaus (P.) – vom Gasth. Post abwärts zum Annakirchlein, da links auf der Parsberger Str. zum Doppelkreuz – links den Fahrweg, über die Teerstr., jenseits O auf den Sperlasberg – nun N abwärts nach St. Wolfgang – O der Colomanner Höhe weiter nach N – St. Colomann – König-Otto-Höhle – jetzt immer S über die Colomanner Höhe – Steinerne Jungfrauen – Waldlehrpfad – Burgberg – Velburg.

2. Velburg – Lengenfeld – Deusmauer – Velburg

Gehzeit: 4½–5 Std. (evtl. 3 Std.) ▪ *Karten:* L 6736 Velburg und L 6734 Neumarkt in der Oberpf. ▪ *Anfahrt:* Bus, Auto

Velburg, unterhalb der Stadt am Ostrand, Transformatorenhaus (P.) – unter 9 Pappeln gerade bergauf, am Waldrand rechts – einzelnes Haus – erst eben, dann etwas abwärts zu einer Bank, da links Treppe oder Kreuzweg – Wallfahrtskirche / Hohenberg – beim schmiedeeisernen Wegkreuz links – Sendemast – Bergkapelle – W talwärts zur Lengenfelder Str. – ein Stück auf ihr, dann rechts aufwärts zum Eichelberg – nun immer W – Schwaighof – Ruine Helfenberg – Autobahn – Lengenfeld – wieder zurück und nach der Autobahn links halten – im N-W-Bogen nach Deusmauer – genau N zum Burgstall und N-O um den Plankenstein herum – Bogenhof – nun immer SO, jenseits der Straße durch den Wald – Kramertsbügel – Schafhof – Velburg.

3. Parsberg (7 km S von Velburg) – Seubersdorf – (Klapfenberg) – Parsberg

Gehzeit: 4–4½ Std. (evtl. 8–9 Std., dann 2 Tage) ▪ *Karte:* Sonderkarte Naturpark Altmühltal, Blatt Ost ▪ *Anfahrt:* Bahn, Bus, Auto

Parsberg, Bhf. (P.) – S zur Stadt – auf der Alten Seestr. weiter nach S, dann rechts »Am Anger« bis zu dessen Ende – da links, gleich wieder rechts über Treppen auf dem Pilgerweg zur Kapelle / Kalvarienberg – S abwärts, ¼ Std. später rechts und immer W – Eglwang – Daßwang – ½ Std. danach im Wald NW – Seubersdorf / Bhf. (evtl. Bahn nach Parsberg) – weiter nach N – Eichenhofen – Ruine Adelburg – jetzt O ins Laabertal – Klapfenberg – im Tal weiter – Gastelshof – Katzenfels – Darshofen – Steinmühle – Bienmühle – Buchenberg – Parsberg ▪ Bitte beachten: Falls Sie nur die Eintagestour machen, sollten Sie sich vor Abmarsch nach dem Fahrplan erkundigen!

4. Deining an der Weißen Laaber (11 km W von Velburg) – Winnberg – Weichselberg – Deining

Gehzeit: 4–4½ Std. ▪ *Karte:* L 6734 Neumarkt in der Oberpf. ▪ *Anfahrt:* Bus, Auto

Deining, Gasth. Hahnenwirt (P.) – auf der Leutenbacher Str. W, nach der Brücke links am Bach entlang – hinter dem Fischweiher rechts am Waldrand zur Eiche an der Waldwiese – dort den linken Bergsteig immer W – Leutenbach – am Ortsrand an der Feldkapelle halbrechts W nach Winnberg – jetzt NO zum Weichselberg und SO nach Tauernfeld – bei der Kapelle im Pombachtal O – Deining.

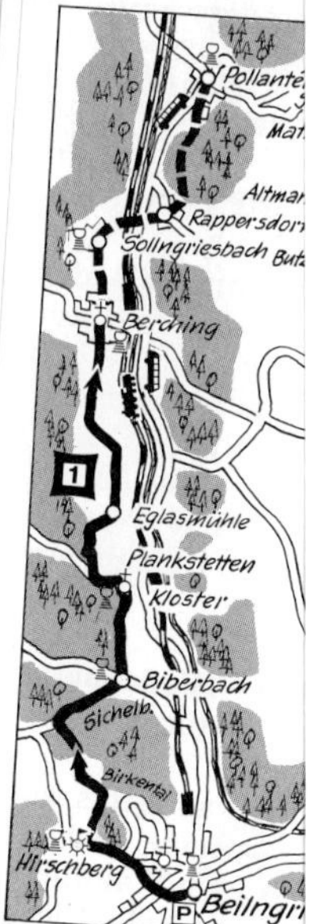

4. Kasing (24 km S
Köschinger Wald

Gehzeit: 4–4½ Std.
Altmühltal, Blatt Os
Kasing, Kirche (P.) –
links – Feldweg zur
kreuz halbrechts zun
Bettbrunn; entweder
zur Keltenschanze; o
den 2 Ulmen SW dir
Keltenschanze – weit
am Waldrand links –
(Karte mitnehmen!)

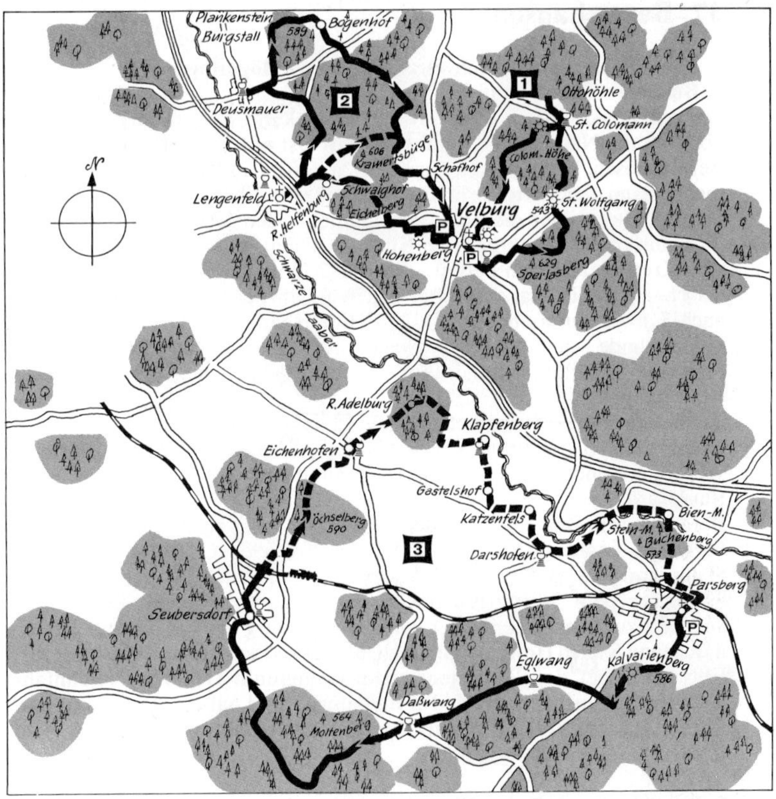

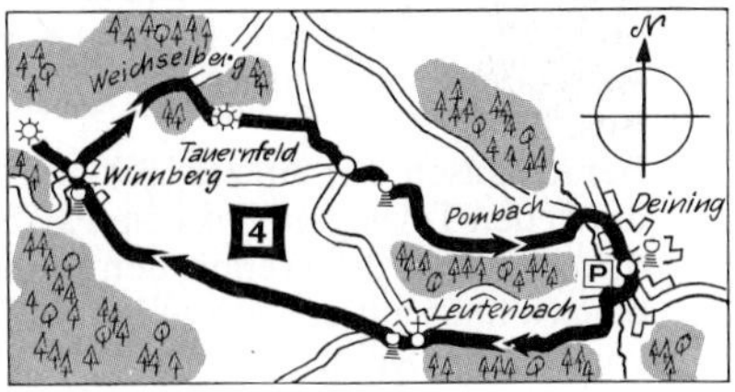

38 Be

1. Beilng
Gehzeit:
mühltal, I
Beilngries
die Lange
gegenüber
jenseits ar
Trafohaus
Bergkreuz
Biberbach
der Straße
Berching –
Sollngriesb
■ Bitte bea
Pollanten n

2. Holnstein
Waldkirc
Gehzeit: 3½–
■ *Anfahrt:* B
Holnstein, K
die Laaberbr
aufwärts – K
Staufersbuch,
weiter – Walc
str. – genau W
– nun stets N
Holnstein.

3. Breitenbrun
Eichlberg –
Gehzeit: 5–5½
Altmühltal, Bl
Breitenbrunn,
Markt – vor de
am Bach entlan
NO über Lange
berg. Entweder
Oder NW den
Eckerding – Har
Tal – St. Sebasti

41 Ansbach

1. Schalkhausen (3 km W von Ansbach) – Kreuzeiche – (Wiedersbach) – Schalkhausen

Gehzeit: 4½–5 Std. (evtl. 4 Std.) ■ *Karte:* L 6728 Ansbach ■ *Anfahrt:* Bahn, Bus, Auto

Schalkhausen, Bhf. (P.), entlang vom Bahnkörper und Eichenwald nach W – S von Steinersdorf auf der Höhe gerade nach NW – Gumbertus-Hütte – Kreuzeiche: 1. Gerade W zum Horn – S am Abhang abzweigen nach Oberramstadt – Heuberg – Zobelholz – Bhf. Wiedersbach – Bahn- oder Busfahrt nach Schalkhausen: 2. SW über Gumbertusbrunnen – Hinterholz – Tiefenthal – S nach Neunkirchen – Straßenwirtshaus, Haltepunkt Neunkirchen – Bahn- oder Busfahrt nach Schalkhausen; 3. Gumbertusbrunnen – Hinterholz – SW durch den Schalkhausener Forst – Dornberg – Schalkhausen ■ Bitte beachten: Vor dem Wanderbeginn sollten Sie die Bahn- und Busabfahrtszeiten notieren!

2. Herrieden an der Altmühl (10 km S von Ansbach) – Hohenberg – Kienberg – Herrieden

Gehzeit: 4–4½ Std. ■ *Karte:* L 6728 Ansbach ■ *Anfahrt:* Bus, Auto

Herrieden, Gasth. Hirschen (P.), Ringstr. nach W, Ansbacher Str. nach N – Steinbergweg – St.-Martin-Kirche – gerade nach Schernberg, Gasth. Bergwirt – rechts 100 m auf der Höhe – in O-Richtung nach Hohenberg – links vom Weiher zum Hohenbuck – durch Wald über den Eichelberg NO bis kurz vor die Autobahn – O über die Straße nach Höfstetten – S zum Schloßberg – vorbei am Turmhügel S zum Schreinersbachweiher – Schreinersmühle – W über den Kienberg – Herrieden.

3. Triesdorf (12 km SÖ von Ansbach) – Weidenbach – Sommersdorf – Triesdorf

Gehzeit: 3½–4 Std. ■ *Karte:* L 6728 Ansbach und L 6928 Wassertrüdingen ■ *Anfahrt:* Bahn, Bus, Auto

Triesdorf Gasth. Adler (P.), auf der Markgrafenstr. nach W – in Weidenbach an der Straßenteilung rechts bergab, links durch die Esbacher Str. – Esbach, vor der Eiche links – W nach Sommersdorf – vor dem Schloß 100 m nach links, dann rechts auf der Birkenallee neben dem Bach NO, auf der Fahrstr. O – Kolmschneidbach – jetzt immer O – Triesdorf.

4. Wernsbach (8 km N von Ansbach) – Rügland – Moratneustetten – Wernsbach

Gehzeit: 4½–5 Std. ■ *Karten:* L 6728 Ansbach und L 6528 Neustadt a. d. Aisch ■ *Anfahrt:* Bus, Auto

Wernsbach, Kirche (P.), die Dorfstr. 200 m nach O – links zur Bachbrücke – links aufwärts in den Berlachforst – NW Richtung Wüstendorf – rechts zu den Waldweihern – N nach Lindach – über die Geißleite nach Rügland – NO bergan zur Ruine Rosenberg – S zur Pilsmühle abwärts – Höhenweg S nach Neubronn – Moratneustetten – S über den Seelasbuck – Wernsbach.

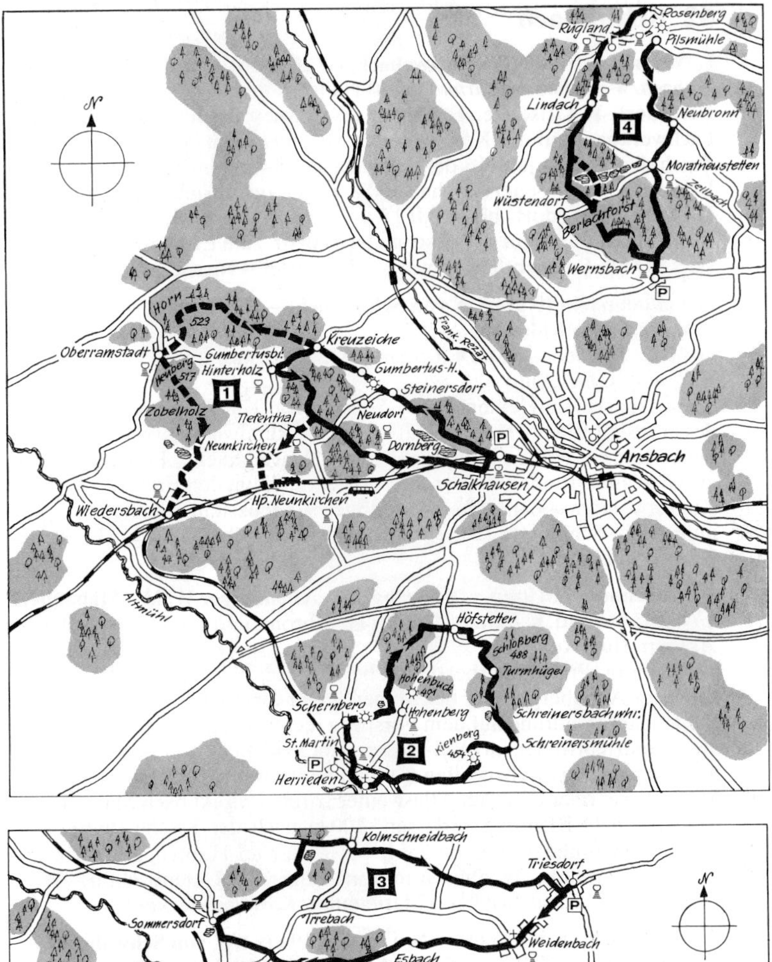
Rosenberg
Rügland
Pilsmühle
Lindach
4
Neubronn
Moratneustetten
Zellbach
Wüstendorf
Berlachforst
Wernsbach
P
Horn
523
Kreuzeiche
Oberramstadt
Gumbertusbr.
Hinterholz
Gumbertus-H.
Henberg 517
1
Steinersdorf
Zobelholz
Tiefenthal
Neudorf
P
Neunkirchen
Dornberg
Ansbach
Frank. Rezat
Schalkhausen
Wiedersbach
Hp. Neunkirchen
Altmühl
Höfstetten
Schloßberg 488
Turmhügel
Hohenbuck 491
Schernberg
Hohenberg
Schreinersbachwhr.
St. Martin
2
Kienberg 454
Schreinersmühle
P
Herrieden

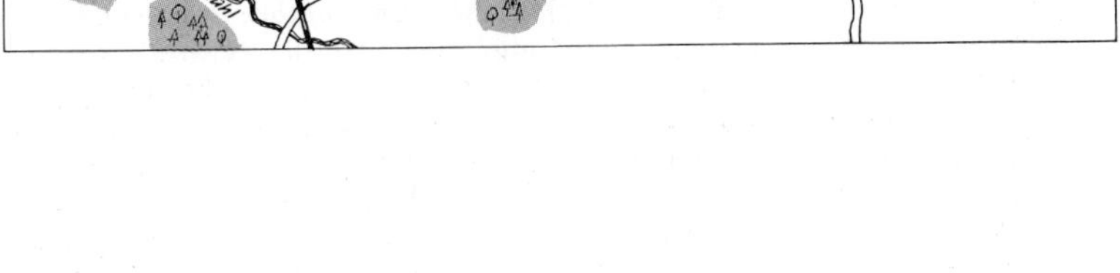
Kolmschneidbach
3
Triesdorf
P
Sommersdorf
Irrebach
Weidenbach
Esbach
Altmühl

43 Wendelstein

1. Worzeldorf (5 km W von Wendelstein) – Glasersberg – Steinbrüchlein – Worzeldorf

Gehzeit: 2–2½ Std. ▪ *Karte:* L 6732 Schwabach ▪ *Anfahrt:* Bus, Auto
Worzeldorf, Ortsübersichtstafel an der Hauptstr. (P.) – rechts auf dem S Dammweg des Ludwigskanals in ¼ Std. zur Steinbrücke – links über den Kanal, am Schleusenwärterhaus halblinks – Glasersberg – N weiter, unter der Hochspannungsleitung durch, zum Steinbrüchlein – jenseits der Hauptstr. stets N über den Knauersberg – Worzeldorf.

2. Großschwarzenlohe (3 km SW von Wendelstein) – Furth – Schwand – Großschwarzenlohe

Gehzeit: 3–3½ Std. ▪ *Karte:* L 6732 Schwabach ▪ *Anfahrt:* Bus, Auto
Großschwarzenlohe, Gasth. Roter Ochse am S Ortsrand – vor dem Haus mit dem Uhrturm auf dem »Mittelweg« O, an dessen Ende rechts über die Bachbrücke, zwischen dem Feld und den Lohbachwiesen SO zu einer Birkengruppe / Winkelweiher – Siedelweiher am Waldrand – Forst Kessel – ¼ Std. später im Wald genau S nach Furth – beim braun-rosa Fachwerkhaus über die Brücke, danach rechts – Fahrstraße am Hembach nach Schwand – Busfahrt nach Großschwarzenlohe ▪ Bitte beachten: Vor dem Abmarsch den Busrückfahrplan einsehen!

3. Schreckhäusl bei Harrlach (12 km S von Wendelstein) – Harrlach – Finstermühle – Schreckhäusl

Gehzeit: 2½–3 Std. ▪ *Karte:* L 6732 Schwabach ▪ *Anfahrt:* Auto
Schreckhäusl, 1 km S von Harrlach (P.) – vom Waldrand auf dem Fahrweg 300 m O, beim Sperrschild links, gerade N – über den Bach und links an den Finsterbachweihern W entlang nach Harrlach (oder vor dem Bach links am Waldrand nach Harrlach) – vom ockerfarbenen Haus bei der Bachbrücke auf dem Forstweg W weiter am Waldrand zur Finstermühle – S der Finsterbachweiher O am Waldrand zum Schreckhäusl.

4. Eichelburg (19 km S von Wendelstein) – Guggenmühle – Teufelsknopf – Eichelburg

Gehzeit: 5–5½ Std. (evtl. 2–2½ oder 4–4½ Std.) ▪ *Karte:* L 6732 Schwabach ▪ *Anfahrt:* Auto
Eichelburg, Gasth. Meyer (P.) am Ö Ortsende – 200 m W, beim alten Stadel auf dem Feldweg rechts zu eine Buschgruppe und am Wiesenrand NO weiter zu den Häusern von Heubühl – jetzt N zur Guggenmühle; entweder W direkt nach Brunnau entlang dem Brunnbach oder vom Gasth. im Bogen durch den Kiefernforst (20 Min. N – 40 Min. W – 40 Min. S) zur Hauptstr. und jenseits auf den Teufelsknopf / Ruine Wartstein (in ¼ Std. O nach Eichelburg) – S weiter zum Schöttelsweiher über den Gagesbuck Richtung Zwiefelhof – N nach Birkach, vor dem Feuerwehrhaus links zum Wald und NW – Eichelburg.

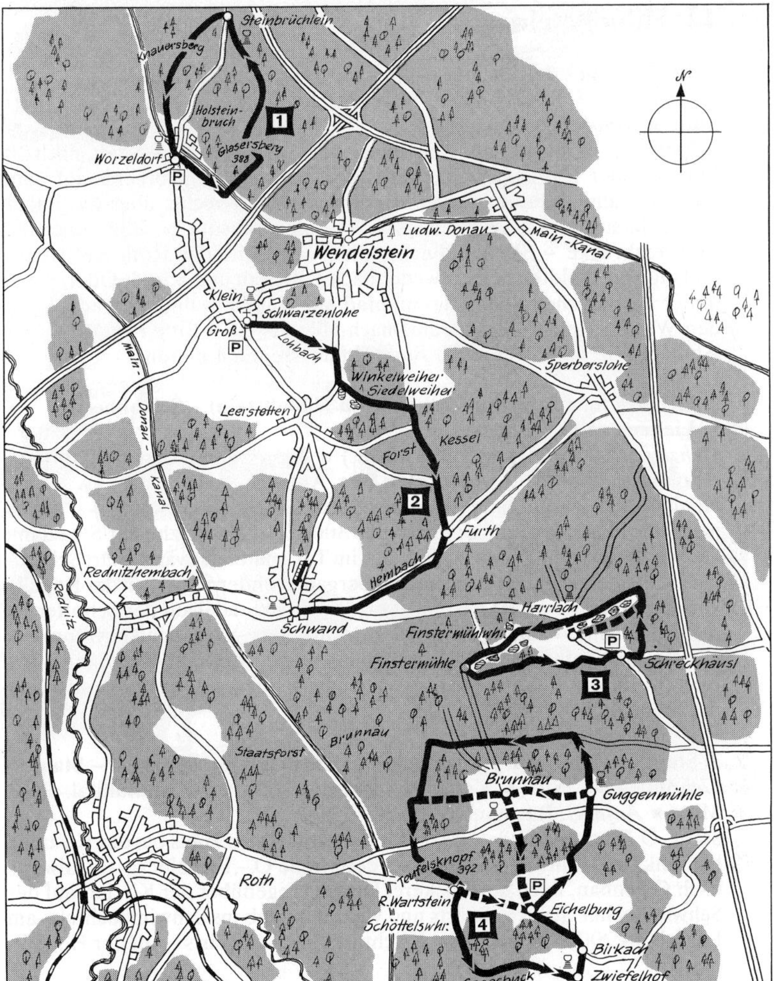
N
Steinbrüchlein
Knauersberg
Holstein-
bruch
Glasersberg
383
1
Worzeldorf
P
Ludw. Donau-
Main-Kanal
Wendelstein
Klein
Schwarzenlohe
Groß-
P
Lohbach
Main-Donau-Kanal
Winkelweiher
Siedelweiher
Leerstetten
Sperberslohe
Forst
Kessel
2
Furth
Hembach
Rednitzhembach
Rednitz
Schwand
Harrlach
Finstermühlwhr.
P
Finstermühle
Schreckhäusl
3
Brunnau
Staatsforst
Brunnau
Guggenmühle
Teufelsknopf
392
P
Roth
R. Wartstein
Eichelburg
Schöttelswhr.
4
Birkach
Gagesbuck
Zwiefelhof

45 Feuchtwangen

1. Feuchtwangen – Hohenkreßberg – Schopfloch – Feuchtwangen
Gehzeit: 5½–6 Std. ▪ *Karte:* L 6926 Crailsheim (LVA Baden-Württ.) ▪ *Anfahrt:* Bahn, Bus, Auto
Feuchtwangen, Markt (P.) – W durch die Untere Torstr. über die Sulzach – beim Gasth. Naser rechts in die Crailsheimer Str., noch vor dem Bahngleis die 1. Straße W zum Sportplatz – hinter Birkengruppe bei einer weißen Bank rechts halten – Esbach – W durch den Forst – Mosbach – die Wörnitz und die Autobahn kreuzen – Kühnhard – weiter nach W, am Dorfende links (SW) über den Kreßberg – Hohenkreßberg – genau S abwärts nach Marktlustenau nun stets O im Tal – vor Oberhinterhof die Autobahn kreuzen – Unterhinterhof – links halten und durch den Wald zur Wörnitzbrücke – Schopfloch – Bus nach Feuchtwangen (Fahrplan!).

2. Dinkelsbühl (11 km S von Feuchtwangen) – Burgstall – Segringen – Dinkelsbühl
Gehzeit: 3½–4 Std. ▪ *Karte:* siehe oben ▪ *Anfahrt:* Bahn, Bus, Auto
Dinkelsbühl, Stadtmitte (P.) – die Martin-Luther-Str. N durch das Rothenburger Tor – die Larrieder Str. gerade, ½ Std. später am Weiher entweder links aufwärts nach Seidelsdorf und S abwärts ins Tal des Hausertsmühlbachs oder N aufwärts – Burgstall – W auf der Höhe nach Oberradach – S bergab – Beutenmühle – Untermeißling – Hardmühle – Segringen – W zum Gaisweiher – N über die Bachbrücke bei der Gaismühle – Dinkelsbühl (oder Hausertsmühle – Rain – Reichertsmühle).

3. Dentlein am Forst (7 km Ö von Feuchtwangen) – Wehlmäusel – Schwaighausen – Dentlein
Gehzeit: 2½–3 Std. (evtl. 4 Std.) ▪ *Karte:* L 6928 Wassertrüdingen ▪ *Anfahrt:* Bus, Auto
Dentlein, gelbes Rathaus auf dem Kirchenhügel (P.) – von der Kirche W bergab zum Gasth. Meckler – auf der Dinkelsbühler Str. 5 Min. S, beim Trafohaus rechts die Wehlmäuseler Str. zum und durch den Wald SW zum Weiher bei der Unterlottermühle – im Bachtal S – Wehlmäusel – O in den Forst – Ruine Cyriacus-Kapelle – Schwaighausen (vorher W an der Hauptstr. Bus nach Dentlein; vorher Fahrplan!) – SO weiter zum Walkweiher – im O-N-Bogen in den Kaltengrundgraben und N weiter – Großohrenbronn (oder Erlmühle) – Ölmühle – Dentlein.

4. Schillingsfürst (16 km N von Feuchtwangen) – Faulenberg – Bellershausen – Schillingsfürst
Gehzeit: 3½–4 Std. (evtl. –4½ Std.) ▪ *Karte:* L 6726 Rothenburg o.d. Tauber ▪ *Anfahrt:* Bahn, Auto
Schillingsfürst, rotes Kriegerdenkmal (P.) – die Steinerne Stiege aufwärts zum Schloß – beim Kartenverkaufshäuschen links (N) unter Kastanien durch den Schloßpark bergab – Schafhof – auf der Straße N, nach einigen Min. links den Feldweg am Hang talwärts und immer N – Wohnbach – Faulenberg (oder Umweg von Schafhof erst O, dann N über Hinteren und Vorderen Grasbühl nach Neuweiler) – genau SW über die Waldhöhe ins Wohnbachtal – Bellershausen – erst SO, nach ½ Std. stets O hinauf an den S-Rand von Schillingsfürst – auf Hauptstr. NO – Kriegerdenkmal.

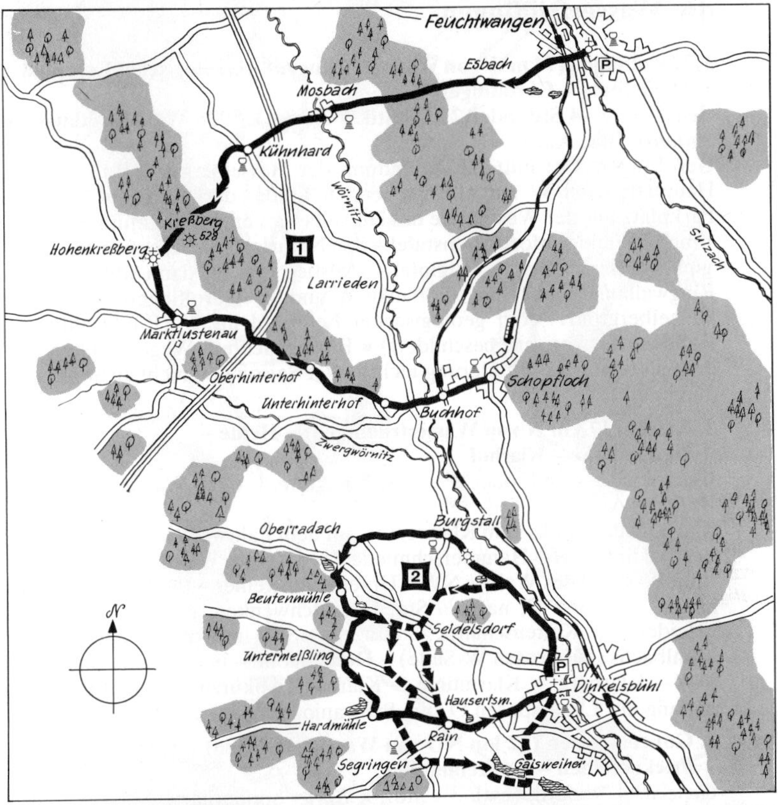
Feuchtwangen
Esbach
Mosbach
Kühnhard
Wörnitz
Kreßberg
528
Hohenkreßberg
1
Larrieden
Sulzach
Marktlustenau
Oberhinterhof
Unterhinterhof
Buchhof
Schopfloch
Zwergwörnitz
Oberradach
Burgstall
2
Beutenmühle
Seidelsdorf
Untermelßling
Dinkelsbühl
Hausertsm.
Hardmühle
Rain
Segringen
Gaisweiher
N
P

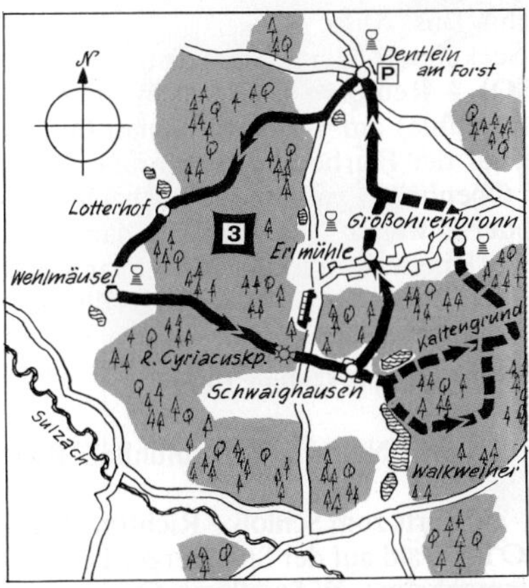
N
Dentlein
am Forst
P
Lotterhof
3
Großohrenbronn
Erlmühle
Wehlmäusel
R. Cyriacuskp.
Kaltengrund
Schwaighausen
Sulzach
Walkweiher

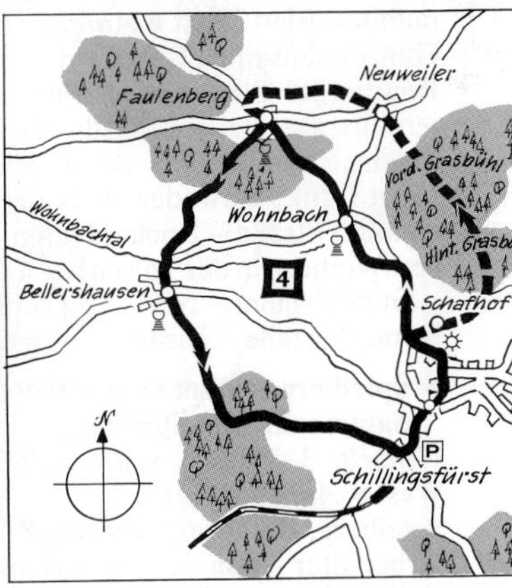
Faulenberg
Neuweiler
Vord. Grasbühl
Wohnbachtal
Wohnbach
Hint. Grasbühl
Bellershausen
4
Schafhof
N
P
Schillingsfürst

47 Weißenburg

1. Weißenburg an der Schwäbischen Rezat – Wülzburg – Burgus – Weißenburg

Gehzeit: 4–4½ Std. (evtl. 3–3½ Std.) ▪ *Karte:* Sonderkarte Naturpark Altmühltal, Blatt West ▪ *Anfahrt:* Bahn, Bus, Auto

Weißenburg, Ö Stadtrand, Eichstätter Str. 56 / Bushaltestelle (P.) – am Fahrverkehrssperrschild halblinks (O) auf dem Wülzburger Weg bergan – Wülzburg – weiter nach O und S des Flugplatzes auf der Str. zum Parkplatz im Wald – auf der Römerstr. O gerade durch den Wald – Burgus (evtl. weiter O zum Wachturm am Limes); 1. Vom Burgus NW – Oberhochstatt – immer W nach Kehl – Wülzburg – Weißenburg; 2. auf der Römerstr. zurück zum Parkplatz (W), kurz davor erst S, dann wieder W – Marmorbruch Steinsberg – Römerbrunnen – Ludwigshöhe – Weißenburg oder vom Parkplatz links direkt nach Weißenburg abwärts – Gasth. Sigwartskeller in der Straßenkurve – Bad / Zeltplatz – Eichstätter Str.

2. Niederhofen (4 km Ö von Weißenburg) – Bismarckturm – Rohrbach – Niederhofen

Gehzeit: 4–4½ Std. (evtl. 3–3½ Std.) ▪ *Karte:* Sonderkarte Naturpark Altmühltal, Blatt West ▪ *Anfahrt:* Bus, Auto

Niederhofen, Bräustübl Wank (P.) – am S-Hang N aufwärts, auf halber Höhe links (W) zum Naturfreundehaus – Heilanstalt – Bismarckturm – jetzt immer NO auf der Höhe (Albrandweg) – Rohrberg – links abwärts nach Rohrbach – am Ortsanfang beim Parkplatz rechts bergauf – NSG Steinerne Rinne – S zur Höhe, unter der Hochspannungsleitung durch, über den Höhenberg abwärts ins Tal – W nach Niederhofen.

3. Treuchtlinger an der Altmühl (6 km S von Weißenburg) – Fossa Carolina bzw. Nagelberg

Gehzeit: 1 Std. bzw. 2 Std. ▪ *Karte:* Sonderkarte Naturpark Altmühltal, Blatt West

a) Fossa Carolina: Graben, N Ortsende (P.) – gut beschilderter Rundweg um den Karlsgraben.

b) Nagelberg: P. 3 km N Treuchtlingen, gegenüber der Ortschaft Graben – gut bezeichneter Rundgang auf dem Naturlehrpfad rund um den Nagelberg zwischen Hexentanzplatz und Soldatenfriedhof.

4. Gasth. Laubenthal (7 km SÖ von Weißenburg) – Raitenbucher Forst – Laubenthal

Gehzeit: 3½–5 Std. (evtl. –7½ Std.) ▪ *Karte:* Sonderkarte Naturpark Altmühltal, Blatt Mitte ▪ *Anfahrt:* Bus, Auto

Laubenthal, Gasth. im Schambachtal (P.) – von der B 13 etwa ½ Std. N, dann rechts (O) durch den Raitenbucher Forst – beim Hohlhügel die Römerstr. queren – NO zum Limes – Raitenbuch: 1. An den Limesresten NW zum Wachturm und W zum Burgus – genau S durch den Forst nach Laubenthal; 2. Von Raitenbuch S nach St. Egidi – S weiter zum Limes, nun WSW durch den Forst nach Rothenstein – im N-W-Bogen über die Marmorbrüche nach Laubenthal (Karte mitnehmen!).

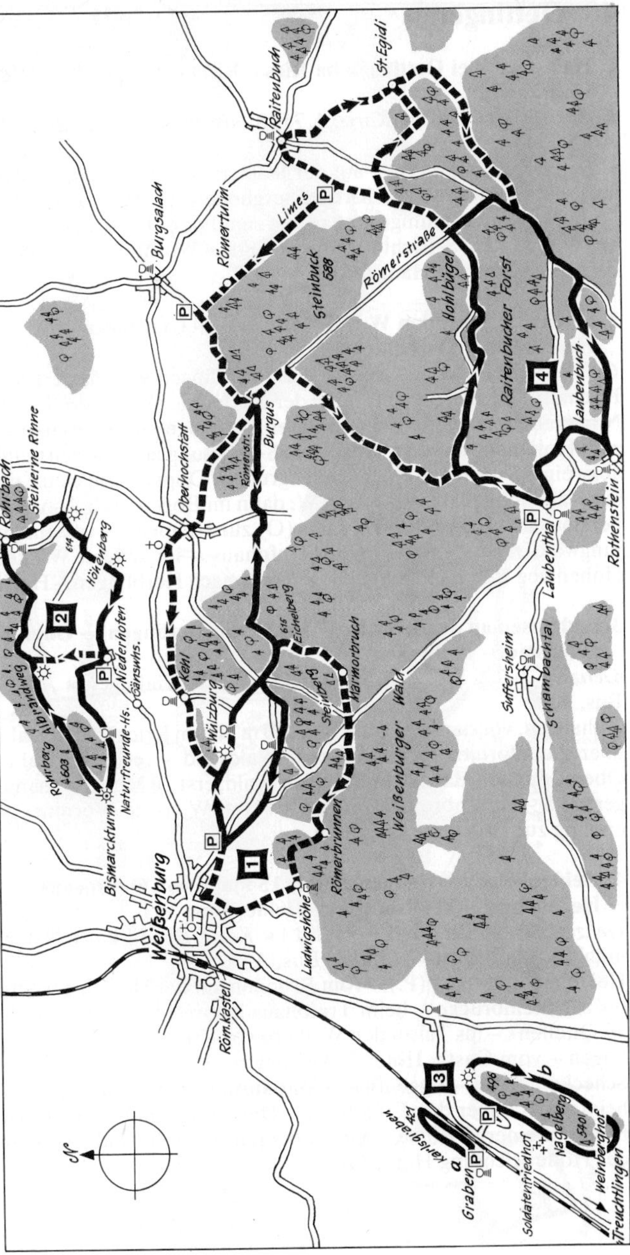

Weißenburg
Röm. Kastell
Bismarckturm
Naturfreunde-Hs.
Gänswhs.
Niederhofen
Höhenberg
614
Rohrbach
Steinerne Rinne
Rohrberg
603
Albrandweg
Oberhochstatt
Burgsalach
Römerturm
Limes
Raitenbuch
St. Egidi
Steinbuck
588
Römerstraße
Hohlbügel
Raitenbucher Forst
Laubenbuch
Rothenstein
Laubenthal
Burgus
Römerstr.
Kehl
Wülzburg
615
Eichelberg
Steinberg
Marmorbruch
Römerbrunnen
Ludwigshöhe
Weißenburger Wald
Suffersheim
Schambachtal
Karlsgraben
421
Graben
a
b
496
540
Nagelberg
Soldatenfriedhof
Weinberghof
Treuchtlingen
1
2
3
4

49 Solnhofen

1. Solnhofen an der Altmühl – Eßlingen – 12 Apostel – Solnhofen
Gehzeit: 2–2½ Std. (evtl. –4½ Std.) ▪ *Karte:* Sonderkarte Naturpark Altmühltal, Blatt West ▪ *Anfahrt:* Bahn, Bus, Auto
Solnhofen, Sola-Basilika (P.) – rechts aufwärts zum Senefelder-Denkmal, dort links den Mühlenweg (am Gasth. Eisenbahn rechts Aufstiegsmöglichkeit zu Schwarzberg, Teufelskanzel und Museum Maxberg) bergab, über die Bahn – erst am Hang, dann in den Flußauen SO nach Eßlingen: 1. gerade bergauf, nach 400 m beim Sperrschild links – auf der Höhe der 12 Apostel W – Solnhofen; 2. rechts 5 Min. auf der Hauptstr., dann links – Schönfelder Tal – ½ Std. später rechts nach Schönfeld – nun immer W ins Tal zurück – Hochholz – Forst Hochholz – im S-Bogen nach Solnhofen.

2. Pappenheim an der Altmühl (6 km N von Solnhofen) – Zimmern – Übermatzhofen – Pappenheim
Gehzeit: 3–3½ Std. ▪ *Karte:* Sonderkarte Naturpark Altmühltal, Blatt West ▪ *Anfahrt:* Bahn, Bus, Auto
Pappenheim, Bhf. (P.) – vom Bahnhofsplatz halblinks bergab (NW) – beim Stoppschild rechts, hinter der Straßenunterführung scharf links bergauf – nach wenigen Metern im spitzen Winkel rechts und auf der Höhe N – Dr. Wilhelm-Kraft-Weg – Burg – Burgtor – Klosterstr. – Marktplatz – hinter der Altmühlbrücke rechts – Beckstr. – Galluskirche – Altenheim – nach 500 m von der Lindenalle rechts die Charlotte-Nestler-Str. erst S, dann auf dem Höhenweg O und wieder S (immer N über dem Fluß) – Zimmern – vom Telefonhäuschen zur Mühle – von der Brücke über die Altmühl SW bergauf – Übermatzhofen / Gräberfeld – vom W Dorfrand hinter dem letzten Haus, rechts von der Str. abzweigend, Feldweg in einer muldenartigen Senke zwischen Föhren nach Niederpappenheim – W zum Bahnhof.

3. Dollnstein an der Altmühl (8 km Ö von Solnhofen) – Jägersteig – Mörnsheim – Dollnstein
Gehzeit: 4½–5 Std. ▪ *Karte:* Sonderkarte Naturpark Altmühltal, Blatt Mitte ▪ *Anfahrt:* Bahn, Bus, Auto
Dollnstein, mit dem Auto durch die Wellheimer Str. (2 Bahnunterführungen) zum Gasth. Eisenbahn (P.) – den Antoniusweg zur Antonius-Kapelle – da links, gleich darauf halbrechts aufwärts – Wasserbehälter – Torleitenberg – auf der Römerstr. S, hinter der Wegkapelle rechts abwärts zum Parkplatz im Rieder (Wellheimer) Trockental – vom Kinderspielplatz am Weiher auf der anderen Seite bergan – SW auf dem Jägersteig (Klettersteig) oder unten im Tal – Hünenring – jetzt erst NW nach Haunsfeld und stets W – Wildbad – jenseits der Hauptstr. zum Raffelstein – den Schloßberg talwärts nach Mörnsheim – N zum Bus von Altendorf nach Dollnstein ▪ Bitte beachten: In Dollnstein die Busrückfahrtszeiten notieren!

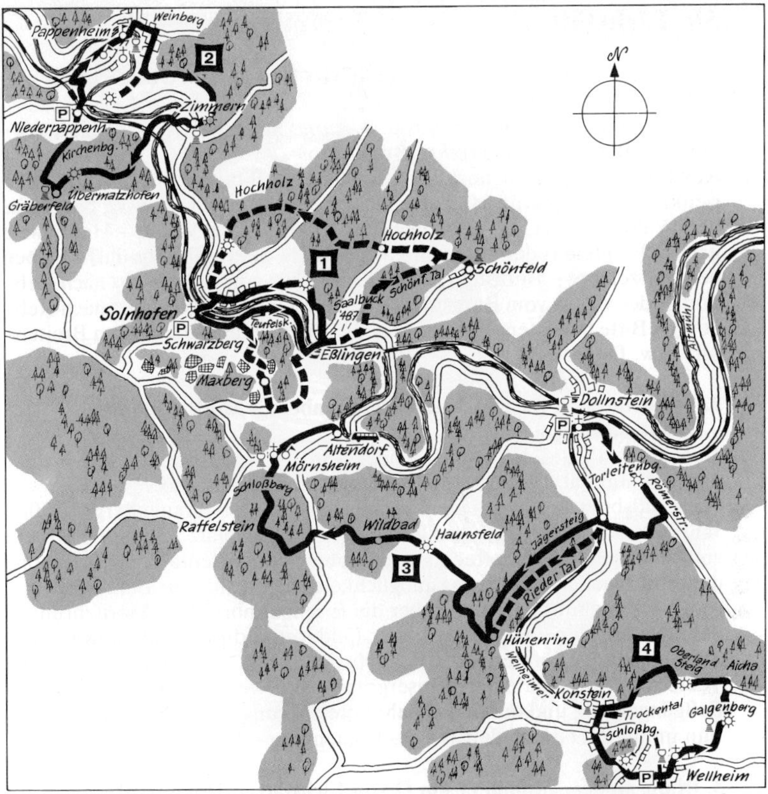

4. Wellheim im Urdonautal (20 km SÖ von Solnhofen) – Oberlandsteig – Konstein – Wellheim

Gehzeit: 2–2½ Std. ▪ *Karte:* Sonderkarte Naturpark Altmühltal, Blatt Mitte ▪ *Anfahrt:* Bus, Auto

Wellheim, Markt (P.) – von der Kirche bergab, über Bahn und Brücke – links auf der Harderstr., nach 200 m bei Farben-Mader halblinks – die Wittmeßstr. O – noch vor dem Straßenabzweig außerhalb des Ortes links zwischen Feldern zu 2 alleinstehenden Bäumen – N über den Galgenberg (Ingolstädter Naturfreundehaus) – Aicha – vom Gasth. Klettergarten aufwärts – Ansbacher Hütte – auf der Höhe in W-Richtung den Oberlandsteig (Klettergarten) nach Konstein – nun S über den Schloßberg zur Burg Wellheim – Abstieg nach Wellheim.

(oder W im Tal) – Arnthöhle – Attenzell (vorher Abkürzungsmöglichkeit N nach Arnsberg, Bus) – W nach Schambach und weiter W, dann SW durch den Gungoldinger Forst – Gungolding – Busfahrt nach Kipfenberg.
b) Busfahrt von Kipfenberg nach Gungolding – N zur Gungoldinger Heide – Kersberg – Ziegelhof – Krafetsbuck am Pfahlbuck – rechts den Limes talwärts – Kipfenberg.
c) Kipfenberg – Keltenweg – N-Aufstieg zum Michaelsberg – S über die Höhe des Mühlbuck – Arnsberg – altmühlabwärts durch die Unterau – Regelmannsbrunn – Römerkastell – Böhming – Busfahrt nach Kipfenberg
■ Bitte beachten: Studieren Sie in Kipfenberg die Busfahrpläne!

Begleitheft zu »Das Franken-Wanderbuch« (BLV Kombi-Wanderbuch)